Robert Gramsch-Stehfest
Bildung, Schule und Universität im Mittelalter

Seminar Geschichte

―――

Wissenschaftlicher Beirat: Christoph Cornelißen, Marko Demantowsky, Birgit Emich, Harald Müller, Michael Sauer, Uwe Walter

Robert Gramsch-Stehfest

Bildung, Schule und Universität im Mittelalter

—

DE GRUYTER
OLDENBOURG

ISBN 978-3-11-045214-3
e-ISBN (PDF) 978-3-11-045222-8
e-ISBN (EPUB) 978-3-11-045234-1

Library of Congress Control Number: 2018947234

Bibliografische Information der Deutschen Nationalbibliothek
Die Deutsche Nationalbibliothek verzeichnet diese Publikation in der
Deutschen Nationalbibliografie; detaillierte bibliografische Daten
sind im Internet über http://dnb.dnb.de abrufbar.

© 2019 Walter de Gruyter GmbH, Berlin/Boston
Titelbild: Benozzo Gozzoli, Sankt Augustinus als Grammatiklehrer in Rom
(Fresko, 1460er Jahre)
Satz: bsix information exchange GmbH, Braunschweig
Druck und Bindung: CPI books GmbH, Leck

www.degruyter.com

Vorwort

„Irrtum verläßt uns nie, doch ziehet ein höher Bedürfnis / Immer den strebenden Geist leise zur Wahrheit hinan." (Johann Wolfgang von Goethe, Vier Jahreszeiten: Herbst, 1796)

Wenn Kinder heute eine Schule, Studierende eine Universität betreten, mögen sie sich nicht immer bewusst sein, dass sie ein „höher Bedürfnis" zur Wahrheit emporzieht. Bildungserwerb dient dem Erreichen persönlicher wie gesellschaftlicher Ziele – dies ist die ganz selbstverständliche Motivation ihres Handelns. Doch eine solche Fokussierung auf bloße Nützlichkeitserwägungen ist nicht ungefährlich. Denn schließlich kann man sein Glück (scheinbar) auch auf andere Weise machen: Wir machen heute die verstörende Erfahrung, dass der „nützliche Irrtum" (Goethe) an Macht gewinnt und die Wahrheit zu verdrängen droht. Wissen wird für „überflüssig" erklärt, Verwirrung gestiftet, rationaler Diskurs verweigert. Eine zentrale Aufgabe von Schule und Universität ist es heute, diesen Tendenzen, welche nicht nur vom Rande, sondern durchaus auch aus dem Innern der Gesellschaft kommen, entgegenzutreten. Bildung ist weit mehr als nur der Erwerb beruflicher Kompetenzen!

Es ist ein unschätzbar wertvolles Erbe des Mittelalters, Bildung – das *„studium"* – als autonome „dritte Gewalt" neben die Sphäre des Religiösen und des Politischen gestellt zu haben. Wie es zu diesem epochalen Schritt kommen konnte und wie er die Gesellschaft verändert hat, soll im vorliegenden Buch geschildert werden. Als Studienbuch dient es zugleich der Vermittlung historischer Kenntnisse und Fertigkeiten sowie der Einführung in ein Forschungsgebiet, dessen Vielfalt hier natürlich nur angedeutet werden kann. Es zu schreiben, hat viel Energie gekostet, aber auch viel Freude bereitet. Ich möchte denjenigen danken, die mich auf dem Weg zum fertigen Buch begleitet haben: meiner Ehefrau, Anja Stehfest, und Herrn Prof. Matthias Perkams, die große Teile des Manuskripts gelesen und wertvolle Hinweise gegeben haben, weiteren Gesprächspartnern und jenen Studierenden in Bochum, Osnabrück und Jena, die in verschiedenen Lehrveranstaltungen gewissermaßen Zeugen der Entstehung des Buches geworden sind. Nicht zuletzt sei Prof. Harald Müller für die

Einladung gedankt, dieses Buch für die Reihe „Seminar Geschichte" zu verfassen, sowie Florian Hoppe vom De Gruyter Oldenbourg-Verlag für die geduldige und stets freundlich-kompetente Betreuung der Publikation.

Robert Gramsch-Stehfest
Jena, Oktober 2018

Vorwort von Verlag und Beirat

Die Studienbuchreihe „Seminar Geschichte" soll den Benutzern – StudentInnen und DozentInnen der Geschichtswissenschaft, aber auch VertreterInnen benachbarter Disziplinen – ein Instrument bieten, mit dem sie sich den Gegenstand des jeweiligen Bandes schnell und selbstständig erschließen können. Die Themen reichen von der Antike bis in die Gegenwart; unter Einbeziehung historischer Debatten sowie wichtiger Forschungskontroversen vermitteln die Bände konzise das relevante Basiswissen zum jeweiligen Thema.

„Seminar Geschichte" wurde von De Gruyter Oldenbourg gemeinsam mit FachhistorikerInnen und Geschichtsdidaktikern entwickelt. Die Reihe trägt den Bedürfnissen von StudentInnen in den neuen, modularisierten und kompetenzorientierten Studiengängen Rechnung. Dabei liegt der Akzent auf der Vermittlung von aktuellen Methoden und Ansätzen. Im Sinne einer möglichst effizienten akademischen Lehre sind die Bände stark quellenbasiert und nach fachdidaktischen Gesichtspunkten strukturiert. Sie stellen nicht nur den gegenwärtigen Kenntnisstand zu ihrem Thema dar, sondern führen über die intensive Auseinandersetzung mit maßgeblichen Quellen zudem fundiert in geschichtswissenschaftliche Fragestellungen und Methoden ein. Dabei steht die Problemorientierung im Vordergrund. Unabdingbar ist dafür, dass die Quellen nicht abschließend ausgedeutet werden, sondern eine Grundlage für die eigene Erschließung und Bearbeitung bilden. Hierzu enthält jeder Band kommentierte Lektüreempfehlungen, Fragen zum Textverständnis und zur Vertiefung sowie Anregungen zur Weiterarbeit.

Jeder Band stellt eine autonome Einheit dar. Wichtige Quellen sind im Band enthalten, damit sie nicht mitgeführt oder online aufgerufen werden müssen; zentrale Fachbegriffe werden im Glossar im Anhang erklärt. Ergänzend findet sich auf der Website des Verlages zu jedem Band der Reihe zusätzliches Material (z.B. weitere und/oder originalsprachliche Quellen, thematisch relevante Abbildungen, weiterführende Links oder zusätzliche vertiefende und zur Weiterarbeit anregende Fragen; für den vorliegenden Band: www.degruyter.com/view/product/465998). Passagen, für die zur Vertiefung weiteres Material bereitsteht, sind durch das nebenstehende Symbol hervorgehoben.

Durch seinen modularen Aufbau macht jeder Band auch ein Angebot für ein Veranstaltungsmodell bzw. eröffnet die Möglichkeit, einzelne Kapitel als Grundlage für Lehreinheiten zu nehmen. Der Aufbau in 14 Kapiteln spiegelt die (in der Regel) 14 Lehreinheiten eines Semesters und unterstreicht den Anspruch, das zu vermitteln, was innerhalb eines Semesters gut gelehrt und gelernt werden kann. Der einheitliche Aufbau aller Bände der Reihe sorgt für konzeptionelle Übersichtlichkeit und Verlässlichkeit in der Benutzung: Er bietet StudentInnen und DozentInnen eine gemeinsame Grundlage, um sich neue Themenfelder zu erschießen.

Inhaltsverzeichnis

Vorwort —— V

Vorwort von Verlag und Beirat —— VII

1 Gelehrtsein in einer illiteraten Welt? Vom Wert der Bildung im „finsteren Mittelalter" —— 1

1 Gelehrtsein in einer illiteraten Welt? Vom Wert der Bildung im „finsteren Mittelalter" —— 1

2 Das mittelalterliche Wissenssystem als antikes Erbe —— 23

3 „Die göttliche Ordnung erkennen und erhalten": Bildung und Wissenschaft in karolingischer Zeit —— 41

4 Bildung im Schatten der Kathedrale. Von der Ottonenzeit bis zu den Anfängen der Scholastik —— 57

5 Ist die *Sapientia* wirklich eine Frau? Zur Sozial-, Kultur- und Geschlechtergeschichte der Gelehrten im Zeitalter der Scholastik —— 73

6 Die Entstehung der Pariser Universität im 12. Jahrhundert —— 89

7 Bologna und die Entwicklung der Rechtswissenschaft im 12. und 13. Jahrhundert —— 103

8 Gelehrte Bildung, Kirche und Gesellschaft im 13. Jahrhundert —— 119

9 Medizin – die Wissenschaft von der materiellen Welt —— 135

10 Das Spätmittelalter: Neue Bildungsbedürfnisse in einer städtischen Welt —— 151

11 Die Ausbildung einer europäischen Universitätslandschaft im späten Mittelalter —— 165

12 Studium und studentischer Alltag im späten Mittelalter —— 181

13 Die Folge des spätmittelalterlichen Bildungsaufschwungs – eine Akademisierung der Gesellschaft —— 197

14 Abkehr vom „Mittelalter". Humanismus, Reformation und das Ende der scholastischen Wissenschaft —— 213

Bibliographie —— 231

Glossar —— 249

Abbildungsverzeichnis —— 257

Ortsregister —— 259

Personenregister —— 262

Sachregister —— 270

1 Gelehrtsein in einer illiteraten Welt? Vom Wert der Bildung im „finsteren Mittelalter"

Abb. 1: Benozzo Gozzoli, St. Augustin als Grammatiklehrer in Rom (Fresko, um 1465).

1.1 Das Bild der Gelehrten im Mittelalter

Unsere Reise durch die mittelalterliche Bildungsgeschichte beginnt in San Gimignano, einer Kleinstadt in der Toskana, die aufgrund ihrer pittoresken Geschlechtertürme heute oft als „Manhattan des Mittelalters" bezeichnet wird. Sie besitzt mit den Fresken des italienischen Renaissancemalers Benozzo Gozzoli (ca. 1421–1497) in der Kirche Sant'Agostino eine besondere Kostbarkeit. Die Bilder zeigen Szenen aus dem Leben des heiligen Kirchenlehrers Augustinus, eines spätantiken Gelehrten, der zum Christentum konvertierte und der 430 als Bischof im nordafrikanischen Hippo Regius starb. Breiten Raum nehmen in dem Zyklus Ereignisse aus

Fresken in San Gimignano

Augustinus' Schul- und Studienlaufbahn ein, darunter die Darstellung seiner Tätigkeit als Grammatiklehrer in Rom, die auch den Titel dieses Bandes ziert. Wir schauen in einen prächtig dekorierten Innenraum, mit marmornen Porträtmedaillons, farbigen Säulen, einem gemusterten Fußboden. Durch die Fenster im Hintergrund schweift der Blick zum Kolosseum links und auf die Stadtbefestigung mit vermauerten Aquäduktbögen, einem Stadttor und der spitzen Pyramide des Cestius rechts – Teile der römischen Stadtansicht, die Gozzoli aus eigener Anschauung kannte. Das Bild dominiert jedoch in der Mitte ein Mann, der über einem Auditorium von reich gekleideten Zuhörern verschiedenen Alters thront. Er richtet seine Blicke in ein aufgeschlagenes Buch und hält eine Vorlesung.

Darstellung einer Vorlesung

Die ganze Szene, vor allem aber die Gestalt des jungen Lehrers strahlt Würde und Kontemplation aus. Sein Thron ist der Lehrstuhl, die *cathedra* (Katheder). Diesem Sitz kommt eine besondere Bedeutung zu, was schon an seiner Anlage mit Podest und Baldachin zu erkennen ist. Auch Bischöfe besaßen (und besitzen heute noch) einen solchen Stuhl, päpstliche Glaubensentscheidungen *ex cathedra* gelten gemäß einem 1870 verkündeten Dogma als unfehlbar, das heißt als direkt von Gott inspiriert. Auch die Bezeichnung Kathedrale für eine Bischofskirche leitet sich hiervon ab. Die Gleichsetzung von Lehrstuhl und Bischofsthron ist keineswegs zufällig oder gar anmaßend. Denn so wie die Bischöfe sich im Mittelalter die höchste Lehrbefugnis (*potestas magisterii*) zuschrieben, so konnten seit dem hohen Mittelalter auch die Magister der Universität diese Autorität für sich beanspruchen. Die Macht des Wissens trat gleichberechtigt neben die Macht des Schwertes und des Glaubens, wie es um 1280 Alexander von Roes in einer berühmten, später noch vorzustellenden Denkschrift formulierte (Quellenanhang zu Kap. 8).

Talare als Amtstracht

Bedeutungsvoll ist auch die Gewandung, mit welcher der spätmittelalterliche Maler den spätantiken Gelehrten versehen hat: Faltenreich und den ganzen Körper verhüllend ist der Talar, die Kleidung des Magisters, mit Pelz besetzt das Birett als Kopfbedeckung. Die Verwandtschaft dieser Tracht zum Priesterkleid wie zur Amtsrobe des Richters fällt noch dem heutigen Betrachter unmittelbar ins Auge. Auch in der Kleidung drückt sich die große Autorität des Lehrers aus. In der jüngeren Vergangenheit gerieten die Talare in Deutschland in Verruf. „Unter den Talaren – Muff von 1000 Jahren" lautete das einprägsame Motto der 68er Studenten, um auf die Nazi-Verstrickung ihrer Professoren hinzuweisen. Ein mittelalterliches Kleidungsstück wurde damals zum Synonym für Autoritätsgehabe und -hörigkeit und verlor seine Unschuld. Doch kann es nicht auch die Autonomie der wissenschaftlichen Sphäre symbolisieren, die unbezwingbare Macht des Wissens und der Wahrheit? Ein Talar kann hierfür ein starkes Zeichen sein. Doch freilich bedarf es dafür der unbedingten moralischen Integrität seiner Träger, welche die Professoren der Nazizeit so schmerzlich vermissen ließen. Und wenn gegenwärtig, begünstigt durch die ungebrochene Tradition der Talare im angloamerikanischen Raum, diese Tracht in Deutschland bei akademischen Feiern wieder etabliert wird, wirkt dies oft leider nur wie billige Folklore.

Standeszeichen, nicht nur der Gelehrten, waren im Mittelalter höchst wichtig und wurden keineswegs nur als „äußerlich" empfunden. Heute begegnen sie uns am ehesten noch im medizinischen Kontext, etwa beim Arztkittel, der mit dem so genannten „Weißkitteleffekt" sogar messbare Auswirkungen auf den physischen Zustand von Patienten haben kann. Hierin wie auch in der fast automatischen Verwendung des Doktortitels für Mediziner, gleichgültig ob sie promoviert sind oder nicht, drückt sich ein Rest jener habituellen Autoritätsgläubigkeit des Laien gegenüber dem Gelehrten aus, die seit dem Mittelalter den Menschen geradezu „antrainiert" worden ist. Der Arzt mag diesen unbewussten Vertrauensvorschuss segensreich benutzen, um seine Patienten zu einer gesünderen Lebensführung anzuhalten. Ansonsten aber erscheint Autoritätsgläubigkeit heute eher als belächelnswert und es ist zweifellos zu begrüßen, dass heutige Wissenschaftler durch den Verzicht auf Titulierung im persönlichen Gespräch oder durch legere Alltagskleidung sich bemühen, den Abstand zum Gegenüber zu verkleinern und allein durch die Kraft des Arguments zu wirken. Doch eine gewisse, geheimnisvolle Aura des Experten umgibt auch sie; wir werden von ihr noch zu reden haben.

Gelehrte Standeszeichen

Kehren wir ins Mittelalter zurück. Es mag uns erstaunlich vorkommen, dass in einem Zeitalter, das gemeinhin als unwissend und gläubig-abergläubisch, roh und gewalttätig gilt, den Gelehrten so viel Respekt gezollt worden sein soll. Vielleicht stellt das Fresko in San Gimignano eher ein Wunschbild dar, in das der Auftraggeber, der ein promovierter Magister war, seine eigenen

Hochschätzung der Gelehrten

Wertvorstellungen hat einfließen lassen? Um die gesellschaftliche Anerkennung und den äußeren Rang der Gelehrten innerhalb damaliger ständischer Hierarchien genauer zu bestimmen, lohnt der Blick auf ein unverdächtigeres, im späten Mittelalter weit verbreitetes ikonographisches Motiv: die Totentänze.

Abb. 2: Ritter, Jurist, Ratsherr, Chorherr und Arzt („Doktor") – Figuren aus dem Basler Totentanz (um 1440).[1]

Diese skurrilen Darstellungen, die noch heute an den Wänden mancher Kirchen oder Friedhöfe erhalten sind, zeigen einen Reigen von Lebenden und Toten. „Der Tod spielt auf", im Tanz sind hier alle vereint, vom Papst und Kaiser bis zum Bettler und Wickelkind. Dies war ein mächtiger Appell des *Memento mori*, um die Menschen zur religiösen Besinnung und sittlichen Besserung anzuhalten. Die tröstliche Botschaft, dass im Tode alle gleich sind und der Bettler eher ins Himmelreich kommt als der Reiche (oder zumindest nicht so viel zu verlieren hat), enthielt zugleich eine subtile Nebenaussage. Denn die verschiedenen Standesvertreter sind nicht wahllos über den makabren Zug verteilt, sondern sie treten in hierarchischer Reihung auf, ganz so wie es bei mittelalterlichen Prozessionen üblich war. So stellt der Totentanz gewissermaßen ein soziologisches Idealmodell dar, welches in der auf Rang und Ansehen fixierten spätmittelalterlichen Gesellschaft den Zeitgenossen die ständische Ordnung vor Augen führte. Derartige Bilder, wenngleich durchaus pädagogischen Charakters, dürften zugleich das Wertesystem der Zeitgenossen recht wirklichkeitsgetreu abbilden. In ihnen begegnen die Gelehrten in prominenter Stellung. Zwar stehen sie den wahren Mächtigen des

---

[1] Aquarellkopie des frühen 19. Jahrhunderts nach dem heute zerstörten Original von circa 1440 an der Friedhofsmauer neben der Dominikanerkirche in Basel.

Mittelalters nach, den Königen, Bischöfen, Fürsten. Doch schon gegenüber dem „einfachen" Adligen werden sie meist bevorzugt und mehr noch gegenüber den städtischen Obrigkeiten, den Kaufleuten und Handwerkern. Im abgebildeten Basler Totentanz, der die Figuren von insgesamt 37 Standes- und Berufsvertretern enthält, rangiert der gelehrte Jurist an 13. Stelle direkt hinter dem gewappneten Ritter und vor dem Ratsherrn und dem Stiftsgeistlichen. An 16. Stelle folgt der „Doktor", nämlich der Mediziner. Edelmann und Edelfrau, Kaufmann usw. reihen sich erst dahinter ein. Wer mithin nicht schon durch adlige Geburt zur Elite der Gesellschaft zählte, der konnte am ehesten dann auf gesellschaftliche Anerkennung hoffen, wenn er die Gelehrtenlaufbahn einschlug. Diese vermochte ihn zudem in den kirchlichen Hierarchien sogar noch weiter nach oben, bis auf den Rang eines Bischofs oder gar Kardinals befördern (Kap. 5). Letzteres war bei Nikolaus von Kues der Fall (1401–1464), einem Kaufmannssohn von der Mosel, dessen Ruhm als Universalgelehrter und Büchersammler bis heute strahlt.

Adelsgleiche Gelehrte

Aufstiegschancen

Renaissance- und Totentanzfresken stehen zeitlich ganz am Ende des Mittelalters. Aber vieles weist darauf hin, dass Gelehrte auch im früheren Mittelalter zumeist hohes Ansehen genossen. Bildung – das war im Mittelalter vor allem Literalität (Schriftkundigkeit) und Kenntnis der wichtigsten Gelehrtensprache Latein (und noch besser, freilich sehr selten, Griechisch), ferner Kenntnis der antiken Autoren. Obwohl oder gerade weil diese Kompetenzen mit der normalen Alltagswelt der meisten mittelalterlichen Menschen wenig zu tun hatten, konnten diejenigen, die diese besaßen, sich der staunenden Bewunderung ihrer Mitmenschen sicher sein. Hinzu kam, dass jene gelehrten Fähigkeiten vor allem in einer privilegierten gesellschaftlichen Schicht anzutreffen waren, dem Klerus. Geistliche genossen einen günstigen rechtlich-ökonomischen Status und als Vermittler zwischen den Menschen und Christus fiel ein Abglanz der Gottheit auch auf sie. Bildung bedeutete, in die göttlichen Geheimnisse eingeweiht zu sein – dies hob die Wissenden über ihre Mitmenschen hinaus. Bezeichnend ist, dass das Wort Laie, welches ursprünglich den Nicht-Geistlichen meinte *(laicus)*, heute den Ungebildeten, den Nicht-Experten bezeichnet.

Begriff Laie

1.2 Glaube, Wissen und Wahrheit

Die enge Verbindung von intellektueller und religiöser Sphäre, die für das Mittelalter kennzeichnend ist, erscheint in unserer heutigen, säkularisierten Welt fragwürdig. Bilden Glauben und Wissen nicht einen grundsätzlichen Gegensatz? Das heutige Verdikt des „finsteren Mittelalters" speist sich nicht zuletzt aus dem Urteil der Aufklärung, die mittelalterliche Kirche habe auf die Unwissenheit und damit Steuerbarkeit der Menschen gebaut. Erst die Wissenschaft habe den Menschen die Augen geöffnet und diese aus den Fängen der Kirche befreit – also müsse sie letztlich den Interessen der Kirche diametral entgegenstehen. Sie sei dementsprechend auch oft genug verfolgt worden, wie etwa das (nachmittelalterliche!) Beispiel der kopernikanischen Lehre (Kap. 14) zeige. Diese Kirchenkritik übersieht freilich den Umstand, dass eine vom Religiösen unabhängige, wissenschaftliche Weltanschauung im Mittelalter schlicht undenkbar war. Sie ist erst ein Produkt der mittelalterlich-neuzeitlichen Wissenschaftsentwicklung und konnte mithin auch erst in der Neuzeit zu einer Alternative und Bedrohung des Glaubens werden. Selbst die mittelalterlichen Ketzer waren keine atheistischen „Freidenker", sie vertraten nur andere religiöse Vorstellungen.

Aufklärerische Kirchenkritik

Zwar ging christliche Glaubensausübung durchaus mit Formen der Bildungsfeindlichkeit einher. Diese speiste sich aus zwei Quellen: Da erstens die gelehrte Bildung ganz wesentlich auf der antik-heidnischen Tradition aufruhte, konnte sie leicht in den Verdacht geraten, selbst heidnisch und damit teuflisch zu sein. Auch wenn entsprechende Stimmen immer wieder zu vernehmen waren, bleibt aber festzustellen, dass sich das heidnische Bildungsgut in der Kirche überwiegend einer ungebrochenen Wertschätzung erfreute und dass ohne die fortgesetzten Bemühungen geistlicher Institutionen, antike Texte zu bewahren, diese heute allesamt verloren wären. Ernster zu nehmen ist die Bildungsfeindlichkeit durch jene Christen, die einen unmittelbaren Zugang zu Gott auf dem Wege der spirituellen Versenkung (Mystik) und der Askese, welche körperlich aber auch geistig verstanden werden konnte, propagierten. „Heilige Einfalt" und religiöse Inbrunst sollten dem grübelnden, zergliedernden und zum Zweifel neigenden analytischen Denken des Gelehrten überlegen sein. Zu erinnern ist in diesem Zusammenhang an die heftigen Auseinander-

Kirchliche Bildungsfeindlichkeit?

setzungen zwischen dem berühmtesten Intellektuellen des Mittelalters, Pierre Abaelard, und dem heiligen Bernhard von Clairvaux im 12. Jahrhundert (Kap. 6). Dennoch wurde Bildungsfeindlichkeit auch bei den Zisterziensern und anderen asketisch ausgerichteten Mönchsorden des Hochmittelalters nie zur beherrschenden Tendenz. Bernhard selbst war ein höchst produktiver Denker und im 13. Jahrhundert marschierten Dominikaner und Franziskaner an der Spitze des wissenschaftlichen Fortschritts (Kap. 8).

Dass Glauben und Wissen in einem Spannungsverhältnis stehen, war dem Mittelalter also durchaus bewusst. Doch es überwog das Grundvertrauen, dass sie nur verschiedene Wege sind, die letztlich zum selben Ziel, der Wahrheit, führen. *Ego sum via, veritas et vita* („Ich bin der Weg, die Wahrheit und das Leben"), sagt Jesus im Johannesevangelium (Joh. 14, 6) – und mit dieser Devise ist er auch auf dem großen Siegel der Universität Tübingen (gegr. 1477) abgebildet worden. Gott und Wahrheit galten dem Mittelalter letztlich als identische Begriffe.

Glaube und Wissen

Interessanterweise zeigt gerade die Geschichte der Naturwissenschaften, die heute für ein wissenschaftliches Weltbild, welches ohne Gott auskommt, paradigmatisch sind, diesen engen Zusammenhang auf: Mittelalterliche Astronomen waren überzeugt, in der Bewegung der Sterne und in deren mathematischen Gesetzmäßigkeiten das Walten des Schöpfers erkennen zu können, der die Welt vernunftgemäß eingerichtet hat (Kap. 3). Gott offenbarte sich hier eben nicht im widernatürlichen Wunder, im Unvorhersehbaren, sondern in der Regelhaftigkeit des Tages- und Jahreslaufs. Die mathematische Berechnung des Kalenders war Gottesdienst, denn ein korrekter Kalender war Voraussetzung für den richtigen Vollzug der christlichen Riten etwa beim Fasten und beim Osterfest. Die Schönheit der Zahlenharmonien, welche sich bei der Beobachtung der Gestirne oder auch in der Musik offenbart, stellte dem Wissenden die Macht Gottes unmittelbar vor Augen – ein Gedanke, den übrigens auch der Schöpfer des phantastischen „Herr der Ringe"-Universums John Ronald R. Tolkien (1892–1973) aufgegriffen hat.[2] Und auch als die neuzeitlichen Na-

Erkenntnis göttlichen Wirkens

---

[2] Im *Silmarillion*, der mythologischen Basiserzählung des „Herrn der Ringe", vollzieht sich die Schöpfung als ein „Engelskonzert", in dem die Harmonien des Gesangs wie auch die Disharmonien des teuflischen Einflusses direkt in die materielle Welt eingewoben werden. Vgl. J.R.R. Tolkien, Das Silmarillion,

turwissenschaftler daran gingen, Naturgesetze zu formulieren, mit denen sich die verwirrende Welt der physischen Erscheinungen ordnen ließ, verbanden sie dies mit der Vorstellung von einem gesetzgeberischen Wirken Gottes. Auch wenn man sich mit jenem nur glaubend vereinigen konnte, war die von ihm geschaffene Welt doch prinzipiell wissend erkennbar. Der Grundgedanke der modernen Naturwissenschaften, dass die Welt regelhaft-gesetzmäßig strukturiert ist und dass wir Menschen so beschaffen sind, ihre Ordnung erkennen und dieses Wissen für uns nutzen zu können, stammt also letztlich aus der religiösen Sphäre.

Wahrheitsstreben

Gerade weil die mittelalterliche Wissenschaft der Erkenntnis des Wirken Gottes zu dienen hatte, war sie normativ auf die Wahrheit verpflichtet, und zwar in einem weit existentielleren Sinne als heute. „Abweichlertum" konnte lebensgefährlich werden. Denn da die Wissenschaft, wie es schon Kaiser Friedrich Barbarossa (ca. 1122–1190) in seinem Scholarenprivileg schrieb (Kap. 7), die Untertanen „zum Gehorsam gegen Gott und Uns, seinen Diener" erziehen sollte, musste kritischer Widerspruch gegen die „herrschende Lehre" geradezu als Form politischer Opposition angesehen werden. Die Gesetzgebung von Barbarossas Enkel, Kaiser Friedrich II. (1194–1250), griff diesen Gedanken auf, indem sie den Ketzer, welcher die theologisch geprüften Glaubenswahrheiten in Frage stellte, als Majestätsverbrecher ansah und der Güterkonfiskation und dem Flammentod überantwortete. Doch war es bezeichnenderweise erst der Frühen Neuzeit vorbehalten, das Ketzerrecht zu einer Waffe im wissenschaftlichen Meinungsstreit zu machen, wofür die Auseinandersetzungen um Luthers Lehren, aber auch etwa die Prozesse gegen Giordano Bruno (1548–1600) und Galileo Galilei (1564–1642) stehen.

Freiheit der Wissenschaft

In der Welt der mittelalterlichen, scholastischen Universitäten hingegen blieben derart heftige Auseinandersetzungen sehr selten. Diese Institutionen erwiesen sich als ein guter institutioneller Rahmen, um eine hinreichend freie Ausübung von Wissenschaft, ohne staatliche Repressalien, zu gewährleisten – ein Vorteil, den die mittelalterlichen Universitäten übrigens auch vor

---

hg. von Christopher Tolkien, 8. Aufl., Stuttgart 1989, S. 21–28 („Die Musik der Ainur"). Zu Tolkiens Biographie – er war Professor für Alt- und Mittelenglisch in Oxford – vgl. Humphrey Carpenter, J.R.R. Tolkien. Eine Biographie, München 1991 (ebendort S. 111 zu seiner katholisch geprägten Religiosität).

den außereuropäischen Bildungssystemen hatten. Er dürfte nicht unwesentlich dazu beigetragen haben, dass Europa im Spätmittelalter begann, die traditionell führenden Kulturen des vorder- und ostasiatischen Raumes zu überholen. Allerdings fallen die größten Entwicklungsschübe der mittelalterlichen Wissenschaft in relativ kurze Zeitspannen. Nur in ihnen überwog an den Universitäten das, was für eine innovative Wissenschaftsentwicklung unverzichtbar ist: ein hinreichend antiautoritärer, alte Gewissheiten in Frage stellender Geist. So hat der bekannte Kulturhistoriker Jacques Le Goff (1924–2014) die Intellektuellen des 12. Jahrhunderts direkt mit den „1968ern" verglichen, und für die Humanisten seit dem späten 15. Jahrhundert ließe sich wohl Ähnliches behaupten. Zu anderen Zeiten verlief die wissenschaftliche Entwicklung ruhiger, sind eher quantitative – eine Zunahme der Studentenzahlen und des allgemeinen Bildungsniveaus in der Gesellschaft – als grundlegend qualitative Fortschritte zu verzeichnen.

Das im Vergleich zu heute vergleichsweise geringe „kritische Potential" mittelalterlicher Wissenschaft ist in der älteren Forschung immer wieder deutlich herausgestrichen worden und prägt bis heute unser Bild vom hoffnungslos rückständig-unwissenden Mittelalter. Tatsächlich mutet es erstaunlich an, wie lange zum Beispiel mittelalterliche Geographen am Glauben an die Richtigkeit fabelhafter Erzählungen von höchst exotischen Völkern und Orten festhielten – „falsches Wissen", welches freilich zumeist aus der bis heute viel bewunderten Antike stammte. Gerade die enorme Hochschätzung der großen Leistungen der antiken Wissenschaft machte die mittelalterlichen Forscher kritikunfähig. Ein weiterer Punkt, welcher die damaligen Menschen davon abhielt, sich ihres „gesunden Menschenverstandes" zu bedienen und das der Erfahrung Widersprechende anzuzweifeln, war ihre religiöse Überzeugung: Dem allmächtigen Gott war schlichtweg nichts unmöglich und deshalb konnte man Geschichten von phantastischen Erscheinungen, von einbeinigen Menschen usw. sehr wohl Vertrauen schenken. Ein anschauliches Beispiel für diese Auffassung bietet die Einleitung der *Navigatio Sancti Brandani*, eines im Spätmittelalter sehr beliebten, auch in die Volkssprachen übersetzten Buches über die lange maritime Entdeckungsreise eines irischen Mönches (Kap. 10). Es war gerade jene heute naiv anmutende Erwartung, jenseits des eigenen Horizontes Wunder zu

Falsches Wissen

Wunderglauben und Entdeckerfreude

schauen, welche die Neugier und Entdeckerlust der mittelalterlichen Menschen anstachelte. „Falsches Wissen" und daraus abgeleitete trügerische Hoffnungen hatten mithin einen nicht unwesentlichen Anteil daran, dass die Europäer in Mittelalter und Früher Neuzeit daran gingen, ihr Wissen explorativ und systematisch zu verbessern und zu erweitern. Kolumbus suchte Indien und fand Amerika – ein Irrweg, der dennoch das richtige Ziel traf! Diese Erfahrung, dass sich wissenschaftliche Innovation oft nicht vorausplanen lässt, könnte auch heutiger Wissenschaftsförderpolitik durchaus zu denken geben.

1.3 Zur Konzeption des Studienbuches

„Unsere Welt, das 19., 20., selbst das junge 21. Jahrhundert, lechzen noch immer nach einem *finsteren* Mittelalter, fern ihres eigenen Wissens, um sich in die Brust werfen, um sich, Kindern gleich, an geliehener Größe, am Fortschritt berauschen zu können" (Fried 2002, S. 11). In einem streitbaren Festvortrag vor dem renommierten Konstanzer Arbeitskreis für mittelalterliche Geschichte beschwor der Frankfurter Mediävist Johannes Fried im Jahr 2001 die „Aktualität des Mittelalters", dessen Kenntnis wichtig sei für das Verständnis der modernen Welt wie der *conditio humana* allgemein. Diese Epoche, so Frieds Urteil, habe für unsere heutige sogenannte Wissensgesellschaft den Grund gelegt. Man muss „die Riesen kennen, auf deren Schultern sie sich einrichten soll (...), um nicht von der schmalen Plattform ihrer Schultern zu stürzen" (S. 35). „Wenn eine Epoche als Wissensgesellschaft zu gelten hat, dann dieses westliche Mittelalter, das sich anschickte, die Fülle seiner Erfahrungen systematisch nach den Prinzipien beweisender Vernunft zu ordnen, das in jedem abendländischen Kloster, an den Schulen und Universitäten, an den Fürsten-, Königs- und Papsthöfen – keineswegs bloß, wie in der Antike und auch in der arabischen Welt in einzelnen Philosophenschulen – im kollektiven Zusammenspiel der Individuen und Institutionen nach gesicherter Wahrheit und Gewissheit seines Wissens dürstete und nur das als ‚Wissenschaft' gelten ließ, was sich den Regeln derartiger Vernunft beugte" (S. 40f.). In jenem Zeitalter nahm der Prozess der immer rascheren Entfaltung des Wissens, welcher in die Moderne führte, an Fahrt auf. Ihn in sei-

Mittelalterliche Wissensgesellschaft

nen Ursachen, Rahmenbedingungen und Wirkungen zu verstehen, ist grundsätzlich wichtig, um die heutige „Wissensexplosion" managen zu können – und eine historische Perspektive kann zu dieser Reflexion Wesentliches beitragen.

Der Münsteraner Historiker Martin Kintzinger hat in einem wertvollen Einführungsbuch zur mittelalterlichen Universitäts- und Bildungsgeschichte diese Gedanken vertieft (Kintzinger 2007). Auch er nutzte das Thema zu nachdenklich stimmender Gegenwartsdiagnose: „Das Wissen in der Wissensgesellschaft von heute muss sich, vielleicht mehr denn je, seiner Macht bewusst sein und sich davor hüten, der suggestiven Macht des Unwissens zu folgen" (ebd., S. 23). Wissen ist mehr als bloße Information, mehr als eine Büchersammlung oder eine maschinenlesbare Datenbasis. Wissen ist ein lebendiges kommunikatives System, getragen von Menschen und Menschengruppen, ihren sozialen Organisationsformen, ihrer humanistischen Ethik. Wo es falsch angewendet wird oder in falsche Hände gerät, wird es zum Un-Wissen. „Ohne Sachverstand, wenn Wissen durch unverstandene Information ersetzt wird und Verantwortung durch Risiko, ist nichts gewonnen" (ebda.). Die moderne Wissensgesellschaft ist und bleibt immer ein Produkt der Geschichte und ist von dieser historischen Basis nicht zu trennen. Sie „wird um ihre Geschichtlichkeit wissen und wird deshalb die selbstgewisse Technik- und Fortschrittsgläubigkeit der Moderne überwinden müssen" (ebd., S. 22). Eine Bildungs- und Wissenschaftsgeschichte des Mittelalters ist also immer auch ein Beitrag dazu, Licht auf die Gegenwart zu werfen, so fremd uns jene Welt auf den ersten Blick auch anmuten mag.

Eine umfassende und gleichsam „kanonische" Gesamtdarstellung eines Themas von solcher Dimension, wie es die mittelalterliche „Wissensgesellschaft" ist, schreiben zu wollen, wäre zweifellos ein unmögliches Unterfangen. Jeder Autor muss hier gezwungenermaßen auswählen, eigene Perspektiven stark machen. Anderes kann er nur andeuten, vieles muss er im Interesse einer stringenten Darstellung weglassen. Nicht immer wird er (jedenfalls nach dem Geschmack der Fachkollegen) das Richtige treffen. All das mag für ein Studienbuch misslich erscheinen. Wichtiger aber ist, dass dieses Buch Anregungen vermitteln soll: zum Weiterdenken und Weiterlesen. Nicht allen – oft bewusst pointierten – Wertungen des Autors muss man beistimmen, sondern sollte sie

Wissen wird Macht

Geschichtlichkeit des Wissens

Konzeption dieses Studienbuches

als Thesen zu einer weiterführenden Diskussion verstehen. Eine reichhaltige Überblicks- und Forschungsliteratur bietet dazu genügend Stoff – einige wichtige Werke werden in den Literaturverzeichnissen der Einzel- und des Schlusskapitels genannt.

An dieser Stelle soll nur ein kurzer Überblick über den Aufbau des Bandes gegeben werden, der die für den Autor wichtigsten Gesichtspunkte der Darstellung und seine Schwerpunktsetzungen offenlegt und kurz begründet. Eingeleitet werden die folgenden 13 Kapitel jeweils durch eine Text- oder Bildquelle bzw. in Einzelfällen auch durch ein prägnantes Forschungsstatement. Sie bilden den Ausgangspunkt für die Erörterung der verschiedenen Themen, welche in grob chronologischer Reihe einen Überblick über das Forschungsfeld vermitteln.

Frühmittelalter

Relativ kurz gehalten ist hierbei das Frühmittelalter, dem die Kapitel 2 bis 4 gewidmet sind. Vorgestellt werden zunächst die (spät)antiken Wurzeln der mittelalterlichen Bildung (Kap. 2). Es versteht sich zugleich als Einführungskapitel in das mittelalterliche Wissenssystem als Ganzem, welches sehr stark den antiken Vorbildern verpflichtet blieb. Relativ großes Augenmerk wird in diesem und den übrigen Frühmittelalterkapiteln auf das Wirken einzelner Gelehrter gelegt. Diese personenzentrierte Betrachtungsweise verbindet sich mit der – freilich sehr knappen – Vorstellung ihrer Werke und konkreter Wissensinhalte, etwa auf theologischem, philosophischem und naturwissenschaftlichem Gebiet. Dies rechtfertigt sich aus der zentralen Bedeutung der vorgestellten Gelehrten und Werke für die weitere Wissenschaftsentwicklung des Mittelalters. Zugleich tragen wir so einem Quellenproblem Rechnung, welches sich in der oralen Kultur des frühen Mittelalters in großer Schärfe stellt. Bildungszentren waren in dieser Zeit kleine Inseln in einem Meer der Illiteralität, das sich nur sehr unsicher befahren lässt. Illiteralität ist zwar keineswegs mit Unwissenheit und Ignoranz gleich zu setzen. Auch gibt es höchst spannende methodische Ansätze, die Wesensmerkmale und spezifischen Erscheinungsformen des im menschlichen Gedächtnis erinnerten und mündlich tradierten Wissens zu erforschen (vgl. dazu Fried 2004). Doch dies kann nicht Gegenstand unserer Darstellung sein, da wir gelehrte Bildung per definitionem als literate Bildung verstehen wollen. Sie erscheint im Frühmittelalter mit seiner spärlichen Überlieferung (sei es, weil wenig geschrieben wurde oder viel verloren ging) besonders punktuell – gekoppelt

Literalität und Illiteralität

an einzelne herausragende Personen mit zumeist monastischem Hintergrund. Immerhin werden die größeren institutionellen Zusammenhänge gelehrter Bildung auch in jener Frühzeit schon erkennbar – zuerst im Falle des Bildungskreises am Hofe Karls des Großen, der zentraler Gegenstand des Kapitels 3 ist. Wissen verband sich hier in bereits sehr prägnanter Weise mit Macht. Dementsprechend ist der Fokus auf die Frage zu richten, wie gelehrte Bildung für die Zwecke politischer Herrschaft instrumentalisiert wurde, und wie sie umgekehrt von diesem Interesse des Herrschers profitierte. Kapitel 4 verfolgt den langsamen Aufstieg der Bildung in den Nachfolgestaaten des Karolingerreichs im 10./11. Jahrhundert. Diese Sichtweise lässt weitaus blühendere Bildungslandschaften des damaligen Europas und des Mittelmeerraumes – Spanien, Byzanz, die orientalische Welt – weitgehend außer Acht, begründet sich aber in der primär zentraleuropäischen Perspektive dieses Buches. Zugleich geht es um die Fortsetzung des in Kapitel 3 eingeschlagenen Weges, die Interdependenzen zwischen Bildungssystem und politisch-sozialer Entwicklung deutlich zu machen, die letztlich im revolutionären Bildungsaufschwung des 12. Jahrhunderts mündeten.

Ein Kennzeichen der modernen Wissensgesellschaft ist das exponentielle Wachstum der verfügbaren Informationen. Tatsächlich hat sich der Rhythmus des Wissenszuwachses und der technischen Innovation zur Gegenwart hin enorm beschleunigt. Doch ist es ein modernes Fehlurteil, wenn wir die Kurve dieses Wachstums erst in der Neuzeit steiler ansteigen sehen. Viel gravierender fiel die Zäsur im späten 11. und 12. Jahrhundert aus – mitten im „tiefsten Mittelalter" wurden die Weichen für die moderne Zivilisationsentwicklung gestellt! Entscheidende Bedeutung kam hierbei einer neuartigen, den Zivilisationen der Antike und der außereuropäischen Welt fremden Institution zu, der Universität. Sie war von Anfang an weit mehr als eine bloße Institution der Wissensvermittlung. Sie bot den Gelehrten einen gesicherten Rahmen für ihre wissenschaftliche und soziale Entfaltung. Erst durch sie konnten Gelehrte zu einem gesellschaftlichen „Stand", konnte Wissenschaft zu einer eigengesetzlichen Sphäre jenseits von Herrschaft und Religion werden. Die ökonomische und soziale Basis für dieses neuartige Phänomen boten die aufblühenden Städte – dass die Universität *(universitas magistrorum et scolarium)* sich ungefähr zur selben Zeit zu entwickeln begann

Exponentieller Wissenszuwachs

wie die autonome Kommune städtischer Bürger *(universitas civium)* war alles andere zufällig.

Hochmittelalter Entsprechend der grundlegenden Bedeutung dieser Vorgänge für die gesamte Wissenschaftsgeschichte bis heute, widmet ihnen das Studienbuch gleich drei Kapitel (Kap. 5 bis 7). Dabei geht es nicht um eine detaillierte Institutionengeschichte der beiden ältesten Universitäten, Paris und Bologna, sondern um eine kombinierte Betrachtungsweise aus mehreren Blickwinkeln. Kapitel 5 erörtert, ausgehend von der bis heute berühmten Liebesgeschichte des Pariser Gelehrten Abaelard und seiner klugen Ehefrau Heloise, grundlegende Aspekte der Sozialgeschichte mittelalterlicher Gelehrter: Gelehrte Existenz war auch im Hoch- und Spätmittelalter (zumindest nördlich der Alpen) weitgehend an die Kirche gebunden – eine symbiotische Beziehung mit Vorteilen für beide Seiten, die aber dazu beitrug, Frauen aus der gelehrten Sphäre auf sehr lange Zeit auszuschließen. Kapitel 6 greift die Geschichte Abaelards von anderer Seite auf, indem es dessen Katalysatorfunktion im quirligen Betrieb der Pariser Schulen beschreibt, welche sich in der Generation nach Abaelard zur frühen Universität verbanden. Weiterhin skizziert es Abaelards geniales wissenschaftliches Wirken, der wesentlich zur Herausbildung der scho-

Scholastik lastischen Methode beitrug. Diese blieb bis zum Ende des Mittelalters im universitären Lehr- und Forschungsbetrieb maßgeblich und prägt unser wissenschaftliches, rational-logisches und kritisch-dialektisches Denken bis heute. Kapitel 7 schließlich wendet den Blick auf die kommunale Welt Oberitaliens, die Wiege der modernen Rechtswissenschaft. Friedrich Barbarossas schon erwähntes Scholarenprivileg definierte nicht nur den Status und die wesentlichen Rechte des mittelalterlichen Studenten, es ist zugleich ein weiteres eindrucksvolles Zeugnis für das Bündnis zwischen Wissen und Macht, welches im weiteren Mittelalter vor allem in der Person des gelehrten Juristen verkörpert wurde.

Die Entstehung der scholastischen Wissenschaft und der Universitäten im 12. Jahrhundert ging einher mit einer massiven Expansion von Bildung und Schriftlichkeit, die sich sehr günstig auf die Überlieferungssituation und damit auf unser Wissen über jene

Spätmittelalter Epoche ausgewirkt hat. Dementsprechend behandeln nicht weniger als sieben Kapitel (Kap. 8 bis 14) die Verhältnisse vom 13. bis zum frühen 16. Jahrhundert. Personen treten in diesen Abschnitten zugunsten einer stärker strukturorientierten Betrachtung zurück. Den inneren Aufbau der Universitäten und das studentische Leben im Spätmittelalter schildern die Kapitel 11 und 12. Immer wieder sind Bezüge zur Kirchengeschichte herzustellen – so hinsichtlich der treibenden Rolle des Papsttums bei der Förderung der gelehrten Bildung (Kap. 8 und 11) und mit Blick auf die Prosopographie (Personengeschichte) der spätmittelalterlichen Gelehrten, die überwiegend von geistlichen Pfründen lebten (Kap. 13). Wie diese Gelehrten ihrerseits gesellschaftliche Diskurse prägten, etwa bei der Modernisierung und Rationalisierung kirchlicher und weltlicher Herrschaft (Kap. 8), wird wiederholt zu thematisieren sein. Der Entwicklung der Medizin und der Naturwissenschaften widmet sich das Kapitel 9, während Kapitel 10 den Blick auf die Herausbildung eines städtischen Schulwesens im Spätmittelalter richtet. Die Darstellung endet mit einem Ausblick auf die humanistische Bildungsbewegung und die Reformation (Kap. 14): epochemachende kultur- und kirchengeschichtliche Umwälzungen, die direkt aus dem mittelalterlichen Bildungssystem hervorgingen und dieses zugleich sprengten.

Der Einübung von Quellenarbeit dienen die Quellenanhänge, die den einzelnen Kapiteln beigegeben sind. Die Auswahl der Dokumente soll der Mannigfaltigkeit der Quellenlage Rechnung tragen. Literarische Zeugnisse, die den Wissenshorizont mittelalterlicher Menschen, die Mentalität von Gelehrten oder ihre Wahrnehmung durch Dritte beleuchten, sind ebenso vertreten wie Quellen, die direkte Einblicke in gelehrte Biographien und in den Betrieb der Schulen und Universitäten erlauben. Schriften des Wissenschaftsbetriebes im engeren Sinne, das heißt Auszüge aus wissenschaftlichen Werken und Lehrschriften, konnten hingegen weniger berücksichtigt werden, da ihr Verständnis zumeist ein großes Maß an Spezialwissen über den jeweiligen Wissensbereich voraussetzt.

Quellenanhänge

1.4 Die heutige Wissenschafts- und Universitätsgeschichtsforschung

Die Vielfalt der modernen Forschungsdiskurse zu Fragen der mittelalterlichen Bildungs- und Wissenschaftsgeschichte kann in den folgenden Kapiteln unmöglich angemessen gewürdigt werden.

Kommentierte Literaturlisten

Um Ansatzpunkte für eine vertiefte Beschäftigung mit dem Thema zu bieten, ist jedem Kapitel eine kurze kommentierte Literaturliste beigegeben, welche durch eine umfangreichere Liste weiterer einschlägiger Literatur in Kapitel 15 vervollständigt wird. Hier in der Einleitung sollen nur einige Autoren aufgezählt werden, deren Arbeiten den Entwicklungsgang der deutschen Mediävistik auf diesem Forschungsfeld wesentlich geprägt haben.

Die ältere Forschung des 19. und frühen 20. Jahrhunderts beurteilte die mittelalterliche Bildungs- und Wissenschaftsgeschichte vor allem von einem ideen- und institutionengeschichtlichen Blickwinkel aus.[3] Damals entstanden bis heute wichtige Standardwerke zur mittelalterlichen Wissenschaftsmethodik sowie zur Entstehungs- und Frühgeschichte der europäischen und deutschen Universitäten.[4] Nach dem Zweiten Weltkrieg konnte die deutsche Forschung diese Perspektive durch die Aufnahme kultur-, mentalitäts- und sozialgeschichtlicher Fragestellungen sukzessive verbreitern. Grob gesprochen, lassen sich hierbei vor allem zwei Traditionslinien in der deutschen Mediävistik unterscheiden, von denen bedeutende Impulse auf dem genannten Forschungsgebiet ausgingen.

Ideen- und Institutionengeschichte

Die erste hatte ihre wichtigsten älteren Vertreter in Peter Classen (1924–1980) und Arno Borst (1925–2007). Beide waren Schüler des langjährigen Göttinger Professors Percy Ernst Schramm (1894–1970), der mit seinen Werken zur politischen Herrschaftssymbolik und Ideengeschichte des deutschen Kaisertums zu den Pionieren der kulturgeschichtlichen Forschung in Deutschland gehört. Peter Classens Forschungsansatz kann am besten durch den Titel eines Sammelbandes seiner Schriften, *Studium und Gesellschaft im Mittelalter*, charakterisiert werden, den sein Schüler Johannes Fried (*1942) im Jahr 1983 herausgab: Universitätsgeschichte wird hier in den Kontext allgemeiner sozialer und kultureller Entwicklungen gestellt. Eine wichtige Klammer bildete hierbei die Prosopographie[5] – die Geschichte der Gelehrten als ei-

Prosopographie

---

3 Als guter Forschungsüberblick zur älteren und neueren Universitätsgeschichtsforschung siehe Rexroth 1992, Kap. 1 und 2.
4 Zu nennen sind etwa Grabmann 1909 (zur scholastischen Methode) sowie – als bis heute wichtige Gesamtdarstellungen zur Universitätsgeschichte des Mittelalter – die Monographien von Denifle 1885 und Kaufmann 1888.
5 Als Prosopographie (Personengeschichte) bezeichnet man kollektivbiographische Forschungsdesigns, die nicht Einzelpersonen in den Blick nehmen,

nes eigenen gesellschaftlichen Standes, welcher sich seit dem 12. Jahrhundert zuerst in Italien und Frankreich herausbildete (dazu Fried 1974). Die Wechselwirkungen zwischen Universität und Gesellschaft erforschte auch Arno Borst, der das Phänomen mit dem Aufschwung religiöser Bewegungen im Hochmittelalter in Beziehung setzte – eine Sichtweise, von der sein zuerst 1963 erschienener, bis heute lesenswerter Überblicksartikel *Religiöse und Geistige Bewegungen im Hochmittelalter* beredtes Zeugnis ablegt.[6] Auch mit einem Spezialgebiet der mittelalterlichen Wissenschaftsgeschichte, der Zeitrechnung (Komputistik) beschäftigte sich Borst intensiv, wobei er mit der Frage nach dem mittelalterlichen Zeitverständnis einer neuen, mentalitätsgeschichtlichen Sichtweise Vorschub leistete. Weiterhin ist Schramms Göttinger Kollege Hermann Heimpel (1901–1988), der langjährige Leiter des Max-Planck-Instituts für Geschichte, in diesen Zusammenhang zu nennen. Seine dreibändige Monographie über „Die Vener von Gmünd und Straßburg 1162–1447" (1982) ist als dichte Beschreibung eines spätmittelalterlichen Gelehrtengeschlechts, seiner Studien und (vorwiegend juristischen) Tätigkeit, seiner Wirkungskreise und Wirkungen geradezu „klassisch" geworden. Heimpels Schüler Hartmut Boockmann (1934–1998), später selbst Professor in Göttingen, befasste sich ebenfalls mit dem Wirken spätmittelalterlicher Juristen, aus seiner Feder stammt eine der neueren Überblicksdarstellungen der deutschen Universitätsgeschichte von den Anfängen bis in die neueste Zeit (Boockmann 1999).

Auch die bedeutendsten Universitätshistoriker der Nachkriegszeit können mehr oder weniger direkt mit jener „Göttinger Schule" in Verbindung gebracht werden. Dies ist zum einen Peter Moraw (1935–2013), der sich 1971 bei Classen in Heidelberg habilitierte und der anschließend während seiner langjährigen Lehr- und Forschungstätigkeit in Gießen dessen Forderung nach einer „Sozialgeschichte der deutschen Gelehrten" in zahlreichen

Sozialgeschichte der Gelehrten

---

sondern Personengruppen, die durch gemeinsame Merkmale – z.B. die Zugehörigkeit zu einem Gelehrtenstand – definiert sind. Aus Gründen der Quellenverfügbarkeit und der Forschungsökonomie sind die einzelnen Biogramme *(Viten)* meist eher klein dimensioniert und i.d.R. standardisiert.

6 Mit diesem Aufsatz trat Borst zugleich in die Fußstapfen seines zweiten wichtigen akademischen Lehrers, Herbert Grundmann (1902–1970), der bei der Erforschung der religiösen Bewegungen des Hochmittelalters Bahnbrechendes geleistet hatte, vgl. Grundmann 1977 (zuerst 1935).

Studien verwirklichte, was er in innovativer Weise mit kirchen- und verfassungsgeschichtlichen Fragestellungen verknüpfte.[7] Zu den von ihm betreuten Arbeiten gehörte die Gießener Habilitationsschrift von Rainer Christoph Schwinges (*1943), der erstmals im großen Stil computergestützt und mit statistischen Methoden die Geschichte der deutschen Universitätsbesucher des 14./15. Jahrhunderts erforschte – eine bahnbrechende Arbeit, der bis heute zahlreiche weitere wichtige Studien folgten. Auf die Initiative von Moraw und Schwinges geht heute das online-Datenbankprojekt des *Repertorium Academicum Germanicum* (RAG) zurück, welches die Gelehrten des Reiches zwischen 1250 und 1550 umfassend prosopographisch dokumentieren soll (siehe Kap. 13). Der dritte in diesem Bunde ist Jürgen Miethke (*1938), welcher 1967 an der Freien Universität Berlin beim Schramm-Schüler Wilhelm Berges mit einer Arbeit über den bedeutenden spätmittelalterlichen Philosophen William von Ockham (um 1288–1347) promovierte und der zahlreiche wichtige geistes- und universitätsgeschichtliche Studien vorgelegt hat.

Datenbankprojekte

Eine zweite „Schule" universitätsgeschichtlicher Forschung formierte sich um 1970 an der Ludwig-Maximilians-Universität München. Hier hatte Johannes Spörl den Lehrstuhl inne, welcher über die hochmittelalterliche Geschichtsschreibung und das Geschichtsdenken des frühscholastischen Gelehrten und Bischofs Otto von Freising (siehe Kap. 6) gearbeitet hatte. Unter seiner Ägide promovierten Laetitia Boehm (*1930), seine spätere Nachfolgerin, und Arno Seifert (1936–1987), ein ehemaliger Hallenser Student, der als Mitglied einer Oppositionsgruppe sieben Jahre im Zuchthaus Bautzen eingesperrt gewesen war. Beide machten sich durch zahlreiche Studien, etwa zur Geschichte der mittelalterlichen Münchener „Vorgängeruniversität" Ingolstadt, zur Sozialgeschichte der Gelehrten sowie zum spätmittelalterlichen Schulwesen verdient.[8] Aus der Schule von Boehm ging mit Rainer A. Müller (1944–2004) noch ein weiterer bekannter Universitätshistoriker hervor, welcher insbesondere das Verhältnis des spätmit-

Adel und Studium

---

7 Zum lange Zeit bedeutenden Forschungseinfluss Peter Moraws auf die deutsche Mediävistik vgl. Reinle 2016. Sozialgeschichtliche Forschungsansätze bestimmten in den 1960er bis 1980er Jahren nicht nur in der Mediävistik sondern auch in der Neuzeitforschung das Bild, sind aber in den letzten zwei Jahrzehnten (leider etwas zu sehr) in den Hintergrund getreten.

8 Vgl. etwa Boehm 1970; Seifert 1996 (posthum erschienen).

1.4 Die heutige Wissenschafts- und Universitätsgeschichte — 19

telalterlich-frühneuzeitlichen Adels zur Hochschulbildung untersucht hat (Müller 1974).

Auch unter den heute aktiven Inhabern mediävistischer Lehrstühle in Deutschland und der Schweiz sind verschiedene auf dem Gebiet der Bildungs- und Universitätsgeschichte profiliert, so etwa Martin Kintzinger (*1959), Frank Rexroth (*1960), Christian Hesse (*1961) und Wolfgang Eric Wagner (*1966). Zudem sind in den letzten 15 Jahren eine Reihe ausgezeichneter Nachwuchsarbeiten entstanden, die sich mit den Biographien einzelner Gelehrter, mit prosopographischen Großstudien zu mittelalterlichen Universitätsbesuchern, aber auch etwa mit der Geschichte der spätmittelalterlichen Fürsten- und Schulbildung befassen.[9] Die Forschung ist hier also auch jenseits von Großprojekten wie dem oben erwähnten RAG oder dem Göttinger Graduiertenkolleg „Expertenkulturen des 12. bis 18. Jahrhunderts" höchst lebendig.[10] Dass die mittelalterliche Bildungs- und Wissenschaftsgeschichte darüber hinaus auch ein Thema der internationalen Mediävistik ist, versteht sich von selbst. Stellvertretend für viele, seien hier nur die Namen von Jacques Vergér (*1943), Agostino Sottili (1939–2004) und William J. Courtenay (*1935) genannt, die auf die universitätsgeschichtliche Forschung der letzten Jahrzehnte in vielerlei Hinsicht inspirierend gewirkt haben. Nicht zuletzt hat sich die deutschsprachige Forschung durch die Gründung der Gesellschaft für Universitäts- und Wissenschaftsgeschichte (1995) stärker institutionalisiert und epochenübergreifend ausgerichtet (vgl. den Online-Auftritt der GUW unter https://guw-online.net/).

Internationale Forschung

Abgerundet wird unser Bild der Wissenschafts- und Gelehrtengeschichte des Mittelalters von zahlreichen Forschungsbeiträgen aus anderen Teildisziplinen der Geschichtsforschung bzw. aus anderen Fächern. Große Aufmerksamkeit wurde in den letzten Jahren Fragen der Mentalitätsgeschichte und der symbolischen Kommunikation zuteil – hier wirkten insbesondere die Kunsthistorikerin Andrea von Hülsen-Esch (Hülsen-Esch 2006) und der Frühneuzeithistoriker Marian Füssel (Füssel 2006) anregend. Stellvertretend für die Philosophiehistoriker, die sich intensiv mit der mittelalterlichen Geistesgeschichte befasst haben,

Interdisziplinarität

---

9 Zu nennen sind etwa Immenhauser 2007; Strack 2010; Wejwoda 2012 sowie Müsegades 2014.
10 Vgl. zu Letzterem Reich/Rexroth 2012.

steht der Name von Kurt Flasch (*1930), als Rechtshistoriker seien nur Stephan Kuttner (1907–1996) und Peter Landau (*1935) genannt. Und nicht zuletzt ist so manch mittelalterlicher Gelehrter namengebend geworden für wissenschaftliche Einrichtungen, die sich der Erforschung seines Werkes widmen – sei es das Institut für Cusanus-Forschung in Trier, das Hugo von St. Viktor-Institut in Frankfurt am Main oder das Thomas-Institut für mittelalterliche Philosophie an der Universität zu Köln, dessen Namenspatron der große Dominikanergelehrte Thomas von Aquin (ca. 1225–1274) ist. So vielgestaltig die mittelalterliche Bildungs- und Wissenschaftsgeschichte ist, so vielfältig ist denn auch das Spektrum der Forschungen, die heute zu diesem Thema betrieben werden.

1.5 Lektüreempfehlungen

Christa Berg / Notker Hammerstein / August Buck (Hgg.), Handbuch der deutschen Bildungsgeschichte, Bd. 1: 15. bis 17. Jahrhundert: von der Renaissance und der Reformation bis zum Ende der Glaubenskämpfe, München 1996 *(Allgemeiner Überblick über das Thema Kindererziehung, Schulbildung und Studium, mit zeitlichen Schwerpunkten auf Spätscholastik und Humanismus [15./16. Jahrhundert] und konfessionellem Zeitalter [16./17. Jahrhundert]).*

Alexander Demandt (Hg.), Stätten des Geistes: große Universitäten Europas von der Antike bis zur Gegenwart, Köln [u.a.] 1999 *(Vorstellung wichtiger Bildungseinrichtungen von der Antike bis zur Gegenwart in Einzeldarstellungen, darunter Beiträge zum mittelalterlichen Bologna, Paris, Oxford, Prag und Heidelberg).*

Johannes Fried, Die Aktualität des Mittelalters. Gegen die Überheblichkeit unserer Wissensgesellschaft. Stuttgart 2002 *(Streitbarer Essay zur Bedeutung der Mittelalterforschung für das Verständnis unserer heutigen Welt und ihrer mittelalterlichen Wurzeln).*

Andrea v. Hülsen-Esch, Gelehrte im Bild: Repräsentation, Darstellung und Wahrnehmung einer sozialen Gruppe im Mittelalter (Veröffentlichungen des Max-Planck-Instituts für Geschichte, 201), Göttingen 2006 *(Eine umfassende Studie im Grenzbereich von Kunst- und Kulturgeschichte, die sich mit der äußeren Selbstdarstellung von Gelehrten – insbes. mittels der Kleidung – und mit deren Auswirkungen auf ihre Konstitution als eigenständige soziale Gruppe im späten Mittelalter befasst).*

Martin Kintzinger, Wissen wird Macht. Bildung im Mittelalter. Ostfildern 2003 (2. Aufl., 2007) *(Materialreicher, essayistisch gehaltener Überblick über die mittelalterliche Bildungsgeschichte mit Fokus auf das Spannungsverhältnis zwischen Wissenschaft und ihrer gesellschaftlichen*

Instrumentalisierung; damit zugleich den Bogen zu heutigen wissenschaftspolitischen Debatten schlagend).

Walther Rüegg (Hg.), Geschichte der Universität in Europa, Bd. 1: Mittelalter, München 1993 *(Wichtigstes Überblickshandbuch zur Universitätsgeschichte des Hoch- und Spätmittelalters; mit Beiträgen renommierter Universitätshistoriker zu den einzelnen unterrichteten Disziplinen, zur Alltags- und Sozialgeschichte der Studenten und Gelehrten etc.).*

Marianne Sommer / Staffan Müller-Wille / Carsten Reinhardt (Hgg.), Handbuch Wissenschaftsgeschichte, Stuttgart 2017 (zugleich e-Book Springer) *(Das Handbuch gibt einen dichten, globalen und epochenübergreifenden Überblick über die Bildungs- und Wissenschaftsgeschichte, deren Methoden und grundlegenden Forschungsansätze. In eigenen Unterkapiteln wird auch die mittelalterliche Wissenschaft und Universität behandelt).*

Peter Stein, Schriftkultur. Eine Geschichte des Schreibens und Lesens, Darmstadt 2006 *(Gut lesbar und anschaulich wird in diesem Buch ein Überblick über die Entwicklung der Schriftkulturen und grundlegende Aspekte schriftbasierter Kommunikation von den frühen Hochkulturen über Antike und Mittelalter bis zur Gegenwart gegeben).*

Aufsatzsammlungen neuerer Universitätshistoriker

Jürgen Miethke, Studieren an mittelalterlichen Universitäten. Chancen und Risiken. Gesammelte Aufsätze (Education and Society in the Middle Ages and Renaissance [= ESMAR], 19), Leiden / Boston 2004 *(Beiträge zur Studenten- und Wissenschaftsgeschichte sowie zur Sozialgeschichte der Gelehrten, chronologisch zwischen dem 12. und 15. Jahrhundert angesiedelt).*

Peter Moraw, Gesammelte Beiträge zur deutschen und europäischen Universitätsgeschichte: Strukturen, Personen, Entwicklungen (ESMAR, 31), Leiden / Boston 2008 *(Chronologisch in Spätmittelalter und Früher Neuzeit angesiedelte Beiträge zur Geschichte einzelner Universitäten, zur Sozialgeschichte der Gelehrten und zu gelehrten Juristen in Königs- und Fürstendienst).*

Rainer C. Schwinges, Studenten und Gelehrte: Studien zur Sozial- und Kulturgeschichte deutscher Universitäten im Mittelalter (ESMAR, 32), Leiden / Boston 2008 *(Versammelt eine große Zahl von für die deutsche Forschung wegweisenden Aufsätzen zur spätmittelalterlichen deutschen Universität und ihren Besuchern).*

Jacques Vergér, Les universités francaises au Moyen Age (ESMAR, 7), Leiden / Boston 1995 *(Untersuchungen zur Institutionengeschichte der französischen Universitäten – insbes. Paris – sowie zur Sozialgeschichte französischer Studenten v.a. des späten Mittelalters).*

2 Das mittelalterliche Wissenssystem als antikes Erbe

Abb. 3: Titelblatt des Hamburger Codex zu Dantes *Göttlicher Komödie* (2. Hälfte des 14. Jahrhunderts)

2.1 Eine mittelalterliche Darstellung der Wissenschaften

Buchmalereien gehören zu den auffälligsten Bestandteilen mittelalterlicher Handschriften, sie illustrieren auf dekorative, phantasievolle und hintergründige Weise die Abschriften literarischer und wissenschaftlicher Texte. Nicht selten gibt die Themenwahl der Bilder Rätsel auf – so auch hier: Ein heute in Hamburg aufbewahrter Codex mit der Abschrift von Dante Alighieris *Göttlicher Komödie*, einem der berühmtesten Werke der mittelalterlichen Literatur (um 1320), wird eingeleitet mit einem prachtvollen Titelbild, das keineswegs die verschiedenen Höllenkreise, sondern zwischen nackten Menschen und fabelhaften Tieren zehn Medaillons mit Frauengestalten zeigt. Man hat in ihnen Abbildungen der neun Musen erkennen wollen, jener mythologischen Verkörperungen der schönen Künste aus der klassischen Antike. Doch heute ist sich die Forschung darin einig, dass die Frauengestalten Allegorien der antik-mittelalterlichen Wissenschaften darstellen. Hierfür sprechen die Attribute, die den Frauenfiguren beigegeben sind und die sich allesamt auf den Inhalt oder die Methode der jeweiligen Wissenschaft beziehen.

<small>Allegorien der *artes liberales*</small>

Der Reigen beginnt links mit dem zweiten Medaillon von oben, das eine Frau zeigt, die, wie fast alle anderen, ein Buch trägt, zugleich aber ihre entblößte linke Brust darbietet, aus welcher die „Milch des Wissens" spritzt. Diese *alma mater* („nährende Mutter"), die Grammatik, verabreicht den angehenden Wissenschaftlern das „Grundnahrungsmittel" für jedes weitere Studium – die Sprache, das Latein. Es folgt darunter die Rhetorik, die Wissenschaft oder Kunst von der gut gesetzten, überzeugenden Rede. Sie hebt ihre Hand in einer lehrenden Geste. Im unteren linken Eck ist als Dritte die Dialektik (Logik) zu sehen, die Kunst des Disputierens und logischen Schließens. Ihr geistiges Handwerkzeug, das „messerscharfe" logische Argument, wird sprechend durch eine Schere versinnbildlicht.

Diese drei Frauen stehen für die Fächer des Triviums (Dreiweg), die Anfangsgründe der Wissenschaft. Sie vermittelten jenes sprachliche und argumentativ-logische Rüstzeug, ohne das die höheren Fächer nicht zu bewältigen waren. Viele Studenten beließen es bei diesem „trivialen" Grundstudium, welches sie bereits weit über die Masse der mittelalterlichen Menschen hinaushob und viele gelehrte Tätigkeitsperspektiven bot. Andere, Wissbegierigere, stiegen von hier zum Quadrivium (Vierweg) auf, den mathematischen Disziplinen. Diese sind unten in der Mitte sowie in der rechten Bildleiste dargestellt: Zuerst die Arithmetik, die Rechenkunst, symbolisiert durch einen Gestus des Zählens, dann die Geometrie mit einem Messstab in ihrer Rechten, weiterhin die

Musik, die als Einzige von allen kein Buch trägt, aber dafür ein Saiteninstrument spielt, und zuletzt die Astronomie, die in den Himmel schaut ohne dass ihr allerdings ein passendes Attribut beigegeben wurde.

Trivium und Quadrivium verbanden sich zum Fächerkanon der *septem artes liberales*. Diese „sieben freien Künste" bildeten die Basis der mittelalterlichen Wissenschaft. Sie wurden an den spätmittelalterlichen Universitäten in der Artistenfakultät gelehrt, deren Name noch heute im akademischen Titel des *Master of arts (Magister artium)* fortlebt. Nach dem Verständnis des Mittelalters war diese Fakultät den drei höheren Fakultäten – Theologie, Recht und Medizin – nachgeordnet, was in der Bildaufteilung der Buchillustration zum Ausdruck kommt. Deutlich ist eine Fokussierung auf die Person, die oben im Zentrum steht, zu erkennen: Alle neun Frauen schauen auf sie und erkennen sie somit als ihre gemeinsame Herrin an. Ihre Attribute – der Nimbus (Heiligenschein), eine Christus-Darstellung auf ihrem Gewand und der Seraph (eine Engelsgestalt) in ihrer Hand – weisen sie klar als Verkörperung der Theologie aus, der angesehensten der mittelalterlichen Wissenschaften. Schwieriger ist die Deutung der beiden Medaillons in den oberen Ecken. Zu erwarten wären Rechtswissenschaft und Medizin, die anderen beiden höheren Fakultäten. Doch nur die Erstere kann in der Figur oben links wiedererkannt werden, symbolisiert durch das strafende Schwert. Dass sie auf ihrem Gewand den Reichsadler trägt, lässt sie zugleich als Personifikation des *imperium* erscheinen, der kaiserlichen Herrschaft, die Dante in seinem Traktat *De Monarchia* (um 1316) als Gegenstück zum päpstlichen *sacerdotium* („Priestertum", entspricht der Theologie) beschwor. Die an den Universitäten des 14. Jahrhunderts eher unbedeutende Medizin hingegen ist ersetzt durch die Philosophie, die oben rechts dargestellt ist. Sie sieht so aus, wie sie der spätantike Philosoph Boethius in seiner *Consolatio philosophiae* („Über den Trost der Philosophie", um 525) beschrieben hat: gekleidet in ein Gewand, auf welchem eine Leiter mit zwei griechischen Schriftzeichen[1] am oberen und unteren Ende abgebildet ist, in den Händen Bücher und ein Zepter tragend.

---

[1] Es handelt sich um das griechische Π (pi) und das griechische θ (theta).

2.2 Gelehrte der Spätantike als Wissensautoritäten des Mittelalters

Tradition antiken Wissens

Dieses Schaubild, das die mittelalterlichen Wissenschaften vereint, stammt aus dem 14. Jahrhundert, einer Zeit, als sich „das Mittelalter" schon wieder dem Ende zuneigte und sich die Renaissance als „Wiedergeburt der Antike" bereits ankündigte. Es steht für eine ungebrochene Antikentradition, die keineswegs – wie es die Humanisten sahen – verschüttet, sondern das ganze Mittelalter über höchst lebendig war. So finden sich ähnliche Darstellungen der *septem artes liberales* das ganze Mittelalter über, etwa im *Hortus deliciarum* der Äbtissin Herrad von Landsberg (ca. 1130–1195), einer Wissensenzyklopädie aus dem späten 12. Jahrhundert, oder auch schon in einer heute in Bamberg verwahrten Prachthandschrift des 9. Jahrhunderts, wo die „rechnenden" Wissenschaften des Quadriviums abgebildet wurden.

Übergang Spätantike-Mittelalter

Das Erbe antiken Wissens erfuhr im Laufe der Jahrhunderte Umgestaltungen, vieles geriet aus dem Blick oder ging unwiderruflich verloren. Zugleich hatte dieser Vermittlungsprozess aber auch etwas höchst Schöpferisches an sich, da er über die bloße Dichotomie von Verlust und Bewahrung weit hinausging. Die Gelehrten ordneten das Wissen neu, stellten neue Fragen, setzten neue Schwerpunkte der Diskussion. Eine entscheidende Gelenkstelle bildete hierbei die Zeit zwischen ca. dem 4. und 7. Jahrhundert, die Ära des Übergangs von der Antike zum Mittelalter. Sie war gekennzeichnet durch eine lang anhaltende demographische, wirtschaftliche und politische Krise, durch tiefgreifende soziale und kulturelle Umbruchsprozesse. Kaiser Konstantin der Große (reg. 306–337) begründete mit Konstantinopel eine neue Hauptstadt im Osten und leitete die auch für die Wissenschaft folgenschwere Trennung der lateinischen und griechisch-byzantinischen Welt ein. Im Westen des Mittelmeerraums verschwand im 5. Jahrhundert das Römische Imperium, neue Reiche wuchsen auf seinen Trümmern. Zwar wurde mit der Durchsetzung des Christentums und der Kirche, der sogenannten „Konstantinischen Wende", die ideelle Einheit gewahrt. Doch trennte die islamische Expansion seit dem 7. Jahrhundert die wichtigen Kulturzentren des östlichen Mittelmeerraumes bald von der christlichen Ökumene ab. Immerhin erhielt sich unter arabischer Herrschaft vieles vom Wissen der griechischen Philosophen und Mediziner. Es entwickelte sich weiter und wurde im Hochmittelalter über die Umwege Spanien und Sizilien wieder in den wissenschaftlichen Diskurs des christlichen Europas eingespeist (siehe Kap. 2.4).

Die veränderten gesellschaftlichen Rahmenbedingungen im Abendland, etwa der Niedergang des Städtewesens und der urbanen Kultur, ließen vieles Wissen „unnütz" werden. Auch das erstarkende Christentum trug zur Delegitimierung alter Wissensautoritäten bei. Zugleich aber spornte diese Krise auch die Intellektuellen – Anhänger antiker Kulte wie auch Christen – an, die wissenschaftliche Tradition zu prüfen und, wenn möglich, zu retten. Was die Gelehrten jener Jahrhunderte für bewahrenswert und diskussionswürdig hielten, das musste das Weltbild kommender Generationen wesentlich bestimmen. Ihre Einteilungen der Wissenschaften prägen denn auch entscheidend die „Wissenstopographie" des Mittelalters.

[Marginalie: Verlust und Bewahrung]

Einer der einflussreichsten Vermittler der Wissenschaftssystematik von den *septem artes liberales* war Martianus Capella (5. Jahrhundert, genaue Lebensdaten unbekannt), der eine Enzyklopädie mit dem Titel *De nuptiis Philologiae et Mercurii* („Die Hochzeit der Philologie mit Merkur") verfasste. Dem Geschmack der Zeit entsprechend, wurde das Wissen in ein allegorisches Gewand gehüllt: Merkur, der Götterbote, heiratet die „Philologie", die Gelehrsamkeit, deren sieben jungfräuliche Dienerinnen die freien Künste personifizieren. In den einzelnen Büchern des Werkes werden diese Wissenschaften dann näher vorgestellt. Capella, der mit einiger Wahrscheinlichkeit Heide war, prägte mit dieser originellen Leistung den Bildungshorizont der christlichen mittelalterlichen Gelehrten nachhaltig. Mit über 240 Exemplaren ist eine große Anzahl von Abschriften seines Werkes überliefert. Sein Zeitgenosse und Landsmann, Augustinus von Hippo (354–430), kam mit seinen Plänen, eine eigene Enzyklopädie der sieben freien Künste zu verfassen, nicht so weit, doch trug auch er wesentlich zur Kanonisierung dieses Wissenssystems bei.

[Marginalie: Martianus Capella]

[Marginalie: Augustinus]

Augustinus gehört zu den prominentesten Gelehrten der Spätantike, ohne die mittelalterliche Theologie und Philosophie geradezu undenkbar sind. Nach einem Rhetorikstudium in Karthago und Rom, kam er nach Mailand, wo er sich 386 dem Christentum zuwandte. Später wurde er Bischof von Hippo im heutigen Algerien und wird zu den Kirchenvätern gezählt. Als Kirchenväter bezeichnet man die großen Theologen der Spätantike, welche das christliche Dogma und damit die ideelle Grundlage der mittelalterlichen Kirche entscheidend prägen. Vier von ihnen genossen im lateinischen Westen das größte Ansehen. Neben Augustinus waren dies Hieronymus, dessen lateinische Bibelübersetzung *(Vulgata)* für das Mittelalter maßgeblich wurde, Bischof Ambrosius von Mailand (beide um 400) und Gregor der Große (Papst von 590–604). Als Heilige verehrt, finden sie sich häufig auf Altarbildern des späteren Mittelalters, leicht erkennbar an verschiedenen Attributen, etwa dem Löwen, der den Eremiten Hieronymus begleitet. Alle waren Geistliche: Hieronymus gilt in anachronistischer Weise als Kardinal, zwei waren Bischöfe, einer, Gregor, sogar Papst. Die Taube, die auf Bildern meist am Ohr des buchschreibenden Gregors zu finden ist, symbolisiert den Heiligen Geist, der Gregors theologisches Werk inspirierte – nicht Weisheit an sich, sondern die Nähe zu Gott verschaffte dem mittelalterlichen Gelehrten die höchste Lehrautorität!

Augustinus' Beitrag zur mittelalterlichen Philosophie und Theologie kann hier nur angedeutet werden. Seine Gnadenlehre prägte noch das theologische Verständnis des Augustinereremiten Martin Luther (1483–1546) entscheidend: Nicht freier Wille und gute Taten führen den Christen zum Heil, sondern allein die Gnade Gottes, der in unerforschlicher Weise die einen auserwählt und die anderen (die Mehrzahl!) verdammt. Dieses Gnadenverständnis betonte die Verworfenheit der Menschen durch die Erbsünde, ist zugleich aber auch vor dem Hintergrund politischer Verhältnisse zu sehen, welche durch die Autokratie der spätantiken Kaiser sowie vielfältige Unterdrückung und Gewalt geprägt waren. Den mittelalterlichen Christen erschien ein solch pessimistisches Bild vom Verhältnis des Menschen zu Gott oft zu radikal. Bei aller verbalen Anerkennung Augustins wurde seine Gnadenlehre in Theorie und Praxis nur zögernd rezipiert, was später wiederum Luther in seiner Kritik der spätmittelalterlichen Frömmigkeitspraxis und Werkgerechtigkeit aufgriff. Augustinus stellte mit seinen Thesen die Grundlagen antiker Moralphilosophie in Frage, indem er das Bemühen um Selbstvervollkommnung und gutes Handeln abwertete. Allerdings trat Augustinus seinen mittelalterlichen Lesern auch als ein Autor gegenüber, der von einem philosophierenden Zugang zu Gott spricht. Schließlich hatte er selbst über den Platonismus zum Christentum gefunden und das Christentum zunächst sehr stark philosophisch aufgefasst. Dieser „frühe Augustinus", wie er sich z.B. in Schriften wie *De magistro* oder *De libero arbitrio* zeigt, war aber für einen mittelalterlichen Leser ohne historisch-philologische Hilfsmittel kaum vom „späten Augustinus" und seiner eben geschilderten Erbsündenlehre zu unterscheiden. Dies schuf einige Verwirrung und ließ Raum für scharfsinniges Argumentieren, denn jeder mittelalterliche Leser konnte sich „seinen" Augustinus ein Stück weit aussuchen. Prägend wurde Augustinus für das Mittelalter nicht zuletzt mit seinem Hauptwerk *De Civitate Dei*, der Schrift vom „Gottesstaat". Darin stellte er dem letztlich von bösen Mächten beherrschten, vergänglichen Reich der römischen Kaiser den ewig-guten Staat Gottes und seiner Kirche gegenüber. Glückserwartungen, die in den unruhigen Zeiten germanischer Invasionen im irdischen Leben nicht mehr einlösbar waren, wurden ins Jenseits verschoben. Der hochmittelalterliche Geschichtsschreiber Otto von Freising (um 1112–1158) sollte diese Konzeption christlicher Weltsicht im 12. Jahrhundert kongenial wieder aufnehmen und weiterentwickeln.

Geschichtsbild im „Gottesstaat"

Ein Jahrhundert nach Augustinus wirkte im nunmehr von ostgotischen Barbaren beherrschten Rom ein weiterer Vordenker mittelalterlicher Philosophie, Anicius Manlius Severinus Boethius (ca. 480–524/25). Er entstammte einer sehr vornehmen und reichen stadtrömischen Familie. Durch seinen Pflege- und späteren Schwiegervater Symmachus, einen ehemaligen Konsul und namhaften Gelehrten, erhielt er eine vorzügliche Ausbildung, die ihn vielleicht sogar an die in platonischer Tradition stehende Akademie von Athen führte. Mit etwa 30 Jahren begann seine steile politische Karriere im Dienste des relativ „aufgeklärten" Ostgotenkönigs Theoderich, zu dessen Kanzler er 522 aufstieg. Nur zwei Jahre später wurde er jedoch unter dem Vorwurf des Hochverrats eingekerkert und nach einigen Monaten Haft hingerichtet. Diese Gewalttat markierte den Anfang vom Ende der „friedlichen Koexistenz" der barbarischen und altrömischen Eliten. Wenig später brach die byzantinische Invasion über Italien herein, die in einem 30 Jahre andauernden Krieg die Reste antiker Zivilisation im Kernland des klassischen Altertums weitgehend in Stücke schlug.

Boethius

Boethius konnte noch an ein Weiterleben der antiken griechisch-römischen Kultur glauben. Er sah sich als ihr Vermittler, der in einflussreicher Position publizistisch wie politisch segensreich zu wirken bestimmt war. Sein „kulturpolitisches Programm" sah vor, die antike Wissenschaft für den unter den Ostgoten fortbestehenden römischen Staat nutzbar zu machen. Er prägte den Begriff des Quadriviums und stellte diese „rechnenden" (Natur-)Wissenschaften nach griechischen Vorlagen in seinen Lehrbüchern dar. In einer Zeit, da die führende antike Wissenschaftssprache Griechisch im Westen zunehmend in Vergessenheit geriet, kam Boethius eine wichtige Mittlerrolle zu: Er übersetzte die aristotelischen Schriften zur Logik ins Lateinische und versah sie mit Kommentaren. Somit schuf er ein Korpus logisch-erkenntnistheoretischer Handbücher, das zum Nukleus der mittelalterlichen Universitätskultur werden konnte. Sein ehrgeiziges Projekt, sämtliche Schriften Platons und Aristoteles' zu übersetzen und zu kommentieren, konnte hingegen nicht mehr realisiert werden. Die naturwissenschaftlichen, ethischen und politischen Schriften des Aristoteles wurden dem lateinischen Westen erst im Hochmittelalter bekannt (siehe unten), die Mehrzahl der Werke Platons kam durch byzantinische Vermittlung dem Abendland sogar erst im späten Mittelalter zur Kenntnis.

Auch wenn Boethius in seinem Bestreben, die Ansichten der beiden führenden antiken Philosophen, zu harmonisieren – Kurt Flasch spricht von einem „Konkordanzprogramm" (Flasch 1995, S. 47) – den Feinheiten ihrer Lehre sicherlich mancherlei Gewalt antat, konnte er der mittelalterlichen und noch der humanistischen Philosophie wichtige Anregungen vermitteln. Seine Werke zur aristotelischen Logik, vor allem im Bereich der Kategorienlehre und der Lehre vom syllogistischen Schließen, waren als Grundlage der Logik bzw. Dialektik für die mittelalterliche Wissenschaftsentwicklung von höchster Bedeutung. In seinen Kommentaren diskutierte er zudem eine ontologische Grundsatzfrage, die die philosophische Diskussion im Mittelalter weithin prägen sollte, das Universalienproblem.[2]

---

[2] Das Universalienproblem ist eine der großen Streitfragen der Philosophie seit der Antike, in der es darum geht, ob allgemeine Begriffe (wie z.B. „Pferd") ontologische Realität besitzen (unvergängliche Urbilder im Sinne der Ideenlehre Platons), oder ob sie nur abstrakte, durch den menschlichen Verstand gefundene Bezeichnungen sind (um also beispielsweise alle „pferdeartigen" Lebewesen zu kennzeichnen). Erstere Position bezeichnet man als Realismus (im Mittelalter auch *via antiqua*), letztere als Nominalismus *(via moderna)*. Sie-

[Marginalie: Übersetzung griechischer Schriften]

2.2 Gelehrte der Spätantike als Wissensautoritäten — 31

Auch in der Theologie leistete Boethius, über dessen religiöses Bekenntnis wir nichts Sicheres wissen, Beachtliches. Zu den damals akuten Streitfragen kirchlicher Dogmatik bezog er von seiner profunden Kenntnis der aristotelischen Logik aus Stellung. Insbesondere die christologische Debatte besaß höchste politische Brisanz, waren doch die Ostgoten Anhänger des von den Römern verketzerten Arianismus, welcher die Göttlichkeit Christi in Frage stellte. Auch zwischen dem katholischen Papsttum und den Byzantinern auf der einen sowie den sogenannten Monophysiten im Osten des byzantinischen Reiches herrschte theologischer Streit über das Verhältnis der göttlichen und menschlichen Natur Christi. Indem Boethius hier die Annahme zweier Naturen in Christi gedanklich klärte, schuf er ungewollt die Grundlage für ein antigotisches Bündnis der Kirche Italiens mit Konstantinopel, was vielleicht zu seinem Sturz beitrug. Für die Ausbildung der mittelalterlichen Lehre von der Trinität – der Dreieinigkeit von Gott Vater, Gott Sohn und dem Heiligen Geist –, hatten diese theologischen Schriften des Boethius große Bedeutung. Zugleich untermauerten sie den Nutzen der ursprünglich heidnischen Philosophie für den rechten Glauben. Auch wenn sie im Mittelalter häufig nur als „Magd der Theologie" anerkannt wurde, war ihr doch so ein Platz im System der Wissenschaften gesichert.

Beiträge zur Theologie

Bereits im Gefängnis einsitzend und die Hinrichtung erwartend, verfasste Boethius eine letzte Schrift, mit der er sich in die Annalen der Wissenschaftsgeschichte einschrieb, die *Consolatio philosophiae* („Trost der Philosophie"). Auch sie enthält allegorische Elemente, indem sie dem eingekerkerten Autor die als Frau personifizierte *Philosophia* gegenübertreten lässt, welche den Verzweifelten tröstet und belehrt. Solche philosophische „Krisenbewältigung" griff heidnische Vorstellungen etwa des Stoizismus auf, war aber auch mit dem Christentum kompatibel. Nur durch die Abkehr von den nichtigen weltlichen Glücksgütern, die eine launische Fortuna trügerisch verheißt, erfolgt die Hinwendung zum Guten, das heißt zu Gott. Auch die große, quälende Streitfrage der Theodizee wurde aufgeworfen: Warum lässt Gott das Böse in der Welt zu? Diese Diskussion blieb das Mittelalter über höchst lebendig. Eine radikale Antwort, der auch Augustinus eine Zeit-

„Trost der Philosophie"

---

he auch das Glossar im Kapitel 15, in dem wichtige in diesem Studienbuch vorkommende Begriffe erklärt sind.

lang zuneigte, sah im Kosmos zwei gegensätzliche Kräfte, das Gute und das Böse, wirken (Manichäismus). Diese Vorstellung wurde von der christlichen Kirche als ketzerisch verurteilt. Boethius bemühte sich um den Nachweis, dass trotz der vielen offensichtlichen Ungerechtigkeiten und Übel der Welt das Böse keine wahre Realität besitze, sondern nur als Abwesenheit des Guten (d.h. Gottes) verstanden werden könne. Dieses Gute gab ihm moralischen Halt in einer zunehmend verrohenden, ungeordneten Gegenwart. Einen wichtigen Anhaltspunkt, an diese göttliche Weltordnung zu glauben, gaben ihm die Naturwissenschaften, die Beobachtung des naturgesetzlich geordneten, mathematisch beschreibbaren Kosmos, in dem sich die Güte des Schöpfers spiegeln soll.

2.3 Das spätantike Wissenssystem als „didaktische Reduktion"

Kanonisierung und Schematisierung

Die Verdienste des Boethius und anderer Gelehrter für die Grundlegung der mittelalterlichen (und damit letztlich auch der modernen) Wissenschaft sind unbestritten. Sicher war ihr Erbe nicht ganz unproblematisch, wie Kurt Flasch treffend formuliert hat: „Sie brachten das Endstadium der antiken Philosophie in griffige Schulformeln. Indem sie die griechisch-lateinische Wissenschaft in ein terminologisches Schema gossen, bewahrten sie diese auf, aber sie ließen sie auch in starre Formen gerinnen" (Flasch 1995, S. 58). Dies schränkte Denkhorizonte ein, welche erst mit der Wiederentdeckung vieler klassisch-antiker Autoren im späten Mittelalter weiter eröffnet wurden. Im Vergleich zu den Autoren, die Boethius unmittelbar folgten, nahmen sich dessen geistige Rahmensetzungen aber noch denkbar weit aus. Gregor der Große etwa, der bedeutendste Papst der frühmittelalterlichen Kirchengeschichte (reg. 590–604), besaß große Verdienste als praktischer Politiker, da er die gesellschaftliche Ordnung und päpstliche Herrschaft in Rom konsolidierte und die Mission der Angelsachsen in England initiierte. Sein theologisches Werk hingegen, das ihn als Kirchenlehrer qualifizierte, kann kaum noch wissenschaftlich genannt werden. Es orientierte sich am Interesse der Predigt und war in seiner Stilistik betont volkstümlich gehalten. Seine vierbändigen *Dialogi* enthalten viele phantastische Wundergeschichten zum Zwecke religiöser Pädagogik. Der darin enthaltene Lebensbericht über den „Vater des abendländischen Mönchtums", Benedikt von Nursia, war für alle gebildeten Mönche des Mittelalters Elementarlektüre; er wurde damit zum Vorbild für die frühmittelalterliche Hagiographie, die Heiligenbiographik.

Auch der spanische Bischof Isidor von Sevilla (ca. 560–636) war in seinem gelehrten Bemühen kaum ein origineller Denker. Sein enzyklopädisches Hauptwerk, die *Etymologiae*, stellt eine Stoffsammlung (Kompilation) aus zahlreichen antiken Vorlagen dar. Sie organisiert das gesamte verfügbare Wissen in 20 Büchern, welche die *artes liberales*, Medizin, Recht, Theologie, Sprache und Gesellschaft, Naturkunde und Technik umfassen. Somit war das Werk fundamental für die höhere Bildung vor allem des früheren Mittelalters. Zugleich begründete Isidor eine spezifische etymologische Methode der Wahrheitsfindung, die bei der Erklärung von Wortbedeutungen ansetzt; eine Technik, die sich bis ins späte Mittelalter großer Beliebtheit erfreute. Ein Beispiel liefert etwa seine Erklärung des Begriffs Himmel: „Der Himmel wird deswegen *caelum* genannt, weil er nach Art einer ziselierten Metallvase [*caelatum vas*] eingelegte Lichter wie Sternbilder trägt. (...) Gott hat nämlich den Himmel mit hellen Lichtern ausgezeichnet und angefüllt; mit der Sonne, dem Kreis des Mondes und mit flimmernden Sternen geschmückt" (*Etymologiae* 13, 4, 1f.). Derartig weit hergeholte Etymologien kommen uns heute sicherlich eher skurril vor, sie waren aber von einer festen Überzeugung getragen, dass sich in sprachlichen Bezeichnungen zugleich das Wesen der Dinge zuverlässig widerspiegle.

Etymologische Weltdeutung

Die Stoffeinteilung im Werk Isidors macht deutlich, dass sich gelehrtes Wissen weit über den Bereich der *artes liberales* hinaus erstreckte. Sehen wir von Theologie, Recht und Medizin ab, die noch eingehender zu behandeln sind, ist hier vor allem an den Bereich der praktisch-technischen Wissenschaften zu denken, die im Mittelalter als *artes mechanicae* bezeichnet wurden. Sie wurden schon in der Antike von den *artes liberales* abgegrenzt und auch als *artes illiberales* bezeichnet. Denn während die „freien Künste" als würdige Beschäftigungen freier Männer galten, die Wissenschaft nicht um des Gelderwerbs wegen betrieben, wurden praktisch-technische Tätigkeiten als „unfrei" abqualifiziert, da sie dem Broterwerb dienten. Diese Abwertung der Technik – obgleich

Artes mechanicae oder *illiberales*

es die alten Römer etwa auf dem Gebiet der Architektur zu wahren Meisterleistungen brachten – trug zweifellos zur relativen Innovationsfeindlichkeit der Antike bei, die sich im Mittelalter lange fortsetzte. Dennoch sparte auch diese Epoche die technischen Wissenschaften nicht aus und bemühte sich auch um deren Systematisierung, wobei man in Anlehnung an die „freien Künste" auch hier eine Siebenzahl anstrebte. Hugo von Sankt Viktor etwa, ein Gelehrter des 12. Jahrhunderts, schlug folgende Einteilung der *artes mechanicae* vor: 1. Weberkunst, 2. Waffenschmiedekunst, 3. Schifffahrt, 4. Ackerbau, 5. Jagd, 6. Heilkunst, 7. Schauspielkunst (*Didascalion* II, 20). Durch solche neuartigen Systematisierungsversuche, die das Spektrum anspruchsvoller technischer Berufe noch keineswegs vollständig abbildeten, entsprach man im Hochmittelalter den neuen Anforderungen, welche eine sich höher entwickelnde städtische Wirtschaft und Kultur stellte.

2.4 Die arabische Wissenschaft und ihr Einfluss auf die europäische Geistesentwicklung

Niveauverlust des lateinischen Westens

Indem lateinischsprachige Gelehrte des 4. bis 7. Jahrhunderts das Wissen der Antike in Übersetzungen, Kommentaren und eigenen Werken aufbereiteten, legten sie das Fundament für die mittelalterliche Wissenschaft. Zugleich blieb ihr Wirken jedoch begrenzt und defizitär. Schon die alten Römer hatten nie das wissenschaftliche Niveau der von ihnen beherrschten Völker des Ostens, der Griechen vor allem, erreicht. Der amerikanische Wissenschaftshistoriker William H. Stahl (1908–1968) hat die negativen Folgen dieses Umstandes mit deutlichen Worten hervorgehoben: „Aufgrund ihres mangelnden Interesses am wissenschaftlichen Denken müssen die Römer verantwortlich gemacht werden für den unterentwickelten Wissensstand Westeuropas im ersten Millenium der christlichen Ära. Während im Oströmischen Reich byzantinische und alexandrinische Gelehrte das Studium der originalen Klassiker der griechischen Wissenschaft fortsetzten, durchstöberten die Kompilatoren des lateinischen Westens lediglich die leicht verdaulichen Kompendien ihrer unmittelbaren Vorgänger" (übersetzt nach Strohmaier 2003, S. 25). Freilich hatte dieser Niveauverlust des Westens auch sein Gutes – indem sich die weströmische

Zivilisation „barbarisierte", wurde sie für ihre neuen germanischen Herren anschlussfähig. Die Subtilität der griechisch-hellenistischen Philosophie und Theologie beinhaltete eben auch die Gefahr einer Überforderung.

Unter diesen Umständen erwies es sich als historischer Glücksumstand, dass außerhalb des lateinischen Kulturkreises das gelehrte Wissen der Antike konserviert wurde, bis sich jener aufnahmebereit dafür zeigte. Eine entscheidende Rolle in diesem Prozess spielten die Araber. Ihre außerordentlichen Leistungen bei der Bewahrung und schöpferischen Erweiterung gelehrten Wissens können im Rahmen einer auf Mittel- und Westeuropa fokussierten Überblicksdarstellung nicht angemessen gewürdigt werden, doch sind einige Bemerkungen zu ihrer Rolle bei der Vermittlung des antiken Erbes für das Verständnis der europäischen Wissenschaftsgeschichte unabdingbar.

Kulturtransfer der arabischen Welt

Die militärische Expansion der Araber, die kurz nach dem Tode des Propheten und Religionsstifters Mohammed (632) begann, dehnte die Herrschaft seiner Nachfolger (Kalifen) binnen weniger Generationen über ein riesiges Territorium – von Spanien im Westen bis an die Grenzen Indiens und Chinas im Osten – aus. Byzanz wurde in diesem Kampf geschwächt und auf seine Basis in Kleinasien und auf dem Balkan zurückgeworfen, das persische Sassanidenreich ging unter. Zugleich erwiesen sich die neuen Machthaber als vergleichsweise tolerant und integrationsfähig. Nichtmuslimen, insbesondere den Vertretern der anderen beiden „Buchreligionen", d.h. Christen und Juden, wurde die freie Glaubensausübung weiter gestattet, sie standen unter der Schutzherrschaft *(dhimma)* ihrer muslimischen Herren. Seit dem Machtantritt der Herrscherdynastie der Abbasiden im Jahre 750 konnten zudem auch Nichtaraber, insbesondere Perser, in die höchsten Kreise aufsteigen; das gesellschaftliche und kulturelle Leben öffnete sich vielfältigen Einflüssen. Zum zentralen Schmelztiegel dieser „multikulturellen" Gesellschaft wurde Bagdad, die seit 758 planmäßig am Tigrisufer angelegte neue Hauptstadt des Kalifats. Binnen weniger Jahrzehnte wuchs Bagdad zur größten Stadt der damaligen Welt heran. Kalifen wie der legendäre Hârûn ar-Rashîd (reg. 786–809) und vor allem al-Ma'mûn (reg. 813–833) förderten in vielfältiger Weise die Wissenschaften. Auf den Letzteren ging dabei die Gründung eines „Hauses der Weisheit" *(Bayt al-Hikma)* zurück, einer Akademie und Bibliothek gleich dem berühmten

Bagdad als Bildungszentrum

Vorbild der in der Spätantike untergegangen Bibliothek von Alexandria. Doch ging die Förderung nicht nur vom Herrscher selbst aus, Mäzenatentum gehörte in der Führungselite allgemein zum guten Ton. Die Basis dieser Wissenschaftsblüte war denkbar breit – so wird in einem Bericht aus dem Jahr 988 mitgeteilt, dass es in einer einzigen Gasse des Basars von Bagdad über hundert Läden von Buchkopierern und -schreibern gegeben habe (Halm 2004, S. 38). Nicht zuletzt ist daran zu erinnern, dass die Araber es waren, die im 8. Jahrhundert die Kunst der Papierherstellung von den Chinesen übernahmen und damit eine wesentliche materielle Voraussetzung für den Aufschwung der Buchproduktion im Mittelalter schufen.

<small>Papierherstellung</small>

Mehr noch als die aktive Förderpolitik einiger Kalifen, mehr als die politische Einheit des Reiches, welche bald wieder verlorenging, wirkte sich die religiöse Toleranz und die sprachliche Einheit positiv auf die Entwicklung der Wissenschaften in der arabischen Welt aus. Das Hocharabische wurde zur Weltsprache der Wissenschaft, dem antiken Griechisch und modernen Englisch vergleichbar. Alle Strömungen der alten orientalischen und griechisch-hellenistischen Kultur flossen hier zusammen. Die Forscher sprechen in diesem Zusammenhang von einer „Übersetzungsbewegung", die in der Bagdader Schule ihr Zentrum hatte und von vielen verschiedenen Kräften, auch Juden und syrischen Christen, getragen wurde. Systematisch wurden griechische Texte gesammelt und ins Arabische übersetzt, wobei insbesondere der im Westen nur selektiv bekannte Aristoteles höchste Wertschätzung genoss. Auf dieser Basis aufbauend, erbrachten arabischsprachige Gelehrte vieler Nationen auf zahlreichen Wissensgebieten höchste Leistungen, wobei ihre Beiträge zur Medizin, Mathematik und den Naturwissenschaften weiter unten noch gesondert zu würdigen sind (Kap. 9). Der andalusische Jurist und Philosoph Ibn Ruschd etwa, im Abendland als Averroës bekannt (1126–1198), wurde mit seinen Aristoteles-Kommentaren die wichtigste Instanz des Aristotelismus, der im 13. Jahrhundert auch im christlichen Abendland Einzug hielt.

<small>Übersetzungsbewegung</small>

Die christliche, sekundäre Rezeption der durch die Araber überlieferten und weiterentwickelten griechischen Wissenschaft setzte im späten 10. Jahrhundert ein. Sie nahm in den Grenzregionen zwischen christlicher und islamischer Welt ihren Ausgang, die seit dem 10./11. Jahrhundert Stück für Stück den Arabern wieder entrissen wurden: Spanien und Sizilien, weniger aber von dem seit dem 1. Kreuzzug von 1096–99 umkämpften Heiligen Land. Begünstigend wirkte sich hierbei die kulturelle Hochblüte des muslimischen Spanien im Hochmittelalter aus, wo Córdoba zeitweise die größte und kulturell reichste Stadt des Kontinents war. Córdoba fiel 1236 an das christliche Kastilien, Toledo schon 1085. In Toledo blühte im 12. Jahrhundert eine Übersetzerschule auf, die sich die Übertragung ursprünglich griechischer und arabischer Texte ins Lateinische zum Ziel stellte – von ihr gingen wichtige Impulse zum Aufschwung der Scholastik im westlichen Europa aus. Auch hier war religiöse Toleranz eine entscheidende Voraussetzung für die wissenschaftliche Blüte – sie fand sich vor allem auf Seiten der Christen, während sich im muslimischen Süden zu jener Zeit ein zunehmend rigoristischeres Verständnis des Islam durchsetzte, was Gelehrte wie Ibn Ruschd oder der jüdische Philosoph und Arzt Maimonides (ca. 1135–1204) unangenehm zu spüren bekamen.

Religiöse Toleranz

Die Frage nach dem Verhältnis von Glauben und Wissenschaft, die im christlichen Mittelalter oft genug zu Problemen führte, hat der frühe Islam in einem durchaus optimistischen Sinne beantwortet. Viel zitiert und bis heute hoch aktuell ist das Prophetenwort *(Hadîth)* „Die Tinte des Gelehrten ist heiliger als das Blut des Märtyrers". Tatsächlich erwiesen sich die Araber höchst aufgeschlossen gegenüber dem naturwissenschaftlichen und medizinischen Erbe der Antike. Ob freilich die griechisch geprägte Philosophie im gleichen Maße wie im christlichen Abendland zur anerkannten „Hilfswissenschaft" der Theologie aufsteigen konnte, mag man bezweifeln. So formulierte der britische Orientalist Bernard Lewis (*1916): „Die Aufnahme des griechischen Erbes in den Islam führte zu einem Kampf zwischen der wissenschaftlich-rationalistischen Tendenz dieses neuen Wissens und dem atomistischen und intuitiven Charakter des religiösen Denkens des Islam" (Lewis 1995, S. 179). Mit der ersteren Denkrichtung, der *muʿtazila*, die eine Vereinigung von antiker Philosophie und Islam anstrebte, sympathisierten die wissenschaftsfreundlichen Kalifen des 9. Jahrhunderts. Sie blieb bis ins 11. Jahrhundert lebendig, bis sie unter neuen Machthabern und unter dem Einfluss strenggläubiger Geistlicher zurückgedrängt wurde –

nach dem Urteil mancher moderner arabischer Gelehrter „das größte Unglück, das die Muslime traf".[3]

Niedergang der arabischen Wissenschaft

Verschiedene kulturell-religiöse, wirtschaftliche und politisch-militärische Faktoren (Bagdad wurde 1258 von den Mongolen zerstört) führten zur Stagnation und schließlich zum Niedergang der arabischen Wissenschaft. Nichtsdestotrotz bleibt ihr das Verdienst, nicht nur höchst wichtige eigenständige Beiträge zur Wissenschaftsentwicklung geleistet zu haben, sondern auch das antike wissenschaftliche Erbe bewahrt und an den lateinischen Westen weitergegeben zu haben. Möglicherweise hätte manches auch über den byzantinischen Osten den Weg ins Abendland gefunden, so wie dies insbesondere für die platonischen Schriften im 15. Jahrhundert gilt, die durch griechische Exilanten auf der Flucht vor dem Vormarsch der Osmanen nach Italien kamen. Doch eines bleibt sicher: Ohne die Leistungen der arabischsprachigen Gelehrten des 8. bis 12. Jahrhunderts wäre die höchst dynamische europäische Wissenschaftsentwicklung des hohen und späten Mittelalters undenkbar gewesen.

2.5 Lektüreempfehlungen

Quellen
Martianus Capella, Die Hochzeit der Philologie mit Merkur. Übers. v. Hans Günter Zekl, Würzburg 2005.
Lenelotte Möller, Die Enzyklopädie des Isidor von Sevilla, Wiesbaden 2008.

Literatur
Jim al-Khalili, Im Haus der Weisheit. Die arabischen Wissenschaften als Fundament unserer Kultur, Frankfurt am Main 2011 *(Eine sehr gut lesbare Darstellung der Wissenschaftsentwicklung in der arabischsprachigen Welt des Mittelalters; verfasst von einem persischstämmigen Exiliraker aus einer alten Intellektuellenfamilie. „Wir sollten untersuchen, was das kulturelle und wissenschaftliche Denken des Abendlandes den Arbeiten zu verdanken hat, die arabische und persische, muslimische, christliche und jüdische Denker und Wissenschaftler vor 1000 Jahren leisteten" [S. 17f.])*.
Wolfram Ax (Hg.), Lateinische Lehrer Europas. Fünfzehn Porträts von Varro bis Erasmus von Rotterdam, Köln 2005 *(Einzeldarstellungen von Leben, Werk und Wirkung von bedeutenden Gelehrten v.a. der Spätantike, die das mittelalterlich-frühneuzeitliche Denken und die universitäre Lehre*

---

[3] So Ahmad Amin in seinem Geschichtswerk Ḍuḥā al-Islām (1936). Zitiert nach D. Gimaret: Muʿtazila, in: Encyclopaedia of Islam, Second Edition, Bd. VII, Leiden 1993, S. 783–793, hier S. 786.

prägten; u.a. Plinius d.Ä., Donatus, M. Capella, Boethius und der hochmittelalterliche Alexander von Villa Dei).

Kurt Flasch, Das philosophische Denken im Mittelalter. Von Augustin bis Macchiavelli (reclam Universal Bibliothek, Nr. 8342), Stuttgart 1995 *(Materialreiche Gesamtdarstellung der mittelalterlichen Philosophiegeschichte, die die Grundzüge philosophisch-theologischen Denkens der Zeit anschaulich skizziert und in größere Zusammenhänge einordnet.).*

Uta Lindgren, Die Artes liberales in Antike und Mittelalter: bildungs- und wissenschaftsgeschichtliche Entwicklungslinien (Algorismus: Studien zur Geschichte der Mathematik und der Naturwissenschaften, 8), Augsburg 2004 *(Kompakte Überblicksdarstellung über Inhalte und Traditionslinien der artes liberales im Mittelalter, ausgehend von ihren antiken Grundlagen; mit deutlichem Fokus auf Leben und Werk des Gelehrtenpapstes Gerbert von Aurillac [Silvester II., siehe Kap. 4]).*

Sönke Lorenz, Libri ordinarie legendi. Eine Skizze zum Lehrplan der mitteleuropäischen Artistenfakultät um die Wende vom 14. zum 15. Jahrhundert, in: Wolfram Hogrebe (Hg.), Argumente und Zeugnisse (Studia Philosophica et Historica, 5), Frankfurt a.M. / Bern / New York 1985, S. 204–258 *(Kurzer, insbes. an spätmittelalterlichen Universitätsstatuten und dem dort vorgeschriebenen Lektürekanon der Artistenfakultät orientierter Überblick über Standardwerke und Lehrmethoden des spätmittelalterlichen Artesstudiums).*

Ursula Schaefer (Hg.), Artes im Mittelalter: Wissenschaft, Kunst, Kommunikation, Berlin 1999 *(Reichhaltige Aufsatzsammlung zu einzelnen artes liberales, zu wichtigen Gelehrten und ihren Werken sowie zu allgemeinen Aspekten des Verhältnisses von artistischem Wissen und Gesellschaft v.a. des späteren Mittelalters).*

Peter Schulthess / Ruedi Imbach, Die Philosophie im lateinischen Mittelalter: ein Handbuch mit einem bio-bibliographischen Repertorium, Zürich u.a. 1996 *(Ausführliche Darstellung der mittelalterlichen Philosophiegeschichte des westlichen Europas, verbunden mit einem Anhang zu den wichtigsten Autoren und ihren Werken).*

Loris Sturlese, Die Philosophie im Mittelalter: von Boethius bis Cusanus (Beck'sche Reihe, 2821), München 2013 *(Sehr kompakter, prägnanter Überblick über das philosophische Denken des Mittelalters, unter Berücksichtigung griechischer, persischer, arabischer und lateinischer Denk- und Werktraditionen).*

3 „Die göttliche Ordnung erkennen und erhalten": Bildung und Wissenschaft in karolingischer Zeit

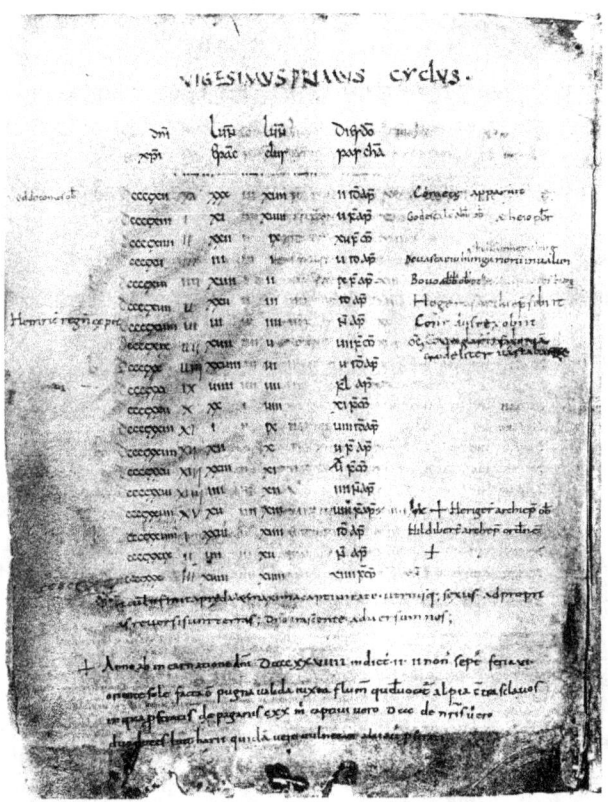

Abb. 4: Ein Blatt aus den Corveyer Annalen. Randbemerkungen zu zeitgeschichtlichen Ereignissen auf einem „Kalender" (Ostertafel zu den Jahren 912–930).

Fragt man heute nach dem „Geburtsjahr" Deutschlands, so wird von Historikern ein Datum häufig genannt – das Jahr 919, als Heinrich I. (reg. 919–936), der erste König aus dem sächsischen Herzogshause der Ottonen, den Thron bestieg. Mit ihm endet die karolingische Epoche, die das Wachsen und die Teilung des Frankenreiches gesehen hatte. So wichtig diese Zeit für die Ausprägung der Landkarte Europas auch war, so „düster" erscheint sie im Hinblick auf die zivilisatorische Entwicklung, die nach einer Blütezeit unter Karl dem Großen (reg. 768–814) und seinem Nachfolger Ludwig dem Frommen (reg. 814–840) eine Krisenphase durchmachte. Ein Indiz hierfür ist das abgebildete Blatt aus den sogenannten Corveyer Annalen, dem einzigen direkt zeitgenössischen Zeugnis von der „Geburt" Deutschlands. *Heinricus regnare cepit*, steht dort, reichlich unscheinbar, am linken Rand: „Heinrich begann zu regieren". Anspruchsloser geht es kaum – erst etwa 50 Jahre später werden Geschichtsschreiber am ottonischen Hof den Regierungsantritt Heinrichs in längeren, wohlgesetzten Phrasen beschreiben. Die Corveyer Annalen liefern damit ein Beispiel, wie sich eine ganze Literaturgattung, die Historiographie, im 10. Jahrhundert erst wieder entwickeln musste und wie sie dabei aus dem Schatten einer anderen Disziplin trat, der Chronologie als der Lehre von der Zeitrechnung.

Kalenderberechnung

Unser Kalender ist ein antikes Erbe. Seine „Verchristlichung" erfolgte im 6. Jahrhundert, als der italienische Mönch Dionysius Exiguus (ca. 470–ca. 540) die Datierung nach Inkarnationsjahren (vor bzw. nach Christi Geburt) einführte. Nur wenige Experten, die sogenannten Komputisten, beschäftigten sich mit Kalenderberechnung. Dabei bestand hier für die mittelalterlichen Christen durchaus ein Regelungsbedarf, etwa aufgrund liturgischer Erfordernisse. Dies gilt vor allem für Ostern, dessen Termin sich nach dem Erscheinen des ersten Frühjahrsvollmondes richtet und an den sich weitere Daten koppeln. So war die Bestimmung des Osterfesttermins von größter Bedeutung und Unsicherheiten darüber konnten sich zu handfestem theologischen Streit auswachsen. Erst im 8. Jahrhundert gelang es einem der größten frühmittelalterlichen Gelehrten, dem angelsächsischen Mönch Beda Venerabilis (ca. 672–735), dieses Problem zu lösen. 40 Werke hat er verfasst, darunter die *Historia ecclesiastica gentis Anglorum* („Kirchengeschichte des englischen Volkes"), eines der bedeutendsten Geschichtswerke des frühen Mittelalters. Sein Interesse galt aber auch den Naturwissenschaften und der Mathematik, vor allem der Zeitrechnung, die er als gottgefälliges Werk begriff: „Letzten Endes wollte er ... im ganzen Raum der Christenheit die gleiche Zeiteinteilung durchsetzen und sie auf die Eckpfeiler seines Glaubens ausrichten, Weltschöpfung, Fleischwerdung Christi und Jüngstes Gericht" (Borst 1993, S. 55).

Auf Bedas Berechnungen geht die oben abgebildete Ostertafel zurück. Es handelt hier mithin um einen rudimentären Kalender, in den für jedes Jahr zwischen 912 und 930 n. Chr. der richtige Ostertermin eingetragen ist. Dieser findet sich jeweils in der letzten Spalte der Tabelle, während in den übrigen Positionen weitere kalendarische Größen verzeichnet sind, so zum Beispiel in der dritten Spalte die Epakten, das Alter des Mondes zum Frühlingsbeginn. Beda hatte diese Daten auf Jahrhunderte vorausberechnet und ein Zahlenwerk erstellt, das durch Abschreiber auch den Weg ins sächsische Corvey fand. Doch nutzten die Mönche die Tafel eben nicht nur zur Zeitrechnung, sondern auch als „kollektives Gedächtnis"; wie in einer Art Tagebuch trugen sie Denkwürdiges ein. So erfahren wir etwa, dass im Jahr 912 ein Komet erschien – im mittelalterlichen Verständnis ein Vorzeichen für kommende Unglücke.[1] Zu 919 und 929 finden sich etwas längere Berichte über Ungarnüberfälle und zu einer Schlacht gegen die Slawen. Letzterer ist in einer Art Verweistechnik unter das Blatt gesetzt. Man kann förmlich sehen, wie sich hier aus knappen Marginalnotizen Geschichtsschreibung entwickelt – ein Neuanfang, der auf den Aufschwung der ottonischen Historiographie und Kultur vorausweist.

Der Gelehrte Beda Venerabilis ist nur einer von vielen Vertretern irisch-angelsächsischer monastischer Kultur, welche im Frühmittelalter großen Einfluss auf die kulturelle und kirchliche Entwicklung des Kontinents nahmen. Missionierend und Klöster gründend zogen die Mönche durch das Frankenreich und angrenzende Gebiete. Einer von ihnen, der „Apostel der Deutschen" Winfried-Bonifatius (ca. 673–754), legte im Bündnis mit den karolingischen Hausmeiern die Grundlagen für die Kirchenorganisation in den östlichen Randgebieten des Frankenreiches, dem späteren Deutschland. Bezeichnend für das niedrige Bildungsniveau jener Zeit ist ein berühmter Streit des Bonifatius mit seinem „Kollegen", dem Iren Virgil von Salzburg (ca. 700–784),[2] in dem es um die Frage ging, ob eine unter Verwendung einer grammatisch unkor-

---

[1] Es handelt sich hierbei um den berühmtesten Kometen überhaupt, den Halley'schen Kometen, der ungefähr alle 76 Jahre (zuletzt 1986) Erdnähe erreicht.
[2] Virgil von Salzburg war ein bedeutender Gelehrter und Geograph, der nicht nur, wie die meisten Gelehrten des Mittelalters, von der Kugelgestalt der Erde überzeugt war, sondern sogar über die Existenz von Antipoden (also Menschen auf der gegenüberliegenden Erdhälfte) spekulierte, was ihm freilich

rekten lateinischen Formel vollzogene Taufe ungültig sei oder nicht. Hier stellte sich das ernstzunehmende Problem, dass mangelnde Bildung des Klerus und daraus folgende falsche Glaubensausübung das Seelenheil der Christen gefährden und die christliche Ordnung bedrohen konnten. An diesem Punkt setzten später die Bildungsreformen Karls des Großen an.

3.1 Die „karolingische Renaissance"

Karl der Große

Die Eroberungspolitik Karls des Großen, der die Grenzen des Frankenreiches bis über die Pyrenäen, nach Mittelitalien und an die Elbe und mittlere Donau vorschob, hatte ein Großreich geschaffen, dessen Beherrschung eine bessere, rationale Herrschaftsorganisation und ein allen gemeinsames Wertesystem erforderte, welches sich an christlichen Normen orientieren sollte. Als enger Verbündeter der römischen Päpste – Leo III. sollte ihn im Jahr 800 zum römischen Kaiser krönen – verstand sich Karl als Beschützer der Kirche und griff direkt in kirchliche Belange und Streitfragen ein. Eine allgemeine Reformpolitik, die Kapitulariengesetzgebung, erfasste alle Lebensbereiche, etwa Herrschaft und Verwaltung, Militär- und Geldwesen, Landwirtschaft, richtige Lebensführung des Volkes und eben auch die Bildung.

Besonders klar formulierte das Kernanliegen dieser Bildungsreform die *Admonitio generalis* von 789: „Falsches korrigieren, Unnützes ausscheiden, Richtiges bekräftigen" *(errata corrigere, superflua abscindere, recta cohortare)*. Es ging darum, die Folgen des schleichenden Bildungsverfalls zu beseitigen, einen Kanon christlichen Wissens zu schaffen und nicht zuletzt die Grundlagen für eine allgemeine Hebung des Bildungsniveaus zu schaffen. Angeordnet wurde, „Schulen zu errichten, an denen die Kinder lesen lernen können. In jedem Kloster, an jedem Bischofssitz sollen die *notae* (Schriftzeichen), Kirchengesang, Rechnen und Grammatik gelehrt werden. Es ist dafür zu sorgen, dass genügend und gründlich verbesserte Bücher des rechten Glaubens vorhanden sind" (übersetzt nach Riché 1999, S. 230f.). Hierbei war in erster Linie an eine Ausbildung des Klerus gedacht, was Karls Nachfolger

Einrichtung von Schulen

Skepsis und Kritik eintrug, galten diese Regionen doch als unbewohn- und unerreichbar, ja geradezu als eine „Gegenwelt".

Ludwig der Fromme in einem Erlass unterstrich, wonach Klosterschulen allein zum Unterricht der Novizen, also des Mönchsnachwuchses bestimmt sein sollten. Beim Plan von Ludwigs Sohn Lothar hingegen, staatliche Schulen *(scolae publicae)* in Italien zu schaffen, ist zumindest denkbar, dass diese auch der Laienbildung hätten dienen können – umso mehr, als in Italien das Bildungsniveau allgemein höher lag als nördlich der Alpen.

Schriftliche Bildung (Literalität) war im Mittelalter weitgehend dem Klerus vorbehalten, worauf schon die Doppelbedeutung des Wortes Laie im Deutschen – als Nichtgeistlicher wie als Ungebildeter – verweist. Selbst Karl der Große war, trotz seiner vielfältigen Interessen, weitgehend Analphabet (siehe Quellenanhang). Allerdings ist zu überlegen, ob der Aufbau eines Schulwesens und eine Anhebung des klerikalen Bildungsniveaus nicht auch Rückwirkungen auf die Laienwelt haben mussten. Dies war seit dem 12. Jahrhundert tatsächlich der Fall, als sich die Stifts- und Klosterschulen der Welt öffneten, städtische Schulen und Universitäten entstanden. Während also im Spätmittelalter ein „selbstverstärkender Prozess" einsetzte, in dem das Bildungsangebot sukzessive eine entsprechende Nachfrage erzeugte und umgekehrt, entwickelte sich in karolingischer Zeit keine vergleichbare Dynamik. Hierzu fehlte es angesichts einer schwachen demographischen und ökonomischen Basis, dem Fehlen einer Städtekultur und gesellschaftlicher Arbeitsteilung an den notwendigen strukturellen Voraussetzungen, die in den wenigen Jahrzehnten der Regierungszeit Karls und Ludwigs auch nicht geschaffen werden konnten. In einer überwiegend agrarisch geprägten Welt gab es außerhalb der Kirche keinen Bedarf an Schriftkundigkeit. Gelehrte Bildung blieb so ein schmales, störanfälliges Elitenphänomen, eine Insel im Meer des Unwissens, die unter sich verschlechternden politischen Rahmenbedingungen im späteren 9. Jahrhundert beinahe wieder verschlungen wurde.

Grenzen der Bildungsreform

Die Erfolge der Bildungsbemühungen Karls des Großen in den Jahrzehnten um 800 waren gleichwohl so beträchtlich, dass man heute von einer „karolingischen Renaissance" spricht, der Wiedergeburt einer als vorbildlich angesehenen antiken Kultur. Eine neuentwickelte Schrift (karolingische Minuskel) erleichterte das Lesen und Schreiben, zahlreiche Werke antiker Autoren wurden gesammelt, in den klösterlichen Skriptorien (Schreibstuben) abgeschrieben und so für die Zukunft bewahrt. In den meisten

Bewahrung antiker Texte

Fällen geht die gesamte uns bekannte Tradition lateinischer Klassiker auf diese Abschriften zurück; selbst heute sind noch an die 10.000 Handschriften des 8. und 9. Jahrhunderts erhalten, deren buchmalerische Ausgestaltung sich oft auf hohem künstlerischem Niveau bewegt. Große Klöster wie St. Gallen oder die Reichenau füllten ihre „Bücherschatzkammern" mit hunderten Manuskripten. Das professionelle Abschreiben mit Vorlesern und mehreren Schreibern zugleich, das Ausleihen und der Wissenstransfer über weite Entfernungen hinweg wurden zu einem wesentlichen Lebensinhalt vor allem der Mönche, die diese Tätigkeit als Gottesdienst begriffen. Wie der Lebensraum der Klöster, der wichtigsten Bildungsstätten jener Zeit, aussah, verdeutlicht der St. Galler Klosterplan, der um 826 auf der Bodenseeinsel Reichenau entstand (Abb. 5).

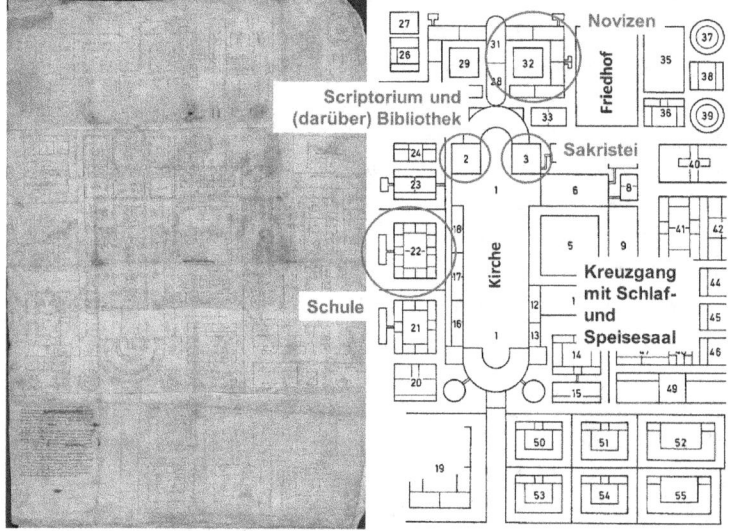

Abb. 5: Der St. Galler Klosterplan, entstanden um 826 auf der Insel Reichenau (Original: Pergament 78x112 cm; sowie moderne Umzeichnung).

Mikrokosmos Kloster

Die Zeichnung stellt keine reale Klosteranlage, sondern einen Idealplan „als Stätte lebenslangen Gehorsams unter Abt und Regel" dar (Angenendt 1995, S. 401f.). Das Kloster bildet einen Mikrokosmos aus geistlicher wie weltlicher Gemeinschaft, d.h. der Mönche und ihres agrarisch-handwerklichen Personals. In ihm lebt eine autarke Gesellschaft im Kleinen, mit Gesindehaus und Fremdenherberge, Gärten, Mühle, Bäckerei, Ställen und Werkstätten, Hospital – gruppiert um das Zentrum, das aus Kirche, Kreuzgang und Aufenthaltsort der Mönche besteht. In diesen Mikrokosmos prominent eingebettet liegen die mit Wissenschaft und Nachwuchsausbildung verbundenen Bereiche: Nahe dem Chor der Klosterkirche, gegenüber der Sakristei, wo die wertvollen liturgischen Geräte und Gegenstände verwahrt sind, befinden sich Bibliothek und Skriptorium auf zwei Etagen, so wie dies auch Umberto Eco in seinem Roman „Der Name der Rose" dargestellt hat. Die angehenden Mönche (Novizen) sind im „grünsten" Bereich des Klosters, nahe Friedhof und Gemüsegarten untergebracht. Ihre Schule ist zugleich wohl als eine „äußere Schule" zu verstehen, die auch Nichtklerikern offenstand, denn sie liegt im Randbereich des Klosters, zwischen Abts- und Gästehaus. Wir wissen aus anderen Quellen, dass die Kinder die Schule ab einem Alter von circa 7 Jahren besuchten. Ihr Alltag war streng reglementiert, worauf der Umstand hinweist, dass König Konrad 912 bei einem Besuch der Klosterschule in St. Gallen ausdrücklich verfügte, dass die Kinder künftig an drei Tagen im Jahr Zeit zum Spielen erhalten sollten.

Klosterschule

3.2 Alcuin von York und sein Kreis

Jedwede erfolgreiche Herrschaft ist ohne das Wirken guter Berater undenkbar. Dies gilt auch für Karl den Großen und seine Bildungsreform. Es war, wie Josef Fleckenstein formuliert hat, „einer der großen und folgenreichen Momente, ein καιρός [*kairos*] in der Geschichte des werdenden Europa, als Karl der Große im März 781 in Parma mit dem gelehrten Angelsachsen Alcuin zusammentraf. Offenbar hatte Karl erkannt, dass Alcuin der Mann war, der ihm helfen könnte, Wissenschaft und Weisheit in seinem Reich heimisch zu machen, während Alcuin die Aussicht lockte, am Königshof die besten Möglichkeiten zu finden (...), dem Nutzen (vieler) anderer wirkungsvoll zu dienen" (Fleckenstein 1993, S. 3f.). Alcuin von York (ca. 730–804) wurde nicht nur einer der führenden Gelehrten im Karlsreich, sondern vor allem etwas, was man heute „Wissenschaftsmanager" nennen würde – ein Mann mit einer glänzenden organisatorischen Begabung und der Fähig-

Die Hofkapelle als Beraterstab

keit, Männer unterschiedlichsten Charakters im Dienste des gemeinsamen Zieles zu vereinen. Der geistliche Beraterstab des Königs, die Hofkapelle, stieg unter ihm zum intellektuellen Zentrum und Taktgeber des ganzen Königreiches auf, in dem Männer aus allen Reichsteilen und von darüber hinaus wirkten: Iren und Angelsachsen, Westgoten bzw. Spanier, Langobarden bzw. Italiener, Franken, Alemannen und Angehörige anderer Völker. Durch intellektuell anregenden persönlichen Austausch, aber auch durch Briefe wurde dieses reichsumspannende Gelehrten- und Klerikernetzwerk zusammengehalten, dessen Einfluss auf die politischen Geschicke des Karlsreiches beträchtlich war. So entstanden viele Kapitularien, wie jene zur Bildungsreform, unter Alcuins Anregung und direkter Mitwirkung – Wissen und Macht gingen hier vielleicht erstmals im Mittelalter eine höchst fruchtbare Verbindung ein.

Wissenschaft am Karlshof

Auch als Wissenschaftler und Publizist leistete Alcuin Erstaunliches. Er verfasste Lehrbücher zu diversen *artes liberales*, welche als Dialoge mit Karl dem Großen gestaltet waren und sich u.a. an Boethius anlehnten, aber auch eigenständige Elemente, etwa in der Tugendlehre und Logik aufwiesen. Sein theologisches Hauptwerk *De trinitate* („Von der Dreifaltigkeit") steht nach Albert Hauck „am Anfang der mittelalterlichen Theologie". Hinzu kommen die zahlreichen Werke seiner „Kollegen" an der Hofkapelle, so die historiographischen Werke des Langobarden Paulus Diaconus und des Franken Einhard, oder das kunstvolle Preisgedicht *Ad Carolum regem* des Westgoten Theodulf von Orléans. Alle überragte jedoch Alcuin. Von ihm schrieb später ein St. Galler Gelehrter: „Seine Gelehrsamkeit trug so reiche Früchte, dass die modernen Gallier oder Franken den antiken Athenern oder Römern gleichkamen" (zit. nach Borst 1993, S. 73). Dieses überschwängliche Urteil zeigt zugleich die Wertschätzung dieses Gelehrten wie auch die hohe Meinung, die man im Mittelalter von der Antike hatte.

Astronomie und Zeitrechnung

Ein weiterer Schwerpunkt von Alcuins wissenschaftlicher Tätigkeit lag im Bereich der Astronomie und Zeitrechnung. So ist in seinem Briefwechsel mit Karl dem Großen eine Diskussion überliefert, wie das plötzliche Auftauchen des Mars in einer von den Astronomen unerwarteten Bahn zu werten sei. Während Karl besorgt fragte, ob hierin ein Anzeichen für kommendes Unheil und Kriege zu sehen sei, antwortete Alcuin mit naturwissenschaftlichen Erklärungen. Für ihn waren Sonne, Mond und Wandelsterne „Zeitzeichen", Elemente einer bewundernswürdigen, aber zugleich vom Menschen erkennbaren göttlichen Ordnung. Astronomisch gestützte Berechnungen zur Zeiteinteilung sind in der Tat anspruchsvoll. Zu denken ist etwa an den 19-jährigen Mond- und 28-jährigen Sonnenzyklus, die sich nach 19 x 28 = 532 Jahren zu einem großen (sogenannten Alexandrinischen) Zyklus überlagern, nach welchem sich Sonnen- und Mondstand im Verhältnis zum Jahreskalender wiederholen. Dies wiederum gilt jedoch nur, wenn man nach jedem abgelaufenen Mondzyklus noch einen (Mond-)Sprungtag, den *saltus lunae* einbaut, eine kleine „Unsauberkeit" jener göttlichen Zahlenharmonie. Über solche Fragen wurde im Umfeld Karls leidenschaftlich gestritten, der König selbst eingeladen, „in die Stampfmühlen der *calculatores* und in die rußigen Küchen der *mathematici*" einzutreten.

Die Idee der göttlichen Ordnung, die *norma rectitudinis*, beherrschte in der Karolingerzeit auch die aufblühende Kunst, die Poesie, Architektur, Buchmalerei. Regulierung und Systematisierung wurden auch hier angestrebt. Ein Beispiel liefert die streng geometrisch konstruierte Aachener Pfalzkapelle, die spätere Krönungskirche der deutschen Herrscher: ein Zentralbau als „Ineinanderschachtelung von innerem Achteck mit einem zweigeschossigen 16eckigen Umgang" (Reudenbach 1999, S. 293), bekrönt von einer technisch höchst anspruchsvollen, gleichsam aus der Zeit gefallenen Kuppel. Sind hier Antikeneinflüsse deutlich erkennbar, wirkte die „karolingische Renaissance" umgekehrt auch auf Italien zurück: In Rom entstanden nach Jahrhunderten des Verfalls wunderbare neue Basiliken, die Zenokapelle von Santa Prassede schmücken Mosaiken, welche noch heute in ihrem leuchtenden Gold- und Farbenglanz Religiosität und Schöpferkraft jenes Zeitalters illustrieren. Eine noch extremere Form fand jene „geometrische Umsetzung einer christlichen Weltordnung" in den Figurengedichten *De laudibus sanctae crucis* („Vom Lob des heiligen Kreuzes") des Hrabanus Maurus, Abts von Fulda und späteren Erzbischofs von Mainz (ca. 780–856). Er verfasste raffinierte Gittertexte mit Hexametern jeweils gleicher Buchstabenanzahl, in die weitere in Kreuzesform farbig markierte Intext-Verse eingewoben sind.

Norma rectitudinis

3.3 Der Verfall der karolingischen Kultur

Niedergang des Karolingerreiches

Im 9. Jahrhundert geriet das Frankenreich in eine Krise, was durch verschiedene Faktoren, innere wie äußere, begründet war. Die „Überdehnung" des Reiches, innerdynastische Zufälle und daraus folgende Auseinandersetzungen (843 erfolgte die Aufteilung des Frankenreiches unter drei Enkeln Karls des Großen) und nicht zuletzt neue äußere Bedrohungen brachten Schritt für Schritt das Ende. Die Wikinger, Freibeuter aus Skandinavien, eröffneten ihre Angriffe auf die christlichen Reiche gegen Ende des 8. Jahrhunderts. Sie plünderten 793 Kloster Lindisfarne in Nordengland, 794 Jarrow, die Heimat des Beda Venerabilis. Bald überrannten große Wikingerscharen fast ganz England. Andere stießen auf den Flüssen bis tief ins fränkische Kernland vor, belagerten in den 880er Jahren Paris und zerstörten zahlreiche Städte an Rhein und Mosel. Zur gleichen Zeit wurden auch die Mittelmeerküsten von sarazenischen (muslimischen) Piraten heimgesucht, 883 fiel ihnen das alte Kloster Monte Cassino, die Gründung Benedikt von Nursias, zum Opfer. Verheerend wirkten schließlich seit 894 die Streifzüge der Ungarn, eines von Osten kommenden Reitervolkes. 926 zerstörten sie das bedeutende Kloster St. Gallen; immerhin konnten die Mönche ihre Bibliothek rechtzeitig in Sicherheit bringen.

Allgemeiner Bildungsverfall

Für die kirchlichen Institutionen wirkten sich sowohl die direkten Verluste als auch die Schwächung der materiellen Basis negativ auf ihre Leistungsfähigkeit aus. Dies blieb nicht ohne Folgen für den Bildungsbereich, welcher zudem darunter litt, dass das Königtum seine Mäzenatenrolle nach und nach aufgab. Die politisch aufstrebenden Adelsgeschlechter interessierten sich kaum für Bildung, gelehrte Geistliche hatten ihnen wenig zu bieten. Laienäbte – mächtige Adlige, die die Leitung von Klöstern übernahmen, um deren Ressourcen besser ausbeuten zu können – waren ein Symptom der Krise, in die Kirche und Bildungssystem gerieten. So bleibt es für heutige Historiker eine durchaus offene Forschungsfrage, was stärker zum Niedergang der karolingischen Kultur beitrug: exogene Faktoren wie die Wikingerüberfälle oder nicht doch eher endogene Faktoren, sprich, der Strukturwandel der spätkarolingischen Gesellschaft.

Immerhin: Auch das spätere 9. Jahrhundert erlebte subtile wissenschaftliche Debatten, brachte einige herausragende Gelehrte hervor. Der theologische Augustinismus fand damals seinen ersten „Märtyrer" (Albert Hauck) in der Person des Sachsen Gottschalk, eines Adligen, der als Kind von seinen Eltern dem Kloster Fulda „geopfert" *(oblatus)*, d.h. übergeben worden war, um Mönch zu werden. Diese gängige Praxis stieß auf Gottschalks Widerstand, der, erwachsen geworden, seine Freilassung aus dem Mönchsstand forderte. Dies wurde ihm verwehrt. Noch größeren Ärger aber handelte er sich damit ein, dass er als Theologe jene individuelle Selbstbestimmung bestritt, für die er im eigenen Leben eingetreten war: In seiner Schrift *De praedestinatione* („Über die Vorherbestimmung") erklärte er, im vollen Einklang mit dem späten Augustinus, dass Gott die Menschen unentrinnbar zum Guten und zum Heil oder aber zum Bösen und zur ewigen Verdammnis bestimmt habe. Eine solche Position, die Gottschalk öffentlich predigend vertrat, schien in ihrer Konsequenz fatalistisch und jegliches moralische Bemühen untergrabend zu sein. Sie wurde deshalb von den kirchlichen Oberen, v.a. Hrabanus Maurus und Erzbischof Hinkmar von Reims (ca. 805–882), scharf abgelehnt. Der Sachse wurde als Häretiker verurteilt, gegeißelt und eingesperrt. Doch den Zeitgenossen entging durchaus nicht, dass Gottschalk als Theologe gute Argumente hatte. Im ausbrechenden Meinungsstreit rief Hinkmar den westfränkischen Hoflehrer Johannes Scotus Eriugena (frühes 9. Jahrhundert – ca. 880) zu Hilfe, den größten Gelehrten seiner Zeit. Eriugena gelang es, Gottschalk unter Berufung auf Lehren des frühen Augustin zu widerlegen. Doch formulierte er in seinem Gutachten zugleich noch weitergehende, so provokante theologische Positionen, dass er selbst in den Verdacht der Häresie geriet; heftige Auseinandersetzungen waren die Folge.

Eriugenas „diskrete, aber gedanklich entschiedene Augustin-Korrektur" (Flasch 1995, S. 164) war elegant, blieb aber umstritten. Doch seine Verdienste um die Entwicklung der mittelalterlichen Wissenschaft waren groß: Er verhalf durch seine Herausgeber- und Kommentierungstätigkeit dem Artes-Lehrbuch des Martianus Capella (siehe Kap. 2) zum Durchbruch. Seine gute Kenntnis des Griechischen befähigte ihn zu einer Übersetzertätigkeit, die den Westen mit einigen Werken der platonischen und neuplatonischen Schule bekannt machte. Vor allem aber sein fünfbändiges Werk *Periphyseon* („Über Naturen", später „Über die Einteilung der Wirklichkeit" genannt) steht wie ein Monolith in seiner Zeit. Diese tiefsinnige Abhandlung über das Verhältnis von Gott, Mensch und Natur kann zweifelsohne zu den Hauptwerken der mittelalterlichen Philosophie und Theologie gerechnet werden.

3.4 Quellen und Vertiefung

3.4.1 Der Niedergang der antiken Wissenschaft

Der fränkische Geschichtsschreiber Gregor von Tours (538–594) leitete sein großes, nach 575 entstandenes Geschichtswerk der „Zehn Bücher (fränkischer) Geschichte(n)" mit einer Klage über den Verfall der Wissenschaften im nachantiken Gallien ein:

> Da die Pflege der schönen Wissenschaften in den Städten Galliens in Verfall geraten ist, ja sogar im Untergang begriffen ist, hat sich kein in der Redekunst erfahrener Grammatiker gefunden, um in Prosa oder Versen zu schildern, was sich unter uns zugetragen hat; und doch hat sich vieles ereignet, Gutes wie Böses. Es raste die Wildheit der Heiden, und die Wut der Könige wurde groß, von den Irrgläubigen wurden die Kirchen angegriffen und von den Rechtgläubigen geschützt, in Vielen erglühte und in nicht Wenigen erkaltete der Glaube an Christus, die heiligen Stätten wurden von den Frommen reich geschmückt und von den Gottlosen geplündert. So mancher hat oftmals jenen Mangel beklagt und gesprochen: „Wehe über unsere Tage, dass die Pflege der Wissenschaften bei uns untergegangen ist und niemand im Volke sich findet, der das, was zu unseren Zeiten geschehen ist, zu Pergament bringen könnte!" Da ich unablässig bedachte, dass man dies und anderes der Art sagte, so konnte ich es nicht lassen, zur Erinnerung an das Vergangene und zur Kenntnis für die Nachkommen selbst die Kämpfe der Ruchlosen und das Leben der Rechtschaffenen an das Licht zu bringen, wenn ich es auch nur in schlichter, kunstloser Rede vermag. Es ermutigte mich hierzu vornehmlich, dass ich oft verwundert von den Unseren habe vernehmen müssen: den philosophierenden Kunstredner verstehen nur wenige, die Rede des schlichten Mannes aber Viele.
> (Gregor von Tours, Historiarum libri decem, Praefatio, Bd. 1, S. 3)

3.4.2 Bildungsinteresse Karls des Großen

Rex illiteratus est quasi asinus coronatus („Ein schreibunkundiger König ist gleichsam ein gekrönter Esel") – mit diesem berühmt gewordenen Diktum forderten Gelehrte des 12. Jahrhunderts selbstbewusst auch von der höchsten Spitze der Gesellschaft ein gewisses Maß an Bildung ein. In diesem Zusammenhang ist es interessant, wie ein Gelehrter des 9. Jahrhunderts, Einhard, die Bildungsbemühungen des Frankenkönigs Karls des Großen bewertet:

> Reich und überströmend floss ihm die Rede vom Munde, und was er wollte, konnte er leicht und klar ausdrücken. Ihm genügte jedoch nicht seine Muttersprache, sondern er widmete sich auch der Erlernung fremder Sprachen. Darunter brachte er es im Lateinischen so weit, dass er es wie seine Muttersprache redete, das Griechische aber konnte er besser verstehen als selbst sprechen. (...) Die freien Künste pflegte er mit großem Eifer, die Gelehrten in denselben schätzte er ungemein und erwies ihnen hohe Ehren. In der Grammatik nahm er Unterricht bei dem greisen Diakon Petrus von Pisa, in den übrigen Wissenschaften ließ er sich von Albinus, mit dem Beinamen Alcoin, ebenfalls einem Diakon, unterweisen, einem in allen Fächern hochgelehrten Mann, der von sächsischem Geschlecht war und aus Brittannien stammte. In dessen Gesellschaft wandte er viel Zeit und Mühe auf, um sich in der Rhetorik, Dialektik, vorzüglich aber in der Astronomie zu unterrichten. Er erlernte die Kunst zu rechnen und erforschte mit emsigem Fleiß und großer Wißbegierde den Lauf der Gestirne. Auch zu schreiben versuchte er und pflegte deswegen Tafel und Büchlein im Bett unter dem Kopfkissen bei sich zu führen, um in müßigen Stunden seine Hand an das Nachmachen von Buchstaben zu gewöhnen. Doch hatte er mit seinem verkehrten und zu spät angefangenen Bemühen wenig Erfolg.
> (Einhard, Das Leben Karls des Grossen, cap. 25, S. 197)

3.4.3 Ablehnung wissenschaftlicher Originalität

Hrabanus Maurus, der gelehrte Erzbischof von Mainz (reg. 847–856), ist unter anderem als Verfasser von Bibelkommentaren hervorgetreten, die vor allem aus Zitaten älterer kirchlicher Autoren bestehen. Die moderne Forschung hat ihn deswegen zuweilen als „öden Kompilator" (Ernst Robert Curtius) gescholten. Wie Hrabanus sein wenig ‚innovatives' Schaffen selbst gesehen hat, beschreibt er im Widmungsbrief seines Ezechiel-Kommentars wie folgt:

> Einige haben mir erzählt, dass mich manche, die ganz schlau sein wollen, darin kritisiert haben, dass ich Exzerpte aus den Schriften der heili-

gen Väter machte und ihre Namen vorne angäbe, oder auch, dass ich mich mehr auf Zitate anderer stützte als eigene Worte aufbrächte.
Auf diese Kritik kann ich leicht antworten. Was habe ich gesündigt damit, dass ich die Lehrer der Kirche für der Verehrung würdig gehalten und ihre Texte, wie sie sie selber vorgelegt haben, an geeigneten Stellen zusammen mit einem Vermerk ihrer Namen in meine Werke eingefügt habe? Es schien mir heilbringender zu sein, die Demut zu üben und mich auf die Lehren der heiligen Väter zu stützen, als meine eigenen Worte in dünkelhafter Eitelkeit – gerade so, als sei ich darauf bedacht, selber gelobt zu werden – und in unschicklicher Weise von mir zu geben. Denn auch das Musterbeispiel an tiefster Demut und darin zugleich der Lehrer, der Herr selbst, scheint uns in gewisser Weise zu lehren, so zu handeln, als er im Evangelium im Streitgespräch mit den Juden, die ihm nicht glaubten und ihn tadelten, sagte: „Wer im eigenen Namen spricht, sucht seine eigene Ehre; wer aber die Ehre dessen sucht, der ihn gesandt hat, der ist glaubwürdig, und in ihm ist keine Falschheit." [Joh. 7, 18]
(Haarländer, Rabanus Maurus, S. 87f.)

3.4.4 Fragen und Anregungen

Zu 3.4.1

- Erläutern Sie die historischen Verhältnisse in Gallien und im werdenden Frankenreich, auf die Gregor in seiner Klage anspielt, und analysieren Sie die rhetorischen Mittel genauer, die er in seiner Zustandsbeschreibung verwendet. Inwieweit stellt er eine direkte kausale Beziehung zwischen Bildungsverfall und allgemeinen Missständen her?
- Wie schätzt Gregor seine rhetorischen Fähigkeiten ein und wie rechtfertigt er sein eigenes literarisches Schaffen?

Zu 3.4.2

- Welche Bildung schreibt Einhard dem König zu? Vergleichen Sie seine Aufzählung mit dem Katalog der *septem artes liberales* (als dem zentralen mittelalterlichen Bildungskanon). Wo macht Einhard Defizite aus?
- Wie bewertet Einhard Karls Bildungsbemühungen? Inwieweit kann seine Darstellung als Idealbild eines Königs verstanden werden? Erläutern Sie hierzu auch, wie die Karl zugeschriebenen Fähigkeiten für sein Regierungshandeln nützlich sein könnten.

Zu 3.4.3
– Vergleichen Sie das von Hrabanus formulierte Verständnis wissenschaftlichen Arbeitens mit unserer heutigen Auffassung. Diskutieren Sie hierzu insbes. die Kategorien ‚Originalität' und ‚Innovativität'. Überlegen Sie, inwieweit der von Hrabanus betonte Aspekt der ‚Demut' des Gelehrten auch für ein modernes Wissenschaftsethos eine Rolle spielt bzw. spielen sollte.

3.4.5 Lektüreempfehlungen

Stephanie Haarländer, Rabanus Maurus. Ein Lesebuch mit einer Einführung in sein Leben und Werk, Mainz 2006. *Quellen*

Arnold Angenendt, Das Frühmittelalter. Die abendländische Christenheit von 400 bis 900, 2. Aufl., Stuttgart / Berlin / Köln 1995 *(Umfassender Überblick über die Geschichte des Frühmittelalters mit besonderem Fokus auf Kirchengeschichte und Theologie – Standardwerk; auch für Geistes- und Bildungsgeschichte einschlägig).* *Literatur*

Arno Borst, Computus – Zeit und Zahl in der Geschichte Europas, 3., erw. Aufl. Berlin 2004 *(Essays zur Geschichte der Zeitrechnung, Zeitmessung und des Zeitverständnisses von der Antike bis zur Gegenwart; mit Schwerpunkt auf Früh- und Hochmittelalter).*

Paul Leo Butzer / Dietrich Lohrmann (Hgg.), Science in Western and Eastern Civilisation in Carolingian Times, Basel 1993 *(Sammlung sehr informativer Aufsätze zur Wissenschaftsgeschichte der karolingischen Zeit, insbesondere über Karls führenden Hofgelehrten Alcuin).*

Brigitte Englisch, Ordo Orbis Terrae: Die Weltsicht in den Mappae mundi des frühen und hohen Mittelalters (Orbis mediaevalis, 3), Berlin 2002 *(Gesamtdarstellung zur mittelalterlichen Kartographie in ihrer Rückbindung an das mittelalterliche Verständnis einer durch den göttlichen Schöpfungsakt grundsätzlich geordneten Welt).*

Johannes Fried, Der Weg in die Geschichte. Die Ursprünge Deutschlands bis 1024 (Propyläen-Geschichte Deutschlands, Bd. 1), Berlin 1994 *(Ausführliche Darstellung der Vor- und Frühgeschichte Deutschlands unter intensiver Berücksichtigung kultur- und geistesgeschichtlicher Aspekte [insbes. Kap. „Geistige Kultur", S. 808–852]).*

Dirk Steinmetz, Die Gregorianische Kalenderreform von 1582: Korrektur der christlichen Zeitrechnung in der Frühen Neuzeit, Oftersheim 2011 *(Das Buch gibt im Kap. 1 einen Überblick über die Grundlagen sowie die antiken und mittelalterlichen Verfahren zur Kalenderberechnung. Im Kap. 2 werden Bestrebungen zu einer Reform des Kalenders vorgestellt, die im*

13. Jahrhundert einsetzten und schließlich in die Kalenderreform von 1582 mündeten).

Ernst Tremp / Karl Schmuki (Hgg.), Alkuin von York und die geistige Grundlegung Europas, St. Gallen 2010 *(Ausgehend vom Bild Karls des Großen als ‚Vater Europas' nehmen die Beiträge des Tagungsbandes den Anteil von Karls „Meister und Lehrer", Alcuin von York, an der wissenschaftlichen und kulturpolitischen Grundlegung Europas in den Blick).*

4 Bildung im Schatten der Kathedrale. Von der Ottonenzeit bis zu den Anfängen der Scholastik

> Im Jahre 989 der Fleischwerdung des Herrn trat am 21. Oktober um die 5. Tagesstunde eine Sonnenfinsternis ein. Aber ich empfehle allen Christen, die wahre Anschauung anzunehmen: So etwas kommt nicht vom Besprechen durch Hexen, vom Verschlingen oder von irgendwelchen anderen irdischen Nachhilfen; es liegt vielmehr am Monde, wie Macrobius und andere Gelehrte bezeugen.
>
> (Thietmar von Merseburg, Chronicon IV/15, ed. Trillmich, S. 131; richtig ist 990)

Himmelsphänomene, davon war schon die Rede, erweckten im Mittelalter reges Interesse. Gerade die Unwissenheit und die Unsicherheit über die Ursachen dieser Erscheinungen führten zu dieser Aufmerksamkeit; volkstümliche und gelehrte Erklärungsmodelle rangen um die Deutungshoheit. Aberglaube war weit verbreitet: „Nach dem Volksglauben würden die Wettermacher die vom Unwetter vernichtete Ernte Leuten zuschieben, die aus einem Land namens Magonia in fliegenden Schiffen herbeigekommen seien – ein frühes Beispiel für das Auftreten von fliegenden Untertassen" (Riché 1999, S. 221). Erzbischof Agobard von Lyon (ca. 769–840) schrieb in einem ganzen Buch gegen solche Auffassungen an (Harmening 1979, S. 266). Die Kirche als „aufklärerische Instanz", gestützt auf heidnisch-antike Wissenschaft – das ist nicht unbedingt das, was man vom Mittelalter erwartet!

Aberglaube und Wissenschaft

Tatsächlich ist der Befund widersprüchlich. Thietmar von Merseburg (975–1018) ist hierfür das beste Beispiel. Seine Chronik enthält so zahlreiche autobiographische Hinweise und introspektive Reflexionen, dass sie ein geradezu einzigartiges Zeugnis für Denken, Fühlen und Handeln eines Menschen aus der adligen Oberschicht um die erste Jahrtausendwende darstellt. Seine Ausbildung war, nach den Maßstäben der Zeit, vorzüglich: Als Kind kam er ins Stift Quedlinburg, wo er bei seiner Großtante, der Nonne Emnilde, ersten, „recht guten" Unterricht erhielt. Mit 12 Jahren schickte ihn sein Vater, ein sächsischer Graf, nach Magdeburg, wo er nach dreijährigem Aufenthalt an einer Klosterschule schließlich ins Domstift St. Mauritius aufgenommen wurde. Dort

Bildungsgang eines Bischofs

https://doi.org/10.1515/9783110452228-004

erhielt er bei damals hochberühmten Lehrern seine weitere Ausbildung.

Als Seelsorger und Bischof von Merseburg (ab 1009) wurde Thietmar mit vielfältigen abergläubischen Vorstellungen und Praktiken konfrontiert. Manches sah er als Überreste des Heidentums an und kritisierte es mit der wichtigen Miene des Gelehrten, so wie im obigen Beispiel. Viel öfter jedoch war Thietmar selbst von – nach heutigen Maßstäben – finsterstem Aberglauben umfangen: In seiner Chronik berichtet er z.B. von lebenden Toten, die nachts in Kirchen die Messe zelebrieren und sogar einen zu ihrer Vertreibung beorderten Priester zu Asche verbrennen – für Thietmar ein Beweis für die Unsterblichkeit der Seele (TC I/11–14, S. 15–19). Häufig sind bei ihm Wundergeschichten von Todesvorzeichen und göttlichem Strafgericht über die Sünder. Überhaupt waren seine Religiosität und Weltsicht angstbesetzt – der Teufel laure demnach überall und es bedürfe äußerster Vorsicht und Glaubensanstrengung, um ihm und den Dämonen zu widerstehen. Hier zeigt sich ein Mentalitätswandel, der auch vor den Gelehrten nicht haltmachen sollte (hierzu Dinzelbacher 1996). Wurde der Teufel im Frühmittelalter zumeist als machtlos und dem christlichen Wirken hoffnungslos unterlegen dargestellt – Hexen etwa galten den Gelehrten als teuflisches Spukbild, nicht aber als reale Erscheinung –, so gewann der Höllenfürst in der Vorstellungswelt der Menschen seit dem 11. Jahrhundert immer mehr an Potenz. Weniger der durch kosmische Harmonien und Gesetze bestimmte natürliche Weltenlauf interessierte, sondern vielmehr das Übernatürliche, das sowohl als göttliches Eingreifen und Zeichen aber auch als teuflische Machenschaft angesehen werden konnte. Hier erwuchs eine seltsame Scheinrationalität, die im Spätmittelalter in der „wissenschaftlichen" Institutionalisierung der Hexenverfolgung ihren düsteren Höhepunkt finden sollte.

Gelehrte Dämonenfurcht

4.1 Wissenschaft und Bildung in einer oralen Kultur

Die Herrschaft der Karolinger endete im Ostfrankenreich 911, im Westfrankenreich einige Jahrzehnte später. Neue Dynastien stiegen auf: im Osten die Ottonen, im Westen die Capetinger. Italien fiel um die Mitte des 10. Jahrhunderts unter ostfränkisch-deutsche Herrschaft. Die dauerhafte Verbindung Deutschlands mit der alten Kernregion des Römerreiches, die zunehmenden Kontakte zur alten politisch-kulturellen Großmacht Byzanz hatten nicht zu unterschätzende Auswirkungen auf seine zivilisatorische Entwicklung. Gerade das bis dahin eher „unterentwickelte" Sachsen, Herrschaftsmittelpunkt der Ottonen, erlebte eine kulturelle Blüte. Damit begann eine „Aufholjagd", die Peter Moraw als einen Jahrhunderte dauernden Ausgleichsprozess zwischen dem römerzeitlich geprägten „Älteren Europa" und dem „Jüngeren Europa" östlich von Rhein und Donau charakterisiert hat (Moraw 1987).

Die Anfänge waren bescheiden. Für das 10. Jahrhundert sprechen die Historiker von einer „oralen Kultur", welche bis in die höchsten Spitzen das Bild der Gesellschaft bestimmte. Entsprechend schwierig gestaltet sich dessen Erforschung. Methoden und Erklärungsmodelle, die Ethnologen im Umgang mit schriftlosen Kulturen anderer Kontinente entwickelt haben, muss hier auch der Mediävist in seiner Arbeit nutzen. Dies meint vor allem den höchst subtilen Umgang mit den wenigen schriftlichen Hinterlassenschaften jener Epoche: Wenn ein sächsischer Geschichtsschreiber, Widukind von Corvey (um 930 – nach 973), die Umstände des Regierungsantritts Heinrichs I. 919 beschreibt, und zwar mit einem zeitlichen Abstand von fast 50 Jahren, so gilt es für den Mediävisten, die Verformungskräfte des Gedächtnisses und mündlicher Tradierung historischer Nachrichten zu berücksichtigen. Er muss die Texte gewissermaßen „gegen den Strich lesen", um zu Schlüssen zu kommen (Fried 1995b und Fried 2004). Ein anderes Merkmal oraler Gesellschaften ist die große Bedeutung von Ritualen, zeichenhaften Handlungen, die an die Stelle normierter und schriftlich fixierter Verfahren treten. Nur wenn man ihre konstitutive Bedeutung innerhalb mittelalterlicher Kommunikation angemessen berücksichtigt, lassen sich die zahlreichen schriftlichen Nachrichten über solche Verhaltensweisen richtig verstehen (Althoff 1997 und Althoff 2003). Dass diese Forschungsverfahren im Einzelnen schwierig zu handhaben sind und zu oft heftig umstrittenen Resultaten führen,[1] ist freilich die Kehrseite der Medaille – einmal verlorene historische Informationen

Orale Kultur

Ritualisierte Kommunikation

---

[1] Vgl. hierzu die sogenannte Fried-Althoff-Kontroverse in der Historischen Zeitschrift, Jg. 1995.

lassen sich selbst mit höchstem Scharfsinn nicht sicher wiedergewinnen.

In der Sphäre der Bildung und ihrer wichtigsten Trägerinstitution, der mittelalterlichen Kirche, stehen die Dinge freilich besser. Wo sonst sollten jene schriftlichen Quellen entstehen, welche wir heute analysieren? Doch müssen wir, um ein zutreffendes Bild zu gewinnen, auch dort die spezifischen Bedingungen der oralen Gesellschaft berücksichtigen. Gerade die Kulturtechnik des Rituals prägte den geistlich-gelehrten Bereich in starkem Maße, was übrigens bis in das spätere Mittelalter gilt: Auch die Lehrformen der Universität und der wissenschaftliche Austausch – etwa der „Schaukampf" der Disputation – trugen Merkmale des Rituellen, und die Spielregeln einer mehr auf Rang und Ehre denn auf vorurteilsfreien Meinungsaustausch bedachten Kommunikation prägten das Miteinander der Gelehrten.

Eine Bestandsaufnahme der wissenschaftlichen und literarischen Produktion zeigt den tiefen Einschnitt, den der Bildungsverfall der späten Karolingerzeit bewirkt hatte. Die Reichsteilungen führten zudem zu einer gewissen Aufspaltung der Gelehrtennetzwerke. Hierbei blieb, nach allen quantitativen Parametern (wie Anzahl der Schulen und Umfang der Textproduktion), das Westreich dem Osten weit voraus. Immerhin fand weiterhin ein gewisser Austausch statt, waren doch deutsche Kloster- und Domschulen zumindest teilweise auf einen Gelehrten- und noch mehr Buchimport aus dem Westen bzw. aus Italien angewiesen. In den kirchlichen Zentren, nicht an dem unstet das Reich durchwandernden Königshof („Reiseherrschaft") begann um 950 der Aufstieg von Bildung und Wissenschaften. Freilich wussten die Könige sehr wohl, was sie an der Kirche und ihren vielfältigen Dienstleistungen hatten, und arbeiteten eng mit ihr zusammen – man spricht in diesem Zusammenhang vom ottonisch-salischen Reichskirchensystem. Institutionengeschichtlich ist seit jener Zeit ein Bedeutungsrückgang der Klöster und der Aufstieg der Domschulen zu beobachten (Jaeger 1994, Ehlers 1996). Gerade für Angehörige der adligen Oberschicht, wie z.B. Thietmar von Merseburg es war, stellten die Domkirchen eine attraktivere Wirkungsstätte dar als Klöster: Sie boten größere Aufstiegschancen, etwa zum Bischof oder in höhere Verwaltungspositionen und nicht zuletzt auch am Königshof. Auch die im Vergleich zu den Mönchen weniger streng reglementierte Lebensweise der Kanoniker sprach für sich. Sie liberalisierte sich im Verlaufe des Hochmittelalters weiter und erreichte schließlich jenen Flexibilitätsgrad, der die neue spezifische Lebensform des weltgewandt-intellektuellen Klerikergelehrten überhaupt erst möglich machte (vgl. Kap. 5).

Viele große geistige Leistungen wurden freilich auch weiterhin in Klöstern erbracht. Nicht zuletzt waren auch religiose Frauen hieran vielfältig beteiligt. Frauen kam in der „gesellschaftlichen Arbeitsteilung" der adligen Oberschicht ohnehin eine eher geistig-soziale Rolle zu, sie hatten, nach den Worten Thietmars, für ihre kriegführenden Männer zu beten und diese gewissermaßen moralisch zu leiten. In Klöstern oblag ihnen die wichtige geistliche Funktion der Memoria, des rituellen Totengedenkens, um den Verstorbenen einen Platz im Himmelreich zu sichern. Eine prominente Gelehrte war Hrotsvith von Gandersheim (ca. 935 – ca. 975). Im ottonischen Hauskloster Gandersheim wurde sie durch die Äbtissin Gerberga, eine Nichte Ottos I., vorzüglich ausgebildet; die Werke, die sie verfasste, zeigen ihre große Kenntnis antiker Autoren, insbesondere des Boethius, sowie eine exzellente Beherrschung antiker Reimformen, Metrik und Stilistik. Man hat ihr ein „unbeirrbares Selbstbewusstsein" bescheinigt – vielleicht die erste „emanzipierte Frau" und Schriftstellerin der deutschen Geschichte. Schon der Humanist Konrad Celtis (1459–1508), der eine Handschrift ihrer Werke im Regensburger Kloster St. Emmeram entdeckte und sie 1501 im Druck herausgab, lobte ihre Gelehrsamkeit in den höchsten Tönen; sein Gesinnungsgenosse Willibald Pirkheimer (1470–1530) rühmte sie zur selben Zeit als „elfte Muse" (nach der griechisch-antiken Dichterin Sappho als der zehnten). Hrotsviths Werke gehören dem Bereich der Legenden- und Dramenerzählung an, ihre Geschichte des Klosters Gandersheim und ihr in Hexametern abgefasster Tatenbericht Ottos I. zählen unter die wichtigsten Werke damaliger Geschichtsschreibung.

Die Kaiserkrönung Ottos I. in Rom (962), die Hochzeit Ottos II. mit der byzantinischen Prinzessin Theophanu (ca. 960–991), die Bemühungen Ottos III. zu einer *renovatio imperii Romanorum* („Wiederherstellung des römischen Reiches") um die Jahrtausendwende – in diesem politischen Umfeld erhielt der karolingische Impuls, „eine an der Antike orientierte, eine imperiale Kultur zu schaffen" (Flasch 1995, S. 178), neue Nahrung. Damals amtierte in Rom, wo Otto III. auf dem in Ruinen gefallenen Palatin eine

Marginalien:
Nonnenklöster und Frauenbildung
Hrotsvith: die erste deutsche Schriftstellerin
Gerbert von Aurillac

neue Kaiserresidenz errichten wollte, Gerbert von Aurillac als Papst Silvester II. (ca. 950–1003, reg. ab 999), einer der größten Gelehrten seiner Zeit. Dank des Berichts eines Schülers sind wir über Gerberts bemerkenswerten Bildungsaufstieg recht gut unterrichtet. Als Erzieher sowohl des späteren französischen Königs Hugo Capet als auch des jugendlichen Kaisers Otto III. genoss er höchste Protektion und gelangte in der kirchlichen Hierarchie bis in das höchste, damals freilich noch keineswegs die spätere Machtfülle besitzende kirchliche Amt. In seinen vor allem mathematisch-naturwissenschaftlichen Studien zeigte er eine schon durch die südfranzösische Herkunft und einen Studienaufenthalt in Spanien vorgeprägte geistige Nähe zur damals in höchster Blüte stehenden arabischen Wissenschaft. Seine wohl wichtigsten Leistungen waren die erstmalige Beschreibung des Astrolabiums als eines astronomischen Gerätes (vgl. Kap. 14) sowie die Einführung des Abakus, eines sinnreichen Recheninstruments, welches er, zusammen mit den arabischen Ziffern, im Abendland heimisch machte (Abb. 6). Freilich brachte ihm die Wissbegier auch Argwohn ein. Seit etwa 1100 verbreitete sich die Mär vom Teufelspakt, den er, ein früher Johann Faust, geschlossen hätte.[2] „Einfalt" war damals eben weit eher als Weisheit ein Attribut der Heiligkeit!

Rezeption arabischer Wissenschaft

---

[2] Zuerst kolportierte diese Legende Bischof Benno II. von Osnabrück, ein Gegner des Reformpapsttums und des damaligen Papstes Gregor VII. Benno ging es also vielleicht weniger um „Gelehrtenkritik" als um den Nachweis der Fehlbarkeit des römischen Pontifex (Parish 2005, S. 133).

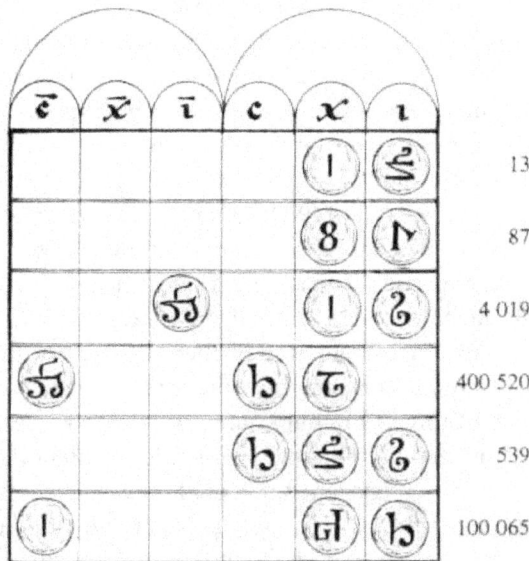

Abb. 6: Repräsentation von Zahlen auf dem Gerbert'schen Abakus: Die rechte Spalte repräsentiert die Einer-, die zweitrechte Spalte die Zehnerstellen usw., bis zu sechs Stellen, die Zahlen werden durch Plättchen mit arabischen Ziffern (bzw. die Null durch Leerlassen des Feldes) bzw. durch lateinische Ziffern in den Kolumnentiteln (Querstriche markieren Tausender) bezeichnet. Mit Hilfe des Abakus sind nicht nur Addition und Subtraktion, sondern auch Multiplikation und Division sehr schnell ausführbar.

4.2 Die französischen Kathedralschulen und die Anfänge scholastischen Denkens

Von Gerbert von Aurillac, dem Domschullehrer und Erzbischof von Reims, bis zu Petrus Abaelard (1079–1142), mit dem die Geschichte der Universitäten ihren Anfang nahm, führt über das 11. Jahrhundert hinweg ein direkter Weg. Diese Zeit war durch einen tiefgreifenden gesellschaftlichen Wandel gekennzeichnet, ohne den der damals vollzogene Durchbruch zur modernen „Wissensgesellschaft" nicht verständlich wäre. So begann um die Jahrtausendwende die demographische Entwicklungskurve in Europa deutlich steiler als zuvor nach oben zu zeigen. Im Verlauf der kommenden 300 Jahre sollten sich die Bevölkerungszahlen auf

Ökonomisch-sozialer Wandel

dem Kontinent mehr als verdoppeln (von geschätzt 24 auf 54 Millionen Menschen). Klimatisch günstige Bedingungen und eine intensivierte Bodennutzung ermöglichten dieses Wachstum, welches zugleich mit einem Aufblühen der Städte einherging. In Oberitalien, am Rhein, in Flandern und in Zentralfrankreich entstanden florierende Wirtschaftszentren, die sich über große Distanzen hinweg vernetzten. Die 1095 beginnende Kreuzzugsbewegung münzte diese demographisch-ökonomische Entwicklungsdynamik in militärische Expansion um. Zugleich kam es aber auch zu verstärktem friedlich-kulturellen Austausch mit der muslimischen Welt, etwa in Spanien und Sizilien. Der wirtschaftliche Aufschwung der Städte machte das Bürgertum zu einer eigenständigen sozialen Größe; es nahm künftig Anteil am wissenschaftlichen Fortschritt und gab ihm eine wesentlich breitere Basis. Auf der anderen Seite entwickelte auch die Königsherrschaft, etwa in England, später auch in Frankreich, neue Formen rationalisierter, schriftgestützter Herrschaftsausübung. Und nicht zuletzt verzeichnen wir einen tiefgreifenden spirituellen und mentalen Wandel, eine intensivere Beschäftigung mit den Grundlagen des Glaubens, die zuweilen in Häresie abglitt. Kirchenreform und Investiturstreit führten zur Neudefinition des Verhältnisses weltlicher und geistlicher Gewalt. Weltliche Herrschaft, ja jegliches menschliche Handeln musste sich an den Maßstäben der Kirche messen lassen, welche von gelehrten geistlichen Eliten diskutiert und klarer definiert wurden. Zugleich führte der Kampf der weltlichen Seite um Selbstbehauptung zu einem ersten „Säkularisierungsschub", zur beginnenden Trennung von Kirche und Staat, die für die abendländische Zivilisation prägend wurde.

Reichhaltiger fließende Quellen lassen die Lehrer-Schüler-Beziehungen und Übermittlungsstränge gelehrten Wissens ab dem 11. Jahrhundert deutlicher als zuvor hervortreten: Einer von Gerberts Schülern in Reims war Fulbert (ca. 950–1028), der seit 1006 als Bischof im mittelfranzösischen Chartres amtierte und hier eine Kathedralschule einrichtete, die für fast zwei Jahrhunderte eines der blühendsten Bildungszentren der westlichen Christenheit bildete. Bei Fulbert wiederum lernte Berengar (gest. 1088), der später als Domschulleiter nach Tours kam. Als Philosoph nahm er sich eines der schwierigsten dogmatischen Probleme der mittelalterlichen Theologie an, der Frage nach der Natur des Altarsakraments: Er stellte die traditionelle Vorstellung einer dinglichen (Ver-)

Wandlung von Brot und Wein in Leib und Blut Christi in Frage und entwickelte stattdessen eine neuartige, scharfsinnige Definition der Realpräsenz Christi in der Eucharistie. Für seine Gegner war dies ein Skandal, denn die Grundlagen des Abendmahlsverständnisses – an dem sich noch in der Reformation die Geister scheiden sollten – standen für sie auf dem Spiel. Berengar wurde auf mehreren Synoden (Kirchenversammlungen) als Irrlehrer verurteilt und exkommuniziert, doch fand seine Lehre auch viele Anhänger. Lanfrank (ca. 1010–1089), ein weiterer Schüler Fulberts, berichtete, wie sich Berengars Lehre über Frankreich, Deutschland und Italien verbreitete. Streitschriften gingen hin und her. „Neben und schon vor dem Investiturstreit war die Berengar-Debatte die erste große literarische Diskussion in Europa seit dem Ende der antiken Welt. Jetzt gab es eine literarische Öffentlichkeit, die nicht mehr – wie bei der Prädestinationsdebatte im 9. Jahrhundert – an einen Hof gebunden war, ein Novum" (Flasch 1995, S. 190).

Berengar wiederum inspirierte den berühmtesten Gelehrten der Zeit in seinem theologischen Werk – Anselm von Canterbury (ca. 1030–1109), den „Vater der Scholastik". Dieser stammte aus dem norditalienischen Aosta, studierte in Frankreich bei Lanfrank und wurde schließlich als dessen Nachfolger Erzbischof in Canterbury. Als Politiker im damals auch England erschütternden Investiturstreit wenig erfolgreich, prägte dieser Gelehrte das Wissenschaftsverständnis einer ganzen Epoche nachhaltig. Sein berühmtes Motto „*credo, ut intelligam*" („ich glaube, damit ich erkennen kann") erneuerte die antike, nicht zuletzt von Augustinus formulierte Idee, die christliche Glaubenslehre rational darstellen und vermitteln zu können. Die von Anselm pointiert vertretene Auffassung, dass Wissenschaft und Glaube sich nicht ausschließen, sondern die eine den anderen erhellen und sogar mit notwendigen Argumenten *(rationes necessariae)* „beweisen" könne, wurde ein ideeller Grundpfeiler der Scholastik, welche freilich auch diesen Grundsatz selbst bald zum Gegenstand ihrer Diskussionen machte. Man kann vielleicht sagen, dass gerade dieser ein wenig naiv erscheinende Erkenntnisoptimismus wissenschaftlichen Fortschritt, der ja in vielem über alte Glaubenssätze hinausging, damals überhaupt erst möglich machte.

Anselm von Canterbury

Berühmt und in seiner logischen Eleganz durchaus ansprechend ist insbesondere Anselms „ontologischer Gottesbeweis":

Ontologischer Gottesbeweis

Anselm ging von der auf den lateinischen Philosophen Seneca zurückgehenden Definition aus, Gott sei das, „worüber hinaus Größeres nicht gedacht werden kann". Er argumentierte, dass schon aus dieser Definition die Existenz Gottes folge, denn wenn dieser nicht existieren würde, dann könnte man etwas Größeres denken – nämlich das vollkommenste Seiende, das auch existiert. Anders gesagt: Wenn Gott alle Eigenschaften in der höchsten überhaupt vorstellbaren Weise besitzt (eine andere Formulierung für das ihm zugeschriebene Attribut der Vollkommenheit), dann müsse er eben auch die Eigenschaft besitzen, zu existieren. Dieser einfache, unmittelbar einleuchtende „Beweis" verblüffte und beschäftigte die Philosophen bis heute – nicht einmal das vom Jenaer Philosophen Gottlob Frege (im Anschluss an Immanuel Kant) formulierte Argument, dass „Existenz" eben keine Eigenschaft wie Gut-Sein, Schön-Sein oder Intelligent-Sein ist und daher nicht in einer vollkommensten Weise gegeben sein kann, hat dazu geführt, dass die Diskussion über Anselms Beweis an ein Ende gekommen ist.[3]

Neben Anselm hatten weitere Gelehrte Anteil daran, dass um 1100 eine vielfältige Bildungs- und Lehrtradition entstand, deren Wirken das europäische Denken tiefgehend prägen sollte und die man als scholastisch bezeichnet: Anselm von Laon (ca. 1050–1117) und dessen Schüler Wilhelm von Champeaux (ca. 1070–1121) wandten sich einer rationalen Bibelauslegung zu, die freilich auch die klassischen „Autoritäten" von Bibel, Kirchenvätern und Philosophen nicht verschmähte. Sie bemühten sich um ein systematisches Erschließen der Tradition durch Zusammenstellung der wichtigsten Belegstellen in geordneten „Sentenzensammlungen". Aus diesen sollten sich bald jene großen „Summen" der Theologie, der Logik und anderer Gebiete entwickeln, die typisch für die mittelalterliche Wissenschaft wurden (siehe Kap. 6). Die von ihnen begründete und im Folgenden stetig weiter entwickelte *Glossa ordinaria* („gewöhnliche Glosse") der gesamten Bibel, die im Wesentlichen in erklärenden Randnotizen zu vielen biblischen

Summen und Glossen

---

[3] Basierend auf dem Axiom der Allmacht Gottes lassen sich viele logische Paradoxien formulieren, z.B. die berühmte Feststellung, Gott sei nicht in der Lage, einen Stein zu erschaffen, den er selbst *nicht* anheben könne. Hiermit im Zusammenhang steht auch das alte Theodizee-Problem, also die Frage, wie ein allgütiger Gott das Böse in der Welt zulassen kann.

Aussagen bestand, machte Schule und führte zu einer regelrechten „Glossierwut" (Borst 1963, S. 515). Eine weitere Strömung wandte sich den Naturwissenschaften zu und suchte den Anschluss an die hochentwickelte arabische Wissenschaft, von der damals in Unteritalien erste Werke übersetzt wurden (Adelard von Bath, ca. 1070–1150). Wieder andere „popularisierten" damaliges Wissen. So versuchte Honorius Augustodunensis (ca. 1080 – ca. 1150) im *Elucidarium* („Erleuchter") auf seine Weise, Glauben durch Wissenschaft zu flankieren, doch lief dies auf naiv-phantasievolles Faktenausmalen hinaus, das uns heute fälschlicherweise ein besonders typisches Signet „scholastischer" (in der negativen Bedeutung des Wortes) Wissenschaft zu sein scheint.[4] Tatsächlich jedoch kann die um 1100 anbrechende Zeit der Hochscholastik als eine der produktivsten Phasen der menschlichen Wissenschaftsgeschichte überhaupt angesehen werden. Dass dem so ist, ist in nicht geringem Maße einem Mann zu verdanken, dem wir in den folgenden Kapiteln unsere Aufmerksamkeit schenken wollen: Peter Abaelard.

4.3 Quellen und Vertiefung

4.3.1 Thietmar von Merseburg über den gelehrten Erzbischof Brun von Köln

Erzbischof Brun von Köln (925–965), der Bruder Kaiser Ottos des Großen, gehörte zu den gebildetsten Kirchenfürsten seiner Zeit. Er war ein Förderer von Klosterschulen und Mäzen der Wissenschaften, der nach seinem Tode als Heiliger verehrt wurde. In der folgenden Wundergeschichte zeigt der Chronist Thietmar von Merseburg jedoch, dass solche Gelehrsamkeit auch Misstrauen hervorrufen konnte:

> Viele Leiber von Heiligen ließ der Kaiser [Otto I.] durch seinen Kaplan Dodo aus Italien nach Magdeburg bringen. Hier darf ich einen denkwürdigen Vorfall nicht übergehen, den ich über seinen Priester Poppo, den

---

[4] So beschrieb er in seinem Werk genauestens das Leben im Paradies und diskutierte, was bei der Auferstehung der Toten mit abgeschnittenen Haaren und Nägeln geschieht – vgl. hierzu mit weiteren skurrilen Details Flasch 1995, S. 203–206.

Bruder des Grafen Wilhelm, erfahren habe. Nach langen, treuen Diensten für den Kaiser war er schwer erkrankt; da sah er sich in einer Vision auf einen hohen Berg geführt, von dem er eine große Stadt mit schönen Gebäuden erblickte. Dann kam er an einen hohen Turm, dessen Stufen er mühsam erstieg. Oben auf der großen Plattform sah er gnadenhaft Christus und alle Heiligen sitzen. Hier wurde Erzbischof Brun von Köln wegen nichtiger Anwendung der Philosophie durch den höchsten Richter beklagt, aber vom hl. Paulus verteidigt und wieder eingesetzt. Dann ward auch er einer ähnlichen Sache beschuldigt, doch von der demütigen Fürbitte des Heiligen unterstützt, und er vernahm Folgendes: „Nach drei Tagen wirst du zu mir kommen und den Stuhl einnehmen, den ich dir jetzt zeige." Das alles erzählte der Priester nach seinem Erwachen dem herbeigerufenen Caesar. Mit der Versicherung, es sei kein Traum, sondern ein wahres Gesicht gewesen, dankte er ihm für alle ihm jemals erwiesene Güte. So verließ er nach Ablegung der Beichte und Empfang der Absolution von den Anwesenden dieses Elend, wie ihm offenbart war, ging in wahrem Frieden in die Heimat hinüber und tröstete seinen weinenden Herrn durch solch glückseligen Tod.
(Thietmar von Merseburg: Chronik, Buch II/16, S. 51)

4.3.2 Vision des heiligen Kirchenvaters Hieronymus

Thietmars Geschichte ist eng an eine Vision des heiligen Kirchenvaters Hieronymus angelehnt, die er in einem Brief an die geweihte Jungfrau Eustochium (ca. 368 – ca. 419) schildert. Eustochium, die aus einer römischen senatorischen Familie stammte, war selbst eine gebildete Frau, welche sich unter Anleitung des Hieronymus des Studiums geistlicher Schriften widmete. Hieronymus' Brief zeigt das Spannungsfeld, in dem sich gelehrte Christen angesichts einer intellektuell attraktiven heidnisch-philosophischen Tradition bewegten:

> Vor vielen Jahren verließ ich Heimat, Eltern, Schwestern und Verwandte und verzichtete, was noch schwieriger ist, auf meinen wohlgedeckten Tisch. So hatte ich mich gleichsam um des Himmelreiches willen selbst verschnitten [Matth. 19, 12] und machte mich auf nach Jerusalem, um ein Gott geweihtes Leben zu führen. Die Bibliothek aber, welche ich mir zu Rom mit großer Mühe und viel Arbeit erworben hatte, glaubte ich nicht entbehren zu können. Ich Elender fastete also, während ich den Tullius [Cicero] las. Nachdem ich manche Nacht durchwacht und viele Tränen vergossen hatte, welche die Reue über meine früheren Sünden gelöst, nahm ich den Plautus zur Hand. Als ich wieder zu mir selbst zurückfand, fing ich an, einen Propheten zu lesen, aber die harte Sprache stieß mich

ab. Mit meinen blinden Augen sah ich das Licht nicht. Ich aber gab nicht den Augen die Schuld, sondern der Sonne.

Während so die alte Schlange ihr Spiel mit mir trieb, überkam meinen entkräfteten Körper etwa um die Mitte der Fastenzeit ein Fieber, das bis ins innerste Mark drang. (...) Man traf sozusagen schon Anstalten zu meinem Begräbnis. Der Körper war bereits erkaltet, und nur in der erstarrenden Brust zitterte noch ein Funken natürlicher Lebenswärme. Plötzlich fühlte ich mich im Geiste vor den Richterstuhl geschleppt. Dort umstrahlte mich so viel Licht, und von der Schar der den Richterstuhl Umgebenden ging ein solcher Glanz aus, daß ich zu Boden fiel und nicht aufzublicken wagte. Nach meinem Stande befragt, gab ich zur Antwort, ich sei Christ. Der auf dem Richterstuhl saß, sprach zu mir: „Du lügst, du bist ein Ciceronianer, aber kein Christ. Wo nämlich dein Schatz ist, da ist auch dein Herz." [Matth. 6, 21]

Darauf verstummte ich. Er aber gab Befehl mich zu schlagen. Mehr noch als die Schläge peinigten mich die Gewissensqualen. Mir fiel der Vers ein: „Wer wird dich in der Hölle preisen?" [Ps. 6, 6] Ich fing an zu schreien und zu heulen: „Erbarme dich meiner, o Herr, erbarme dich meiner!" [Ps. 56,2] Dieser Ruf übertönte die Peitschenhiebe. Schließlich warfen sich die Umstehenden dem Richter zu Füßen und baten, er möge meinem jugendlichen Leichtsinn verzeihen. Er möge mir Gelegenheit geben, meinen Irrtum zu büßen, jedoch die Strafe weiter an mir vollziehen, falls ich mir erneut einfallen lassen sollte, Werke der heidnischen Literatur zur Hand zu nehmen. In meiner unglücklichen Lage hätte ich noch viel mehr versprochen. Ich fing an, bei seinem Namen zu schwören: „Herr, wenn ich je wieder weltliche Handschriften besitze oder aus ihnen lese, dann will ich dich verleugnet haben."

Nach diesem heiligen Eide entließ man mich, und ich kehrte wieder zur Erde zurück. Zu aller Verwunderung öffne ich meine Augen, aus denen Ströme von Tränen flössen, die selbst die Ungläubigen angesichts meines Schmerzes zum Glauben brachten. Es war dies kein Gaukelbild des Schlafes, es waren keine leeren Traumbilder, wie sie so manches Mal mit uns ihr Spiel treiben. Zeuge dafür ist mir der Richterstuhl, vor dem ich lag; Zeuge ist mir das schreckliche Urteil, vor dem ich erzitterte – ich habe nur den einen Wunsch, daß mir so etwas nie wieder zustößt –, meine Schultern zeigten blaue Flecken, nach dem Erwachen fühlte ich noch die Schläge. Und nachher habe ich mich mit einem solchen Eifer den göttlichen Schriften zugewandt, wie ich ihn bei der Beschäftigung mit den profanen nie gekannt hatte.

(Des heiligen Kirchenvaters Hieronymus ausgewählte Briefe, Brief 22.30, S. 100f.; online unter https://www.unifr.ch/bkv/kapitel3098-30.htm, abgerufen am: 21.2.18)

4.3.3 Peter Abaelard wendet sich der Wissenschaft zu

Der große französische Gelehrte Peter (Pierre) Abaelard verfasste um 1130 einen in Briefform gehaltenen Bericht über sein Leben und seine Leiden, die *Historia calamitatum*. „Kalamitäten" gab es in seinem Leben in der Tat nicht wenige: aufgrund einer Liebesaffäre mit Heloise wurde er entmannt, seine philosophisch-theologischen Ansichten trugen ihm heftige Verfolgungen ein. Doch erkennt man an seiner Autobiographie, dass manches Problem auch selbstverschuldet war, vor allem durch seine Eitelkeit und Extrovertiertheit. In der abgedruckten Quellenpassage stellt er einige Triebkräfte seines Handelns vor:

> Ich wurde in einem Dorf am Rande der Bretagne geboren, das acht Meilen östlich der Stadt Nantes liegt und Palais heißt. Von der Natur meiner Heimat und der meiner Familie habe ich den Leichtsinn geerbt, aber auch das Talent und den Sinn für die Wissenschaften. Mein Vater hatte nur wenig Bildung genossen, bevor er die Schwertleite empfing. Später entwickelte er eine große Liebe zu den Wissenschaften und verfügte, daß alle seine Söhne zunächst in den Wissenschaften und erst später an den Waffen auszubilden seien; und so geschah es. Da er mich, den Erstgeborenen, besonders ins Herz geschlossen hatte, achtete er sehr sorgfältig auf meine Erziehung. Je schneller und leichter ich im Studium der Wissenschaften vorankam, desto größer wurde meine Begeisterung für sie. Diese Liebe ging so weit, daß ich auf den Glanz ritterlichen Ruhmes samt meinem Erbe und den Vorrechten der Erstgeburt zugunsten meiner Brüder verzichtete und vom Gefolge des Mars ganz Abschied nahm, um im Schoß der Minerva aufgezogen zu werden. Das Arsenal logischer Begründungen, das ich allen Schriften der Philosophie vorzog, machte ich zu meiner neuen Waffengattung und gab den Gefechten des Streitgespräches den Vorrang vor den Kriegstrophäen.

(Hasse 2002a, S. 3)

4.3.4 Fragen und Anregungen

Zu 4.3.1 und 4.3.2
- Vergleichen Sie beide Visionsberichte in ihren einzelnen Elementen: konkreter Auslöser des Erlebnisses, Ablauf des himmlischen Gerichts, Folgen. Inwieweit lassen sich hieraus Rückschlüsse auf Thietmars Kenntnis des Hieronymus-Briefs gewinnen?

- Arbeiten Sie die tiefere Aussage der Gerichtsszene heraus! Inwieweit werden in den beiden Schilderungen unterschiedliche Bewertungen des heidnisch-antiken Bildungsgutes (und des Umganges mit demselben) erkennbar?

Zu 4.3.3
- Deuten Sie die metaphorischen Elemente in seinem Bericht (Gefolge des Mars, Schoß der Minerva usw.)!
- Der in den genannten Metaphern deutlich werdende Rückbezug auf die heidnische Antike ist für das christliche Mittelalter durchaus typisch. Diskutieren Sie – auch mit Blick auf die Quelle 4.3.2 – die Problematik dieses Antikenbezugs!
- Charakterisieren Sie die Mentalität, die in Abaelards Schilderung zum Ausdruck kommt. Inwieweit lässt sie sich aus seiner sozialen Herkunft erklären? Wie passt sie zum traditionellen Bild des mönchischen „Stubengelehrten", der in Einsamkeit, Demut und Meditation nach der Wahrheit (und nach Gott) sucht?

4.3.5 Lektüreempfehlungen

Gerd Althoff, Inszenierte Herrschaft: Geschichtsschreibung und politisches Handeln im Mittelalter, Darmstadt 2003 *(Sammlung von Forschungsbeiträgen zur hochmittelalterlichen Geschichtsschreibung unter den Bedingungen einer oralen Gesellschaft und symbolischer [ritualgeleiteter] Kommunikation).*

Werner Bergmann, Innovationen im Quadrivium des 10. und 11. Jahrhunderts. Studien zur Einführung von Astrolab und Abakus im lateinischen Mittelalter (Sudhoffs Archiv. Zeitschrift für Wissenschaftsgeschichte. Beihefte, Heft 26), Stuttgart 1985 *(Auf einen allgemeinen Überblick über die „rechnenden Wissenschaften" folgt eine Untersuchung zu astronomischen Traktaten sowie zur Verwendung astronomischer und mathematischer Instrumente – Astrolabium und Abakus – im Hochmittelalter).*

Peter Dinzelbacher, Angst im Mittelalter. Teufels-, Todes- und Gotteserfahrung. Mentalitätsgeschichte und Ikonographie, Paderborn 1996 *(Eine Kultur- und Mentalitätsgeschichte der religiösen Angst vor dem strafenden Gott, vor Teufel und Dämonen im Spiegel mittelalterlicher gelehrter Traktate und anderer Quellen).*

Joachim Ehlers, Dom- und Klosterschulen in Deutschland und Frankreich im 10. und 11. Jahrhundert, in: Martin Kintzinger u.a. (Hgg.), Schule und Schüler im Mittelalter (Archiv für Kulturgeschichte, Beiheft 42), Köln u.a.

1996, S. 29–52 *(Gibt einen Überblick über Bildung und Wissenschaft der karolingischen und ottonisch-frühsalischen Zeit. Exemplarisch werden Laon, Reims, Magdeburg und Hildesheim vorgestellt, deren Domschulen um das Jahr 1000 herausragende Bedeutung besaßen).*

Charles Steven Jaeger, The Envy of Angels: Cathedral Schools and Social Ideals in Medieval Europe, 950–1200, Philadelphia 1994 *(Materialreicher Überblick über die Entwicklung der französischen und deutschen Domschulen vom 10.-12. Jahrhundert, über Inhalte und Formen der Ausbildung sowie über die zeitgenössischen pädagogischen und bildungspolitischen Diskurse).*

Gerhard Lubich, „Scientia inflat, caritas vero aedificat" [1Kor 8, 1]. Wissen und Wissenschaft im Bischofsideal des Früh- und Hochmittelalters – das Beispiel Köln, in: Heinz Finger / Joachim Oepen / Stefan Pätzold (Hgg.), Christen, Priester, Förderer der Wissenschaften. Die Kölner Erzbischöfe des Mittelalters als Geistliche und Gelehrte in ihrer Zeit (Schriften der Erzbischöflichen Diözesan- und Dombibliothek Köln, 55), Köln 2014, S. 15–33 *(Ausgehend von der Beobachtung, dass Gelehrsamkeit keineswegs immer nur als positive Eigenschaft eines Christen galt, sofern dieser nicht durch andere, höher eingeschätzte Tugenden ausgezeichnet war, prüft der Beitrag am Beispiel von Lebensbeschreibungen der Kölner Erzbischöfe des 10. und 11. Jahrhunderts, welcher Stellenwert hier dem gelehrten Wissen der Bischöfe beigemessen wurde).*

Sita Steckel, Kulturen des Lehrens im Früh- und Hochmittelalter. Autorität, Wissenskonzepte und Netzwerke von Gelehrten (Norm und Struktur. Studien zum sozialen Wandel in Mittelalter und Früher Neuzeit, 39), Köln / Weimar / Wien 2011 *(Gibt in Anlehnung an Ch.S. Jaeger einen materialreichen Überblick über das Bildungssystem von der karolingischen bis zur frühscholastischen Epoche mit Fokus auf die Selbstsicht der Gelehrten und auf ihre Konstitution als soziale Gruppe).*

Katharina M. Wilson (Hg.), Hrotsvit of Gandersheim: rara avis in Saxonia? (Medieval and Renaissance Monograph Series, 7), Ann Arbor (Michigan) 1987 *(Aufsatzsammlung zum literarischen Werk Hrotsviths und zu den gelehrten Einflüssen auf dasselbe; mit Ausblicken auf das monastische Leben in Frauenklöstern der Zeit sowie auf die Rezeption von Hrotsviths Werk bis in die Moderne).*

5 Ist die *Sapientia* wirklich eine Frau? Zur Sozial-, Kultur- und Geschlechtergeschichte der Gelehrten im Zeitalter der Scholastik

Abb. 7: Liegefigur der Heloise auf dem Grabdenkmal von Abaelard und Heloise auf dem Friedhof Père Lachaise in Paris.

Sofort kehrte ich in meine Heimat zurück, um meine Geliebte abzuholen und sie zu meiner Frau zu machen. Bei ihr fand der Plan aber keinerlei Zustimmung. (…) Heloise hatte eine starke Abscheu gegen diese Ehe, die sie ganz und gar unwürdig und belastend für mich fand. (…) Wenn ich schon nicht, argumentierte Heloise, auf den Rat des Apostels [Paulus gegen die Ehe] … hören wolle, so solle ich doch wenigstens bei den Philosophen Rat suchen (…). Davon zeugt zum Beispiel die Stelle bei Hieronymus im ersten Buch ‚Gegen Jovinian', wo er Theophrast erwähnt. Dieser habe nach ausführlicher Darlegung all der unerträglichen Belastungen und der ständigen Sorgen, die die Ehe mit sich bringt … gezeigt, dass ein weiser Mann nicht heiraten dürfe. (…) Bedenke, wie wichtig eine anständige Lebensführung ist. Denn was ist das für ein Aufeinandertreffen: Gelehrte mit Haushaltshilfen, Arbeitszimmer mit Wiege, Bücher und Schreibtafeln mit Wollknäuel, Stift und Federhalter mit Spinnrad! Welcher Mann, der sich in theologische und philosophische Studien vertieft, könnte Kindergeschrei aushalten, dazu die Lieder der Erzieherinnen, welche die Kinder besänftigen, und die ganze laute Menge der weiblichen und männlichen Mitglieder eines großen Haushalts (...). Reiche Leute können das, wirst Du sagen. Ihre Paläste und weitläufigen Häuser haben Schlupfwinkel, ihr Reichtum spürt die teuren Ausgaben und die quälenden Alltagssorgen nicht. Das aber, sage ich, ist die Lage der Reichen, nicht der Philosophen. Wer sich mit Finanzdingen beschäftigt und in weltliche Sorgen verstrickt ist, wird für theologische und philosophische Aufgaben keine Zeit haben. Und darum haben die bedeutendsten Philosophen der Vergangenheit die Welt zutiefst verachtet, haben sie nicht nur verlassen, sondern sind geradezu vor ihr geflüchtet. (...) Schließlich betonte Heloise, wie gefährlich es für mich sei, sie zu heiraten. Außerdem wäre es ihr viel lieber und für mich viel anständiger, wenn sie meine Freundin und nicht meine Frau genannt würde. Auf diese Weise würde mich nur die Neigung an sie binden – und nicht die aneinander kettende Kraft einer Ehefessel.

(Peter Abaelard, Trostbrief an einen Freund, Ausschnitte aus: Hasse 2002a, S. 27–35)

Abaelards Historia calamitatum

Petrus Abaelardus (1079–1142; gesprochen A-ba-je-lardus), neben Anselm von Canterbury der wohl wichtigste Vertreter der Frühscholastik, ist vielen Menschen bis heute bekannt – jedoch weniger als Gelehrter denn als unglücklich Liebender, der heute, mit seiner Heloise (ca. 1095 – ca. 1164) vereint, auf einem der berühmtesten Friedhöfe der Welt ruht.[1] Ihre ergreifende Liebesgeschichte wurde von Abaelard in einem autobiographischen Bericht, dem „Trostbrief an einen Freund" (von der Nachwelt *Historia calamitatum*, d.h. „Geschichte der Leiden" benannt) ausführlich beschrieben. Lange galt die Authentizität des Werkes wie auch eines ebenfalls überlieferten Briefwechsels der beiden in der Forschung als umstritten, denn die ältesten Handschriften dieser Texte reichen nicht weiter als ins späte 13. Jahrhundert zurück. Diese Zweifel sind heute ausgeräumt, und insbesondere wird auch kaum mehr in Frage gestellt, dass in den Dialogen und Briefen Heloise persönlich spricht und nicht eine von Abaelard nur „konstruierte"

---

[1] Peter Abaelard wurde nach seinem Tode (1142) im Paraklet-Kloster begraben, wo seine frühere Geliebte und Ehefrau, Heloise, Äbtissin war. Sie ließ sich 1164 an seiner Seite bestatten. Nach der Zerstörung des Klosters in der Französischen Revolution wurden beide Leichname nach Paris überführt und 1819 in einem neogotischen Grabmal, welches auch originale Bauteile aus Paraklet und der alten Königsgrablege St. Denis integrierte, beigesetzt. Das Grab war und ist bis heute eine ‚Wallfahrtsstätte' für Verliebte. Vgl. Kauffmann 1993, S. 20.

gelehrte Frau. So erlauben uns diese Werke höchst seltene Einblicke in die Lebens- und Gedankenwelt nicht nur eines gelehrten Mannes sondern auch einer gelehrten Frau jenes Zeitalters. Die Geschichte des berühmten Liebespaares bildet für uns den Ausgangspunkt, um im folgenden Kapitel zwei Fragen nachzugehen: erstens nach dem Verhältnis von Frauen und gelehrter Bildung und zweitens danach, wo der soziale Ort des (männlichen) Gelehrten im späteren Mittelalter war.

5.1 Von der Tragik einer unmöglichen Beziehung: Frauen und Gelehrte, Frauen und Gelehrsamkeit im Mittelalter

Als Peter Abaelard Heloise kennen lernte, war er bereits etwa 35 Jahre alt, ein Philosoph und Theologe, der mit großem Erfolg in Paris lehrte. Heloise war mindestens 15 Jahre jünger als er und lebte bei einem Onkel, einem Pariser Geistlichen, der ihr eine sehr gute Ausbildung hatte angedeihen lassen. „Sie war vom Aussehen her durchaus nicht zu verachten, in ihrer ungeheuren Bildung aber übertraf sie alle anderen Frauen", urteilte Abaelard (Trostbrief, in: Hasse 2002a, S. 19). Soviel Klugheit und Charme reizten ihn und der Gelehrte nutzte Heloises Wissbegier, um sich ihr zu nähern. Als Hauslehrer gewann er rasch ihre Zuneigung und eine geheime Liebesaffäre begann, die, wie nicht anders zu erwarten war, zu einem Skandal führte. Erzwungene Trennung und erneute Kontaktaufnahme, die Geburt eines Sohnes mit dem höchst gelehrten Namen Astralabius folgten. Beide heirateten schließlich, doch da Abaelard sich nicht öffentlich zu der Ehe bekannte, ereilte ihn eine schreckliche Rache: Heloises Verwandte organisierten einen nächtlichen Überfall und ließen ihn entmannen. Gedemütigt verließ er Paris und wurde Mönch in verschiedenen Klöstern – ohne dass er seine Tätigkeit als Lehrer ganz aufgegeben hätte. Von Heloise hielt Abaelard sich künftig fern, auch wenn er ihre geistliche Laufbahn unterstützte. Ihr späterer intensiver Briefwechsel bestätigt, dass die beiden intellektuell und emotional auf Augenhöhe miteinander kommunizierten – wobei eher Heloise die größere Konsequenz und Willensstärke zeigte.

Abaelard und Heloise

Weibliche Gelehrte

Heloise ist eines der prominentesten Beispiele dafür, dass auch Frauen sich im Zeitalter der Scholastik den Wissenschaften zuwandten und es darin zur Meisterschaft bringen konnten. Das 12. Jahrhundert kennt etliche weibliche Gelehrte, die zum Teil bis heute berühmt sind, etwa Heloises Altersgenossin Hildegard von Bingen (1098–1179), die Verfasserin bedeutender theologischer und naturkundlich-medizinischer Schriften, oder Herrad von Landsberg (vgl. Kap. 2). Sie alle waren Nonnen und dies war auch der Weg, den Heloise zuletzt einschlug, ja einschlagen musste, denn außerhalb der Klöster war eine intellektuelle weibliche Existenz fast unmöglich. Dies sollte sich auch später nicht ändern. Das wachsende Angebot höherer Bildung, welches die aufblühenden Universitäten offerierten, konnten Frauen nicht nutzen, da ihnen der Zugang zu diesen praktisch verschlossen war (was bekanntlich bis ins 19. und frühe 20. Jahrhundert so blieb). Es gibt nur wenige Belege für Studentinnen im Mittelalter, meist Töchter oder Nichten von Universitätsgelehrten (Schwinges 1993, S. 186f.).

Bedeutungsverlust weiblicher Gelehrsamkeit

So muss man wohl, angesichts der seit dem 12. Jahrhundert stark wachsenden Zahl universitätsgebildeter Männer, seitdem von einem relativen Bedeutungsverlust weiblicher Gelehrsamkeit sprechen. Doch wäre es völlig verkehrt, die Frauen des Hoch- und Spätmittelalters für ungebildet zu halten (auch wenn sie sich, wie Heloise oder Hildegard, gern als solche stilisierten) und ihnen jeglichen intellektuellen Einfluss abzusprechen. Nicht zuletzt als kompetente Rezipientinnen literarischer Produkte und höherer Bildung waren sie wichtig, wie sowohl die Geschichte der höfischen Dichtung (Minnelyrik) als auch die frommen Hörerinnen Meister Eckharts (ca. 1260–1328) zeigen. Auch die spätmittelalterliche Mystik, eine einflussreiche theologische Geistesrichtung, wurde wesentlich von Nonnen (etwa des Klosters Helfta bei Eisleben) getragen. Dass Literalität und Bildung nicht zuletzt für Frauen höheren Standes zum „guten Ton" gehörte, belegen zahllose spätmittelalterliche Verkündigungsdarstellungen, welche die Jungfrau Maria in ihrer Alltagsbeschäftigung zeigen, nämlich dem Lesen eines Buches.

Das Verschwinden der Frauen aus der Gelehrtenkultur hatte soziokulturelle Gründe, die wir in Heloises Rede gegen die Ehe deutlich erkennen können.[2] Auffällig ist, dass in dieser Rede nur von den Bedrängnissen der Ehe für den gelehrten Mann gesprochen wird. In bildhafter Sprache schildert Heloise die Arbeitsteilung der Geschlechter – hier Bücher und Schreibtafeln, dort Wollknäuel, hier wissenschaftliche Studien, dort Kindergeschrei. Der männliche Gelehrte wird in zweierlei Hinsicht von der Ehe behindert, aufgrund der unvermeidlichen Störung seiner Arbeit und aufgrund der verschärften Notwendigkeit ausreichender materieller Sicherung. Von sich selbst spricht Heloise gar nicht, obwohl sie eine sehr gebildete Frau war. Sie hätte, so scheint es, ihre gelehrten Ambitionen klaglos an den Nagel gehängt, um die Mutter- und Hausherrinnenrolle zu übernehmen. Klaglos? Vielleicht ist ihre Ablehnung der Ehe auch darin begründet, dass sie eben diese Zurücksetzung, die sie taktvoll nicht zur Sprache bringt, vermeiden will. Als „Freundin" des Gelehrten hätte sie ein intellektuelles Leben leichter führen können (und Kinder ließen sich, wie Astralabius, auch an Verwandte abgeben). Die Alternative – eine faire Arbeitsteilung der Geschlechter – war hingegen undenkbar, nicht nur aus mentalen Gründen, sondern aufgrund der rechtlichen Stellung der Frau, welche ihr eine eigenständige intellektuelle Erwerbstätigkeit unmöglich machte. Denn Frauen war die Amtstätigkeit in der der katholischen Kirche versperrt, welche für die Gelehrten als Mittel des Broterwerbs immer wichtiger wurde.

<small>Vereinbarkeit von Familie und Gelehrtenberuf?</small>

5.2 Die Ehelosigkeit der Gelehrten

Die Forschung hat betont, dass die Heloisenrede auch vor dem Hintergrund der im frühen 12. Jahrhundert verschärften Zölibatsbestimmungen für Kleriker zu sehen ist (Hasse 2002b). Der Grundsatz priesterlicher Ehelosigkeit hatte sich schon in der Frühzeit der Kirche herausgebildet und gründete sich in der Vorstellung der größeren „Reinheit" enthaltsamen Lebens, welches für die Vollzieher heiliger Handlungen zu fordern sei. Freiwillige sexuelle Enthaltsamkeit förderte nach diesen Vorstellungen zugleich das

<small>Sexualität und Intellekt</small>

---

[2] Unklar bleibt natürlich, inwieweit Heloise selbst aus diesen Zeilen spricht oder inwieweit ihr Abaelard nur Argumente in den Mund legt, die er der antiken Tradition entnommen hat. Doch ist auch Heloise die Kenntnis des in der Rede erwähnten Theophrast-Textes durchaus zuzutrauen.

wissenschaftliche Erkenntnisvermögen, erlangte der (oder die) Betreffende doch so eine größere Nähe zu Gott und zu seiner Offenbarung. Nicht zufällig galt die heilige Katharina von Alexandrien, die als angebliche frühchristliche Philosophin und Märtyrerin im Spätmittelalter zur Schutzpatronin der Universitäten aufstieg, als Jungfrau und „Braut Christi".[3] Dass umgekehrt sexuelle Leidenschaft den Forscherdrang beeinträchtigen und stattdessen das künstlerische Vermögen steigern konnte, erfuhr Abaelard, der Verfasser von Liebesliedern, am eigenen Leibe (Trostbrief, in: Hasse 2002a, S. 23). Als Geistlicher war er zur Ehelosigkeit angehalten und zweifellos hätte ihm der Ansehensverlust, der mit einer anstößigen Klerikerehe verbunden gewesen wäre, die Werbung von Schülern erschwert. Dies könnte erklären, warum er die Eheschließung mit Heloise geheim halten wollte. Noch zu Abaelards Lebzeiten wurde der Zölibat der Geistlichen schließlich kirchenrechtlich verpflichtend festgeschrieben.

Notwendig verbunden mit der klerikalen Laufbahn war also die Ehelosigkeit und dies war auch das Schicksal der Gelehrten. Verheiratete Gelehrte begegnen in Deutschland erst im 15. Jahrhundert, als sich die intellektuellen Berufe diversifizierten und zum Teil säkularisierten. Im soziokulturell fortschrittlicheren Italien trat der verheiratete Professor – Jurist oder Mediziner – hingegen schon viel früher auf, gab es schon im 13. Jahrhundert erste „Gelehrtendynastien", wo die Söhne den Vätern folgten. Diese Professoren waren dank gut zahlender Kundschaft vermögend und konnten auf die Finanzierung durch kirchliche Pfründen verzichten. Doch auch in Deutschland blieben viele Klerikergelehrte – den kirchlichen Vorschriften und den Warnungen Heloises wie einer ganzen Traktatenliteratur (Blažek 2007, insbes. S. 177–187) zum Trotz – keineswegs „unbeweibt": Mit der Auflösung der klosterähnlichen *vita communis* an den Dom- und Stiftskirchen (wie sie noch Thietmar von Merseburg beschreibt), legten sich die Kanoniker eigene Hausstände zu. Ihre repräsentativen Anwesen

Gelehrtenhaushalte und -dynastien

---

[3] Katharina von Alexandrien soll nach der Legende als gelehrte christliche Jungfrau in den Christenverfolgungen des frühen 4. Jahrhunderts hingerichtet worden sein, nachdem sie in einem theologischen Streitgespräch 50 heidnische Philosophen zum Christentum bekehrt hatte. Ihre Gestalt ist wahrscheinlich nicht historisch, manche Forscher vermuten, dass die heidnische Philosophin Hypatia, die um 415 im ägyptischen Alexandria von christlichen Eiferern ermordet wurde, bei der Erfindung der Legende Patin gestanden habe.

(Domherrenkurien) finden sich zuweilen noch heute in direkter Nachbarschaft der Kathedralen. Zu einem solchen Hausstand gehörte Personal, auch weibliches, und nicht wenige dieser Haushälterinnen vertraten die Stelle einer Ehefrau, so etwa im Falle des gelehrten Mediziners und Büchersammlers Amplonius von Berka und der Kunigunde von Hagen um 1400 (dazu Paasch/Döbler 2001). Dies führte freilich auch zu Problemen und Kritik. Doch sollte man sich die hämische Einstellung selbst moderner Kommentatoren nicht zu Eigen machen. Ohne Zweifel lag hierin angesichts katholischer Zölibatsregeln eine Doppelmoral. Doch immerhin verstand es die mittelalterliche Kirche, rigorose und angesichts eines unterentwickelten „Arbeitsrechts" vielleicht auch notwendige Bestimmungen (die Kirche hätte sich anders als durch den Zölibat kaum dem allgemeinen Trend zur Erblichkeit von Ämtern entziehen können) durch Laissez-faire-Praktiken erträglicher und damit überhaupt erst lebbar zu machen.

5.3 Die Kirche als sozialer Ort der Gelehrten

Ganz allgemein gewann im 12. Jahrhundert der klassische Lebensentwurf des scholastischen Gelehrten an Kontur: die klerikale Laufbahn, die Finanzierung durch geistliche Pfründen – seltener im Kloster als vielmehr in den zahllosen Positionen des weniger streng reglementierten Weltklerus. Hier bestanden vielfältige Karrieremöglichkeiten bis in höchste kirchliche Ämter, manchmal hinauf auf einen Bischofsstuhl oder vielleicht (vorzüglich für die Italiener oder im 14. Jahrhundert für die Franzosen) über das Kardinalat sogar bis auf den Papstthron. Die Kirche wurde für Gelehrte der mit Abstand wichtigste „Mobilitätskanal" (Reinhard 1988), sie eröffnete gerade auch für Angehörige niedrigerer sozialer Schichten, Bürger oder sogar Bauern, die Aussicht auf sozialen Aufstieg. Es erscheint an dieser Stelle angebracht, einen kurzen Überblick über die wichtigsten Positionen innerhalb der kirchlichen Ämterhierarchie des hohen und späten Mittelalters zu geben, um jenes mit Abstand wichtigste Wirkungsfeld der Gelehrten etwas genauer abzustecken.

Kirche als „Mobilitätskanal"

Von grundsätzlicher Bedeutung ist zunächst die Scheidung in Ordens- und Weltklerus. Ordensgeistliche gehörten einem der zahlreichen Mönchsorden an: Traditionell waren dies die Bene-

Ordensklerus

diktiner, hinzu kamen als wichtige neue Orden seit dem 12. Jahrhundert die Zisterzienser beziehungsweise seit dem 13. Jahrhundert die sogenannten „Bettelorden" der Franziskaner, Dominikaner und Augustinereremiten. Letztere verdienten sich ihren Unterhalt z.T. durch das Erbitten von Spenden, was bei den Bürgern der Städte gut ankam, da die Mönche als fromm galten und dank ausgezeichneter Schulung beliebte Prediger und Seelsorger waren. Wichtigstes Merkmal des Ordensklerus war die strenge Disziplin, die die Gemeinschaft über das Individuum stellte und den Einzelnen einer (mehr oder weniger streng praktizierten) Ordensregel unterwarf. In diesem Rahmen war gelehrte Existenz durchaus möglich, ja der weltflüchtige, mönchisch lebende „Stubengelehrte" erscheint geradezu als der Idealtypus des Gelehrten, wie ihn auch Heloise in ihrer Rede beschwört. Doch sollte sich seit dem 12. Jahrhundert ein anderer, modernerer Typus von Gelehrten durchsetzen, den Abaelard (wiewohl später selbst Mönch) paradigmatisch verkörperte – ein weltzugewandter Intellektueller, der sich nur noch locker in ein kirchliches Reglement pressen ließ. Er fand sein Auskommen innerhalb der Institutionen des Weltklerus.

Strukturen des Weltklerus

Welt- oder Säularkleriker waren jene Geistlichen, die der „Welt" (*saeculum*) stärker zugewandt waren, die nicht in klösterlichen Gemeinschaften lebten, aber durchaus in ein seit dem Hochmittelalter sich immer mehr verdichtendes Netz kirchlicher Institutionen eingebunden waren. Dieses bestand zum einen aus den Pfarrkirchen, die von einem Pfarrer geleitet wurden, welcher zudem über zusätzliches Personal, insbesondere die Vikare (wörtlich: Stellvertreter), gebot. Das Netz der Pfarreien überzog Stadt und Land gleichermaßen und so konnte beispielsweise schon eine einzige Diözese, das Bistum Köln, um 1200 insgesamt etwa 800 Pfarreien umfassen. Vielerorts, vor allem in Bischofs- und anderen Städten, existierten weiterhin Stifts- oder Kollegiatkirchen. Hierbei handelte es sich um größere geistliche Einrichtungen, die von weltlichen oder geistlichen Fürsten gestiftet worden waren und verschiedene geistliche Funktionen (Stiftermemoria, Chorgebet) übernahmen. Allein für das mittelalterliche Deutschland zählt die heutige Forschung etwa 650 solche Einrichtungen (Wendehorst/Benz 1997). Sie standen unter der Leitung eines Propstes, dem eine Anzahl von Kanonikern (Stifts- oder Chorherren) unterstellt war, die wiederum verschiedene Kapitelsämter aus ihrem

Kreis besetzten. Hinzu kamen Vikare, die an den in der Kirche befindlichen Altären Messfeiern abhielten. Höchste geistliche Institution innerhalb der Diözese war die Bischofs- oder Domkirche, mit dem Bischof an der Spitze, dem wiederum ein Dompropst und ein Domkapitel beigesellt war, welches sich wie die Stiftskapitel aus Kanonikern und verschiedenen Amtsträgern zusammensetzte. Die deutsche Kirche umfasste etwa 50 Bistümer, die wiederum in sechs Kirchenprovinzen unter je einem Erzbischof zusammengefasst waren (Hamburg-Bremen, Magdeburg, Köln, Mainz, Trier und Salzburg). Der Bischof stand dem gesamten Klerus seines Sprengels vor, wobei ihm eine dreifache Amtsgewalt zukam: die *potestas ordinis*, das oberste Priesteramt, die *potestas magisterii*, das oberste Lehramt für Kleriker und Laien, und die *potestas iurisdictionis*, die Regierungsgewalt seiner Diözese in kirchlicher Gesetzgebung, Rechtsprechung und Verwaltung (Feine 1964, S. 179f.). Zugleich hatten die deutschen Bischöfe als Reichsfürsten auch umfangreiche weltliche Herrschaftsrechte inne. Die Wahrnehmung dieser Amtsaufgaben erforderte vom Bischof und seinen Helfern eine möglichst gediegene Bildung, etwa im theologischen oder im juristischen Bereich – hier öffnete sich den Gelehrten ein großer Einsatzbereich.

Stifts- und Domkirchen

Kurz vorgestellt seien ferner die verschiedenen Kapitelsämter, welche an Dom- und Stiftskirchen gleichermaßen bestanden, und die gewissermaßen eine „Stufenleiter" kirchlicher Karrieren bildeten. An oberster Stelle stand der Propst. Er hatte eine hoch dotierte, gewissermaßen „präsidiale" Stellung inne, die in der Regel nicht mit konkreten Leitungsaufgaben verbunden war. Das machte ihn abkömmlich für andere Tätigkeiten – gerade für Gelehrte, die vielfältig engagiert waren, zum Beispiel als Diplomaten oder fürstliche Berater, war dies eine sehr attraktive Position. Der Dekan war der Vorsitzende des Kapitels in allen inneren Angelegenheiten. Unter anderem als Leiter der Kapitelssitzungen, welche als eine Art Parlament der jeweiligen kirchlichen Institution fungierten, hatte er eine starke Machtstellung inne. Der Scholaster war für das stiftische Schulwesen, auch für die Bibliothek und die Schreibstube zuständig. Oft war er zugleich Rechtsexperte des Kapitels. Die Lehrtätigkeit an der Schule delegierte er meist an eigens angestellte Lehrer unter einem *magister scholarum*. Nicht überall vorhanden war der Thesaurar oder Kustos, dem die Sorge für die gottesdienstlichen Gerätschaften, für das Archiv und ande-

Kapitelsämter als Karrierestufenleiter

res anvertraut war. In der Rangfolge vor oder auch hinter ihm stand der Kantor, der für Liturgie und Chorgesang zuständig war. All diesen Ämtern eigen war im Spätmittelalter eine Tendenz zur „Verpfründung", d.h. die tatsächliche Amtstätigkeit ging an Stellvertreter über, während die Amtsinhaber (Dignitäre) vor allem an der Rangstellung sowie an den Einkünften aus dem Amt interessiert waren, sich aber vorrangig anderen Aufgaben widmeten. Dieser außerordentlichen Flexibilität der innerkirchlichen Verfassung war es zu verdanken, dass die Stiftskirchen, nach den Worten von Peter Moraw, zur zentralen „Stätte der Begegnung von Kirche und Welt" werden konnten (Moraw 1980, S. 11) und die Stiftspfründen zum entscheidenden Instrument der Förderung und Finanzierung von Gelehrten (ders. 1995).

Kirche als „Arbeitsmarkt"

Der Überblick macht deutlich, über welch gewaltiges Stellenreservoir die Kirche im Hoch- und Spätmittelalter, dank umfangreicher Stiftungstätigkeit und kluger Besitzstandspolitik, verfügte. Eine einzige große Stadt konnte allein schon hunderte Geistliche ernähren. So hat man etwa für das spätmittelalterliche Erfurt nicht weniger als „zwei Stifte, 22 Klöster und Ordenshäuser, 23 nichtklösterliche Kirchen, mindestens 36 Kapellen" gezählt; mit 26 Pfarreien gehörte es zu den „kirchenreichsten Städte(n) in Mitteleuropa" (Isenmann 2014, S. 624). Köln brachte es sogar auf über 200 geistliche Einrichtungen aller Größenordnungen, selbst das kleine Hildesheim (ca. 5.000 Einwohner) hatte etwa 50 (ebd.). Außerhalb Deutschlands, etwa im ökonomisch und kulturell hoch entwickelten Frankreich, waren diese Zahlen eher noch eindrucksvoller. Gelehrte Bildung war zwar keine Voraussetzung für die Inbesitznahme kirchlicher Ämter, doch sollte ihre Bedeutung seit dem 12. Jahrhundert kontinuierlich ansteigen. Die Geschichte des europäischen Spätmittelalters ist eine Geschichte der „Akademisierung" der Kirche, mit größten gesellschaftlichen Auswirkungen. Sie soll in den folgenden Kapiteln genauer nachgezeichnet

Wissen wird Macht

werden. Bedenken wir den außerordentlichen Einfluss der damaligen Kirche auf alle politischen und gesellschaftlichen Belange, so lässt sich schon jetzt eine erstaunliche Feststellung treffen: Nie zuvor und auch nie mehr danach haben Gelehrte eine derartig starke strukturell-institutionelle Machtstellung innegehabt wie in der europäischen Gesellschaft des hohen und späten Mittelalters.

5.4 Quellen und Vertiefung

Unter den oben geschilderten institutionellen Rahmenbedingungen war Frauen eine klerikal-gelehrte Laufbahn vollständig verwehrt. Allenfalls durch Betrug – durch Vorschützen der Männlichkeit, also Transvestitismus (was wörtlich das Anlegen anderer Kleidung bedeutet) – hätten Frauen Gelehrsamkeit erwerben und in der Kirche Karriere machen können. Diese Vorstellung war dem Mittelalter keineswegs fremd, wofür es ein bis heute hoch berühmtes Beispiel gibt: die Legende von der „Päpstin" (dazu Gössmann 1994).

Es handelt sich bei den folgenden Berichten um die frühesten Quellen zu einer Geschichte, die von vielen bis heute für glaubwürdig gehalten wird, aber längst als Mythos entlarvt ist. Die Geschichte wurde in den folgenden Jahrhunderten immer weiter fortgesponnen – wohlwollende mittelalterliche Autoren ließen die „Päpstin Johanna" und ihr Kind überleben (der Junge sei später Kardinal geworden), den Reformatoren war sie ein willkommenes Beispiel für die Fehlbarkeit und teuflische Verderbtheit des Papsttums. Eine gründliche Lektüre macht deutlich, wie stark schon die frühen Zeugnisse in ihrer Bewertung des (fiktiven) Geschehens auseinandergehen.

5.4.1 Der Bericht des Jean de Mailly um 1250

Jean de Mailly, ein Dominikanermönch und Chronist, erwähnt in seiner *Chronica universalis Mettensis* (um 1250) zuerst die „Päpstin", deren Leben er auf die Zeit um 1100 datiert:

> Weiter zu prüfen ist [die Geschichte] von einem gewissen Papst oder richtiger einer Päpstin, die eine Frau war und die vorgab, ein Mann zu sein, welche durch Rechtschaffenheit des Verstandes *(probitate ingenii)* Notar der Kurie, dann Kardinal und schließlich Papst wurde. Eines Tages gebar sie, als sie ein Pferd bestieg, einen Jungen, und sogleich wurde sie nach römischer Rechtssitte *(Romana iusticia)* mit gebundenen Füßen am Schwanz des Pferdes eine halbe Meile weit geschleift und vom Volk gesteinigt, und an der Stelle, wo sie starb, wurde sie begraben und dort eine Inschrift angebracht: Petrus, Vater der Väter, enthülle die Niederkunft der Päpstin *(Petre, pater patrum, papisse prodito partum)*.

(übersetzt nach: Jean de Mailly, Chronica universalis Mettensis, MG SS 24, S. 514)

5.4.2 Ein Erfurter Bericht um 1260

Ein unbekannter Erfurter Franziskanermönch berichtete um 1260 in seiner *Chronica minor* die gleiche Geschichte, die er allerdings auf die Zeit um etwa 900 datiert:

> Es gab auch einen anderen Pseudopapst, dessen Namen und Regierungsjahre man nicht kennt. Aber es war eine Frau, wie die Römer versichern, von eleganter Gestalt, großer Gelehrsamkeit und geheuchelter Erhabenheit der Lebensführung *(elegantis forme, magne sciencie et in ypocrisi magne vite)*. Diese lebte in männlichem Gewand, bis sie zum Papst gewählt wurde. Und während des Pontifikats empfing sie ein Kind und als sie schwanger war, hat ein Dämon im Konsistorium [der Versammlung der Kardinäle] diesen Fakt öffentlich [mit einem Spottvers] verkündet: Papst, Vater der Väter, du sollst das Gebären der Päpstin kundtun *(Papa, pater patrum, papisse pandito partum)*.
> (übersetzt nach: Chronica minor eines anonymen Erfurter Franziskaners, in: MG SS 24, S. 184)

5.4.3 Der Bericht des Martin von Troppau um 1277

Wenige Jahre später (um 1277) baut der Dominikaner Martin von Troppau (ca. 1225–1278), der Verfasser einer im Spätmittelalter sehr populären Papst- und Kaiserchronik, die anekdotischen Berichte von der „Päpstin" zu einer abgerundeten Geschichte aus, die unser Bild maßgeblich geprägt hat und sich fast schon wie das Drehbuch heutiger „Päpstin Johanna"-Filme liest. Er legt den Beginn ihres Pontifikats auf das Jahr 855 fest:

> Nach diesem Papst Leo amtierte Johannes Anglicus aus Mainz für 2 Jahre (...) Dieser war, wie versichert wird, eine Frau, welche im jugendlichen Alter von einem gewissen Liebhaber in männlicher Kleidung nach Athen geführt worden war, dort machte sie in diversen Wissenschaften solche Lernfortschritte, dass niemand ihr gleichkam, so weit, dass sie später in Rom das Trivium lehrte und große Magister als Schüler und Hörer hatte. Und weil sie in Rom aufgrund ihrer Lebensführung und ihres Wissens in hohem Ansehen stand, wurde sie einmütig zum Papst gewählt *(Et cum in Urbe vita et sciencia magne opinionis esset, in papam concorditer eligitur)*.

Doch während ihres Pontifikats wurde sie durch einen Vertrauten geschwängert. Da sie die richtige Zeit ihrer Niederkunft nicht kannte, kam sie, als sie einmal von St. Peter zum Lateran ritt, an einer Engstelle zwischen dem Kolosseum und der Kirche San Clemente nieder, und nachdem sie dort starb, ist sie dort, wie man sagt, bestattet worden. Und weil der Herr Papst diesen Weg stets vermeidet, glaubt man allgemein, dass er dies aus Abscheu vor diesem Ereignis tue. Sie wurde nicht in den Katalog der heiligen Päpste aufgenommen, da dem weiblichen Geschlecht in dieser Hinsicht eine Deformität zukommt.
(übersetzt nach: Martin von Troppau, Chronicon pontificum et imperatorum, in: MG SS 22, S. 428)

5.4.4 Fragen und Anregungen

- Vergleichen Sie die drei Berichte hinsichtlich der Frage, ob die „Päpstin" in ihnen negativ oder positiv gezeichnet wird. Achten Sie dabei v.a. auf folgende Aspekte: a) Darstellung der Person der „Päpstin", b) Darstellung ihrer Biographie und ihres Endes, c) explizite Bewertungen durch den Chronisten
- Welche Positionen nehmen die Autoren bezüglich der Frage der Legitimität von Johannas Papsttum ein? Begründen Sie Ihr Urteil anhand des Textes. (Anmerkung zum besseren Textverständnis: Nach mittelalterlicher Vorstellung belegt die Einmütigkeit einer Wahl die Mitwirkung des Heiligen Geistes.)
- Vergleichen Sie die Geschichte mit der Legende vom Teufelspakt Papst Silvesters II. (vgl. Kap. 4). Wird der „Päpstin" die Bildung zum Vorwurf gemacht?
- An welcher Stelle taucht der Teufel in der Johanna-Legende auf? Worin erscheint mithin die grundsätzliche „Deformität" der Frau wesentlich begründet (und wie kann sie theoretisch den daraus entstehenden Nachteilen entgehen)?
- Diskutieren Sie abschließend die These, dass die „Päpstin"-Legende die Misogynie (Frauenfeindlichkeit) des Mittelalters illustriert!

5.4.5 Lektüreempfehlungen

Quellen　Dag N. Hasse, Abaelards ‚Historia calamitatum'. Text – Übersetzung – literaturwissenschaftliche Modellanalysen (De Gruyter Texte), Berlin / New York 2002.

Literatur　Barbara Beuys, Denn ich bin krank vor Liebe: das Leben der Hildegard von Bingen, München 2001 *(Biografie der Hildegard von Bingen, die zugleich allgemeine Eindrücke vom Leben und dem gelehrten Wirken von Frauen in Nonnenklöstern des 12. Jahrhunderts vermittelt).*
Hans Erich Feine, Kirchliche Rechtsgeschichte, Bd. 1: Die katholische Kirche, 4. Aufl., Köln 1964 *(Grundriss des Kirchenrechts, der kirchlichen Institutionen und des kirchlichen Ämterwesen in seiner historischen Entwicklung unter ausführlicher Berücksichtigung des Mittelalters. Gibt zugleich einen Überblick über Quellen und Inhalte des kanonischen Rechts [siehe Kap. 6]).*
Gerhard Fouquet, Das Speyerer Domkapitel im späten Mittelalter (ca. 1350–1540). Adlige Freundschaft, fürstliche Patronage und päpstliche Klientel, 2 Bde. (Quellen und Abhandlungen zur mittelrheinischen Kirchengeschichte, 57), Mainz 1987 *(Die Arbeit gibt am konkreten Beispiel des Speyerer Domkapitels einen ausgezeichneten Überblick über die Lebensform der oft universitär gebildeten hoch- und spätmittelalterlichen Stiftsgeistlichkeit [Kanoniker und Prälaten], ausgehend von normativen Quellen und einer umfangreichen prosopographischen, d.h. personengeschichtlichen Materialsammlung).*
Jacques LeGoff, Die Intellektuellen im Mittelalter, Stuttgart 1986 *(Der Altmeister der französischen Mediävistik und Protagonist der Annales-Schule gibt einen Überblick über den tiefgreifenden wirtschaftlich-sozialen und geistesgeschichtlichen Wandel, der sich seit dem Hochmittelalter in Europa vollzog und den spezifischen Typus des „Intellektuellen" hervorbrachte).*
Peter Moraw, Stiftspfründen als Elemente des Bildungswesens im spätmittelalterlichen Reich, in: Irene Crusius (Hg.), Studien zum weltlichen Kollegiatstift in Deutschland (Studien zur Germania Sacra 114), Göttingen 1995, S. 270–297 *(Der Aufsatz verbindet „klassische" Kirchen- und Bildungsgeschichte unter dem Dach der Sozialgeschichte, indem er das Wechselverhältnis des – regional stark differenzierten – Angebotes an kirchlichen Pfründen mit dem Auftreten universitär gebildeter Kleriker analysiert).*
Wolfgang Reinhard, Kirche als Mobilitätskanal in der frühneuzeitlichen Gesellschaft, in: Winfried Schulze (Hg.), Ständische Gesellschaft und soziale Mobilität (Schriften des Historischen Kollegs, Kolloquien, 12), München 1988, S. 333–351 *(Der Aufsatz diskutiert die These, die Kirche sei in Mittelalter und früher Neuzeit „der wichtigste Mobilitätskanal für sozialen Aufstieg in einer sonst, wie es heißt, eher immobilen Ständegesellschaft" [S. 333] gewesen. Auch wenn die Kirche letztlich die Standes-*

grenzen der Gesellschaft reproduzierte, habe sie doch auch Personen, die durch gelehrte Bildung hervorstechen konnten, Aufstiegschancen gewährt).

Hedwig Röckelein, Weibliche Gelehrsamkeit im Mittelalter, in: Trude Maurer (Hg.), Der Weg an die Universität. Höhere Frauenstudien vom Mittelalter bis zum 20. Jahrhundert, Göttingen 2000, S. 23–47 *(Gibt einen konzisen Überblick über das Thema Frauenbildung und zeigt Rahmenbedingungen, Chancen und Grenzen weiblicher Gelehrsamkeit im Mittelalter auf. Aus dieser Perspektive „bildet das 12./13. Jahrhundert eine Sattelzeit" [S. 47], jenseits der Frauen aus der höheren Bildung verdrängt wurden, aber auch Nischen behaupteten).*

6 Die Entstehung der Pariser Universität im 12. Jahrhundert

> Wenn wir Vorgeschichte und Anfänge der Universität fassen wollen, dann nur in der Stadt. Aus einem Benediktinerkloster – mag es eine noch so ehrwürdige Tradition haben wie Monte Cassino, noch so viele Bücher haben wie Umberto Ecos Abtei, noch so viele Schüler haben wie zeitweilig Sankt Gallen – wird noch keine Universität. Das erreicht irgendwie nicht die kritische Masse, die dazu erforderlich ist. Stadt und Universität (man könnte sagen: die beiden originellsten Leistungen des Mittelalters) haben miteinander zu tun – wer im Mittelalter nur die Geschichte von Päpsten, Kaisern und Mönchen sieht, der ist selber schuld.
>
> (...) In Paris war um 1100 geistiges und schulisches Zentrum durchaus noch die Kathedralschule von Notre-Dame, wo die Domherren unter Bischof und Kanzler vor wachsenden Hörerzahlen den herkömmlichen Lehrstoff vermittelten. Doch wanderte der Lehrbetrieb nun bald auch über die Seine-Brücken hinüber auf die rive gauche (...). Grund war, dass man sich so der Lehraufsicht des Kanzlers von Notre-Dame zu entziehen versuchte. Dort drüben auf der rive gauche, damals noch locker besiedelt und von Weinbergen durchsetzt, liess sichs luftiger wohnen und freier denken als im Schatten der Kathedrale, deren Lehrkontrolle desto dumpfer empfunden wurde, je kühner man sich von den traditionellen Lehrgegenständen und Lehrmethoden entfernte. Beides aber hatte miteinander zu tun – der unerhörte Zulauf von Studenten und die unerhörte Neuheit der Lehre –, und für beides steht ein Name: der große Pierre Abaelard, mit dessen beispiellosen Lehrerfolgen Paris seine Anziehungskraft erst begründete. Ein akademischer Lehrer hinreissend in Vortrag und Diskussion – aber ein unangenehmer Kollege, arrogant, polemisch, schneidend, so etwas wie der erste Intellektuelle (mit all den schrillen Obertönen, die in diesem Begriff mitschwingen und entsprechenden Reaktionen unter den Kollegen).
>
> (Esch 1985, S. 11f., gekürzt)

Die Geschichte der modernen Universität beginnt im 12. Jahrhundert an zwei Orten: In Paris und Bologna wurde, zuerst noch weitgehend unabhängig voneinander, erstmals jene ‚kritische Masse' erreicht, welche die ‚Initialzündung' einer wahren bildungs- und wissenschaftsgeschichtlichen Revolution bewirkte. Der Mediävist und langjährige Direktor des Deutschen Historischen Instituts in Rom, Arnold Esch, hat diese Vorgänge in einem höchst lesenswerten Essay anschaulich beschrieben und die tieferen sozial- und wirtschaftsgeschichtlichen Wurzeln dieser bildungsgeschichtlichen Umwälzung deutlich hervortreten lassen.

6.1 Peter Abaelard und die Entwicklung der Pariser Schulen

Attraktivität von Paris

In Paris stand Peter Abaelard am Anfang der Entwicklung. Die Saat, die er mit seinen Schulgründungen in Paris ausbrachte, wuchs binnen etwa zweier Generationen zur Universität heran. Dass die Hauptstadt des Königreiches Frankreich freilich schon zu seiner Zeit eine große Anziehungskraft für Bildungshungrige besaß, zeigt Abaelards Autobiographie, die *Historia calamitatum*, deutlich. Seine wechselvolle *peregrinatio academica* („akademische Pilgerfahrt") kreist geradezu um diese Stadt, mal in größerer, mal in kleinerer Entfernung, aber immer wieder dorthin zurückführend. In Paris kam er in den letzten Jahren des 11. Jahrhunderts zuerst an die Schule des Wilhelm von Champeaux. Schnell übertrumpfte er Wilhelm, was zu Auseinandersetzungen mit ihm und zum Neid der Mitschüler führte – ein Muster, das sich in Abaelards Lebensbericht mehrfach wiederholt. Wir können dies als Indiz hoher Begabung und unbestechlichen Wissensdranges, aber auch eines allzu ungezügelten Stolzes sehen, welcher nach der mittelalterlichen Morallehre eine Todsünde war. Am besten wird man Abaelard wohl unter Verweis auf seine Mentalität gerecht, die er in seiner Selbstcharakteristik so eindrucksvoll zu erkennen gibt (siehe Kap. 4). Auch wenn er das Schwert mit der Feder vertauschte, blieb er doch ein Ritter – streitlustig, ruhmsüchtig, selbstdarstellerisch und selbstbewusst. Damit verkörpert er nicht nur einen neuen Typus des Gelehrten, den des Intellektuellen, sondern zugleich eine neue Diskussionskultur: Streit der Meinungen mit Sieger und Besiegtem statt kontemplativer geistiger Selbstversenkung und autoritätsgeleitetem ‚Frontalunterricht'. An der Wiege der scholastischen Wissenschaftskultur stand somit auch das Turnier, welches sich im 12. Jahrhundert als Element höfisch-ritterlicher Kultur herauszubilden begann.

Neuartige Gelehrtenkultur

Abaelards Schulgründungen

Etwa um 1102 gründete Abaelard eine eigene Schule in Melun und kurz darauf in Corbeil, noch dichter bei Paris, um, wie er es selbst darstellt, seiner „Angriffslust" gegen Wilhelm besser entsprechen zu können. Intrigen seines Kontrahenten scheiterten, „da er unter den Mächtigen des Landes einige Gegner hatte, auf deren Hilfe ich bauen konnte" (Abaelard, in Hasse 2002a, S. 5). Abaelards Schilderung verdeutlicht die bis heute gültige Einsicht, dass wissenschaftlicher Erfolg keineswegs nur eine Sache des Richtig oder Falsch ist, sondern politisch-soziale Dimensionen besitzt, viel mit individueller Durchsetzungskraft, passenden personellen Konstellationen, oft auch bloßem Glück zu tun hat. Einige Jahre später war Abaelard wieder in Paris, im Kampf gegen Wilhelm, der seine Schule nun durch einen ehemaligen Schüler betreuen ließ: „Ich schlug mein Schullager außerhalb der Stadt auf dem Berg Sainte-Geneviève auf, als ob ich den, der meinen Platz besetzt hatte, belagern wollte. Als Wilhelm das hörte, kam er (...) umgehend nach Paris zurück und führte die Schüler, die ihm damals zur Verfügung standen (...) zurück, um gewissermaßen seinen Soldaten, den er zurückgelassen hatte, von unserer Belagerung zu befreien" (ebd., S. 9). Und so ging es immer weiter, bis Abaelard alle Konkurrenz aus dem Felde geschlagen hatte – ein Geschehen, das in Worten der Politik, ja des militärischen Kampfes beschrieben wird. Schon damals bildete sich die spätere universitäre Topographie von Paris in ihren Grundzügen heraus: Als Abaelard die Kirche Sainte-Geneviève (das heutige Pantheon) aufgrund seiner Hügellage als Standquartier für die „Belagerung" des akademischen Gegners auserkor, legte er den Grundstein für jenes Stadtviertel, das bis heute Quartier Latin genannt wird, weil seine damaligen akademischen Bewohner Latein sprachen.

Konkurrenzkampf um Schüler

6.2 Die scholastische Methode

Die von Abaelard und seiner Schule wesentlich weiterentwickelte scholastische Methode war im Kern ein Verfahren der Wissensgenerierung auf der Grundlage einander widersprechender Argumente der wissenschaftlichen Tradition. Diese wurden von Abaelard in seinem berühmtesten Werk, das den prägnanten Titel *Sic et Non* („Ja und Nein") trägt, gezielt gesammelt. Es ging ihm darum, „widerstreitende Autoritäten gegeneinanderzustellen und dann einen rationalen Ausgleich zwischen ihnen herzustellen" (Flasch 1995, S. 212f.). Dies war ein revolutionäres, Argwohn erregendes Vorgehen, denn die Autoritäten, um die es ging, waren oft heilige Texte wie die Bibel, die Schriften der Kirchenväter, Lehrsätze der Konzilien usw. Wie konnten diese unbestreitbaren Glaubenswahrheiten im Widerspruch zueinander stehen? Wie sollten sie mit ebenfalls plausiblen Thesen und Definitionen von Philoso-

Sic et non

phen wie Aristoteles, Cicero und Boethius verglichen werden? Während sich andere Gelehrte – wie Anselm von Laon, den Abaelard despektierlich als „Niemand" *(nullus)* bezeichnet – um eine Harmonisierung der Tradition bemühten, zeichnete sich Abaelards Vorgehen dadurch aus, dass er die Widersprüche zunächst so deutlich wie möglich herausarbeitete, um dann die strittigen Fragen mit Hilfe einer scharfen Begriffsanalyse zu klären. Sein Hauptarbeitsinstrument war die Logik, die Analyse der Wörter, ihrer Bedeutungen und ihrer logisch richtigen, angemessenen Verknüpfung. Alles, auch die christliche Glaubenswissenschaft, die Abaelard auf Griechisch als „Theologie" (Lehre von Gott) bezeichnete, wurde mit dieser philosophischen Methodik behandelt. Auch dies war ein Skandalon für viele Menschen der Zeit, von denen niemand Geringerer als Bernhard von Clairvaux Abaelards Bemühen eher als „Stultilogie" – dümmliche Lehre – denn als Theologie bezeichnete.

Primat der Logik

Für Abaelard, seine Zeitgenossen und Nachfolger bildete die Logik die Grundlagenwissenschaft schlechthin. Diese eröffnete die faszinierende Möglichkeit, die Welt mit einer wissenschaftlichen Methode zu erschließen, die vom Glauben unabhängig ist. Im Werk des Aristoteles fanden sie eine formale Technik (griech. *téchne* = lat. *ars*), wie man aus wahren Aussagen weitere wahre Aussagen mit einer präzisen Methodik ableiten kann. Ihr Grundmodell ist der Syllogismus, welcher beispielsweise folgende Formen annehmen kann:

Syllogismus

Prämisse 1: „Alle Menschen sind Lebewesen".
Prämisse 2: „Alle Lebewesen sind sterblich".
Konklusion: „Alle Menschen sind sterblich", oder:

Prämisse 1: „Einige Lebewesen sind Menschen".
Prämisse 2: „Alle Menschen sind sterblich".
Konklusion: „Einige Lebewesen sind sterblich."

Die sprachphilosophischen Vorbedingungen solcher Schlüsse sowie ihre verschiedenen Formen waren Gegenstand der Aristotelischen Logik, die – nicht nur in Europa, sondern auch in der islamischen Welt – jeweils zu Beginn wissenschaftlicher Studien erlernt wurde und so bis mindestens ins 19. Jahrhundert die entscheidende Methodik der wissenschaftlichen Arbeit blieb. Wie revolutionär Abaelards Ansatz war, seine Wissenschaft fundamental auf der Logik aufzubauen, mag der Vergleich mit der modernen Informationswissenschaft verdeutlichen. Auch ein Computer basiert einzig und allein auf formaler Logik und auf ganz basalen Rechenverfahren wie der AND- und OR-Verknüpfung binärer Daten. Abaelards erkenntnistheoretischer Optimismus erweist sich somit als durchaus begründet: Dank moderner Technologien ist die Logik auch heute das Werkzeug, um ganze Welten zu erschließen.

Das in Abaelards Schrift *Sic et non* entwickelte Verfahren, mit Widersprüchen in der Tradition umzugehen, sollte ebenfalls zu einer der wichtigsten Methoden der Wahrheitsfindung und -vermittlung im scholastischen Wissenschaftsbetrieb aufsteigen. Man bezeichnet es als die *Quaestio*: Zu einer Frage (lat. *quaestio*) sammelte er Pro- und Contra-Argumente, nämlich Quellenzitate, die je nach Fragegegenstand aus theologischen, philosophischen, juristischen, naturkundlichen oder anderen Texten, sehr häufig natürlich auch aus der ‚allzuständigen' Bibel entnommen werden konnten. Diese Argumente wurden dann gegeneinander abgewogen und auf Triftigkeit untersucht, es wurden Widersprüche aufgelöst und zuletzt ein „Urteil" gefällt (*solutio* oder *determinatio*). Auf diese Weise konnten die verschiedenen Autoritäten so interpretiert werden, dass ihr Wahrheitsanspruch nicht grundsätzlich bestritten, aber doch weiterführende Erkenntnisse erzielt wurden.

Methode der *Quaestio*

In derselben Art organisierte man im scholastischen Schulbetrieb Diskussionsveranstalten, sogenannte *disputationes*, in denen eine vorgegebene Fragestellung mit Pro- und Contra-Argumenten diskutiert wurde. Es waren dies gewissermaßen Turniere des Geistes mit offenem Ausgang, bei denen das Quellenwissen und das argumentative Geschick der Disputanten eine entscheidende Rolle spielten. Das hierzu benötigte Wissens vermittelten die *lectiones* als zweites Standbein des scholastischen Unterrichts: Vorlesungen, in denen die autoritativen Texte nicht nur vorgelesen und nachgeschrieben (Bücher waren teuer), sondern zugleich kommentiert wurden. Das heißt, dass der Dozent z.B. Wortbedeutungen klärte oder von bestimmten Formulierungen und Thematiken des Textes ausgehend längere Erläuterungen gab, welche selbst häufig wieder die Form einer *quaestio* annahmen. Solche Kommentare konnten auch in Buchform niedergelegt werden. Auffällig ist ihre Gestaltung, da darin der zu kommentierende

Disputationes und *lectiones*

Scholastische Wissenschaftsliteratur

Text in die Mitte des Blattes, die Kommentare als Glossen an den Rand gesetzt wurden. Auch systematische Sammlungen von Zitaten aus autoritativen Texten wurden angelegt, so die (ihrerseits wieder viel kommentierten) Sentenzen des Magisters und späteren Bischofs von Paris Petrus Lombardus (ca. 1100–1160), ein Grundlagenwerk der scholastischen Theologie. Als weitere wissenschaftliche Literaturgattung entstanden ferner die Summen, handbuchartige Überblicksdarstellungen zu ganzen Wissensgebieten, die natürlich ebenfalls aus den autoritativen Texten schöpften und häufig als riesige Sammlungen von *quaestiones* ausgeführt waren. Denn dies hatte alle scholastische Wissenschaft gemein: das große Vertrauen in die gelehrte Tradition, d.h. die großen Werke der antiken und christlichen Autoren. Autopsie, d.h. die eigene Beobachtung, hatte hingegen einen viel geringeren Stellenwert – ein grundsätzliches Manko scholastischer Wissenschaftskultur, das erst zum Ausgang des Mittelalters hin langsam überwunden wurde.

6.3 Bildung und höfische Kultur: Die internationale Attraktivität der Pariser Schulen

Abaelard und Bernhard von Clairvaux

Abaelards Wirken als Lehrer in Paris fällt, mit großen Unterbrechungen, in die Jahrzehnte zwischen 1100 und 1140. Eine Ausnahmepersönlichkeit wie er musste fast zwangsläufig mit einer anderen charismatischen ‚Lichtgestalt' des 12. Jahrhunderts zusammenstoßen – mit dem heiligen Bernhard von Clairvaux (ca. 1090–1153), dem „zweiten Gründer" des Zisterzienserordens. Ihr Konflikt sagt viel aus über die vielfältigen, dissonanten Triebkräfte, die jene Epoche des Aufbruchs prägten: Weltzu- und Weltabgewandtheit (die sich beide, in unterschiedlicher Weise, bei Abaelard als auch bei Bernhard mischten), radikaler Wissensdurst, Schärfe des Zweifels und der Logik bei Abaelard gegen radikale christliche Mystik bei Bernhard. Trotz persönlicher Niederlagen in diesem Kampf triumphierte Abaelard auf lange Sicht: Die von ihm begründete Lehrtradition sicherte Paris den Stellenwert als ersten Ausbildungsort der Christenheit. *Fons totius scientiae* („Quelle aller Wissenschaft") nannte der Zisterziensermönch Caesarius von Heisterbach Paris um 1200; zu seiner Zeit waren scholastische

Wissenschaft und zisterziensische Spiritualität längst schon in Eintracht miteinander vereint.

Nicht nur die Wissenschaft, auch das urbane Leben lockte junge und ältere Menschen in die Universitätsstädte. Eindrucksvoll ist der Bericht des Engländers Johann von Salisbury (ca. 1115–1180) an den Erzbischof von Canterbury, Thomas Becket, von 1164: „Ich habe einen Umweg über Paris gemacht. Als ich dort die Fülle der Nahrungsmittel sah, die Beschwingtheit der Menschen, das Ansehen, das die Kleriker genießen, die Majestät und die Glorie der ganzen Kirche und die mannigfaltigen Aktivitäten der Philosophen, da glaubte ich voller Bewunderung, Jakobs Leiter zu erblicken, deren Spitze den Himmel berührt und auf der die Engel auf- und absteigen. Begeistert über diese glückselige Pilgerfahrt musste ich gestehen: Der Herr ist hier, und ich wusste es nicht" (zitiert nach Le Goff 1986, S. 29). Diese Vorzüge des städtischen Lebens gehörten zu jener ‚kritischen Masse', welche eine Universitätsentstehung erst ermögliche. So waren die Verfügbarkeit von preiswerten Lebensmitteln und Wohnraum ein Gegenstand, mit dem sich im Mittelalter viele Gründungsprivilegien und rechtliche Verträge der Universität, aber auch Studentenbriefe auseinandersetzten (siehe Kap. 12). Weiterhin florierten Universitäten dort besonders gut, wo sich durch die Existenz zahlreicher kirchlicher Institutionen Wirkungs- und Subsistenzmöglichkeiten für die Gelehrten eröffnen; im Idealfall kam, wie in Paris, noch die Nähe eines Königs- oder großen Fürstenhofes hinzu.

Wer im 12. Jahrhundert alles nach Paris kam, um dort zu studieren, lässt sich nur in Umrissen erahnen. Schülerverzeichnisse wie die späteren universitären Matrikeln gab es noch nicht. Berichte von „tausenden" Studenten führen eher zu Misstrauen, wie so oft, wenn es in mittelalterlichen Quellen um Zahlenangaben geht. So bleibt vieles im Unklaren: „[P]rominente Beispiele werden immer wieder zitiert und täuschen als geschickt bewegte Mauerbesetzung den Beobachter über die wirkliche Garnisonsstärke" (Ehlers 1986, S. 99). Allenfalls lässt sich von späteren Zuständen rückschließen, oder man argumentiert mit dem Bevölkerungsreichtum der rasch wachsenden französischen Kapitale, die sich um 1200 einen neuen, großzügig dimensionierten Mauerring zulegte. Eine solche Stadt konnte eine Menge auswärtiger Studenten fassen und profitierte nicht zuletzt auch von diesem oft zahlungskräftigen Publikum.

Universität und Stadt

Studentenzahlen

Universitätsstudium deutscher Bischöfe

Prosopographische, d.h. personengeschichtliche Studien zeigen uns, quellenbedingt, ganz überwiegend jene Studenten, die später Karriere machten, sei es aufgrund ihrer Begabung, sei es aufgrund ihrer vornehmen Herkunft. Für fast alle Mainzer und Kölner Erzbischöfe des 12. Jahrhunderts, die meist Grafenhäusern entstammten, ist ein Studium in Paris oder allgemein in Frankreich bezeugt (Burkhardt 2008). Otto, der spätere Bischof von Freising (reg. 1138–1158) und bedeutende Chronist, weilte um 1130 mehrere Jahre dort. Wichtig für den Aufbau kontinuierlicher Austauschbeziehungen waren deutsche Domschulen wie z.B. Hildesheim, deren Lehrer ihr Handwerkzeug in Paris gelernt hatten und die fortgeschrittene Schüler in die französische Metropole weiterschickten (Gallistl 2000). Auch konnten ältere Verwandte das Studierverhalten der jüngeren prägen, so zum Ende des Jahrhunderts Konrad von Querfurt (ca. 1155–1202) als Onkel Albrechts von Käfernburg, des späteren Erzbischofs von Magdeburg (reg. 1205–1232, siehe Kap. 8). Anspornend wirkte nicht zuletzt die Verheißung sozialen Aufstiegs, der auch manch eher Niedriggestellten in den fürstlichen Rang eines Reichsbischofs gelangen ließ. Schwer zu entscheiden ist freilich, was für solche Karrieren schwerer wog: das Wissen, das man in Paris erwarb, oder die nützlichen persönlichen Kontakte zu anderen Studenten. In Paris traf man Franzosen und Italiener, die später zu Kardinals- oder sogar Papstwürden gelangten. Am bekanntesten unter diesen ist Innozenz III. (reg. 1198–1216), welcher als Papst die Pariser Seilschaften auch für seine eigenen politischen Zwecke brillant zu nutzen verstand (Gramsch 2009, vgl. auch Kap. 8).

Studium und *networking*

Eine in der universitätsgeschichtlichen Forschung viel diskutierte Frage ist, ob das Studium eine neue Durchlässigkeit der sozialen Ordnung bewirkte. Herbert Grundmann unterstrich 1957 die nivellierenden Aspekte der akademischen Kultur: Die Universität sei eine Institution gewesen, an der sich „Männer des Adels mit Bürger- und Bauernsöhnen, Reiche und Arme [...] zu einer Gemeinschaft [...] verbanden, in der es keine Vorrechte der Geburt gab" (Grundmann 1957, S. 19). Ursprung und Bindeglied der Universität sei der *amor sciendi* („Liebe zum Wissen") gewesen, gerade in der Frühzeit, als von einem gesellschaftlichen Bedarf nach höherer Bildung und daraus folgenden Aufstiegschancen der Gelehrten noch nicht die Rede sein könne. Die neuere Forschung hat ein solch idealisierendes Bild stark relativiert.

Doch ist zu bedenken, dass jenseits der bekannten prominenten Fälle, die gegen zu viel ‚Sozialromantik' sprechen, noch viel Raum bleibt. Immerhin besitzt offenbar eine ganze Literaturgattung, die Vagantendichtung als klerikal-intellektuelles Gegenstück zum adligen Minnesang, in jenen fahrenden „armen Scholaren" eine soziale Basis. Unter ihnen waren viele Minderprivilegierte, welche aus Liebe zur Wissenschaft und sicher auch in der Hoffnung auf bescheidenen Lohn oder gar auf furiosen ‚Durchbruch' die neuen Bildungsstätten bevölkerten. Jacques Le Goff hat sie, höchst pointiert, mit der „68er"-Studentengeneration verglichen, betont ihren aufrührerischen, kritischen und ein Stückweit vielleicht auch egalitären Geist.

Klerikale Studentenkultur

6.4 Die Institutionalisierung des Pariser Schulbetriebs

Die große Nachfrage nach Bildung wurde im Paris des 12. Jahrhunderts vor allem von den Schulen jener Magister befriedigt, welche nicht direkt an kirchliche Institutionen gebunden waren, sondern den Schulbetrieb auf eigene Rechnung betrieben. Dies sicherte ihnen nicht zuletzt eine größere Freiheit des Geistes, hatte aber auch eine Kehrseite: „Es gab offensichtlich Probleme, derentwegen sich dann Institutionen ausbildeten wie eine Hornhaut dort, wo es scheuert" (Esch 1985, S. 18). Mit dieser treffenden Metapher erklärt Arnold Esch jenen Institutionalisierungsprozess, der aus isolierten Schulen im späten 12. Jahrhundert eine Universität werden ließ. In Paris bestanden vor allem zwei Probleme: zum einen die schon von Abaelard treffend beschriebene, ruinöse Konkurrenz der Schulen um Studenten (und deren Hörergelder!), zum anderen die Sicherung der eigenen Lehr- und Wissenschaftsfreiheit gegen Fremdbestimmung, konkret, gegen die Lehraufsicht des Bischofs. Die Antwort auf beide Fragen fand sich in der genossenschaftlichen Selbstorganisation der Magister. Eine solche Lösung orientierte sich an den damals allerorten entstehenden städtischen und beruflichen Schwureinungen, bei denen man sich durch Eid zu einer Genossenschaft verband. Dies versprach Autonomie, wie sie die Städte damals erlangten, sowie Subsistenzsicherung der Magister durch gleichsam zünftische Wettbewerbsre-

Universitätsentstehung als Institutionalisierungsprozess

Zunftverfassung als Vorbild

gulierung: Magister schlossen sich, eidlich aneinander gebunden, zur „Gemeinschaft der Lehrenden", zur *universitas magistrorum* zusammen, gaben sich in der Universitätsversammlung und im Rektor ein eigenes Entscheidungsgremium und ein Oberhaupt, regelten künftig alle Fragen des Lehrbetriebs gemeinschaftlich. Ein solches System hatte auch Nachteile, in ihm hätte ein solch genialer Wissenschaftler und Selbstprofilierer wie Abaelard kaum noch einen Platz gefunden. Aber die Vorteile überwogen, gerade auch in Hinsicht auf die, modern gesprochen, Freiheit der Wissenschaft: Die wissenschaftliche Qualitätskontrolle lag nun bei den Gelehrten selbst. Dies betraf vor allem die Frage, wer künftig selber lehren durfte. Das Urteil hierüber sprachen nach einem öffentlichen Examen die Magister selbst. Dieses Promotionsrecht war Instrument der Selbstergänzung für das Magisterkollegium, es bildete künftig das zentrale Privileg der neuen Institution. Akademische Titel und Studienzertifikate sollten – um im Bild der Handwerkerzunft zu bleiben – gewissermaßen zum wichtigsten ‚Handelsgut' der Universität werden (dazu Schwinges 2007). Der Bischof hingegen behauptete nach 1200 in all diesen Dingen nur noch ein stark reduziertes Mitspracherecht.

Promotionsrecht

6.5 Quellen und Vertiefung

6.5.1 Abaelards Schrift *Sic et non*

In *Sic et Non* legte Abaelard insgesamt 158 Fragen *(Quaestiones)* vor, zu denen er insgesamt etwa 2.000 Zitatstellen aus autoritativen Texten, sogenannte *sententiae* (Sentenzen), aufführte, die entweder zur Bejahung oder zur Verneinung der Frage dienen konnten. Im Prolog zu diesem Werk schildert er die Aufgabe des Wissenschaftlers, diese widerstreitenden Positionen einer Lösung zuzuführen, etwa durch Aufdeckung von bloßen Scheinwidersprüchen (die z.B. in der unterschiedlichen Verwendung von Wörtern begründet sind) oder durch die Zurückweisung einzelner Aussagen. Diesen entscheidenden Schritt der *solutio* geht Abaelard in seinem Buch freilich nicht – er überlässt somit in durchaus provokativer Weise dem Leser die Entscheidung (dazu Rizek-Pfister 2000). Einige der in *Sic et non* gestellten Fragen seien hier widergegeben, manche können, da zeitlos aktuell, sicher auch den heutigen Leser – wenn auch auf der Basis anderer „Autoritäten" – zur Diskussion verführen:

> 61. Dass Joseph Maria für eine Ehebrecherin gehalten habe, und nicht.
>
> 93. Dass Petrus und Paulus und alle anderen Aposteln gleichrangig seien, und nicht.
>
> 103. Dass alle Apostel mit Ausnahme des Johannes Frauen gehabt hätten, und im Gegenteil.
>
> 122. Dass die Heirat für alle erlaubt sei, und im Gegenteil.
>
> 124. Dass es erlaubt sei, eine Konkubine zu haben, und im Gegenteil.
>
> 126. Dass es nach der Scheidung von einer Unzucht treibenden Ehefrau dem Manne erlaubt sei, eine zweite zu heiraten, und im Gegenteil.
>
> 154. Dass es erlaubt sei zu lügen, und im Gegenteil.
>
> 155. Dass es dem Menschen erlaubt sei, aus irgendwelchen Gründen Hand an sich zu legen, und im Gegenteil.
>
> (Petri Abaelardi Sic et non; Übersetzung nach Werner Robl in: http://www.abaelard.de/050503sicnond.htm, abgerufen am 23.5.2018)

6.5.2 Die Selbsteinschätzung der scholastischen Wissenschaft

Der englische Gelehrte Johannes von Salisbury berichtet von einem berühmt gewordenen Diktum des Domschullehrers Bernhard von Chartres (gest. nach 1124):

> *[1] Dicebat Bernardus Carnotensis nos esse quasi nanos gigantum umeris insidentes, ut possimus plura eis et remotiora videre, non utique proprii visus acumine aut eminentia corporis, sed quia in altum subvehimur et extollimur magnitudine gigantea. [...]*
> *[2] Quis enim contentus est his quae vel Aristoteles in Periermeniis docet? Quis aliunde conquisita non adicit? Omnes enim totius artis summam colligunt et verbis facilibus tradunt. Vestiunt enim sensus auctorum, quasi cultu cotidiano, qui quodam modo festivior est, cum antiquitatis gravitate clarius insignitur.*

[1] Bernhard von Chartres sagte, wir seien so wie Zwerge, die auf den Schultern von Riesen sitzen, so dass wir mehr als sie und Entfernteres sehen können, allerdings nicht wegen der Schärfe des eigenen Sehvermögens oder der Größe des Körpers, sondern weil wir durch die Größe der Riesen in die Höhe geführt und erhoben werden. [...]
[2] Denn wer ist mit dem zufrieden, was etwa Aristoteles in der *Hermeneutik* sagt? Wer fügt nicht etwas anderswoher Genommenes hinzu? Denn alle stellen die Summe der gesamten Kunst zusammen und überliefern sie in leichten Worten. Sie bekleiden nämlich die Absichten der Autoren gleichwie in täglichem Kult, der auf gewisse Weise festlicher ist, wenn er durch die Würde des Alters klarer herausgestellt wird.
(Ioannis Saresberiensis [Johannes von Salisbury] Metalogicon III/4, S. 116f., Z. 46–58; Übersetzung: Matthias Perkams)

6.5.3 Otto von Freising über die „Westwanderung des Wissens"

Für Otto von Freising, einen der bedeutendsten deutschen Chronisten des Mittelalters, bildet die Vorstellung von der „Westwanderung des Wissens" ein Argument zur Bekräftigung seiner Ansicht, das Ende der Welt stünde dicht bevor. Nachdem die Weisheit gewissermaßen den ganze Erdkreis abgeschritten hätte, würde die Welt nun „im Okzident den Anfang ihres Endes" erleben. Dieses Deutungsschema verknüpft räumliche und zeitliche Aspekte zu einem Ordnungsgefüge der Weltgeschichte, welches anderen Gliederungsprinzipien seiner Chronik – insbesondere der von spätantiken Autoren übernommenen Vier-Weltreiche-Lehre und der Translationstheorie – in origineller Weise beigesellt wird. Otto von Freising dokumentiert hier zugleich seine Hochschätzung der Wissenschaft: Auch er fühlt sich offenbar, wie es Bernhard von Chartres klassisch formuliert hat, als ein „Zwerg auf den Schultern von Riesen":

Wie ich schon oben gesagt habe, hat alle menschliche Macht und Weisheit im Orient ihren Anfang genommen, und im Okzident erleben wir nun den Anfang ihres Endes. (...) Dass aber die Wissenschaft zuerst im Orient, und zwar in Babylon, gefunden und von da nach Ägypten übertragen worden ist, davon berichtet Josephus im ersten Buch seiner ‚Altertümer', wo er von Abraham sagt: „Er brachte ihnen als Gegengabe die Arithmetik und ebenso die Astronomie; denn vor Abraham waren diese Wissenschaften den Ägyptern völlig unbekannt." Dass sie zur Zeit der Philosophen von dort zu den Griechen gekommen seien, sagt derselbe Autor mit den Worten: „Man weiß nämlich, dass diese Wissenschaften in Ägypten von

den Chaldäern begründet worden sind. Von dort sollen sie auch zu den Griechen gelangt sein." So weit Josephus. Dann sind sie bekanntlich zu den Römern und schließlich in jüngster Zeit seit den Tagen der hervorragenden Gelehrten Berengar, Manegold und Anselm in den äußersten Okzident, das heißt nach Gallien und Spanien übertragen worden.
(Otto von Freising, Chronica, Vorwort zum 5. Buch, S. 373–375)

6.5.4 Fragen und Anregungen

Zu 6.5.2
- Vergleichen Sie das Diktum des Bernhard von Chartres mit der im Quellenanhang 3.4.3 vorgestellten Auffassung des Hrabanus Maurus. Gehen Sie auch hier v.a. auf die Aspekte ‚Originalität', ‚Innovativität' und ‚Demut' ein.
- Diskutieren Sie – auch mit Blick auf unser heutiges Verständnis ‚innovativer' Wissenschaft – die in beiden Statements deutlich werdende Hochschätzung von Autoritäten der wissenschaftlichen Tradition. Wo liegen Vor-, wo Nachteile?
- Warum meint Bernhard, man könne nicht bei der bloßen Wiederholung des schon Gesagten stehen bleiben? Inwieweit vertritt er ein Konzept wissenschaftlichen Fortschritts?

Zu 6.5.3
- Ermitteln Sie, auf welche Quelle sich Otto in seiner Darstellung der alten östlichen Hochkulturen stützt.
- Benennen Sie die von Otto vorgestellten Stationen der Westwanderung des Wissens! Welchen antiken bzw. mittelalterlichen Zivilisationen entsprechen sie?
- Diskutieren Sie, inwieweit Ottos Modell der Westwanderung des Wissens unserer heutigen Kenntnis von Wissenstransfervorgängen in der antiken und mittelalterlichen Geschichte entspricht! Ordnen Sie die beschriebenen Kulturen und Ereignisse grob zeitlich – nach unserem heutigen Wissensstand – ein.

6.5.5 Lektüreempfehlungen

Quellen Heinrich Rüthing (Hg.), Die mittelalterliche Universität (Historische Texte Mittelalter, 16), Göttingen 1973.

Literatur Arno Borst, Religiöse und Geistige Bewegungen im Hochmittelalter, in: Golo Mann / August Nitschke (Hgg.), Propyläen-Weltgeschichte, Bd. 5, Frankfurt a.M. / Berlin 1963 (ND: ebda. o.J.), S. 489–561. *(Materialreiche Gesamtdarstellung des religiösen und kulturellen Aufbruchs im Zeitalter der Früh- und Hochscholastik [v.a. 11./12. Jahrhundert] in Europa, mit starker Berücksichtigung der Vor- und Frühgeschichte der Universitäten).*
Peter Dinzelbacher, Bernhard von Clairvaux (Gestalten des Mittelalters und der Renaissance), Darmstadt 1998 *(Ausführliche Darstellung von Leben und Werk des großen Zisterzienserabtes, dabei seinem theologischen Denken nachspürend; behandelt auch seine Konflikte mit Abaelard [ab S. 222]).*
Joachim Ehlers, Deutsche Scholaren in Frankreich während des 12. Jahrhunderts, in: Johannes Fried (Hg.), Schulen und Studium im sozialen Wandel des hohen und späten Mittelalters (Vorträge und Forschungen, 30), Sigmaringen 1986, S. 97–120 *(Untersucht – gestützt auf eine disparate, sehr lückenhafte Quellenbasis – den Besuch der französischen Domschulen und Universitäten aus dem römisch-deutschen Reich im 12. Jahrhundert).*
Arnold Esch, Die Anfänge der Universität im Mittelalter (Berner Rektoratsreden 1985), Bern 1985 *(Eingängig geschriebener Essay, der die Rahmenbedingungen, Einflussfaktoren und Abläufe der Universitätsentstehungsprozesse in Paris und Bologna hellsichtig skizziert).*
Bernhard Gallistl, Schule, Bücher und Gelehrsamkeit am Hildesheimer Dom, in: Ulrich Knapp (Hg.), Ego sum Hildensemensis. Bischof, Domkapitel und Dom in Hildesheim 815 bis 1810 (Kataloge des Dom-Museums Hildesheim, 3), Petersberg 2000, S. 213–238 *(Gibt einen Überblick über Domschulwesen und Buchproduktion an einem der wichtigsten deutschen Bildungszentren des 11./12. Jahrhunderts. Kurz behandelt werden auch die Hildesheimer Briefsammlungen, die Einblicke in den Schulalltag jener Zeit vermitteln).*
Martin Grabmann, Die Geschichte der scholastischen Methode. Nach den gedruckten und ungedruckten Quellen bearbeitet, 2 Bände, Freiburg/Br. 1909/1911 (ND: Berlin 1988) *(Umfassendes, noch immer einschlägiges Handbuch zur wichtigsten Methode mittelalterlicher Wissenschaft. Im Bd. 1 Darstellung der Vorgeschichte der Scholastik von Spätantike bis zu Anselm von Canterbury; Bd. 2 stellt die Blütezeit der Hochscholastik [12./13. Jahrhundert] in den Mittelpunkt).*

7 Bologna und die Entwicklung der Rechtswissenschaft im 12. und 13. Jahrhundert

Nach diesbezüglich angestellter sorgfältiger Prüfung (...) verleihen Wir allen Scholaren, die des Studiums wegen in der Fremde auf Wanderschaft sind, und besonders denen, die das göttliche und heilige Recht lehren, dieses Vorrecht Unserer Huld, dass sie selbst sowie ihre Dienstboten in die Orte, an denen wissenschaftliches Studium durchgeführt wird, unbehelligt reisen und dort wohnen dürfen. Denn da alle, die Gutes tun, Unser Lob und Unseren Schutz verdienen, halten Wir es für angemessen, dass Wir sie, durch deren Wissenschaft die Welt erleuchtet und das Leben der Untertanen gebildet wird zum Gehorsam gegen Gott und Uns, seinen Diener, mit einer ganz besonderen Liebe vor allem Unrecht schützen. Wer sollte sich ihrer nicht erbarmen? Aus Liebe zur Wissenschaft heimatlos geworden *(Amore scientie facti exules)*, aus Reichen zu Armen, entäußern sie sich selbst, setzen ihr Leben allen Gefahren aus und erdulden oft von den gemeinsten Menschen – was schwer zu ertragen ist – unverschuldet körperlichen Schaden.
(Authentica *Habita* – das Scholarenprivileg Friedrichs I. Barbarossas von 1155, Übers. nach: Weinrich, Quellen, S. 259)

Als der Staufer Friedrich I. Barbarossa 1154/55 nach Italien kam, um sich in Rom vom Papst zum Kaiser krönen zu lassen, durchquerte er zweimal das Gebiet der Lombardei im nördlichen Italien. Es stand seit der Zeit Ottos I. (reg. 936–973) unter deutscher Herrschaft, doch hatte sich diese politische Abhängigkeit seit der Zeit des Investiturstreits (1076–1122) gelockert. Eine Anzahl Stadtstaaten, unter denen Mailand an erster Stelle stand, hatte das Machtvakuum ausgefüllt; solange bis Friedrich Barbarossa daranging, die Kontrolle zurückzugewinnen. Ein Mittel hierzu war die Zusammenarbeit mit studierten Juristen, den berühmten Bologneser *quattuor doctores* (vier Doktoren). Diese definierten die althergebrachten, unveräußerlichen Rechte des Reiches, die Regalien, mit einer bis dahin unbekannten Präzision. Ihre Arbeit wurde Grundlage für das berühmteste Gesetzgebungswerk Friedrich Barbarossas, das er auf einem Hoftag zu Roncaglia (bei Piacenza; daher die Bezeichnung „Gesetze von Roncaglia") verkündete, kurz nachdem er über das aufsässige Mailand triumphiert hatte (November 1158).

Zusammenarbeit Barbarossas mit Juristen

In den direkten Kontext dieses Ereignisses wurde lange Zeit auch eine Urkunde gestellt, der eine weitreichende Bedeutung für die mittelalterliche Bildungsgeschichte attestiert wird – die Authentica *Habita*, das „Grundgesetz der Universitäten" (Winfried Stelzer). Die Bezeichnung Authentica weist das Dokument als ein kaiserliches Gesetz in der Tradition der römischen Caesaren aus; *Habita* ist das erste Wort *(Incipit)* des Urkundentextes, ein Kürzel, nach dem man Gesetze gemeinhin zu zitieren pflegte.

Winfried Stelzer (Stelzer 1978, S. 146ff.) hat gezeigt, dass die Authentica bereits auf den Mai 1155 datiert, als Friedrich Barbarossa auf seinem Rückweg von der Kaiserkrönung durch Bologna kam. Wie ein zeitgenössisches Gedicht erzählt, wurde Barbarossa damals von der Bologneser Bevölkerung, darunter die Doktoren der dortigen Rechtsschulen und ihre zahlreichen Schüler, begeistert empfangen. Vom Kaiser nach ihren Lebensverhältnissen befragt, klagten diese jedoch, häufig von den Einwohnern gezwungen worden zu sein, Schulden studentischer Landsleute begleichen zu müssen. Einer der Doktoren bat den Herrscher, diese Unsitte abzustellen, worauf der Kaiser das Scholarenprivileg erließ. Erst spätere Zeiten haben es auf den Hoftag zu Roncaglia 1158 datiert – ein naheliegender Fehler, konnte man doch das Privileg als Dank Barbarossas für die Hilfe der Bologneser Juristen bei der Durchsetzung seiner Herrschaft in der Lombardei verstehen. Tatsächlich aber war es wohl umgekehrt: Barbarossa ging 1155 in Vorleistung, um seinerseits 1158 bei den Gelehrten Unterstützung zu finden. Wissen und Macht traten hier, wieder einmal, in eine enge und folgenreiche Beziehung.

Privilegierung der Rechtsstudenten

7.1 Die „Habita" und die Lebenswirklichkeit von Studenten im 12. Jahrhundert

Betrachten wir den Text der Urkunde genauer. Interessant ist schon die überschwängliche Stilisierung des Studiums durch den kaiserlichen Gesetzgeber: Betont wird der Nutzen der Wissenschaft, durch die die Welt „erleuchtet" und das Volk zu Gehorsam gegen Gott und den Kaiser erzogen wird. Das Recht und die weltliche Herrschaftsordnung mit dem Kaiser an der Spitze, sie waren „göttlich" und „heilig"; Auflehnung gegen den Kaiser war Aufleh-

Gottgewollte Herrschaftsordnung

nung gegen Gott. Dies musste insbesondere den freiheitliebenden italienischen Städtebürgern jener Zeit immer wieder eingeschärft werden und die Juristen sollten dabei helfen. Im Gegenzug konnten diese darauf hoffen, in ihrer spezifischen Lebenssituation die Unterstützung des Herrschers zu erlangen. Dies betraf zuallererst einen ganz profanen Gegenstand, nämlich die studentische Finanzsituation. „Künftig soll keiner so vermessen gefunden werden", heißt es in der *Habita*, „dass er sich herausnimmt, den Scholaren irgendein Unrecht anzutun, noch wegen der Schulden eines Landsmannes – was man, wie Wir gehört haben, mitunter nach abwegigem Gewohnheitsrecht *(ex perversa consuetudine)* getan hat – irgendwelche Schädigungen zuzufügen." Aus dieser Passage spricht ein neues Rechtsverständnis, das in Bologna gepflegt wurde: Geschriebenes, altes Kaiserrecht stand hier gegen bloßes Gewohnheitsrecht der Städte, welches usurpatorischen Charakter trug. Nach demselben Grundsatz argumentierte Friedrich I. auch 1158, als er die Herrschaftsrechte des Reiches in Italien definierte. Zugleich wird in der *Habita* das ‚gesunde Rechtsempfinden' angesprochen: Warum sollte ein Scholar auch für die Schulden eines anderen aufkommen oder gar in den Schuldturm wandern? Diese seltsame Praxis wird verständlicher, wenn wir die Lebenswirklichkeit damaliger Studenten beachten, die von weither nach Bologna kamen. Die Kosten für Unterkunft, Verpflegung und Unterricht waren hoch; war die Reisekasse erschöpft, musste man Kredite aufnehmen. So mag mancher Student zuletzt auf den Ausweg verfallen sein, ohne Begleichen seiner Rechnungen das Weite zu suchen. Den Einwohnern von Bologna blieb nur, die Landsleute der Schuldiger in Haftung zu nehmen, in der (sicher nicht ganz unbegründeten) Voraussicht, dass diese noch am ehesten in der Lage waren, den säumigen Zahler in der Heimat ausfindig zu machen und in Regress zu nehmen. In einer Gesellschaft, in der der Arm der Gerechtigkeit nur so weit reichte wie der eigene politische Einfluss – und dieser war in der territorialen Gemengelage Oberitaliens eng begrenzt –, war dies ein auf seine Weise durchaus rationales Verfahren. Es war in gewisser Weise sogar unverzichtbar, um den Fortbestand des Studiums zu gewährleisten, denn ohne diesen Sicherungsmechanismus musste die Bereitschaft der Städter, auswärtigen Scholaren Kredit zu gewähren, rapide sinken. Dem stand jedoch die

Rechtssicherheit für Studenten

nachvollziehbare Empörung der Studenten gegen diese Praxis der ‚Kollektivschuld' entgegen.

Studenten als ‚Migranten'

Das Problem, welches sich im Umgang zwischen Bürgern und Studenten stellte, resultierte aus dem Umstand, dass die Studenten vor Ort Fremde waren, „aus Liebe zur Wissenschaft Exilierte", wie es die Urkunde pathetisch ausdrückt. Im Verkehr mit Fremden griffen die sozialen und rechtlichen Mechanismen einer ‚Face-to-face-Gesellschaft' schlecht, was Misstrauen beförderte. So musste letztlich ein beide Seiten schützendes ‚Sonderrecht' geschaffen werden, wie es die Kaiser traditionell auch etwa den Juden gewährten. Um dieses effektiv wahren zu können, setzte Barbarossa Instanzen ein, die vor Ort wirkungsvoll agieren konnten:

> Wer diesen Scholaren jedoch wegen irgendeiner Angelegenheit einen Rechtsstreit anhängen will, soll sie (...) vor ihrem Herrn und Magister oder dem Bischof dieser Stadt, denen Wir dazu die Gerichtshoheit gegeben haben, belangen. Wer sie aber vor einen anderen Richter zu ziehen versucht, dem soll seine Rechtssache, auch wenn sie völlig gerechtfertigt wäre, wegen dieses Unterfangens verloren sein.

Akademische Gerichtsbarkeit

Dieses sog. Gerichtsstandsprivileg der Scholaren war zukunftweisend, es begründete die akademische Gerichtsbarkeit, welche in vielen Ländern bis ins späte 19. Jahrhundert bestand (Alenfelder 2002). Universitätskarzer, die sich mancherorts erhalten haben, erinnern noch heute daran. Magister und Studenten sollten ihre Angelegenheiten selbst regeln und schon im Eigeninteresse darauf achten, dass es zu keinen Reibereien mit der Stadtbevölkerung kam. Noch wichtiger war die Einbeziehung der kirchlichen Instanz, die umso naheliegender war, als in den meisten Fällen das Studium Teil einer geistlichen Laufbahn war. Der studentische Klerikerstatus war ein Modell mit Zukunft, denn er schuf Rechtssicherheit für alle Beteiligten. Kleriker genossen Immunität vor der weltlichen Gerichtsbarkeit, sie waren allein ihren kirchlichen Oberen unterworfen. Und da die Kirche das ganze christliche Abendland überspannte, konnten ihre Urteile auch länderübergreifend kommuniziert und durchgesetzt werden. Um beim Beispiel des Schuldenmachens zu bleiben: Ein wegen unbezahlter Schulden gemaßregelter Student konnte den Traum einer kirchlichen Karriere begraben. Die Nachricht seiner ‚Vorstrafe' hätte sich, etwa über Stellenkonkurrenten, bis in die Heimat verbreitet und den säumigen Zahler zum Einlenken gezwungen.

7.2 Der Gegenstand des Bologneser Studiums: das gelehrte Recht

Die hochentwickelte Städtelandschaft (Nord-)Italiens war im 11./ 12. Jahrhundert die Wiege einer neuen, den Weg in die Moderne weisenden Rechtskultur. Hier wirkten antike Traditionen einer höher entwickelten Schriftlichkeit nach. Ein stark wachsender ökonomischer Sektor erforderte ein differenzierteres Rechtswesen. Ein ganzer Berufsstand, die Notare, war mit der Abfassung von Verträgen unterschiedlichster Art beschäftigt. Mit dem ökonomischen Aufschwung ging das Streben nach politischer Autonomie einher, begünstigt durch die Schwäche der Zentralgewalt. Die Städte gaben sich eigene Statuten, schufen politische Institutionen und einen eigenen Richterstand. All dies förderte die Nachfrage nach gelehrt-juristischer Kompetenz und nach einem Rechtssystem, das den gewachsenen Anforderungen einer komplexer werdenden Gesellschaft entsprach (Walther 1986).

Rechtskultur in Oberitalien

Dieses Rechtssystem wurde in der antiken Tradition gefunden, dem Römischen Recht, welches im *Corpus iuris civilis* kodifiziert war (Stein 1996). Seine Wiederentdeckung um 1100 gehört zu den großen Abenteuern und folgenschweren Zufällen der Geschichte. Ein einziges erhaltenes Exemplar des Gesetzbuchs, die *littera Florentina*, angeblich als Beutestück eines ‚Piratenüberfalls' von Amalfi nach Pisa gelangt, bildete für den Gelehrten Irnerius (ca. 1050 – ca. 1125) die Grundlage, um davon ausgehend die Rechtswissenschaft grundlegend zu erneuern. Vieles von diesen Vorgängen ist sagenumwoben, selbst die reale Existenz der Person des Irnerius ist in der Forschung umstritten, doch kann der Beginn der neuen Römischen Rechtswissenschaft mit gutem Recht nach Bologna und in die Zeit um 1100 verortet werden.

Corpus iuris civilis

Das *Corpus iuris civilis* ist das Ergebnis spätantiker Sammlungs- und Systematisierungstätigkeit. In Auftrag gegeben wurde das Gesetzbuch durch den byzantinischen Kaiser Justinian I. (reg. 527–565). Das Werk umfasste vier Teile: Die *Digesten* (oder *Pandekten*) stellten umfangreiche Auszüge aus klassischen Juris-

Justinianische Gesetzessammlung

tenschriften der frühen Kaiserzeit dar. Der *Codex Justinianus* als zweiter Teil war ein Gesetzbuch im engeren Sinne, er umfasste kaiserliche Erlasse zu verschiedensten Rechtsgebieten aus der Zeit des 2. bis 6. Jahrhunderts. Die *Institutiones*, drittens, waren eine Art Rechtshandbuch für Anfänger. Jüngere Erlasse waren im letzten Teil, den *Novellae*, enthalten. Das Bestechende an diesem Gesetzeswerk waren die Vielfalt der behandelten Rechtsmaterien und die Systematik seiner Anlage, die einen gedanklichen Rahmen für eine darum gruppierte Wissenschaft und Gesetzgebungstätigkeit schuf (so wurde zum Beispiel das Scholarenprivileg beim Schuldenhaftungsrecht eingeordnet). Die Autorität der Gesetzessammlung erwuchs dabei nicht aus bestehenden Herrschaftsverhältnissen, denn die byzantinischen Kaiser hatten im Westen längst jede Macht verloren, sondern aus ihrer klaren Anlage und Struktur. Erst sekundär wurde die Gültigkeit dieses Römischen Rechts mit dem mittelalterlichen Gedanken der *translatio imperii*, des Fortbestandes des (West-)Römischen Reiches im römisch-deutschen *sacrum imperium*, verknüpft: Dort wo der römisch-deutsche Herrscher (nominell) herrschte, galt auch das Römische Recht und umgekehrt. Es war also kein Wunder, dass die Bologneser Juristen, die sich mit der Ausarbeitung und Propagierung dieser Wissenschaft beschäftigten, Barbarossas Sympathie genossen.

Translatio imperii

Das Römische Recht konnte besser als alte Gewohnheitsrechte den „Systemhunger der Zeit" befriedigen (Esch 1985, S. 17). Zugleich verband sich die Methodik seiner Erschließung auf das glücklichste mit der scholastischen Methode des Aufspürens und Klärens von Widersprüchen, des Disputierens und Kommentierens. Diese wurde mithin auch für die Bologneser Rechtsschulen maßgebend, welche zunehmend Schüler anzogen. Um Lehrer wie die *quattuor doctores* gruppierten sich *societates* oder *comitivae* (Schülergefolgschaften), deren Gesamtheit die Bologneser Proto-„Universität" bildete.

Das intellektuelle Klima in Bologna förderte zugleich Systematisierungsbemühungen im Bereich des Kirchenrechts. Die wissenschaftliche Beschäftigung mit demselben wies schon eine lange Tradition auf, wofür etwa die Rechtssammlung des Burchard von Worms (ca. 965–1025) steht. Um 1140 verfasste Gratian († um 1150), gestützt auf die moderne scholastische Methode, in Bologna die *Concordantia discordantium canonum* („Überein-

Kanonisches Recht

stimmung widersprüchlicher Kirchengesetze"): „Aus den zahllosen Einzelentscheidungen päpstlicher Briefe, konziliarer und synodaler Akten abstrahierte Gratian allgemeine Rechtsnormen und ergänzte sie durch Aufstellung fingierter Rechtsfälle (...). Die Konkordanzmethode war eben einfach das Modernste, und so ergriff sie alle erreichbaren Fächer fast gleichzeitig" (Esch 1985, S. 17). Das später *Decretum Gratiani* genannte Werk war kein Gesetzwerk von unmittelbarer Gültigkeit. Seine hohe Durchsetzungskraft beruhte auf seiner Stringenz sowie auf der Autorität der verarbeiteten Quellen, darunter nicht zuletzt der Bibel und der Kirchenväterliteratur. Kasuistik einerseits und Subsumierung des Rechtsstoffes unter allgemein gefasste Rechtsregeln bildeten den Kern der Methode Gratians, die die Beschäftigung mit dem Kirchenrecht auf eine neue wissenschaftliche Grundlage stellte. Diese sogenannte Kanonistik konnte mit der Römischen Rechtswissenschaft (Legistik) mithalten bzw. gewann gar einen noch höheren Stellenwert aufgrund ihrer direkten Anwendbarkeit im stark kirchlich geprägten Rechtsleben. Kanonisch-geistliches und römisch-weltliches Recht bildeten in Zukunft das mittelalterliche *ius utrumque*, die beiden Rechte, die sich in vielerlei Hinsicht ergänzten und gegenseitig gedanklich befruchteten, sich also keineswegs in einem geistlich-weltlichen Antagonismus gegenüber standen.[1]

Die Fortentwicklung des Kirchenrechts vollzog sich im weiteren 12. Jahrhundert als sogenannte Dekretistik, deren Leistung in der inhaltlichen Erschließung und Kommentierung des *Decretum Gratiani* lag. Um 1215 entstand mit der *Glossa ordinaria* des Johannes Teutonicus († um 1245) der maßgebliche Kommentar. Johannes Teutonicus („der Deutsche") kann mit dem Halberstädter Bürger Johannes Zemeke identifiziert werden (Landau 1997) – ein frühes Beispiel für einen deutschen Juristen, der, aus relativ einfachen Verhältnissen stammend, steile Karriere machte: Zuerst Rechtslehrer in Bologna, stieg er bis zum Dompropst von Halberstadt und somit zum zweithöchste Geistlichen in seiner Heimat-

Weiterentwicklung des Kirchenrechts

---

[1] So war zum Beispiel das Verfahrensrecht kirchlicher Prozesse an den Rechtsregeln des Römischen Rechts orientiert. Freilich gab es auch „Abstoßungsreaktionen", versuchte die Kirche – weitgehend erfolglos – den Geistlichen das Studium des „weltlichen" Römischen Rechts zu verbieten oder zumindest zu erschweren (Bulle *Super speculum* von 1219).

stadt auf. Er war zugleich beteiligt an einer von Papst Gregor IX. initiierten Gesetzgebungsinitiative: Das kirchliche Rechtswesen hatte seit Gratian mit einer Vielzahl neuer Rechtsentscheidungen, Papst- und Konzilsdekreten eine so stürmische Fortentwicklung genommen, dass eine erneute Systematisierung erforderlich wurde. Eine Kommission unter dem päpstlichen Pönitentiar (Leiter der Bußbehörde) Raymund von Peñafort (ca. 1180–1275) unterzog sich dieser Mammutaufgabe, aus der das wichtigste kirchliche Rechtsbuch des Mittelalters hervorging: der *Liber Extra* (*Liber decretalium extra decretum vagantium*, wörtlich das „Buch der au-

Papst als Gesetzgeber

ßerhalb des Decretum [Gratiani] herumwandernden Gesetze"). 1234 wurde das Werk veröffentlicht (promulgiert), indem der Papst es an die Universitäten Paris und Bologna übersandte mit dem Befehl, es zur Grundlage des Rechtsunterrichts zu nehmen. Eindrucksvoll zeigte sich so die gewachsene gesellschaftliche Bedeutung der Universitäten.

7.3 „Universität von unten": Das Bologneser Universitätsmodell

Studentenuniversität Bologna

Der Prozess der Herausbildung einer neuartigen Bildungsinstitution, der Universität, vollzog sich in Bologna wie in Paris schrittweise, fast unmerklich, und dauerte bis ins frühe 13. Jahrhundert. In Paris hatte die Universitätsentstehung „oben", bei den Magistern ihren Ausgang genommen: Indem sie sich zu einer genossenschaftlichen Korporation *(universitas)* verbanden, konnten sie Fragen der Studienorganisation, etwa das Problem ruinöser Konkurrenz, besser lösen und sich gegenüber der bischöflichen Lehraufsicht behaupten (vgl. Kap. 6). Man spricht bei diesem Universitätsmodell von der Magisteruniversität. In Bologna war die Situation eine andere, hier wuchs die Universität gewissermaßen „von unten", als Studentenuniversität. Die Rechtsstudenten waren im Durchschnitt älter, reicher und selbstbewusster als ihre Pariser Kommilitonen, sie konnten das Schicksal des Studiums in ihre eigenen Hände nehmen. Rechtssicherheit im kommunalen Umfeld, angemessene Wohnungsmieten und Nahrungsmittelpreise, günstige Darlehen, Mitplanung des Lehrbetriebs und eine gute Qualität des Unterrichts, all diese Punkte standen für die Studenten auf der Agenda. Als ‚gut zahlende Kunden' (die in der *Habita* erwähnte freiwillige Armut der Wissensdurstigen war in diesem Falle wirklich nur ein Topos) waren sie durchaus in der Lage, ihre Interessen sowohl gegenüber ihren Lehrern als auch gegenüber der Stadt durchzusetzen. Die Studenten fanden sich zu landsmannschaftlichen Korporationen zusammen, den *nationes* (zuerst erwähnt 1174) – hier hat die zentrale Kategorie neuzeitlicher Identitätsbildung einen ihrer Ursprünge. Das Gliederungsprinzip der Nationen machte an den Universitäten Schule, es gab sie später auch etwa in Paris, Prag, Wien oder Leipzig. 1317, auf dem Höhepunkt der Bologneser Studentenuniversität, unterteilte sie sich in drei citramontane Nationen der Italiener und 13 ultramontane Nationen derjenigen, die von „jenseits der Berge" (also der Alpen) kamen. Die *natio Germanica*, welcher auch zum Beispiel Polen, Tschechen und Skandinavier angehörten, war unter diesen die größte und bedeutendste. Diese *nationes* teilten sich nach einem bestimmten Turnus die Verwaltung der Gesamtuniversität, d.h. vor allem das Rektoramt. Der Rektor war also in Bologna, anders als in Paris, stets ein Student, was durchaus konsequent war, wenn man bedenkt, dass viele Studenten (gerade solche, die aus dem nordalpinen Reich kamen) einen höheren sozialen Status besaßen als ihre Lehrer.

<small>Universitätsnationen</small>

Die Bologneser Rechtsprofessoren weigerten sich zunächst, die studentischen *nationes* bzw. ihre Gesamtheit, die (seit etwa 1200 bestehende) *universitas*, als Verhandlungspartner anzuerkennen. Tatsächlich aber verschob sich die Machtbalance im Kräftedreieck Lehrer-Studenten-Stadt mehr und mehr zu ihren Ungunsten. Vielleicht wurde den Professoren ihre – im Vergleich zu Paris – geringe Zahl und mangelnde Bereitschaft zusammenzuarbeiten zum Verhängnis. Vereinzelt und auf das Wohlwollen der beherbergenden Kommune angewiesen, ordneten sie sich der Stadt unter. Die Studenten hingegen setzten ihre geballte Handlungsmacht gegen Lehrer und Kommune ein: Die Organisation des Studiums ging an sie über, etwa indem Anstellungsverträge mit Rechtslehrern geschlossen wurden. Studentische *denunciatores* wachten darüber, dass die Professoren ihre Verpflichtungen erfüllten. Anderenfalls hatten diese mit Abschlägen bei der Besoldung zu rechnen. Gegenüber der Kommune setzte die studentische *universitas* den Anspruch durch, alle Belange des Studiums

<small>Studentische Selbstorganisation</small>

zu vertreten und gegebenenfalls auch zu günstigen Vereinbarungen, etwa bezüglich der Ausgestaltung der Mietpreise in der Stadt zu kommen. Ein besonders mächtiges Druckmittel, das die Studenten in der Hand hatten, war die Drohung mit dem Auszug aus der Stadt: Da die Universität, anders als heute, kaum über immobilen Besitz verfügte, hätte sie jederzeit gehen können, und da die Studenten viel Geld in die Stadt brachten, mussten ihnen die städtischen Räte in solchen Fällen weit entgegenkommen. Über dieses Mittel der Sezession, das auch in späteren Zeiten und an anderen Orten eingesetzt wurde, entstand vom 13. bis zum 15. Jahrhundert so manche neue Universität. Die in Paris und Bologna ausgebrachte Saat ging in diesen Jahrhunderten auf und trug in ganz Europa reiche Früchte.

Sezession als Druckmittel

7.4 Quellen und Vertiefung

7.4.1 Odofredus de Denariis über die Entstehung des Rechtsstudiums in Bologna

Der Bologneser Rechtslehrer Odofredus de Denariis (um 1200–1265) schilderte in einer Vorlesung (um 1230) seine Sicht auf die Entstehung der Universität Bologna im frühen 12. Jahrhundert:

> *Signori, dominus Yrnerius, qui fuit apud nos lucerna iuris, id est primus qui docuit in civitate ista; nam primo cepit studium esse in civitate ista in artibus, et cum studium esset destructum Rome, libri legales fuerunt deportati ad civitatem Ravenne et de Ravenna ad civitatem istam. Quidam dominus Pepo cepit auctoritate sua legere in legibus, tamen quicquid fuerit de scientia sua nullius nominis fuit. Sed dominus Yrnerius dum doceret in artibus in civitate ista, cum fuerunt deportati libri legales, cepit per se studere in libris nostris et studendo cepit docere in legibus. Et ipse fuit maximi nominis et fuit primus illuminator scientie nostre; et quia primus fuit qui fecit glosas in libris nostris vocamus eum lucernam iuris.*

> Meine Herren, Herr Irnerius, der bei uns eine Leuchte des Rechts war, das ist der Erste, der in jener Stadt [Bologna] gelehrt hat; denn zuerst befand sich in jener Stadt ein Studium der *artes [liberales]*, und als das Studium in Rom zerstört wurde, wurden die Rechtsbücher [d.h. der Codex Justinianus] in die Stadt Ravenna gebracht und von Ravenna in jene Stadt [Bologna]. Ein gewisser Herr Pepo hat kraft eigener Autorität begonnen, die Gesetze zu lehren, doch weil er dies nur in seiner eigenen Wis-

senschaft [Weise] betrieben hat, hat er sich keinen Namen gemacht. Aber Herr Irnerius hat damals in den *artes* unterrichtet in jener Stadt [Bologna], als die Rechtsbücher hierher kamen, und er hat begonnen, aus eigenem Antrieb in unseren [Rechts-]Büchern zu studieren und aus diesem Bemühen heraus hat er begonnen, die Rechte zu lehren. Und jener hat sich damit einen sehr großen Namen gemacht und er war der erste Erleuchter unserer Wissenschaft; und weil er der Erste war, der Glossen zu unseren Büchern verfasst hat, nennen wir ihn Leuchte des Rechts.

(Rüthing, Die mittelalterliche Universität, S. 32; mit etwas anderem Wortlaut in Walther 1986, S. 139)

7.4.2 Juristische Argumentation im staufisch-welfischen Thronstreit (I): Die Bulle *Venerabilem*

Der deutsche Thronstreit (1198–1218) zwischen dem Staufer Philipp von Schwaben und dem Welfen Otto IV. wurde nicht nur mit militärischen, sondern auch mit politisch-juristischen Mitteln geführt. Eine zentrale Bedeutung kam der Stellungnahme Papst Innozenz' III. zu, der sich in seiner Bulle *Venerabilem* für Otto IV. aussprach. Die Bulle wurde später in den Liber Extra aufgenommen (X.I.6.34) und bildete eine Grundlage für die Ausgestaltung des deutschen Königswahlrechts (vgl. Kap. 8). Die Bulle selbst wie auch die Diskussion der päpstlichen Entscheidung zeigen die zunehmende „Verrechtlichung" des politischen Lebens jener Zeit und die wachsende Bedeutung gelehrten Argumentierens:

> Wir aber (...) wollen genauso wenig, dass Unsere Rechtshoheit von anderen angemaßt wird, wie wir auch nicht das Recht der Fürsten für Uns beanspruchen wollen. Daher erkennen Wir auch, wie Wir es müssen, Recht und Befugnis zur Wahl des Königs *(ius et potestas elegendi regem)*, der späterhin zum Kaiser erhoben werden soll, diesen Fürsten zu, denen es bekanntlich nach Recht und altem Herkommen zusteht, zumal da auf sie Recht und Befugnis solcherart vom Apostolischen Stuhl übergegangen ist, der das Römische Reich in der Person Karls des Großen von den Griechen auf die Deutschen übertragen hat. Jedoch auch die Fürsten müssen anerkennen (...), daß Recht und Hoheit zur Prüfung der Person, die zum König gewählt wurde und zum Kaisertum erhoben werden soll, Uns zusteht, die Wir sie salben, weihen und krönen. (...) Wie etwa, wenn die Fürsten nicht nur in Zwietracht, sondern auch in Eintracht irgendeinen Gottesfrevler oder Exkommunizierten, einen Tyrannen oder Narren, einen

Ketzer oder Heiden zum König wählten, müssten Wir dann einen solchen Menschen salben, weihen und krönen? Das sei ganz ferne!
(Bulle *Venerabilem* in Weinrich, Quellen, S. 341–349, hier: S. 341–343)

7.4.3 Juristische Argumentation im Thronstreit (II): Burchard von Ursberg über den Ausbruch des Thronstreits und die Bulle *Venerabilem*

Auch der zeitgenössische, staufernahe Chronist Burchard von Ursberg (ca. 1175 – ca. 1230) berichtet über den Thronstreit und die Entscheidung des Papstes in der Bulle *Venerabilem*:

> Denn er [Philipp von Schwaben] strebte nach dem Kaisertum *(imperium)*, weil er die Reichsinsignien, also die Krone, das Kreuz und andere Dinge, die dazugehörten, in seiner Gewalt hatte. Man hätte sich nämlich nicht um ihn gekümmert, so dass die Herrschaft an einen anderen übergegangen wäre, und so wären sowohl er selbst als auch sein Neffe [Friedrich II.], obwohl der damals noch sehr klein war, ihres ganzen Erbes beraubt worden, was auch dem Höchsten nicht gefiel, wie der Ausgang der Dinge bis jetzt deutlich zeigt, wenn auch viele Hindernisse dazwischenkamen.
> Papst Innozenz III. allerdings, der damals gerade auf den apostolischen Stuhl erhoben worden war, begann, ihn mit allem Eifer zu bekämpfen, und verhinderte seinen Aufstieg zur höchsten kaiserlichen Würde, weil er ihm vorwarf, was dessen Bruder [Heinrich VI.] und Verwandte grausam getan hatten (…). Darin scheint er, unbeschadet der Ehrfurcht vor dem Apostolischen Stuhl, unrecht geurteilt zu haben, da doch der Herr durch den Propheten verkündet, dass nicht einmal die Sünden der Eltern den Kindern angerechnet werden sollen [Ez. 18, 20], um wieviel weniger also die Sünden der Brüder oder anderer Angehöriger. Ezechias und auch Josias, überaus gläubige Könige, hatten sehr ungerechte Eltern, ja selbst zu den Ahnen unseres Erlösers Jesus Christus werden viele Ungerechte gezählt [Matth. 1].
> Es gibt noch heute einen Brief des genannten Innozenz, der an Herzog Berthold von Zähringen gerichtet ist und viel Widersinniges und Falsches gegen Philipp enthält; diesen Brief ließ Innozenz in seine Dekretalensammlung einfügen, die der Magister Petrus [Collivaccinus] Beneventanus, sein Subdiakon, später in einem Werk zusammenfasste, indem er sie unter bestimmten Titeln und in verschiedenen Bücher nach zusammenpassenden Sentenzen [d.h. inhaltlichen Kriterien] gliederte. Dann begann der Papst, auf albernen *(frivolis)* Einwänden und Ausnahmen zu beharren, um ihn zu behindern, und schleuderte ihm den Bannspruch entgegen.

(Becher, Quellen, S. 233–235)

7.4.4 Fragen und Anregungen

Zu 7.4.1

Die Deutung dieser Textstelle ist komplex und muss bei der Situation des Rechtsstudiums in Bologna zur Abfassungszeit der Odofredus-Vorlesung ansetzen (dazu Walther 1986, S. 138–144). Doch lohnt sich auch eine unbefangene Betrachtung unter folgenden Gesichtspunkten:

- Arbeiten Sie heraus, welche Rolle Odofredus der Wiederauffindung der antiken Rechtstexte (d.h. des Codex Justinianus) bei der Herausbildung der Rechtswissenschaft zuspricht!
- Warum lässt er nur Irnerius, nicht aber Pepo als „Leuchte des Rechts" gelten?

Zu 7.4.2

- Welche grundlegenden Verfahrensschritte für die Königs- bzw. Kaisererhebung definiert der Papst? Welche Instanzen haben welche Befugnisse hierbei und wie wird diese Aufgabenverteilung begründet?
- Informieren Sie sich über die vom Papst angesprochene Translationstheorie *(translatio imperii)*. Inwieweit ist die Darstellung der Bulle historisch korrekt?
- Inwieweit findet sich auch in der Erzählung des Odofredus (vgl. 7.4.1) eine Variante der Translationstheorie?
- Nach mittelalterlichem Verständnis zeigt sich in Eintracht bzw. Zwietracht einer Wahl das Wirken Gottes bzw. des Teufels. Inwieweit ist die Bulle auf diese Überzeugung hin abgestimmt?

Zu 7.4.3

- Geben Sie präzise den Argumentationsgang Burchards pro und contra der Herrschaftsansprüche Philipps sowie pro und contra der Argumentation des Papstes wider.
- Diskutieren Sie: Anerkennt Burchard die Autorität des Papstes zur Streitentscheidung?
- Was erfährt man aus der Quelle über die Arbeitsweise der päpstlichen (kurialen) Verwaltung? Ermitteln Sie Näheres

über die von Burchard erwähnte Dekretalensammlung! Woher hatte Burchard dieses „Insiderwissen"?

7.4.5. Lektüreempfehlungen

Helmut Coing (Hg.), Handbuch der Quellen und Literatur der neueren europäischen Privatrechtsgeschichte, Bd. 1: Mittelalter (1100–1500), München 1973 *(Einzelbeiträge zu verschiedenen Aspekten und Quellen der mittelalterlichen Rechtsgeschichte, z.B. über das Lehrprogramm der Juristenfakultäten)*.

Florian Hartmann:, Die Anfänge der Universität Bologna. Rhetoriklehre und das studium in artibus im 12. und 13. Jahrhundert, in: Jan-Hendryk de Boer / Marian Füssel / Jana Madlen Schütte (Hgg.), Zwischen Konflikt und Kooperation. Praktiken der Gelehrtenkultur (12.-17. Jahrhundert), (Historische Forschungen, 114), Berlin 2016, S. 25–43 *(Zeigt, dass am Anfang der Universität Bologna nicht nur die Schulen der gelehrten Juristen, sondern auch die artistischen Rhetorikschulen für angehende öffentliche Notare standen, in welchen man die „ars dictaminis", die Kunst des Schreibens von Briefen mit oft formalisiertem, juristisch relevantem Inhalt erlernte)*.

Jürg Schmutz, Juristen für das Reich. Die deutschen Rechtsstudenten an der Universität Bologna 1265–1425, 2 Bde. (Veröff. der Gesellschaft für Universitäts- und Wissenschaftsgeschichte, 2), Basel 2000 *(Einführung in die Institutionengeschichte der Universität Bologna und insbes. in die Geschichte ihrer zahlenmäßig bedeutenden deutschen Universitätsnation. Auf der Basis von insges. 3.601 Kurzbiographien wird ein Überblick über Herkunft, Studium und spätere Karriere der zwischen 1265 und 1425 in Bologna nachweisbaren deutschen Rechtsstudenten gegeben)*.

Walter Steffen, Die studentische Autonomie im mittelalterlichen Bologna. Eine Untersuchung über die Stellung der Studenten und ihrer Universitas gegenüber Professoren und Stadtregierung im 13./14. Jahrhundert (Geist und Werk der Zeiten, 58), Bern / Frankfurt am Main / Las Vegas 1981 *(Ausführliche Analyse der Herausbildung der universitären Strukturen in Bologna während des 12. bis 14. Jahrhunderts, die von den Zusammenschlüssen auswärtiger Scholaren ausgingen)*.

Peter G. Stein, Römisches Recht und Europa. Die Geschichte einer Rechtskultur (Fischer-TB, 60102), Frankfurt / M. 1996 *(Kompakter Überblick über die römische Rechtsgeschichte von den antiken Anfängen bis ins 19./20. Jahrhundert. „Das römische Recht [hat] im Laufe der Jahrhunderte eine bedeutende Rolle bei der Entstehung des Gedankens einer gemeinsamen europäischen Kultur gespielt" [S. 11])*.

Winfried Stelzer, Zum Scholarenprivileg Friedrich Barbarossas (Authentica „Habita"), in: Deutsches Archiv 34 (1978), S. 123–164 *(Quellenkritische Untersuchung zur Entstehung des berühmten „Grundgesetzes der akade-*

mischen Freiheiten", welches nur kopial in Rechtssammlungen seit dem späten 12. Jahrhundert überliefert ist. Stelzer konnte den Nachweis führen, dass Barbarossa das Privileg bereits auf seinem ersten Italienzug 1155 und nicht erst auf dem bekannten Reichstag von Roncaglia 1158 erteilte).

Winfried Trusen, Anfänge des gelehrten Rechts in Deutschland (Recht und Geschichte, 1), Wiesbaden 1962 *(Bis heute einschlägige Untersuchung zur Durchsetzung des gelehrten [römischen und kanonischen] Rechts in der deutschen Rechtspraxis während des späten Mittelalters, welches sich „durch den Übergang der Rechtslehre, Rechtsprechung und Rechtsetzung auf einen Gelehrtenstand vollzog" [S. 3]).*

Helmut G. Walther, Die Anfänge des Rechtsstudiums und die kommunale Welt Italiens im Hochmittelalter, in: Johannes Fried (Hg.), Schulen und Studium im sozialen Wandel des hohen und späten Mittelalters (Vorträge und Forschungen, 30), Sigmaringen 1986, S. 121–162 *(Rekonstruktion der Frühgeschichte der italienischen Universitäten des Hochmittelalters in ihrem sozialgeschichtlichen Kontext; setzt sich dabei auch mit fiktionalen Gründungsberichten aus dem 13. Jahrhundert auseinander).*

8 Gelehrte Bildung, Kirche und Gesellschaft im 13. Jahrhundert

Abb. 8: Innozenz III. gewährt der Benediktinerabtei Subiaco ein Privileg (Fresko des 13. Jahrhunderts, Kloster St. Benedetto / Sacro Speco, Subiaco)

In Subiaco, etwa 70 km von Rom entfernt, liegt in den Apenninen in spektakulärer Felsenlandschaft das uralte Benediktskloster an jener Stelle, wo der „Vater des abendländischen Mönchtums" in der Heiligen Grotte (*Sacro Speco*) um das Jahr 500 seine erste Einsiedelei hatte. Die in die Klosteranlage integrierten Höhlenräume sind mit zahlreichen Fresken geschmückt, welche das Leben des Heiligen, aber auch das erste, wohl noch zeitgenössische Porträt des Hlg. Franziskus (ca. 1181–1226) zeigen. Die Gründung des Bettelordens der Franziskaner ist zugleich verknüpft mit der Person des wohl bedeutendsten Papstes der mittelalterlichen Kirchengeschichte, Innozenz III. (1160–1216, Papst seit 1198). Auch er ist in Subiaco verewigt, in einem dekorativen Wandfresko, das einen relativ jugendlichen Papst (tatsächlich war er bei Regierungsantritt erst 37 Jahre alt) darstellt. Er präsentiert eine Urkunde, deren Text, in sauberer Majuskelschrift, vollständig wiedergegeben ist. Hierbei handelt es sich um ein Privileg, das dem Kloster auf ewige

Ein Fresko als Archivalie

Zeiten gewisse Rechte und Einkünfte übereignete. Um es auf Dauer zu bewahren, malten die Mönche jene „Sicherheitskopie" an die Wand der Grotte – ein durchaus seltenes Verfahren. Zugleich wurde so Dankbarkeit gegen den Papst ausgedrückt: St. Benedikt persönlich, links dargestellt, hält das Urkundengeschenk in der linken Hand, unter ihm kniet ein weiterer Mönch, offenbar der damals amtierende Abt des Klosters.[1]

Innozenz III.

Es ist durchaus bezeichnend, dass Innozenz mit einer Urkunde in der Hand dargestellt wird. Kein anderer Papst vor ihm hat so erfolgreich das Medium der Schriftlichkeit für seine politischen Zwecke genutzt. Seine eigene hohe Bildung machte ihn aufgeschlossen gegenüber den Möglichkeiten, die die moderne Wissenschaft, vor allem die Jurisprudenz für die Intensivierung von Herrschaft bot. Lotario dei Conti di Segni stammte aus einem kleinen Adelshaus des Kirchenstaates, ging zur Schule nach Rom und dann an die Pariser Universität. Später wechselte er nach Bologna, wo er sich dem Rechtsstudium widmete. 1187 wurde er päpstlicher Subdiakon, 1190 Kardinaldiakon und damit Mitglied des höchsten kirchlichen Beratergremiums des Papstes. Seine gelehrten Schriften, die in den Folgejahren entstanden, zeigen ihn auf der Höhe damaliger scholastischer Theologie und verraten zugleich viel über seine spätere Herrschaftsauffassung: Der Mensch ist schlecht und bedarf der Leitung durch den Klerus, an dessen Spitze als Stellvertreter Gottes *(vicarius Christi)* der Papst steht.

Als Lothar Anfang 1198 Papst wurde, machte er sich sofort daran, diesen Führungsanspruch der Papstkirche durch praktisches Handeln zu untermauern. In Italien zielte seine Politik auf die Wiedererrichtung eines starken Kirchenstaates (Rekuperationspolitik). Er verschrieb sich einer aktiven Kreuzzugs- und Ketzerbekämpfungspolitik. Gegenüber den weltlichen Mächten beharrte er

Staufisch-welfischer Thronstreit

auf einer Schiedsrichterrolle, die ihn insbesondere im 1198 ausbrechenden Streit zwischen einem staufischen und einem welfischen Kandidaten um den römisch-deutschen Kaiserthron (Philipp von Schwaben und Otto IV.) zur entscheidenden Figur werden ließ. Doch auch innerhalb der Kirche baute er die päpstliche Allgewalt *(plenitudo potestatis)* aus, indem er sowohl im Kleinen

---

1 Dass das Fresko an dieser Stelle beschädigt ist, geht darauf zurück, dass die zwei Figuren aus unbekannten Gründen zeitweise übermalt worden sind, bis man später den Putz durch Abschlagen wieder entfernte.

als auch im Großen Entscheidungen an sich zog, Bullen mit Gesetzeskraft erließ und nicht zuletzt 1215 ein Konzil veranstaltete, das Vierte Lateranum, welches zu den glänzendsten Kirchenversammlungen des Mittelalters gerechnet wird. All diese Maßnahmen wären ohne die Hilfe eines großen, effektiven Beraterstabes nicht möglich gewesen, welchen Innozenz schon kurz nach Beginn seines Pontifikates im Zuge einer großen Kurienreform aufzubauen begann.

Viertes Laterankonzil

8.1 Die Modernisierung der päpstlichen Herrschaft und die Universitäten

Innozenz' Aufbautätigkeit machte den Papsthof, die Römische Kurie, zum größten und bestorganisierten Herrschaftsapparat des ganzen christlichen Abendlandes. Hier zeigte sich der praktische Sinn des Papstes: Unterbehörden mit spezialisiertem, oft studiertem Personal wurden eingerichtet, so die Kanzlei, die für die Bewilligung und Ausstellung der Urkunden zuständig war, oder der Kuriengerichtshof (später als *Sacra Rota Romana* bekannt). Die Kurie wurde ein Ort, an dem stetige Präsenz wichtig war. Geistliche und weltliche Potentaten legten sich eine Art „ständige Vertreter" (Prokuratoren) zu, die ihre Interessen vor Ort vertraten, das Geschehen beobachteten, Berichte sandten und ggf. aktiv in Entscheidungsprozesse einzugreifen versuchten. Rom wurde so zum politisch-administrativen Kommunikationszentrum des Abendlandes schlechthin, eine Situation, die auf eine verstärkte Integration Europas hinwirkte (Herde 1967 und Herde 1970).

Verwaltungsreformen

Päpstliche Urkunden, in denen z.B. Besitzrechte verbrieft wurden, waren im Grunde nichts anderes als Wertpapiere, denn selbst wenn die päpstlichen Anweisungen keineswegs immer befolgt wurden, schufen sie doch Rechtsansprüche, mit denen man sich vor Ort auseinandersetzen musste. So war es kein Wunder, dass sich auch Trittbrettfahrer fanden, die den Bittstellern (Petenten), welche nach Rom kamen, gefälschte Papsturkunden anboten. Als Innozenz in der Anfangszeit seines Pontifikats einen Fälscherring auffliegen ließ, sorgte er dafür, dass sich dies nicht wiederhole: Er erließ Bestimmungen, um die päpstlichen Schreiben gegen Fälschungsversuche stärker abzusichern. Kanz-

Anfänge der Diplomatik

leimäßigkeit, d.h. die Gestaltung der Urkunde nach einem standardisierten Formular, war nichts Neues. Jeder Aussteller bemühte sich um sie, um seinen Urkunden höhere Autorität und Glaubwürdigkeit zu verleihen. Doch Innozenz stellte in seinen Kanzleiregeln gleich eine Art Handbuch für eine der wichtigsten Historischen Hilfswissenschaften, die Diplomatik, zusammen. Rasuren beispielsweise, d.h. das Auskratzen und anschließende Überschreiben von Textpassagen auf dem Pergament (heute Verunechtung genannt), wurden für verdächtig erklärt. Ferner möge man darauf achten „*utrum in bulla, filo, charta, stylo dictaminis, scriptura falsitatis argumentum appareat*" („ob in der Besiegelung, im [Siegel-]Faden, Papier, Diktierstil oder der Schrift ein Argument der Falschheit erscheint"). Hierin spiegeln sich die modernen Herangehensweisen äußerer (formaler) und innerer Urkundenkritik. Erstere orientiert sich an den äußeren Merkmalen einer Urkunde: Schreib- und Beschreibstoff *(charta)*, Schrift *(scriptura)*, Siegel *(bulla)* und Anbringung desselben *(filo)*, markanten Zeichen (Chrismon, Monogramm etc.) sowie Kanzleivermerken. Die Letztere untersucht Formular und Diktat, d.h. den Text selbst, ob dieser den üblichen stilistischen Gepflogenheiten entspricht *(stylo dictaminis)* und keine inhaltlichen Unstimmigkeiten aufweist.

Archivierung des Schriftverkehrs: Register

Eine weitere wichtige Neuerung war die Einführung von Briefeingangs- und Briefauslaufregistern, in denen der ein- und ausgehende Schriftverkehr abschriftlich verzeichnet wurde. Registerführung hatte es in Ansätzen schon vor Innozenz III. gegeben, mit ihm wurde sie zum festen Kanzleigebrauch: Wer immer Wünsche an der Kurie vorzutragen hatte, musste seine Bitte (Supplik) zunächst schriftlich einreichen (impetrieren), dann wurde darüber in einem festgelegten Geschäftsgang entschieden und im Falle der Bewilligung eine Urkunde (Bulle) ausgestellt, deren kompletter Wortlaut wiederum – jedenfalls in vielen Fällen – abschriftlich registriert wurde. Für die kuriale Verwaltung ergab sich so ein besserer Überblick über ihre Entscheidungen (Bock 1960). In einzelnen, besonders brisanten Fällen wurden sogar Spezialdossiers angelegt, so das berühmte *Registrum super negotio imperii* (RNI), das den im staufisch-welfischen Thronstreit anfallenden Schriftverkehr dokumentierte. Für heutige Historiker sind diese bis heute weitgehend erhaltenen, hunderte Bände zählenden Register eine unschätzbar wertvolle Quelle, und zwar nicht nur für die Geschichte der kurialen Politik, sondern gerade auch für die Alltags-

und Personengeschichte des Klerus und der europäischen Gesellschaft überhaupt: Zahllose Entscheidungen, die z.B. über die Besetzung kirchlicher Ämter an der Kurie gefällt wurden, wurden nunmehr aktenkundig, mit der Folge, dass die römischen Archivalien uns heute tiefe Einblicke in die mittelalterliche Wirklichkeit gewähren. So profitierten gerade Universitätsangehörige stark von der päpstlichen Personalpolitik; ihre Geschichte lässt sich mit Hilfe dieser Quellen in einzigartiger Weise nachverfolgen (vgl. Kap. 13).

Unter Innozenz III. erfuhren auch die Universitäten selbst intensive Förderung. Das Papsttum wurde zum wichtigsten Garanten der Unabhängigkeit der neuen Bildungsinstitutionen gegenüber Aufsichts- und Bevormundungsbestrebungen seitens lokaler Gewalten, etwa der Bischöfe. Die *licentia ubique docendi*, das „Recht überall zu lehren", welches gewissermaßen die europaweite Kompatibilität universitärer Abschlüsse sicherte, stützte sich auf die päpstliche Autorität. 1215 wurden durch den päpstlichen Legaten, Kardinal Robert de Courçon (ca. 1165–1219), die ersten Statuten der Pariser Universität erlassen. Es war dies die Zeit, als auch andernorts im Abendland neue Universitäten entstanden, so in Oxford und Cambridge. 1229 wurde auf Geheiß Papst Gregors IX. in Toulouse eine Universität gegründet, die sich als theologische ‚Trutzburg' gegen die in Südfrankreich grassierenden Ketzerbewegungen (Katharer/Albigenser) verstand. 1231 erließ derselbe Papst mit der Bulle *Parens scientiarum* ein großes Privileg für Paris, welches als die „Magna charta der europäischen Universität" (Heinrich Denifle) bezeichnet worden ist. Auch weltliche Herrscher begannen nun gezielt, Universitäten zu errichten, so Kaiser Friedrich II. 1224 in Neapel und 1254 König Alfons X. („der Weise") von Kastilien in Salamanca.

Förderung der Universitäten

Kampf gegen Ketzer

8.2 Die Verrechtlichung der politischen Ordnung im Hochmittelalter

Schon in der Geschichte des deutschen Thronstreits zeigte sich der Bedeutungsgewinn des gelehrt-juristischen Arguments für die politische und soziale Verfassung der europäischen Reiche. Dies gilt etwa für das Lehnswesen als einer der charakteristischsten Er-

Verwissenschaftlichung des Lehnrechts

scheinungen der mittelalterlichen Herrschaftsordnung. Hier wandelte sich eine variationsreiche „rechtlich-soziale Praxis" unter Mitwirkung gelehrter Juristen zu einem genauer gefassten „logisch-formalen System" (Deutinger 2010, S. 470). Die Natur dieses Prozesses wird in der neueren Forschung rege diskutiert: Italienische Juristen des 12. Jahrhunderts systematisierten demnach in den *Libri feudorum* das herkömmliche Lehnrecht und Kaiser Friedrich Barbarossa implementierte die neuen Rechtsgrundsätze in die Verfassungswirklichkeit des nordalpinen Reiches. Zwar wäre es wohl zuviel, von einer bewussten „lehnrechtlichen Reform" des Reiches unter Barbarossa zu sprechen, doch Einzelentscheidungen wie die lehnrechtlich begründete Herzogsabsetzung Heinrichs des Löwen 1180 wirkten in diese Richtung. Einen weiteren wichtigen Schritt stellte die Abfassung des *Sachsenspiegels* um 1235 dar: Der nicht studierte, aber durchaus gebildete Ritter Eike von Repkow (ca. 1185–nach 1233) legte darin das „Recht der Sachsen" nieder, das sich als die mündliche Rechtstradition seines Stammes verstand. Tatsächlich aber sind die Überprägungen durch „moderne" Rechtsvorstellungen beträchtlich, gerade in Bezug auf das Lehnrecht. Die von Eike beschriebene Lehnspyramide, Schulbuchwissen bis heute, war somit mindestens ebenso ein Produkt gelehrter Reflexion wie „altes Herkommen".

Sachsenspiegel Eike von Repkows

Der *Sachsenspiegel* enthält zugleich die wichtigste Belegstelle für eine wichtige Neuerung im deutschen Königswahlrecht, das Kurfürstenkolleg. Bekanntlich wählten gemäß der Goldenen Bulle von 1356 die sieben Kurfürsten, d.h. die Erzbischöfe von Mainz, Köln und Trier, der Pfalzgraf bei Rhein, der Herzog von Sachsen, der Markgraf von Brandenburg und der König von Böhmen, den römisch-deutschen König. Tatsächlich aber begegnet dieses Wählergremium bereits bei der Doppelwahl von 1257 und es findet in eben dieser Zusammensetzung auch Erwähnung im *Sachsenspiegel*, nochmals 25 Jahre zuvor. Wie kam es zur Einengung des Wählerkreises von allen deutschen Fürsten auf eben diese privilegierte Wählergruppe? Kaum ein Problem der mittelalterlichen deutschen Verfassungsgeschichte ist kontroverser diskutiert worden als dieses. Heute zeichnen sich Erklärungsansätze ab, die den Einfluss des kanonischen (d.h. kirchlichen) Rechts auf diesen Entwicklungsprozess betonen. So ist in verschiedenen Bestimmungen, die später auch Eingang in die Goldene Bulle fanden, der Einfluss des

Formalisierung des deutschen Königswahlrechts

Bischofswahlrechts deutlich erkennbar, welches 1215 im Konzilsdekret *Quia propter* (aufgenommen in den *Liber Extra*: X.1.6.42) verbindlich geregelt wurde. Direkter Ansatzpunkt für die gelehrt-juristische Behandlung des deutschen Königswahlrechts wurde die päpstliche Dekretale *Venerabilem* von 1202 (X.1.6.34, vgl. Kap. 7). Der dort erwähnte Kreis der „Fürsten, denen die Wahl des römischen Königs zusteht" war um 1200 freilich noch recht unbestimmt. Doch schon bei Eike von Repkow erscheint das klassische Siebenergremium, wobei Eike die Auswahl der weltlichen Fürsten mit deren privilegierter Position am Königshof begründet: Als Inhaber der Erzämter seien sie befugt, als erste den König zu „küren" (sog. Erzämtertheorie). Dem Schenken des Reiches, dem König von Böhmen, sprach Eike dabei jedoch das Wahlrecht ab, „weil er kein Deutscher ist". Wir können hierin ein frühes Beispiel für ein „nationales" Verständnis des römisch-deutschen Königtums erkennen. Wir wissen nicht, inwieweit Eike hier nur ein allgemeines Rechtsverständnis von der Königswahl widerspiegelte, oder ob er es mit seiner Definition selbst schuf. Das aktive Wahlrecht des Böhmenkönigs wurde jedenfalls auch von anderer Seite bestritten und dieser Umstand mag Ottokar II. von Böhmen (reg. 1253–1278) bei der deutschen Königswahl von 1257 zu seiner doppelten Stimmabgabe veranlasst haben. Jeder der beiden Thronkandidaten konnte damals, bei sieben Wählern, vier Stimmen auf sich vereinen; ein langer Thronstreit, das Interregnum (1257–1273), war die Folge. Hier zeigten sich Anlaufschwierigkeiten dieses neuen Königswahlrechts. Auf Dauer gesehen gab es jedoch der deutschen Reichsverfassung eine gute Grundlage, blieben doch Thronstreitigkeiten im Reich seitdem die große Ausnahme.

Bulle *Venerabilem* von 1202

8.3 Erweiterung der Horizonte – Reisen und empirische Welterkenntnis im 13. Jahrhundert

Im Jahre 1241 sah sich die gesamte Christenheit einer schrecklichen Gefahr gegenüber. Aus dem Inneren Asiens drang das kriegerische Reitervolk der Mongolen vor, überrannte die christlichen Reiche Osteuropas bis hin nach Ungarn und besiegte ein deutsches Ritterheer bei Liegnitz in Schlesien. Nur der überraschende Tod ihres Großkhans Ögedai ließ sie wieder abziehen, doch niemand wusste, ob sie nicht wiederkehren würden. Apokalyptische Weissagungen von den Endzeitvölkern Gog und Magog, den „Geißeln Gottes", wurden lebendig (Schmieder 1994). Ihnen wurde umso mehr Beachtung geschenkt, als manch einer in Kaiser Friedrich II., welcher 1239 von Papst Gregor IX. gebannt worden war, den Antichristen sah.[2]

Mongolengefahr: Endzeitvisionen und Gegnerbeobachtung

Das Mongolenbild der damaligen Europäer war zum einen geprägt durch die Vorgaben der antik-biblischen Tradition: „Die Gefahren, welche in alten Zeiten in den heiligen Schriften vorhergesagt sind, erwachen jetzt und brechen zur Strafe unserer Sünden hervor", heißt es in einem fürstlichen Hilferuf (Matthäus Paris 1896, S. 112). Zugleich aber bemühte man sich um eine genauere Beobachtung der Ankömmlinge, um die Gefahr genauer einschätzen zu können und vielleicht doch noch Abwehrmittel gegen sie zu finden. „Diese Tartaren, unvergleichliche Bogenschützen, haben künstlich bereitete Schläuche, mit deren Hilfe sie Seen und reißende Flüsse durchschwimmen, ihre mitgebrachten Pferde aber sollen, wenn es an Futter gebricht, sich mit Baumrinde, Blättern und Wurzeln begnügen und dabei sehr flüchtig und im Notfalle sehr ausdauernd sein" – so berichtete es etwa Kaiser Friedrich II. (M. Paris, ebd., S. 118). Man erwies sich also als durchaus wohlinformiert, gestützt auf Berichte von Flüchtlingen aus dem Osten. Ja, bei dieser „Gegnerbeobachtung" ging man sogar noch einen Schritt weiter und initiierte erste „völkerkundliche Expeditionen". 1245 schickte Papst Innozenz IV. (reg. 1243–1254) den italienischen Franziskanermönch Giovanni de Piano Carpini (ca. 1182–1252) als Gesandten in den Osten; 1255 folgte eine weitere Expedition des Mönches Wilhelm von Rubruk (ca. 1215 – nach 1257). Beide stießen auf ihrer viele Monate dauernden Reise bis in den Fernen Osten und zur Hauptstadt des Mongolenkhans vor. Ihre Berichte sind noch heute für Archäologen wichtig, um die in der Steppe versunkene Hauptstadt des Mongolenreiches, Karakorum, in ihrem Aussehen zu rekonstruieren (Becker 2007). Hier wurden

Expeditionen nach Fernost

---

[2] Friedrich wurde als Feind der Kirche verteufelt, der angeblich sogar die drei Religionsgründer, Moses, Christus und Mohammed, als die größten Betrüger der Menschheit bezeichnet hatte. Diese Anschuldigungen des Papstes haben Friedrich II. in den Augen moderner Historiker zu einem ersten, mittelalterlichen „Aufklärer" gemacht, doch muss der Wahrheitsgehalt der päpstlichen Aussagen bezweifelt werden. Zu Friedrichs „aufgeklärtem" wissenschaftlichen Mäzenatentum siehe auch Kap. 9.

nicht, wie zu dieser Zeit sonst häufig, Berichte der antiken Literatur wiedergekäut, sondern es wurde wirklich beobachtet. Wilhelm von Rubruk etwa schrieb in seinem Bericht an den französischen König, die Größe von Karakorum entspreche in etwa der Stadt Saint Denis (nahe Paris). Er gab damit ein anschauliches und wahrscheinlich durchaus realistisches, Übertreibungen vermeidendes Bild, und er schmeichelte zugleich dem König, dessen Hauptstadt Paris offensichtlich ja viel größer war als die des mächtigen Khans.

Beeindruckend an diesen Expeditionen ist nicht nur der Mut der Reisenden und der Scharfsinn ihrer Beobachtungsgabe, sondern nicht minder der planend-vorausschauende Geist, denen sie entsprangen. Man wartete nicht länger auf das, was kommen würde, sondern versuchte, diesem zu begegnen oder den neu hinzukommenden Machtfaktor vielleicht sogar im eigenen Sinne nutzen zu können. Die Päpste hofften, ein Bündnis mit den Mongolen gegen den gemeinsamen Feind, den Islam schließen, die Mongolen vielleicht sogar zum Christentum bekehren zu können. Diese Absicht stand auch noch hinter der berühmtesten der großen Asienexpeditionen des 13. Jahrhunderts, der Chinareise des Marco Polo (ca. 1254–1324) zwischen 1271 und 1294. Auch wenn solche hochgesteckten Ziele scheitern mussten, erweiterten diese Reisen das abendländische geographische Wissen weit über den von der antiken Tradition vorgegebenen Horizont hinaus. Marco Polos Bericht etwa, das *Buch der Wunder* zeichnete ein buntes, opulentes Bild jener bis dahin weithin unbekannten, sagenhaften Welt. In ihm drückte sich zugleich der Geschäftssinn des venezianischen Händlers aus, der den Landesprodukten und ihrem Nutzen große Aufmerksamkeit zollte – etwa in der Erwähnung des Erdöls, das in jenen Ländern natürlich zutage trat und als Brennstoff Verwendung fand.

‚Globalpolitisches' Denken und Handeln

Eine solche praktische, realitätsoffene Einstellung war nicht nur auf das christliche Abendland beschränkt. Sie findet sich auch in den Werken der arabischen Geographie jener Zeit, waren doch auch die Araber – man denke an die Fabeln von Sindbad dem Seefahrer – weitgereiste Händler. Der Reisebericht des Ibn Battuta (1304–nach 1368) etwa steht dem Marco Polos in nichts nach: Battuta war zwischen 1325 und 1353 sogar noch weiter gereist als jener, von Marokko bis nach Somalia und China. Trotzdem war es dem lateinischen Westen vorbehalten, aus dieser neuen Weltzugewandtheit welthistorisch bedeutsame praktische Folgerungen zu ziehen: Christoph Kolumbus (ca. 1451–1506) reiste 1492 mit Marco Polos Buch im Gepäck, hoffte er doch, am Ende seiner Westreise die Reichtümer Chinas zu entdecken. Und schon im 14. Jahrhundert ergingen sich gelehrte Franziskaner in ‚geopolitischen' Spekulationen, wie man die muslimischen Gegner durch einen aktiven Kaperkrieg genuesischer Galeeren im Roten Meer ökonomisch schwächen und schließlich besiegen könne (Walther 1999).

Mönche der neuen Orden, Franziskaner und Dominikaner betraten nicht nur auf ihren Reisen sondern auch in den traditionellen Wissenschaften Neuland. Obwohl sie sich schwer in die institutionellen Strukturen der neuen Universitäten einbinden ließen, leisteten sie doch wichtige Beiträge zur scholastischen Wissenschaftsentwicklung des 13. Jahrhunderts. Der größte Theologe des 13. Jahrhunderts, Thomas von Aquin (ca. 1225–1274), war Dominikaner, seine theologischen und philosophischen Positionen prägen diese Wissenschaften bis heute mit (Thomismus). In den Naturwissenschaften schlug der englische Franziskaner Roger Bacon (ca. 1220–ca. 1292) neue Wege ein. Seine durch die Kenntnis der arabischen Wissenschaften stimulierte Hochschätzung der Empirie, das heißt der Beobachtung und des Experiments, sollte auf lange Sicht Schule machen. Auch hier zeigte sich die neue Weltoffenheit, Entdeckerfreude und Neugierde einer jüngeren Generation von Gelehrten.

8.4 Quellen und Vertiefung

8.4.1 Studium und Karriere des Albrecht von Käfernburg-Schwarzburg

Über Ausbildung und geistliche Karriere des Erzbischofs Albrecht von Käfernburg-Schwarzburg (ca. 1170–1232) informiert in einem knappen, ganz auf das Wesentliche konzentrierten Bericht, die Magdeburger Schöppenchronik. Wiewohl erst nach 1350 niedergeschrieben, stützt sie sich doch offenbar auf zeitgenössische (und lateinische) Vorlagen und berichtet hier äußerst zuverlässig, zumal sich die Aussagen zum Teil auch durch unabhängige Quellen belegen lassen. Der Bericht zeigt sehr deutlich, worauf es bei einer geistlichen Karriere ankam:

> Van bischop Albrechtes gebort und wo he bischop wart.
> Bi bischop Ludolfes tiden was de eddele Doring Gunter van Keverberch, de hadde Agneten, des greven dochter van Sarabrucke, de hadde einen son, de heit Albrecht, und ein dochter, de nam Gevehart van Quernvorde to wive. den sone Albertum sande men to der schole to Hildensheim. dar na vorwarf des keisers kenzeler Conradus Quernvorde dem Alberto ein provende to dem dome to Magdeborch, und bischop Ludolf beschor on und wiede on to accolito. de sulve jungeling weinde, do me on beschor de platten. do propheterde mester Conrad de kenzeler und sprak „weine nicht, du werst hir noch bischop". dar na sande me den Albertum to Paris. to hant wart he genomen ut der schole und wart provest to Meinze to unser vruwen. dar na starf Rotkardus hir domprovest, de starf over mer in der herevart keiser Hinrikes to Baruk, als vor geschreven is. des vorhof sik Hermannus van Landesberch, de hir scholemester was, und toch mit Alberto van Keverberch to dem pawese Innocenzio. de gaf Alberto de domprovestie, wente he wol gelart was. de provestie beheilt he mit grotem arbeide mit bischop Ludolfes hulpe. do toch he to Bononien. under des starf bischop Ludolf. na godes gebort 1205 jare, do koren de domheren den Albertum, und he wart to hant gehoget van dem koninge Philippo: he bleif doch ein jar ungewiet.
> (Schöppenchronik, S. 129–130)

8.4.2 Päpstliche Verleihung der Magdeburger Dompropstei an Albrecht von Käfernburg-Schwarzburg

Die Schöppenchronik berichtet davon, dass Albrecht die Dompropstei Magdeburg durch päpstliche Verleihung erhielt, „wente he wol gelart was". Diese Nachricht bestätigt sich durch ein in den päpstlichen Briefauslaufregistern überliefertes Schreiben vom 16. Februar 1200, in dem Papst Innozenz III. diese Verleihung beurkundete. Es ist ein frühes schriftliches Zeugnis für die bald immer mehr zur Routine werdende päpstliche Personalpolitik, mit der insbesondere Gelehrte, aber auch politisch opportune Personen in ihrer kirchlichen Karriere gefördert wurden:

> *(...) preposituram ipsam dilecto filio A(lberto) sancte Marie ad Gradus in Maguntia preposito, eiusdem ecclesie Magdeburgensis canonico, viro provido et honesto – quem ex aliquanta conversatione quam apud sedem apostolicam habuisse dinoscitur, credimus eodem beneficio non indignum, per cuius etiam industriam et potentiam utiliter poterit ipsius officium adimple-*

ri – duximus conferendam, ipsam in consistorio nostro de eadem per anulum investire curantes. (...)

(...) verleihen wir jene Propstei unserem geliebten Sohn A(lbert), dem Propst von St. Marien ad Gradus[3] in Mainz, Kanoniker der Magdeburger Kirche, einem umsichtigen und ehrenhaften Mann, welchen wir aufgrund eines umfangreichen Gesprächs, das er (mit uns) am apostolischen Stuhl geführt hat, eines solchen Benefiziums für nicht unwürdig halten und von dem wir glauben, dass er durch seinen Fleiß und durch sein Vermögen dieses Amt in nützlicher Weise auszufüllen vermag; und wir haben Sorge getragen, dass er mit jener (Propstei) in unserem Konsistorium durch Verleihung eines Ringes investiert worden ist. (...)

(Hageneder, Die Register Innocenz' III., Bd. 2, Nr. 273)

8.4.3 Alexander von Roes über die drei Gewalten

Der deutsche Geistliche Alexander von Roes (ca. 1225–nach 1288), der längere Zeit an der römischen Kurie lebte, verfasste in den 1280er Jahren mehrere Denkschriften zum politischen System Europas seiner Zeit, in welchen er sowohl die Herrschaftsansprüche der Deutschen im *imperium Romanum* verteidigte, zugleich aber auch für eine gerechte und naturgemäße gesamteuropäische „Gewaltenteilung" eintrat, in welcher jeder der drei Hauptnationen, die noch heute den „Kern" der Europäischen Union bilden, eine bestimmte Aufgabe zugesprochen wurde:

Memoriale:
Es entspricht (...) durchaus einer sinnvollen und notwendigen Ordnung, dass die Römer als die älteren das Papsttum, die Germanen oder Franken als die jüngeren das Kaisertum, die Franzosen oder Gallier aber als die besonders Scharfsinnigen das Studium der Wissenschaften bekamen, so dass die Römer fest und beständig den katholischen Glauben bewahren, die Deutschen hochgemut mit der Kaisermacht dafür sorgen, dass er gehalten wird, die Gallier aber scharfsinnig und beredt die Gründe nachweisen und aufzeigen, warum er für alle verbindlich ist. In diesen dreien nämlich, Papsttum, Kaisertum und Studium (...) lebt, wächst und gestaltet sich der Sinn der heiligen römischen Kirche. Auch äußerlich ist erst mit diesen dreien – gleichsam dem Fundament, den Wänden und dem Dach – die Kirche vollkommen. Dabei beachte man: Wie bei einem wirklichen Kirchengebäude ein Fundament und ein Dach genügt, nicht aber

---

3 Wörtlich: „auf den Treppen", deshalb auch Mariengredenstift genannt.

nur eine Wand, so genügt auch für das Papsttum ein Hauptsitz, nämlich Rom, und für das Studium ein Hauptsitz, nämlich Paris, für das Kaisertum aber sind, wie man weiß, nach dem Willen des heiligen Geistes vier Hauptsitze bestimmt, nämlich Aachen, Arles, Mailand und Rom. daher sollen die, deren Sorge es ist, dass dieser Bau unversehrt und unberührt bleibt, alles daran setzen, dass sich nicht – was Gott verhüte! – seine Wände voneinander lösen und jener Dieb eindringen kann, der Antichrist oder seine Vorläufer (...).

Noticia seculi:
Nun hat die Gemeinschaft der Römischen Kirche ihren Sitz in Europa, vor allem (...) nämlich Italien, Deutschland und Frankreich. Denn der dreieinige Gott, Vater, Sohn und heiliger Geist, hat es so gewollt, dass das Papsttum, das Kaisertum und das Studium die eine Kirche bilden. Da also der Glaube Christi von diesen drei Gewalten verwaltet wird, dem Papsttum, dem Kaisertum und dem Studium, und da das Papsttum diesen Glauben in Italien erhält, das Kaisertum ihn in Deutschland zu erhalten gebietet und das Studium ihn in Frankreich zu erhalten lehrt, so ist es offenbar, dass auf diesen drei Hauptländern die christliche Glaubensgemeinschaft beruht.
In diesen Ländern wohnen nun drei Völker mit verschiedenem Charakter, mit manchen guten, manchen schlechten und manchen mittleren Charakterzügen, die nach beiden Seiten ausschlagen können. Solche mittlere Charakterzüge sind bei den Italienern die Freude am Besitzen, bei den Deutschen die Freude am Herrschen, bei den Franzosen die Freude am Wissen. (...)
(*Memoriale de prerogativa imperii Romani*, in: Die Schriften des Alexander von Roes, S. 49 sowie *Noticia seculi*, ebda., S. 95)

8.4.4 Fragen und Anregungen

Zu 8.4.1

- Informieren Sie sich anhand genealogischer Stammtafeln oder Nachschlagewerken über das verwandtschaftliche Umfeld Albrechts. Inwieweit war – wie es ja auch die „Prophezeiung" Konrads andeutet – sein Aufstieg vorgezeichnet?
- Ermitteln Sie aus dem Bericht die einzelnen Stationen von Albrechts akademischer und beruflicher Laufbahn und überlegen Sie, inwieweit diese sinnvoll aufeinander abgestimmt sind.

Zu 8.4.2
- Klären Sie die Bedeutung der Begriffe Benefizium, Konsistorium und investieren (nach ihrem Wortgebrauch im vorliegenden Text).
- Welche Verfahrensschritte führen zur Verleihung. Welche Rolle spielt die von der Schöppenchronik erwähnte Gelehrsamkeit Albrechts dafür, dass er die Propstei erhält?

Zu 8.4.3
- Vergleichen Sie Alexanders Theorie mit der traditionellen sog. Zweigewaltenlehre (Zweischwerterlehre). In welchen Punkten erweitert er sie und womit ließe sich diese Erweiterung begründen (vertiefend hierzu: Grundmann 1952)?
- Wie begründet Alexander die Aufteilung und die konkrete Zuordnung der einzelnen drei Gewalten an bestimmte Völker? Was soll durch diese Gewaltenteilung letztlich erreicht werden?
- Erläutern Sie, warum gerade die fünf genannten Städte als Hauptsitze der drei Gewalten angesehen werden können?

8.4.5. Lektüreempfehlungen

Bernward Castorph, Die Ausbildung des römischen Königswahlrechts. Studien zur Wirkungsgeschichte der Dekretale ‚Venerabilem', Göttingen / Frankfurt / Zürich 1978 *(Die Arbeit analysiert die Beeinflussung des römisch-deutschen Königswahlrechts durch das Kirchenrecht, insbesondere durch die päpstliche Bulle Venerabilem von 1202, die wichtigster Anknüpfungspunkt für die spätere kanonistische Diskussion zu diesem Thema wurde).*

Harald Dickerhof, Innozenz III. und die Universitäten, in: Thomas Frenz (Hg.), Papst Innozenz III.: Weichensteller der Geschichte Europas. Interdisziplinäre Ringvorlesung an der Universität Passau 1997/98, Stuttgart 2000, S. 117–130 *(Analyse von Innozenz' Maßnahmen der Universitätsförderung: Dieser Papst „hat die Weichen hin auf den folgenreichen Prozess korporativer Verdichtung gestellt; seine Nachfolger sind in diesen Spuren weitergegangen und haben so zum eindrucksvollen Aufstieg der Universitäten beigetragen" [S. 117]).*

Thomas Ertl, Alte Thesen und neue Theorien zur Entstehung des Kurfürstenkollegiums, in: ZHF 30 (2003), S. 619–642 *(Gibt einen Überblick über neuere Forschungsansätze und kontroverse Diskussionen zur Entwicklung des deutschen Königswahlrechts im 13. Jahrhundert).*

Astrik L. Gabriel, The Paris studium. Selected studies (Texts and studies in the history of mediaeval education, 19), Frankfurt / Main 1992 *(Neun materialreiche Forschungsbeiträge zur Geschichte der Universität Paris zwischen dem 13. und 16. Jahrhundert, so über Robert de Sorbon [1201–1274], den Gründer des berühmtesten mittelalterlichen Universitätskollegiums, über studentische Migrationen sowie über die Ausbreitung der zwei wichtigsten philosophischen Denkschulen der „via antiqua" und „via moderna" von Paris aus).*

Peter Herde, Beiträge zum päpstlichen Kanzlei- und Urkundenwesen im 13. Jahrhundert (Münchener Historische Studien, Abt. Historische Hilfswissenschaften, 1), 2. erw. Aufl., Kallmünz / Oberpfalz 1967 *(Gibt einen Überblick über die Organisation der päpstlichen Verwaltung im 13. Jahrhundert, mit besonderem Fokus auf Innozenz' Kurienreform und seine Maßnahmen gegen Urkundenfälscher).*

Werner Maleczek, Das Papsttum und die Anfänge der Universität im Mittelalter, in: Römische Historische Mitteilungen 27 (1985), S. 85–144 *(Untersuchung zur Universitäts- und Gelehrtenförderungspolitik der Päpste im Hochmittelalter, die sich etwa in Konzilsbeschlüssen, päpstlichen Bullen und personalpolitischen Maßnahmen zugunsten Studierter ausdrückt).*

Felicitas Schmieder, Europa und die Fremden: die Mongolen im Urteil des Abendlandes vom 13. bis in das 15. Jahrhundert (Beiträge zur Geschichte und Quellenkunde des Mittelalters 16), Sigmaringen 1994 *(Die Monographie gibt zunächst einen Überblick über die Beziehungen zwischen dem christlichen Abendland und den Mongolen zwischen dem 13. und 15. Jahrhundert. In einem zweiten Teil analysiert sie, wie die Erfahrung des Mongolensturms in das von der antik-gelehrten Tradition geprägte abendländische Wissen eingeordnet wurde).*

9 Medizin – die Wissenschaft von der materiellen Welt

Jener Tag hätte viel schwärzer als Pech sein müssen,
an dem der Elende zu dem Punkt aufstieg, von dem er herabstürzen sollte.
Jener Tag mag untergehen und nicht im Jahreslauf erwähnt werden,
an dem Tankred das königliche Szepter trug.
Jener Tag mag untergehen und immer Nacht in der Hölle sein,
an dem Tankred gekrönt davonging.
O, du gar unglückliche Salbung zu einem bedeutenden Königtum!
Welch leichtfertige Hand salbte einen als Missgeburt geborenen Mann?
Unglückbringender Embryo, verabscheuungswürdige Missgeburt,
wie sehr Du nach oben strebst, umso schwerer wirst Du büßen!
In einem Körper verdoppelst Du Dich, Du kleines Atom, fortwährend:
Denn Du lebst von hinten betrachtet als Knabe, von vorne als Greis!
Als ich dieses Geheimnis zweifelnd erwog,
welcher Umstand nämlich das Werk der Natur halbiert habe,
erklärte der herausragende Lehrer und Freund der Frömmigkeit,
Urso, mir mit folgenden Worten die Ursachen:
Damit ein Knabe entsteht, müssen beide Elternteile Flüssigkeit ausscheiden,
aus der ein vollkommener Knabe auf die Welt kommt.
Aber bei Tankred haben nicht beide Elternteile Samen abgegeben,
und wenn doch, so hat er sich nicht gut vereinigt.
Ein Elternteil war Herzog von Herzogsgeschlecht, von königlicher Abstammung
der andere war aus einem Geschlecht von mittlerem Rang.
Die eine Natur meidet die andere, vor des Ofens
Schlacke schreckt der Edelstein zurück, Boden vereinigt sich nicht mit Edlem.
Das so billige Gefäß stößt den männlichen Samen aus,
der Mensch wird ausschließlich aus weiblichem Samen gezeugt.
Soviel die ärmliche Natur der Mutter eben vermochte
steuerte sie bei und brachte ein geringes Werk zustande.
Wir glauben, dass dieser einen Vater nur dem Namen nach, nicht tatsächlich hatte.

> Als Halbmann bezieht er sein Erbgut von der Mutter.
> Kölzer/Stähli 1994, S. 65 = V. 200–229

Im Jahr 1194 übernahm Kaiser Heinrich VI. (reg. 1190–1197), der Sohn Friedrich Barbarossas, die Herrschaft im Königreich Sizilien, welches normannische Eroberer im 11./12. Jahrhundert auf den Trümmern griechisch-langobardischer und arabischer Herrschaften errichtet hatten. Vorangegangen war ein Kampf um das Erbe, in dem sich Heinrich auf die Ansprüche seiner Ehefrau Konstanze (1154–1198) stützte, einer posthum geborenen Tochter König Rogers II. (reg. 1130–1154). Ihnen stand Tankred von Lecce (ca. 1140–1194) gegenüber, Sohn des früh verstorbenen ältesten Sohns Rogers II. und einer apulischen Gräfin. Über diesen Krieg und den Triumph des Stauferkaisers Heinrich berichtet der *Liber ad honorem Augusti* („Buch zu Ehren des Kaisers"), ein kunstvoll gereimtes und reich bebildertes Lobgedicht. Verfasst wurde das Werk durch Petrus de Ebulo (ca. 1160–vor 1220), einen süditalienischen Geistlichen. Petrus war ein gelehrter Mann. Dies zeigt sich zum einen in der Eleganz der von ihm gedichteten lateinischen Verse, mit denen er an die Schöpfungen eines Vergil (70–19 v. Chr.), Lukan (39–65) und Ovid (43 v. Chr.–17 n. Chr.) anknüpfte – antiker Autoren, die sich im Studienbetrieb der Domschulen seiner Zeit höchster Wertschätzung erfreuten. Vor allem aber gibt sich Petrus als Fachmann in einem Wissensgebiet zu erkennen, das in Süditalien damals in höchster Blüte stand – der Medizin. Hier existierte in Salerno, 30 km von seiner Heimatstadt Eboli entfernt, die führende Medizinschule des christlichen Abendlandes. Petrus hat höchstwahrscheinlich dort studiert, wie seine medizinischen Kenntnisse zeigen. So hat er später für den Sohn Heinrichs VI., Friedrich II., ein Lehrgedicht über die vulkanischen Heilquellen bei Neapel *(De balneis Puteolanis)* verfasst. In diesem werden 35 aus der Antike stammende Heilbäder in Pozzuoli und Baiae und deren spezifische Heilkräfte beschrieben – Wissen, das sich der Kaiser zunutze machen konnte, als er sich 1227 in Pozzuoli von einem gefährlichen Fieber kurierte.

Ein Mediziner als Dichter

In seinem Lobgedicht auf Heinrich VI. ergriff Petrus entschieden Partei für die staufische Seite. Tankreds Herrschaftsansprüche lehnte er nicht nur ab, er verteufelte ihn geradezu. Dies wird gerade in der oben zitierten Textpassage deutlich, über welche der Mediävist Theo Kölzer (*1949) urteilt, sie gehöre zu dem „Niederträchtigsten, was das Mittelalter in dieser Hinsicht hervorgebracht hat" (Kölzer/Stähli 1994, S. 66). Petrus beklagt nicht nur die usurpatorische Königskrönung Tankreds, sondern er gibt ihn als zwergenhafte Missgeburt mit hässlichem Äußeren („Knabe und Greis") der Lächerlichkeit preis. Die herabsetzende Wirkung seiner Verse wird durch eine medizinische Diagnose noch verstärkt, die Petrus dem *„egregius doctor"* Urso, dem führenden Salernitaner Gelehrten jener Zeit, in den Mund legt: Tankred sei eigentlich gar kein Abkömmling des sizilischen Königshauses, denn aufgrund des großen sozialen Standesunterschiedes hätte sich der väterliche Samen mit dem der Mutter bei der Zeugung nicht richtig oder gar nicht vermischt. Als alleiniges Erzeugnis der Mutter sei Tankred fehlerhaft und minderwertig – biologisch wie sozial.

Eine königliche Missgeburt

Höchst spannend an dieser Quelle ist zum einen die medizinische Deutung, die hier einem sozialen und rechtlichen Sachverhalt gegeben wird: Tankred war als unehelicher Spross des Königssohns aus einer unstandesgemäßen Beziehung nach Petrus' Ansicht zum Herrschen ungeeignet. Für seine Ablehnung des Erbrechts Tankreds auf die Krone findet Petrus eine pseudowissenschaftliche, biologistische Begründung – ein (z.B. mit Blick auf rassistische Ideologien) durchaus modernes Vorgehen. Zugleich verrät uns der Text aber auch viel über den damaligen Kenntnisstand zum biologischen Vorgang der Zeugung (Haage 1993): Völlig korrekt doziert Urso, dass sich hierbei Geschlechtszellen von Mann und Frau miteinander verbinden. Diese sog. Zweisamentheorie geht auf die Lehren der antiken Hippokratiker zurück, der Schule des herausragenden griechischen Arztes Hippokrates von Kos (ca. 460 – ca. 370 v. Chr.). Insbesondere über Galens (ca. 130 – n. 204) Schrift *De semine* wirkte diese Auffassung auf die arabische und von hier aus auf die westliche und speziell Salernitaner Medizin ein. Im Zuge der verstärkten Aristoteles-Rezeption des 13. Jahrhundert verbreitete sich jedoch auch eine alternative Lehre, die sog. Einsamentheorie. Aristoteles vertrat die Ansicht, dass die Embryonen allein aus männlichem Samen entstünden, während die Mutter lediglich Pflanzort und Nahrungslieferant für den Embryo sei. Es liegt auf der Hand, dass diese medizinische Theorie eine biologische Abwertung der Frau beinhaltete, die gut zur wachsenden Misogynie (Frauenfeindlichkeit) der spätmittelalterlich-frühneuzeitlichen Gesellschaft passte. Demgegenüber wi-

Biologismus im Mittelalter

Aristoteles gegen Galen

derspiegelt die Darstellung des Petrus von Eboli einen korrekteren Forschungsstand, auch wenn er mit der These einer sozialständisch induzierten Parthenogenese („Jungfernzeugung") seinerseits auf einen Irrweg geriet. Ob es sich freilich hierbei um eine bloße bösartige Satire auf Tankred handelt, ist eher unwahrscheinlich. Er dürfte diese „wissenschaftliche" Spekulation durchaus ernst gemeint haben. Dafür spricht der Umstand, dass auch die Lehre der Mineralogie zu Wort kommt („vor des Ofens Schlacke schreckt der Edelstein zurück") – als Baustein einer in Salerno betriebenen ganzheitlichen Naturwissenschaft *(physica)*, die den menschlichen Körper nur als einen Teil des weit größeren Kosmos der materiellen Welt ansah.

9.1 Medizin, die „zweite Philosophie"

Die Stellung der Medizin wie auch der gesamten Naturwissenschaften im mittelalterlichen Wissenssystem war umstritten. Ihr großer Praxisbezug machte die Medizin „verdächtig", ein bloßer Brotberuf zu sein. Schon Martianus Capella hatte in seiner allegorischen Schrift über die *artes liberales* (vgl. Kap. 2) die Medizin gemeinsam mit der Architektur aus dem Kanon der „freien Künste" ausgeschlossen; Hugo von Sankt Viktor ordnete sie im 12. Jahrhundert den *artes mechanicae* zu. Isidor von Sevilla hingegen widmete der Medizin ein ganzes Buch seiner Enzyklopädie und bezeichnete sie als *philosophia secunda* („zweite Philosophie"), da sie nicht nur den menschlichen Geist, sondern den Menschen in seiner Gesamtheit zum Gegenstand ihrer Wissenschaft habe: Die Medizin baut auf den *artes liberales* in ihrer Gesamtheit auf und bedient sich ihrer. Das galt insbesondere für die Realwissenschaften des Quadrivium: Die Geometrie etwa beschäftigte sich seit dem Hochmittelalter keineswegs bloß mit mathematischer Geometrie und (Land-)Vermessung, sondern mit dem natürlichen Raum im Allgemeinen, beinhaltete also auch Aspekte der Geographie und Naturkunde. Schnittstellen zur Medizin ergaben sich hier nicht nur auf dem Gebiet der Kräuterkunde (Pharmakologie), sondern auch mit Blick auf die natürliche Umwelt des Menschen, welche seinen Gesundheitszustand beeinflusst. Noch wichtiger stellte sich die Verbindung der Medizin zur Astronomie dar. So stellten z.B. fürstliche Leibärzte des Spätmittelalters im Rahmen

Medizin – praktische Kunst oder Wissenschaft?

Nähe zur Astrologie

ihrer medizinischen Beratertätigkeit astronomische Berechnungen an, um den perfekten Zeitpunkt für die Zeugung eines Nachkommen zu bestimmen. Prognostik, die Vorhersage von Krankheitsverläufen, zählt bis heute zu den Aufgaben ärztlicher Kunst; im Mittelalter bis weit in die Neuzeit hinein war es völlig selbstverständlich, sich hierbei auf astrologische Vorstellungen und Techniken zu stützen.

„Die Sterne lügen nicht" – das „Wallenstein"-Zitat, welches uns heute als Ausdruck bloßen Aberglaubens erscheint, entspricht jenem ganzheitlichen Denken des Mittelalters, welches sich auf eine lange Wissenschaftstradition seit den frühesten menschlichen Hochkulturen stützen konnte. Der Umstand, dass sich Mond- und Sonnenstände, Planetenkonstellationen usw. exakt vorausberechnen lassen, stellte erklärlicherweise eine große Versuchung dar, auf diese Weise auch noch in anderer Hinsicht in die Zukunft blicken zu wollen. Dem lag der Gedanke zugrunde, dass Mikrokosmos und Makrokosmos, Mensch und Natur, als Produkt göttlicher Schöpfung nach gleichen Grundsätzen geordnet seien und in einem harmonischen, aufeinander bezogenen Verhältnis zueinander stünden, welches der forschende Geist ergründen könne. Ein theoretisches Modell, um die Übereinstimmungen und Zusammenhänge von Mikro- und Makrophänomenen der Natur zu erkennen, bot die in der griechischen Antike entwickelte Vier-Elementen-Lehre von Feuer, Wasser, Luft und Erde. Sie wurde in der antiken Medizin mit der Vier-Säfte-Lehre, der Humoralpathologie, verbunden, welche von Galen in ihre für das Mittelalter maßgebliche Form gebracht wurde. „Vier Säfte gibt es im menschlichen Körper", zählt ein Traktat aus dem hochmittelalterlichen Salerno auf, „Blut, Schleim, rote Galle und schwarze Galle... Das Blut ist feucht und warm, das Phlegma [Schleim] ist kalt und feucht, die rote Galle warm und trocken, die schwarze Galle trocken und kalt (...) Bei den Kindern herrscht die rote Galle mit Blut vor, bei den Jugendlichen die schwarze Galle, im reifen Alter das Blut, im Greisenalter der Schleim" (zit. nach Schipperges 1987, S. 65f.). Bis heute gehalten hat sich die Einteilung der Menschen in Typen wie Melancholiker und Phlegmatiker – abgeleitet von *melancholia* (schwarze Galle) oder *phlegma* (Schleim), je

Mikro- und Makrokosmos

nachdem, welcher „Saft" in dem jeweiligen Menschenschlag vorherrschend sei und sein „Temperament" bestimme.[1]

Gesundheit als Harmonie der Körpersäfte

Ärztliche Kunst bestand darin, das jeweils individuelle Verhältnis der Säfte zu bestimmen und, wenn nötig, eine Harmonie zwischen ihnen herzustellen. So diente das wichtigste Diagnoseverfahren des Mittelalters, die Harnschau, dazu, das Mischungsverhältnis der Körpersäfte zu bestimmen. Das Uringlas wurde so zur markantesten Insignie des Arztberufs. Als zentrale therapeutische Praxis wiederum diente der Aderlass, die kontrollierte Ableitung „verdorbener Säfte" aus dem Körper. Auch hierbei kam die Astronomie ins Spiel, denn die korrekte Durchführung des Aderlasses war an die Berücksichtigung verschiedenster kosmisch-chronologischer Randbedingungen gebunden.

9.2 Ärztliche Kunst im Mittelalter

Die Beschäftigung des gelehrten Mediziners mit dem menschlichen Körper und seinen Gebrechen war primär theoretischer Natur, doch musste sie sich stets auch an der Praxis messen lassen. Sie stand dabei im Wettbewerb mit nichtakademischen Formen der Heilkunde, für die der Begriff der Volksmedizin geläufig ist. So wirkte bis ins Spätmittelalter und darüber hinaus eine Vielzahl von Heilergruppen an der medizinischen Versorgung der Bevölkerung mit: Barbiere und Bader, die sich Formen der ‚kleinen Chirurgie' wie z.B. dem Aderlass oder dem Einrenken von Gliedern widmeten, Apotheker, Zahnbrecher, Starstecher, Hebammen, Krankenpfleger u.v.a.m. Auch magische Praktiken spielten eine Rolle. Während diese im Frühmittelalter weitgehend akzeptiert waren, gerieten sie freilich zu Ende der Epoche in den Verdacht, „schwarze Magie" und teuflisch zu sein. Überhaupt besaß das Thema Gesundheit zugleich eine religiös-ethische Dimension. In frühchristlicher Zeit wurde diskutiert, ob Krankheiten nicht als

Nichtakademische Heilberufe

---

[1] Die „schwarze Galle" prägte nach dieser Vorstellung Menschen mit melancholischem Temperament, welches sich durch Schwermut, Misstrauen, aber auch Selbstbeherrschung auszeichnet. Phlegmatiker sind durch Langsamkeit, Ruhe und Friedensliebe, Sanguiniker, bei denen das Blut vorherrscht, durch Lebhaftigkeit, Heiterkeit sowie Neigung zu Exzessen gekennzeichnet. Der Choleriker hingegen ist ein jähzorniger und willensstarker Mensch, noch heute kommt umgangssprachlich dem Wütenden „die Galle hoch".

gottgewollt hinzunehmen seien. Die Vorstellung von der Krankheit als Sündenstrafe hielt sich über das ganze Mittelalter; sie ließ sich in der Diätetik, der Lehre von einer körperlich und seelisch gesunden Lebensführung fruchtbar machen.

Christliches Verständnis von Krankheit

Krankheit konnte auch als göttliche Prüfung der Gerechten und ihrer Mitmenschen angesehen werden. Alle Christen waren aufgerufen, den Kranken gegenüber Nächstenliebe zu zeigen, in Nachfolge Christi, der unter Bezugnahme auf die biblischen Heilungswunder als „höchster Arzt" gepriesen wurde. Insbesondere in den Klöstern machte man es sich zur Aufgabe, die Krankenpflege zu institutionalisieren – so nützliche moderne Institutionen wie Krankenhäuser, Pflegedienst, Versorgung mit Heilmitteln (aus eigens angelegten Kräutergärten) etc. haben hier ihre historischen Wurzeln. Freilich kann hier von einer medizinischen „Breitenversorgung" der Bevölkerung noch nicht die Rede sein. Erst im späten Mittelalter wurde aufgrund bürgerlicher Stiftungstätigkeit das Netz der Hospitäler, „Altenheime", Leprosorien (als Isolierstationen für Leprakranke) usw. engmaschiger, vor allem in den Städten und entlang der großen Pilgerwege. Die fachliche Qualität der ‚Klostermedizin', wie man die abendländische Medizin vor dem Aufschwung des Salernitaner Studiums bezeichnet, war, bezogen auf erreichte Heilerfolge, wohl nicht schlechter als in späterer Zeit, wie beispielsweise pathologische Befunde an mittelalterlichen Skeletten zeigen. Auch die heil- und kräuterkundlichen Schriften der Hildegard von Bingen stellen der ‚Klostermedizin' ein gutes Zeugnis aus.

Klostermedizin

Im 11. Jahrhundert begann die zwei Jahrhunderte umfassende ‚salernitanische Epoche' der Medizingeschichte. Salerno lag, so wie auch Toledo, das wichtigste Rezeptionszentrum arabischer Wissenschaft, im mediterranen Begegnungsraum der Kulturen. Bezeichnend ist die Gründungslegende, wonach ein lateinisch- und ein griechisch-christlicher, ein jüdischer und ein arabischer Arzt gemeinsam die Schule in Salerno gegründet hätten. Arabische Ärzte waren konfessionsübergreifend geschätzt. So zeigt der *Liber ad honorem Augusti* in einer Illustration einen *hakim*, einen arabischen Arzt, mit Uringlas, sowie einen *astrologus* mit Astrolabium, die beide mit turbanartiger Kopfbedeckung am Krankenbett des Königs von Sizilien stehen (Kölzer/Stähli 1994, S. 43). Ganz allgemein konnte die Medizin wie auch die Naturwissenschaften sehr stark vom arabischen und dem darüber vermittelten

Medizinschule Salerno

Arabische und jüdische Einflüsse

griechisch-antiken Wissen profitieren. Dank des hiermit verbundenen ‚Verwissenschaftlichungsschubes' konnte die Medizin den Sprung an die damals entstehenden Universitäten überhaupt erst vollziehen, welcher ihr sonst, als bloßem „Handwerk", vielleicht gar nicht geglückt wäre – ein Vorgang von großer geschichtlicher Tragweite.

Sizilische Medizinalordnungen

Im Königreich Sizilien wurden bereits 1140 und erneut 1231 Medizinalordnungen erlassen, die den hohen Institutionalisierungsgrad der medizinischen Ausbildung in Salerno eindrucksvoll demonstrieren: Vorgeschrieben wurde 1231 ein mindestens dreijähriges Studium der Logik (also der Artes) und ein fünfjähriges Medizinstudium (inklusive der Chirurgie), worauf eine Prüfung und eine Art „praktisches Jahr" folgen sollten. Erst danach sollte den Absolventen die Ausübung des Arztberufes erlaubt werden – ein wegweisendes Konzept akademischer Berufsqualifikation. Der Verfasser dieser Medizinalordnung, Kaiser Friedrich II., steht auch sonst in vielerlei Hinsicht für Modernität, schon seine Zeitgenossen haben ihn als „Staunen der Welt" *(stupor mundi)* bezeichnet.

Naturwissenschaften am sizilischen Hof

An seinem Hof im unteritalienischen Apulien hielten sich zahlreiche Literaten und Wissenschaftler auf, so etwa Michael Scotus (ca. 1180–ca. 1235), ein Universalgelehrter auf dem Gebiet der Philosophie, Medizin, Astrologie und Alchemie, der zuvor lange in Toledo als Übersetzer gewirkt hatte. Leonardo Fibonacci von Pisa (ca. 1170–nach 1240), einer der größten Mathematiker des Mittelalters, widmete dem Kaiser einen Traktat, da er von dessen großem mathematischen Interesse wusste. Tatsächlich ist von Friedrich II. überliefert, dass er an seine Hofgelehrten zahlreiche Fragen, etwa zu Themen der Optik, der Wissenschaftstheorie oder der Naturphilosophie stellte. Berühmt ist das von ihm verfasste *Falkenbuch*; zahlreiche Erzählungen ranken sich um sein Streben, Erkenntnisgewinn durch Experimente zu erlangen. Solch unbefangener und „aufgeklärter" Wissensdurst wurde freilich auch argwöhnisch betrachtet. Den Höhepunkt dieser Ablehnung markierte der Vorwurf Papst Gregors IX., Friedrich habe Moses, Christus und Mohammed als „die drei Betrüger" gebrandmarkt. Die aktuellpolitischen Hintergründe solcher Verdammungsurteile – Papst und Kaiser lagen in einem militärisch und propagandistisch ausgetragenen Konflikt –, liegen auf der Hand. Dass Friedrich II. ein ungewöhnlicher, gerade den Naturwissenschaften gegenüber höchst aufgeschlossener Herrscher war, ist jedoch unstrittig.

9.3 Mediziner an den Höfen und in den Städten

Im späten Mittelalter entwickelten sich die Königs- und großen Fürstenhöfe zu wichtigen Zentren der Gelehrtenkultur, an welchen studierte Theologen, Juristen und auch Mediziner ihr Stelldichein gaben. Päpstliche, königliche und fürstliche Leibärzte begegnen seit dem 13. Jahrhundert, manche von ihnen machten glänzende Karriere. Der Portugiese Petrus Hispanus (ca. 1215–1277) etwa ging nach einem Studium in Paris nach Salerno, wo er die Protektion Friedrichs II. genoss. Als Medizinprofessor in Siena verfasste er wissenschaftliche Traktate, ehe er zum Leibarzt der Päpste aufstieg. Schließlich bestieg er als Johannes XXI. 1276 selbst den Papstthron. Er starb einen für einen Gelehrten höchst passenden Tod, denn er wurde in seiner Bibliothek von einer einstürzenden Wand erschlagen. Mancher sah hier freilich den Teufel am Werke, ähnlich wie im Falle Silvesters II. (vgl. Kap. 4). Eindrucksvoll war auch die Karriere des Peter von Aspelt (ca. 1245–1320), eines Mannes bürgerlicher Herkunft aus der Grafschaft Luxemburg. Er wurde nach einem Studium in Italien und Paris Leibarzt König Rudolfs I. von Habsburg (reg. 1273–1291). Wechselvolle politische Zeitläufte trugen ihn an die Spitze der deutschen Kirche empor, als Mainzer Erzbischof (ab 1306) hatte er maßgeblichen Anteil am Aufstieg der Luxemburger auf den deutschen und den böhmischen Königsthron.

Mit einem Medizinstudium, wie es seit dem 13. Jahrhundert an vielen europäischen Universitäten, namentlich in der berühmten Medizinerhochburg Montpellier möglich war, ließ sich also durchaus Karriere machen. Dennoch blieb das Fach unter den vier Fakultäten mit Abstand das kleinste. Prosopographische Studien zur Universität Köln (Bernhardt 1996; Prüll 1996) haben ergeben, dass sich zwischen 1388 und 1520 nur etwa 290 Studenten, weniger als 1 % der Gesamtbesucherschaft, an der Medizinischen Fakultät einschrieben. Von diesen wirkten 69 Personen später selbst als Dozenten der Medizin, 30 sind als fürstliche Leibärzte, 48 als Stadtärzte nachweisbar. In dieser Statistik zeigt sich die steigende Bedeutung studierter Mediziner im urbanen Milieu, wo sie nicht nur als selbständig praktizierende Ärzte, sondern auch als öffentlich bestellte und bestallte Stadtärzte tätig wurden. Im Zeitalter der Pestepidemien, schwieriger hygienischer Verhältnisse und einer allgemein höheren Mortalitätsrate in der Stadt gegenüber dem Land, kam ihnen auf dem Gebiet öffentlicher Gesundheitsvorsorge eine immer größere Bedeutung zu; zugleich fanden sie hier auch einen lukrativen Markt für ihre ärztliche Praxis. So lässt sich in Augsburg zuerst 1362 die Anstellung eines Stadtarztes *(physicus)* auf Lebenszeit nachweisen. Auch ein Wundarzt *(cirurgicus)* wurde von der Stadtkasse unterhalten. Im benachbarten München fassen wir im 14. und 15. Jahrhundert mit der Familie Tömlinger gar eine ganze Dynastie von Ärzten, Wundärzten und Apothekern. Hier siedelten sich auch Leibärzte der wittelsbachischen Herzöge an, unter ihnen mehrere jüdische Heilkundige, die freilich wiederholt Opfer von Diskriminierung wurden. Juden waren als Andersgläubige seit dem 14. Jahrhundert vermehrt Verfolgungen ausgesetzt, wobei sich die größten Judenpogrome im Vorfeld der Pestepidemie von 1347–1350 ereigneten, dem berüchtigten „Schwarzen Tod", der einem Viertel bis zu einem Drittel der europäischen Bevölkerung das Leben kostete. Die Juden wurden beschuldigt, aus Feindschaft gegen die Christen die Brunnen vergiftet zu haben. Es handelt sich hierbei nicht nur um eine Verschwörungstheorie angesichts einer – auch von den damaligen Ärzten – völlig unverstandenen und unkontrollierbaren existenziellen Bedrohung. Das Gerücht der Brunnenvergiftung widerspiegelt auf seltsam verschobene Weise auch den Umstand, dass „jüdische Ärzte" im Mittelalter einen hohen fachlichen Ruf genossen. In Verbindung mit antijüdischen Vorurteilen machte er sie – wie noch im 20. Jahrhundert in der stalinistischen Sowjetunion (sog. Ärzteverschwörung) – gegen Missbrauchsvorwürfe besonders anfällig.

Pest und Judenverfolgung

9.4 Quellen und Vertiefung

9.4.1 Misstrauen gegen jüdische Ärzte

Von der Tätigkeit eines jüdischen Leibarztes für den Karolingerkönig Karl den Kahlen (reg. 843–877) erfahren wir nur, weil seine Behandlung des Königs scheiterte – der König starb und der Arzt wurde des Mordes bezichtigt. Antijüdische Vorurteile – wie sie auch etwa Gregor von Tours im 6. Kapitel des 5. Buchs seiner „Frankengeschichte" äußerte – verbinden sich hier mit der Suche nach einem ‚Sündenbock' nach demselben Muster, das noch im Angesicht der Pest 1348 und weit darüber hinaus wirksam war:

> Karl [der Kahle], von einem heftigen Fieber gepackt, trank ein Pulver, welches ihm von seinem viel geliebten und vertrauten Arzt, einem Juden namens Sedechias gereicht wurde, und indem er sich vom Fieber befreien wollte, hat er mit dem Trank unheilbares Gift aufgenommen; und in den Armen der Träger hat er den Mont Cenis überquert (...). Und am elften Tag nachdem er das Gift getrunken hatte, ist er in einer armseligen Hütte an den zweiten Nonen des Oktober [6.10.] gestorben.
> (Annales Bertiniani, ed. Georg H. Pertz, MGH SS 1, S. 504)
> Aber ehe er [Karl] noch zu den hochragenden Gipfeln und engen Pässen der Alpen gelangt war, wird er von einer Krankheit heimgesucht, die sofort den Tod herbeiführte und seinem Leben ein Ende machte. Es geht aber ein Gerücht, dass ihm der Becher des Todes von einem Juden Sedechias dargereicht worden sei, der in vertrauterem Verhältnis zu ihm stand, weil er in der Heilung körperlicher Leiden eine außerordentliche Erfahrung haben sollte; dieser Mensch war aber ein Betrüger und behexte die Sinne der Leute mit magischen Gaukeleien und Verzauberungen.
> (Regino-Chronik, in: Rau, Quellen, S. 253)

9.4.2 Ein medizinisches Gutachten zum „Schwarzen Tod"

Die große Pestepidemie, die um 1350 das Abendland als wohl größtes Massensterben der europäischen Geschichte heimsuchte, forderte auch die medizinische Wissenschaft zur Reaktion heraus. Rasch setzte sich die sog. Pesthauchtheorie durch, die von einem italienischen Arzt, Gentile da Foligno (ca. 1285–1348), aufgestellt wurde und die den epidemischen Charakter der Seuche recht gut erklären konnte. Im großen Pestgutachten der Pariser Medizinischen Fakultät vom Oktober 1348 gehen astrologische Ursachenanalyse und Verlaufsprognose sowie vorbeugende Verhaltensmaßregeln Hand in Hand:

> Wir, die Mitglieder des Medizinalkollegiums zu Paris, geben hier nach reiflicher Überlegung und gründlicher Durchsprechung des herrschenden Sterbens und Ablebens und nach Erforschung der Meinung unserer alten Meister eine klare Darstellung der Ursachen dieser Pest gemäß den Regeln und Schlüssen der Astrologie und Naturwissenschaft. Wir erklä-

ren somit folgendes: Man weiß, dass in Indien und in den Gegenden des großen Meeres die Gestirne, welche mit den Sonnenstrahlen und der Hitze der Himmelsfeuer kämpfen, ihren Einfluß besonders auf jenes Meer ausüben und heftig gegen seine Gewässer ankämpfen. Daraus entstehen Dämpfe, welche die Sonne verdunkeln und ihr Licht in Finsternis verwandeln. Diese Dämpfe erneuern alle achtundzwanzig Tage den Kreislauf des Steigens und Fallens ohne Unterlaß, aber endlich wirken die Sonne und das Feuer so stark auf das Meer, dass sie eine große Masse davon anziehen und in Dämpfe auflösen, die sich dann in die Luft erheben. Wenn in einer Gegend Wasser durch verendete Fische verdorben ist, so kann es durch die Sonnenwärme nicht aufgelöst und nicht in heilsames Wasser oder Hagel oder Schnee oder Reif verwandelt werden, sondern die Dünste verbreiten sich in der Luft und hüllen manche Gegenden in Wolken ein. (...) Das wird in allen Gegenden geschehen, über welche die verpestete Luft des indischen Meeres kommen wird, und zwar solange, als die Sonne im Zeichen des Löwen steht. Falls die Einwohner folgende Vorschriften oder ähnliche nicht beachten wollen, kündigen wir ihnen unausweichlichen Tod an; es müsste denn die Gnade Christi ihr Leben auf andere Weise erhalten.

Wir glauben, dass die Gestirne mit Hilfe der Natur sich bemühen, durch ihre himmlische Macht das Menschengeschlecht zu erhalten und von seinem Leiden zu heilen und dass sie im Verein mit der Sonne durch die Kraft ihres Feuers die dichten Wolken binnen zehn Tagen, und zwar bis zum 17. Juli [1349] durchbrechen werden. Der Nebel wird sich dann in einen giftigen Regen verwandeln, nach dessen Niederfallen die Luft rein sein wird. Sobald Donner und Hagel es ankündigt, muss Jeder auf den Regen gefaßt sein und sich vor der äußeren Luft während des Unwetters und nachher hüten. Man soll dann große Feuer aus Weinreben, aus Lorbeerzweigen oder anderem grünen Holz anzünden, ferner soll man große Massen Weihrauch und Kamillen auf den öffentlichen Plätzen und an stark bevölkerten Orten und im Innern der Häuser verbrennen. Niemand soll auf das Feld gehen, bevor die Erde völlig trocken geworden ist und drei Tage lang soll Jedermann wenig Nahrung nehmen und sich vor der Kühle des Morgens und des Abends und der Nacht hüten.
(Sticker 1908, S. 60f.)

9.4.3 Mahnung zu einem gesunden Leben

Die Stoffwechselkrankheit Gicht, oft ausgelöst durch ungesunde und zu fleischhaltige Ernährung, war in Mittelalter und Früher Neuzeit als eine ‚Volkskrankheit der Reichen' gefürchtet. Die christliche Vorstellung dass Gott die Menschen mit der Krankheit für eine sündige Lebensführung strafte, erscheint in diesem Fall also durchaus sinnvoll. In satirischer Form hat dieses Thema der

Nürnberger Patrizier und Humanist Willibald Pirckheimer, ein studierter Jurist, verhandelt, welcher seit seinem 42. Lebensjahr selbst von der Gicht geplagt wurde. In seiner Schrift „Verteidigungsrede oder Selbstlob der Gicht" lässt er die Krankheit in einer Gerichtsverhandlung auftreten, in welcher sie sich geschickt gegen die Anklagen, die Menschen quälen zu wollen, verteidigt:

> Sie [die Ankläger] denken überhaupt nicht daran, dass ihr verderbtes und durch schlimme Laster besudeltes Leben die Ursache all dieser Leiden ist... (...) Diese Leute glauben, sie tränken und äßen nicht, um zu leben, sondern sie lebten, um essen und trinken zu können. Sie überlegen sich nicht, dass allein Wüstlinge und Leute, die ihrem Wanst frönen, meinen Angriffen ausgesetzt sind. (...) wiewohl ich dem Leib selbst eigentlich nie schade, sondern meistens sogar nütze. Denn erstens vermindere ich überflüssige und unmäßige Leibesfülle, trockne sie aus und brauche die Säfte auf, die aus Unmäßigkeit ständig im Überfluss vorhanden sind (...). Sodann verlängere ich auch, wie die Schutzbefohlenen der Ärzte wohl wissen, das Leben. Würde ich nämlich den schädlichen und furchtbaren Stoff nicht an die Gelenke der Glieder leiten, befiele er fraglos Hirn, Herz, Leber oder Magen und löschte mit Leichtigkeit den Lebensatem aus (...) Drei Dinge sind meinen Leuten besonders gefährlich, und wenn sie auch bei ihnen stets beliebt sind, schlagen sie doch immer mir bestens zum Nutzen aus: Gefräßigkeit, Liebeslust und Zorneswut. Gleichwohl bin ich nicht so sehr auf mein eigenes Wohl aus, als auf das Heil meiner Ankläger bedacht. Ich mahne sie nämlich immer wieder, zu begreifen, dass sie sich vor diesen gefährlichen Feinden sorgfältig in Acht nehmen müssen. (...) So oft sie also schlingen und sich übermäßig vollschlagen oder sich mit Wein vollaufen lassen, bin ich als überaus grausame Rächerin sogleich zur Stelle, teile die Strafen aus, die sie verdienen, und mahne sie, künftig meine Gewalt nicht geringzuschätzen.
> (Pirckheimer, übers. Kirsch 1988, S. 30, 33f. und 85–87)

9.4.4 Fragen und Anregungen

Zu 9.4.1
- Vergleichen Sie beide Quellen in ihrer Zeichnung des jüdischen Arztes. Lassen sich in den Quellen irgendwelche Mordmotive erkennen?
- Wie begründet sich im Mittelalter grundsätzlich das Misstrauen gegen die Juden? Inwieweit kann die ärztliche Betätigung eines Juden geeignet sein, dieses Misstrauen zu verstärken?

Zu 9.4.2
- Welchem Gestirn kommt neben der Sonne besondere Bedeutung bei dem „Steigen und Fallen" der Dämpfe zu, welches zum Entstehen des „Pesthauches" geführt hat?
- Erklären Sie, wie sich die Pariser Mediziner das Ende der Pestepidemie vorstellen. Inwieweit erscheinen die für ein solches Szenario von ihnen vorgeschlagenen Schutzmaßnahmen sinnvoll?
- Recherchieren Sie, auf welche Weise sich das Pestbakterium *(Yersinia pestis)* tatsächlich verbreitet. Können die geschilderten Verhaltensmaßregeln helfen? Informieren Sie sich ferner über die schon im 14. Jahrhundert entwickelte Schutzmaßnahme der Quarantäne und erklären Sie ihren Nutzen.

Zu 9.4.3
- Welche medizinischen Erklärungen gibt Pirckheimer für die Ursachen sowie für die Auswirkungen der Krankheit? Sind diese Erklärungen haltbar?
- Recherchieren Sie den mittelalterlichen Tugenden- und Lasterkatalog. Welche Laster werden in der Verteidigungsrede direkt genannt? Überlegen Sie, durch welche Tugend(en) die Krankheit ggf. überwunden werden könnte?

9.4.5. Lektüreempfehlungen

Quellen Johannes Hartlieb, Das Buch aller verbotenen Künste, des Aberglaubens und der Zauberei, hg., übers. und kommentiert von Falk Eisermann (Esoterik des Abendlandes, 4), Ahlerstedt 1989.

Literatur Gerhard Baader / Gundolf Keil (Hgg.), Medizin im mittelalterlichen Abendland (Wege der Forschung, 363), Darmstadt 1982 *(Sammlung älterer Aufsätze zu verschiedenen Aspekten der mittelalterlichen Medizingeschichte, mit Schwerpunkt auf spätmittelalterliche medizinische Texte, wie z.B. Arzneibücher und Pestvorschriften).*
Klaus Bergdolt, Der Schwarze Tod in Europa. Die Große Pest und das Ende des Mittelalters, München 1994 *(Populär gehaltene Überblicksdarstellung über die Große Pestepidemie von 1347–1351; geht insbesondere auf medizinische Aspekte, auf die Reaktion der Bevölkerung wie auch auf Erklärungsversuche der Gelehrten und Bewältigungsstrategien der Obrigkeit ein).*

Marcus Castelberg, Wissen und Weisheit: Untersuchungen zur spätmittelalterlichen ‚Süddeutschen Tafelsammlung' (Washington D.C. etc.), (Scrinium Friburgense, 34), Berlin / Boston 2013 *(Themenfelder der Tafeln, die in der vorliegenden Studie vorgestellt werden, sind insbesondere Astrologie und Medizin, so zu Aderlassmännern, dem Verhältnis von Mikro- und Makrokosmos, den Tugenden und Lastern, den artes liberales und dem Symbol des Glücksrades).*

Peter Dinzelbacher, Unglaube im „Zeitalter des Glaubens". Atheismus und Skeptizismus im Mittelalter, Badenweiler 2009 *(Entgegen verbreiteter Vorurteile waren auch im Mittelalter Skepsis gegenüber Glaubenswahrheiten, Wunderberichten und anderem scheinbar festgefügtem Wissen nicht selten. Besonders ausführlich analysiert das Buch die skeptische Haltungen von Gelehrten, betrachtet aber auch andere Formen des „Unglaubens").*

Heinrich Schipperges, Arabische Medizin im lateinischen Mittelalter (Sitzungsberichte der Heidelberger AdW, math.-naturwiss. Kl., 1976/2), Berlin / Heidelberg / New York 1976 *(Die Studie gibt einen Überblick über das gelehrte medizinische Wissen des Zeitalters und beleuchtet die Rolle der arabischen Medizin bei der Vermittlung und Weiterentwicklung antiken Wissens vom menschlichen Körper und der Gesundheit. Besondere Berücksichtigung erfährt der Wissenstransfer in die abendländische Medizin im 12./13. Jahrhundert).*

Heinrich Schipperges, Der Garten der Gesundheit. Medizin im Mittelalter, 2. Aufl., München 1987 *(Guter Überblick über die mittelalterliche Medizingeschichte, der eine ausgewogene Balance zwischen den verschiedenen Aspekten des Themas findet: Gesundheit und Krankheit, Gesundheitsvorsorge und Heilpraxis, medizinische Wissenschaft).*

Wolfgang Stürner, Friedrich II., Bd. 2: Der Kaiser 1220–1250 (Gestalten des Mittelalters und der Renaissance), Darmstadt 192000 *(Die wichtigste Biographie des vor allem in Süditalien residierenden Stauferkaisers behandelt ausführlich die Gründung der ersten ‚Staatsuniversität' Neapel, Friedrichs Verwaltungsreformen und Gesetzgebungstätigkeit sowie seine ausgeprägten naturwissenschaftlichen Interessen und sein Mäzenatentum).*

10 Das Spätmittelalter: Neue Bildungsbedürfnisse in einer städtischen Welt

„Eine neue Sache steht noch aus. Es gibt dort wohl tausend Studenten. Von diesen sind etliche Betrüger und moralisch völlig verkommen, die nur Würfel spielen, Betrug und List studieren. (...) Andere könnten gute Fortschritte machen, wenn sie nur ihre Trägheit überwinden wollten; aber weil sie weder Arbeit noch Mühe ertragen können, sind sie bisweilen dumm wie ein Ochse. (...) Was wird so einer machen, wenn ihm vielleicht die Priesterwürde verweigert wird? Ein langes Gesicht! Er soll lernen, die Glocken zu läuten oder den heiligen Altardienst zu versehen; Glöckner soll sein, wer nicht Gelehrter werden wollte! *(Sit campanista, qui noluit esse sophista!)* Etliche Studenten sind munter dabei, alles zu lesen. Sie ernähren ihre ausgemergelten Körper mit trockenem Brot, stehen früh auf und vergeuden keine Zeit. Sie trinken nur Quellwasser, schreiben sprachphilosophische Abhandlungen und dürsten täglich nach dem Quell der Weisheit (...). Sie werden so vorzüglich ausgebildet, dass sie als Prälaten an Kathedralkirchen eingesetzt und mit der Bischofswürde ausgezeichnet werden, einige werden Pröpste und leben mit sanftmütigem Herzen, einige werden Priester, (...) einige Freunde der Tugend, einige Rompilger, einige vielleicht auch Dichter..."
(Occultus Erfordensis, ed. Mundhenk, Vers 1571–1604, S. 239ff.)

Anschaulich und unterhaltsam beschrieb um 1282 ein anonymer Erfurter Geistlicher, der oft mit Nikolaus, dem Propst des kleinen thüringischen Stifts Bibra identifiziert wird, das Leben in Erfurt, einer der größten Städte im damaligen Deutschland. Sein langes Gedicht mit über 2.400 Versen, kunstvoll gedichtet nach den Regeln mittellateinischer Stilistik, stellt eines der schönsten Zeugnisse dafür dar, wie ein deutscher Gelehrter zu Ende des 13. Jahrhunderts seine Welt sah. Sein Gedicht umfasst im Wesentlichen zwei Teile. In einem ersten Teil schildert es ausführlich die Biographie des Heinrich von Kirchberg (ca. 1230 – nach 1282), eines Doktors des Kirchenrechts *(decretorum doctor)*. Dieser stammte aus einem Jenaer Burgmannengeschlecht und studierte in Paris, Bologna und Padua, wo er auch den Verfasser des Gedichts kennenlernte. Anschließend wirkte er an der römischen Kurie sowie am wettinischen Hof zu Meißen, bis er schließlich Protonotar, d.h. Kanzleileiter der Stadt Erfurt wurde. Die Darstellung des Gedichts ist – wie Urkunden bestätigen – bemerkenswert dicht an der Realität, zugleich aber ist sie „vergiftet" durch beißende, sich

Eine gereimte Gelehrtenbiographie

hinter ironischen Formulierungen versteckende Kritik (Gramsch 2002). Unverfänglicher ist hingegen der zweite Teil, eine Beschreibung der Stadt Erfurt und vielleicht das erste Städtelob der deutschen Literaturgeschichte. Unter den liebevoll ausgemalten, lebensvollen Szenen findet sich auch die Beschreibung der Erfurter Studenten. Sie weist schon viele jener Klischees auf, welche durch die Jahrhunderte hindurch bis heute dieser stets beargwöhnten Bevölkerungsgruppe ins Stammbuch geschrieben worden sind. Dass es sich bei diesen „tausend Studenten" um eine „neue Sache" handelte, ist jedoch keineswegs dichterische Übertreibung. Tatsächlich war eine derartige Ansammlung bildungshungriger Menschen damals in Deutschland einmalig.

10.1 Erfurt um 1282: Gelehrte und Schulen im Konflikt zwischen Stadt und Kirche

Die Situation in Erfurt zur Entstehungszeit des Gedichts ist symptomatisch für den sich vollziehenden ökonomischen und sozialen Wandel jener Zeit, einen Wandel, welcher nicht zuletzt auf das Bildungswesen zurückwirkte. Es lohnt sich deshalb, den Fall etwas genauer zu betrachten. Gehen wir dazu von der Frage aus, warum der gelehrte Heinrich von Kirchberg zur Zielscheibe dichterischen Spotts wurde. Man hat dahinter ‚Juristenschelte' vermutet, die sich aus dem Unverständnis gegenüber den neuartigen juristischen Problemlösungsstrategien speiste. Doch Nikolaus von Bibra hatte selbst Recht studiert, wie das Gedicht bezeugt. Er mag in seiner Darstellung klischeehafte Vorurteile bedient haben, aber sie bildeten nicht die Ursache seiner Abneigung gegen den Kirchberger. Auch bloße persönliche Antipathie reicht zur Erklärung nicht aus. Vielmehr stehen, bei näherem Hinsehen deutlich erkennbar, zeitgenössische politische Konflikte im Hintergrund, bei denen Heinrich und der Verfasser des Gedichts in unterschiedlichen Lagern zu verorten sind. Dies wird deutlich an der Schilderung von Heinrichs Rolle in einer der spektakulärsten Auseinandersetzungen im Thüringen jener Jahre, die sich zwischen der Stadt Erfurt und ihrem weltlichen und geistlichen Stadtherren, dem Mainzer Erzbischof, abspielte.

Juristenschelte

Kampf um städtische Autonomie

Um die Autonomiebestrebungen der Bürger zu bekämpfen, hatte im Jahr 1279 Erzbischof Werner (ca. 1225–1284) über die Stadt Erfurt das Interdikt verhängt. Der kollektive Ausschluss der Bürger aus der Gemeinschaft der Gläubigen bedeutete, dass keine Gottesdienste, keine Taufen, keine Eheschließungen, keine kirchlichen Begräbnisse in der Stadt stattfinden durften. Nach 20 Monaten folgte als gesetzlich vorgeschriebene Rechtsfolge die Reichsacht, gewissermaßen eine Erklärung juristischer „Vogelfreiheit" der Bürger mit all ihren bedrohlichen Konsequenzen. Heinrich von Kirchberg setzte dem Vorgehen des Erzbischofs die Waffen des Rechts entgegen, indem er vor dem Papst Berufung einlegte. Er war damit keineswegs erfolglos, auch wenn Acht und Bann die Bürger 1282 schließlich zum Einlenken zwangen. Dass ein gelehrter Jurist, der selber Kleriker war, die Stirn gehabt hatte, im Auftrag der Erfurter Bürgerschaft dem Erzbischof Paroli zu bieten, muss den Mainzer Kirchenfürsten und die mit ihm verbundenen Kreise gehörig verärgert haben. Umso mehr bemühte sich der Verfasser des Gedichts, Heinrich in den Augen der Städter zu diskreditieren, sie selbst aber schonend zu behandeln, ja zu loben. So mag man das Gedicht auch als Teil einer Konfliktbewältigungsstrategie verstehen, das Einvernehmen zwischen Bürgern und Kirche unter Opferung eines „Sündenbocks" wieder herzustellen.

Dass ein *decretorum doctor* in den Dienst einer Stadt gestellt wurde, war ein in Deutschland auf lange Zeit fast singulärer Fall. Allein am Königs- und an einigen großen Fürstenhöfen fanden sich damals zuweilen derart hochdekorierte Juristen. Wenn der Erfurter Rat sich diesen Spezialisten leistete, dann deshalb, weil die Stadt sich schon seit langer Zeit auf Konfrontationskurs mit ihrem Herrn befand, dessen Herrschaftsrechte man systematisch an sich brachte. Ökonomische Leistungsfähigkeit wurde hier in politische Macht umgemünzt und Geld war das „Schmiermittel" dieser Politik, worauf sich die allgemein der Habsucht bezichtigten Juristen bestens verstanden (vgl. Kap. 13.4.3).

Geld als Machtfaktor

Im selben Jahr, als der beschriebene Konflikt endete, wurde in Erfurt eine Schulordnung erlassen (dazu Gramsch 2012a, S. 19–24). Sie bestätigt die Aussage des Gedichts, es habe hier „tausend", d.h. eine große Zahl von Studenten gegeben, dokumentiert sie doch einen hochdifferenzierten Schulbetrieb. In diesem gab es sowohl Schüler im Kindesalter (*discipuli, pueri*) als auch ältere Studenten unterschiedlichen Bildungsgrades (*scolares*

Erfurter Schulordnung

maiores sive minores), die teilweise selbst Hilfslehrerfunktionen ausübten. Institutionell war der Schulbetrieb an die drei großen Stiftskirchen der Stadt, das Marien-, das Severi- und das Augustinerstift angeschlossen. Doch zugleich lässt die Ordnung auf Autonomiebestrebungen schließen, welche sich wahrscheinlich gerade in der vorangegangenen Zeit des Interdikts entfaltet hatten. Wenn die Urkunde zuletzt explizit von einer *communio et consortium magistrorum scolarum et scolarium* spricht, dann entspricht dies fast genau der Nomenklatur einer „echten" Universität, welche sich aus dem traditionellen Rahmen einer Stiftsschule gelöst hatte. Man kann hier, einmalig in Deutschland, von einer Art ‚gewachsener Universität' nach Pariser Vorbild sprechen. So vollzog sich auch auf dem Sektor des Bildungswesens jener Prozess der Emanzipation, durch den die *universitas civium Erfordensium,* d.h. die Gemeinschaft der Erfurter Bürger, sich damals von kirchlicher Oberherrschaft befreite. Freilich ließ die förmliche Gründung einer Universität in der thüringischen Metropole noch fast ein volles Jahrhundert auf sich warten (vgl. Kap. 11).

10.2 Schulen und Schulstreite im deutschen Spätmittelalter: Kirchliches Bildungsmonopol und stadtbürgerliche Autonomie

Agenda städtischer Politik

Die städtischen Gesellschaften des deutschen Spätmittelalters waren von vielfältigen Widersprüchen geprägt, die sich nicht nur im Falle Erfurts in heftigen Konflikten entluden. „Behauptung nach außen, die Machtbalance der verschiedenen sozialen Schichten innerhalb der Stadt und das Verhältnis zwischen Stadt und Kirche – diese Problemtrias bestimmte zwischen dem 13. und 15. Jahrhundert die Agenda städtischer Politik" (Gramsch 2014, S. 64f.). Das Schulwesen gehörte dabei zum dritten Problemfeld. Die Einstellung der Bürger zur Kirche war keineswegs von grundsätzlicher Kirchen- oder Religionskritik geprägt. Allgemein nahm die Frömmigkeit im Spätmittelalter eher zu, wie nicht zuletzt eine rege bürgerliche Stiftungstätigkeit zeigt. Es ging vielmehr um Fragen der Macht: Wer sollte in der Stadt das Sagen haben? Denn auch dort, wo es nicht, wie in Erfurt, einen Bischof als Stadtherrn gab, besaß die Kirche großen Einfluss und zugleich eine weitgehende Autonomie, welche den städtischen Instanzen ein Dorn im Auge war. Leicht nachvollziehbar ist dies etwa mit Blick auf die kirchliche Steuerfreiheit, die auf dem alten Grundsatz von der Freiheit der Kirche beruhte. Dieser wurde mehrmals reichsgesetzlich bekräftigt, insbesondere in der *Karolina de ecclesiastica libertate* (zuerst 1354). Demgegenüber zielte die städtische Politik auf die Gewinnung eigener Kompetenzen im kirchlichen Bereich, was das Schulwesen mit einschloss: Stadtpfarrkirchen, an denen vom Rat bestellte Pfarrer amtierten (die mithin ihrem Patronatsherrn, dem Rat, zu Loyalität verpflichtet waren) sowie Schulen in städtischer Trägerschaft – das waren Instrumente, mit denen der Rat sein „stadtherrliches Kirchenregiment" stärken konnte. Stadtherrliches Kirchenregiment und Schule

Initiativen zur Gründung städtischer Schulen begegnen in Deutschland verstärkt seit der zweiten Hälfte des 13. Jahrhunderts. Diese Schulen unterschieden sich nicht in ihren Bildungsinhalten von den kirchlichen Schulen (s.u.), sondern durch ihre städtische Trägerschaft. Die Konkurrenz der Stadtschulen war den älteren kirchlichen Schulträgern – Dom- und Stiftskapiteln sowie Klöstern – nicht nur aus finanziellen Gründen verhasst, sondern weil sie das kirchliche Bildungsmonopol und damit ein Element kirchlicher Autonomie bedrohten. Nur so erklärt sich die Hartnäckigkeit der Auseinandersetzungen, welche sich häufig um die Gründung städtischer Schulen, vor allem in Norddeutschland, entspannen. Solche sog. „Schulstreite" sind z.B. aus dem thüringischen Nordhausen (1319–26, im Rahmen allgemeiner Auseinandersetzungen zwischen Stadt und Klerus), aus Stendal (1338–42) und Braunschweig (1415–19) bekannt. Sie wurden vor allem mit den Waffen des Rechts geführt und entschieden, was wiederum den Beteiligten den Einsatz gelehrt-juristischer Kompetenz abverlangte. Der „Königsweg" bestand hierbei in der Anrufung der päpstlichen Kurie – entweder um sie zur Genehmigung der Schulgründung zu veranlassen oder um das Monopol der alten Schulen zu bestätigen. Manche Quellennachricht kann hierbei nur aus dem spezifischen juristischen Kontext verstanden werden. So argumentierten die Bürger häufig, die alten Schulen seien ungünstig gelegen und für die Schüler schlecht zu erreichen. In blumigen Formulierungen werden lange Schulwege, die im kalten Winter gefährlich seien, oder verkehrsreiche, unfallgefährliche Brücken, die die Schüler passieren müssten, beklagt. Objektiv sind diese Klagen nicht immer nachvollziehbar, wie überhaupt Schulstreite die Fürsorglichkeit des Rates angesichts einer sonst recht hohen Toleranz gegenüber infrastrukturellen Mängeln überrascht. Tatsächlich wurde hier wohl die Argumentation gezielt auf einen kirchenrechtlichen Grundsatz abgestimmt, wonach die *locorum distantia* (Entfernung der Orte) und die *viarum discrimina* (Beschwerlichkeiten der Wege) legitime Entschuldigungsgründe für vielfältige Abweichungen von eigentlich bestehenden rechtlichen Normen – im gegebenen Fall dem Schutz des kirchlichen Schulmonopols – boten. Der Ausgang solcher Auseinandersetzungen hing von vielen Faktoren ab, allgemein kann man aber wohl sagen, dass die Städte meist den längeren Atem besaßen und ihre Schulneugründungen, wenn auch z.T. unter Auflagen, durchsetzen konnten. So war zum Ausgang des Mittelalters ganz Deutschland mit einem Netz nicht nur stiftskirchlich-klösterlicher, sondern auch städtischer Schulen überzogen, die eine (lateinische) Grundausbildung zur Vorbereitung auf ein universitäres Studium boten. Wissenschaftliche Studien, etwa zur Lateinschule im elsässischen Schlettstadt oder im niederrheinischen Emmerich (Rapp 1983; Ennen 1983), zeigen das beachtliche Niveau dieser Bildungseinrichtungen, die den ‚Pool' künftiger Studenten vergrößerten und zugleich Absolventen der Universitäten als Lehrer anzogen.

Netz städtischer Schulen

10.3 Schulen, Schüler, Lehrinhalte im späten Mittelalter

Die vorgenannten Schulen, egal ob unter kirchlicher oder unter städtischer Trägerschaft stehend, waren, wie noch einmal zu betonen ist, Teil eines auf die Kirche und kirchliche Karrieren ausgerichteten höheren Bildungswesens. Es würde in die Irre führen, den städtischen Ratsherren bei ihren Schulgründungen säkularisierte oder gar „aufklärerische" Bildungsziele zu unterstellen. Die Lehrinhalte dieser Lateinschulen waren vielmehr ganz am traditionellen Kanon der mittelalterlichen Wissenschaft, d.h. der Lateinausbildung und dem Studium der Grundlagen der sieben freien Künste, orientiert. Eine gewisse Differenzierung lässt sich zuweilen dahingehend erkennen, dass den städtischen Lateinschulen die Beschränkung auf die Elementarausbildung auferlegt

Lehrprogramm der Lateinschulen

wurde, während die fortgeschrittene Schulbildung (gewissermaßen die „Oberstufe") den alten Stiftsschulen reserviert bleiben sollte. Doch war dies wohl oft nur ein zur Beilegung von Streitigkeiten gefundener Formelkompromiss, dessen praktische Umsetzung zweifelhaft bleibt. Umgekehrt lässt sich auch nirgends zeigen, dass die städtischen Lateinschulen mit einem bewussten Reformimpuls zur Bildungsmodernisierung angetreten wären und somit über das Lehrprogramm der kirchlichen Schulen hinausgegangen wären. Praxisbezogene Lehrinhalte lassen sich allenfalls in Spuren nachweisen. So hat man anhand archäologischer Funde plausibel machen können, dass an der städtischen Schule zu St. Jakob in Lübeck kaufmännisches Rechnen und das Formulieren deutscher Geschäftsbriefe geübt wurden (dazu zuletzt Cordes 2007).

Praxisbezug in der Schule?

Wer die Schüler der spätmittelalterlichen Lateinschulen waren und was aus ihnen wurde, lässt sich mangels Schülerverzeichnissen (die erst an der Wende zur Neuzeit vereinzelt auftauchen, etwa in Zwickau) nicht sicher sagen. Sicher stellten sie das Gros der Studenten, die seit dem späten 14. Jahrhundert in Massen an die in Deutschland entstehenden Universitäten strebten. Ihr Karriereziel lag somit vor allem im Bereich der Kirche (vgl. Kap. 13). Doch nicht jeder Schüler studierte später und erst recht nicht jeder wurde Geistlicher. Wenn in manchen Familien der städtischen Oberschicht im 15. Jahrhundert der Besuch einer Lateinschule für die männlichen Nachkommen zum Regelfall wurde, beweist dies, dass diese das Bildungsangebot der Lateinschulen insgesamt schätzten – vielleicht ganz allgemein mit Blick auf die dort vermittelten Kompetenzen lernender Weltaneignung, welche auch jenseits geistlicher Karrieren von Nutzen waren. Zugleich gab es nachweislich auch eine Reihe von Schülern, die nicht aus der Oberschicht, sondern aus der Handwerk oder Handel treibenden Mittelschicht, ja sogar aus noch minder privilegierten Schichten stammten. Letztere waren die sog. *pauperes*, die Armen, denen die – sonst selbstverständliche – Zahlung eines Schulgeldes erlassen wurde und die dafür gewisse Hilfsdienste für die Schule oder ihre Lehrer zu verrichten hatten. Schüler dieser Mittelschichten lernten sicher eher mit Blick auf eine akademische und geistliche Laufbahn. Alles andere wäre schlichtweg Geldverschwendung gewesen, da die Lateinschulausbildung nicht im engeren Sinne berufsbezogen war.

Ziele der Schulbildung

Ein berufsbedingtes Interesse an Schreib-, Lese- und Rechenkompetenzen bestand in den Städten naturgemäß v.a. in der Kaufmannschaft. Wo bildeten die Kaufmänner ihre Kinder aus? Die ältere Lehre, wonach die Gründung der städtischen Lateinschulen diese Intention verfolgt hätte, hat sich, wie gesagt, als obsolet erwiesen. Für normale Bedürfnisse der Heranziehung eines Berufsnachwuchses genügte durchaus auch die Ausbildung in direkter Anbindung an das kaufmännische Kontor. Ähnliches galt auch in anderen Schreiberberufen, etwa dem des Notars: Eine berufspraktische Ausbildung, die ohne Schulen auskam, war hier immer möglich. Darüber hinaus etablierten sich in den deutschen Städten vermehrt eigene deutsche Schulen, die sog. Schreibschulen. Diese waren besser an die Qualifikationsanforderungen der städtischen Gesellschaft adaptiert als die Lateinschulen. Zudem waren sie leichter zu gründen, weil sie mit ihrer praktischen Ausrichtung den Bereich des kirchlichen (höheren) Bildungsmonopols nicht tangierten. So vereinbarten Rat und Domkapitel 1418 in Lübeck, dass dem Rat die Gründung von vier Schreibschulen erlaubt wurde, *ad scribendam et legendum in Teutonico* („zum Schreiben und Lesen im Deutschen"). Der Rat durfte die Schulmeister präsentieren (vorschlagen), die vom Domscholaster bestätigt wurden, welchem zudem ein Drittel der Einnahmen aus den Schulen zustanden (Wriedt 1983, S. 166). Das Domkapitel beschränkte sich hier also v.a. auf die Wahrung seiner fiskalischen Interessen und nahm auf die Gestaltung des Unterrichts selbst keinen Einfluss. Auch private Initiativen zur Einrichtung deutscher Schulen belebten den ‚Bildungsmarkt', welcher vermehrt auch Universitätsabsolventen als ‚freie Unternehmer' anzog. Zuweilen als „Klipp- und Winkelschulen" verschrien, befriedigten die Privatschulen elementare Bildungsbedürfnisse breiter Kreise, auch wenn Analphabetismus selbst in den Städten weit verbreitet blieb. Diese Form des Unterrichts erfasste auch die Mädchen – idealtypisch mag man sich dies so vorstellen, dass der Privatschullehrer die Jungen, seine Frau die Mädchen im Schreiben, Rechnen und Lesen (und z.B. auch handwerklichen oder haushälterischen Fertigkeiten) unterrichtete. Weitere Bildungsmöglichkeiten für Mädchen bestanden natürlich in den Schulen der Frauenklöster oder im Privatunterricht. Frauen waren mithin keineswegs ungebildet. Selbst für humanistische Gelehrte ist zuweilen bezeugt, dass sie ihre erste Schreib- und Leseausbildung durch die eigene Mutter, *tamquam magistra optima* („gleichsam als beste Lehrerin"),[1] erfahren hatten.

10.4 Quellen und Vertiefung

10.4.1 Eine Schulordnung des Spätmittelalters

Aus deutschen Städten des Spätmittelalters sind zahlreiche Schulordnungen überliefert, die jedoch in der Regel nicht den eigentlichen Schulbetrieb und die vermittelten Wissensinhalte sondern vielmehr dessen „dienstrechtliche" und finanzielle Rahmenbedingungen dokumentieren. Ein gutes Beispiel liefert eine Jenaer Schulordnung, die in den Jahren um 1500 entstand. Äußerst detailliert sind die Bestimmungen zum Schulgeld der Kinder (wobei zwischen Jenaer Bürgerkindern und „fremden Schülern" unterschieden wurde) und zur Besoldung und den Pflichten des Schulpersonals. Über den eigentlichen Schulunterricht erfährt man fast nichts; umso mehr Sorgfalt wird auf die Regelung des Chordienstes, d.h. des kirchlichen Gesangs verwendet, bei dem die Schüler zu zahlreichen Gelegenheiten zum Einsatz kamen. Recht anschaulich sind die einleitenden Bestimmungen zum Dienstantritt des Schulmeisters, der jeweils auf ein Jahr verpflichtet wurde:

> Ordenung der Ersame(n) fursichtige(n) herren und Radts / der stadt Ihene, deß Schulmeysters Richtunge:
> So ma(n) ein schulmeyster auffnympt sal der schulmeyster der auff genome(n) wirth dy schul auß der handt der obersten Burgermeyster empfahenn alß eyn lehen auff ein Jar (...). Auch sal ein schulmeyster dem rathe dar geredenn redeliche und eygenliche gelahrte gesellen auff zu neme(n) / Einen Bacc(alarium) sup(re)mu(m) und eine(n) Cantore(m) Einen locat(orem) / Die ym die schule zw regiren und zu unterweysenn behylfflich sein dar ehr das thune will und dem rathe sampt in gehorsam sein des schulampts halb(e)n sal der schulmeyster dem rath sey(n) eygen handt schryfft geb(e)n.
> Dar nach so sal der schulmeyster durch dy vj [6] burgemeister vor die Eptischenn[2] gefurth werden und der p(re)sentirt die ym deß gleychenn die schul leyhett, das er yr und den herrenn Bropst und Cappellan in dem

---

[1] So der Frühhumanist Albrecht von Eyb (1420 – 1475) über seine Mutter Margarethe von Wolmershausen (Hermann 1893, S. 12ff.).
[2] Die Äbtissin, gemeint ist die Äbtissin des Zisterzienserinnenklosters St. Michael Jena, dem die Schule unterstand.

> gesang und ande(rn) weyß in dem chore sich nach billickeyt zuhalten. Dar nach sal der schulmeyster alßo balde in dy schule eingefurt wird(en) durch dy burgemeyster (...)
> Dar nach sol der schulmeyster seine schuler in der schule und auch dar nebenn in dem chore in der Kirchen und sunderlich in der Cleydung und in der ordenu(n)g deß stehns zu zucht zolichenn daß ma(n) sy vor ander gemeyne leuthe magk kennen. In der schule In selbst sampt seyne(n) gesellen alß er keg(e)n gott rechnu(n)g will geben daß sy unte(r)weysenn daß in nützlich ist und sich nit gantz auf seine geselle(n) lassen Sol auch in Chore deß gleychen nicht alleyn an dem heylige(n) tag sunde(rn) auch an dem werckettag zw gezeyt(e)n in den Chor sehen uff daß / das seine gesellen nicht nach lessig werd(en) alßo daß gott unere und dem volke schande ader dem chor dar auß entstunde (...).
> (Ausschnitte aus: Koch, Eine vorreformatorische Schulordnung, S. 156–158)

10.4.2 Wunderglaube und Entdeckergeist

Die Legende von der abenteuerlichen Seefahrt des heiligen irischen Mönches Brandan (Brendan) und seiner Gefährten entstand in der Zeit zwischen dem 7. und 10. Jahrhundert. Die Reisebeschreibung, die zahlreiche Erzähltraditionen aufnimmt – nicht zuletzt werden auch antike Sagenstoffe wie die Geschichte von den Sirenen verarbeitet – hat im Laufe des Mittelalters immer neue Veränderungen erfahren, so dass sich eine genaue Rekonstruktion der Textgenese äußerst schwierig darstellt. Das Werk erfreute sich im späten Mittelalter großer Beliebtheit: Schon im 12. Jahrhundert wurde es ins Deutsche übertragen; Drucke im späten 15. Jahrhundert, mit Holzschnitten geschmückt, wurden zu „Bestsellern". Somit steht das Werk für die allezeit große Popularität von Abenteuerreisen und -berichten – ein kulturübergreifendes Phänomen, das im anbrechenden „Zeitalter der Entdeckungen" welthistorische Relevanz erlangen sollte. Interessant liest sich die folgend abgedruckte Einleitung aus einem „Volksbuch" des 15. Jahrhunderts, in welcher der Reiseantritt Brandans wie folgt motiviert wird:

> Es war hievor gar ein heiliger Abt, der hieß Brandan und war geborn von dem Land Yberniam; der war in einem Kloster. Der kam einstmals über ein Buch, darin fand er großer Wunder geschriben, die Gott geschaffen hätt in Himmel und auf Erd und in dem Meere. Er fand auch darin ge-

schrieben, wie daß drei Himmel wären und zwei Paradeis und neun Fegfeuer und auch mannig wildes Land und mannig wild Mensch. Es war auch mehr darin geschrieben wie dass zwei Welten wären und wie eine Welt wäre unter uns unter der Erden; und wenn es bei uns Nacht wäre, so wär es bei ihnen Tag. Er fand auch fürbaß mehr darin geschrieben, wie daß große Wunder in dem Meer wären und sonderlich daß Fisch darin wären, die würden so alt und so groß, daß große Wälder oder Holz auf ihren Rücken und Schwarten gewachsen wären. (...) Das wollt er nit glauben; und nahm, das Buch, und verbrannt es.

Und dieweil er bei dem Feuer stund, kam ein Engel vom Himmel und sprach: „Brandane, Brandane, warum hast du die Wahrheit verbrennt? Weißt du nit, dass Gott noch größer Wunder thun möcht, dann du in diesem Buch gelesen hast? Darum gebeut ich dir bei dem lebendigen Gott, dass du dich bereitest; denn du musst alle die Wunder erfahren, die du in dem Buch gelesen und verbrennt hast; und musst neun ganze Jahr fahren auf dem Meer und da die Wunder sind, damit du erkennest, dass du die Wahrheit verbrennt hast."

Da bat Sanct Brandan unsern Herren, dass er ihn in seiner Hut wollt haben, so wollt er gern sein Gebot vollbringen und ihm gehorsam sein. Und ließ ihm bereiten und machen einen großen Kiel (...) und machet den Kiel nach Noes Arch (...) Und nahm da zu ihm zwölf der allerheiligsten Mönch, die er zu Yberniam finden mocht (...); die furen alle williglich mit ihm dar und waren ihm gehorsam. Sie kamen auch alle mit ihm wieder heim, ohn einen, der ward verzuckt in das Paradeis; und der Teufel nahm ihm auch einen auf dem Meer, den gewunnen sie wieder mit ihrem andächtigen Gebet, als man hernach wohl hören wird, was groß Wunders sie erfuhren eh sie wieder heimkamen.

(Sankt Brandans Meerfahrt, S. 11–12)

10.4.3 Fragen und Anregungen

Zu 10.4.1

- Arbeiten Sie anhand der Verfahrensschritte bei der Einsetzung eines neuen Schulmeisters heraus, wie in Jena die Frage der Schulhoheit geregelt war.
- Welche Pflichten des Schulmeisters werden genannt und welches weitere Personal ist am Schulbetrieb (in welcher Funktion) beteiligt? Welche Motive des Rates, sich um einen funktionierenden Schulbetrieb zu kümmern, werden erkennbar?

Zu 10.4.2

- Erläutern Sie das Spannungsverhältnis von Wunderglauben und -skepsis, welches in der einleitenden Episode thematisiert wird. Was ist die didaktische Absicht des Verfassers?
- Überlegen Sie, welche realen Phänomene den oben geschilderten Naturwundern zugrunde liegen?
- Informieren Sie sich im Internet über die Ebstorfer Weltkarte als Quelle über das (mit vielen Wundervorstellungen durchsetzte) geographische Wissen des Hochmittelalters!

10.4.4 Lektüreempfehlungen

Quellen Johannes Müller, Vor- und frühreformatorische Schulordnungen und Schulverträge in deutscher und niederländischer Sprache, Abt. 1: Schulordnungen etc. aus den Jahren 1296 – 1505, Zschopau 1885.

Literatur Christoph Fasbender / Gesine Mierke (Hgg.), Lateinschulen im mitteldeutschen Raum (Euros. Chemnitzer Arbeiten zur Literaturwissenschaft, 4), Würzburg 2014 *(Tagungsband mit Beiträgen zu Lateinschulen des obersächsischen Raumes, ihren Lehrern, Schülern und dort entstandenen Werken).*
Martin Kintzinger, Das Bildungswesen in der Stadt Braunschweig im hohen und späten Mittelalter (Beiheft zum Archiv für Kulturgeschichte, 32), Köln / Wien 1990 *(Zeichnet die Entwicklung des Schulwesens in Braunschweig seit dem hohen Mittelalter nach, erst im Rahmen von Stifts- und Klosterschulen, zu denen im 15. Jahrhundert städtische Schulen hinzukommen. Ausführlich wird der Braunschweiger Schulstreit zu Beginn des 15. Jahrhunderts analysiert).*
Martin Kintzinger / Sönke Lorenz / Michael Walther (Hgg.), Schule und Schüler im Mittelalter. Beiträge zur europäischen Bildungsgeschichte des 9. bis 15. Jahrhunderts (Beihefte zum Archiv für Kulturgeschichte, 42), Köln / Weimar / Wien 1996 *(Sammelband mit Beiträgen zur Schulgeschichte des 10.–15. Jahrhunderts, z.B. über Unterrichtsinhalte an spätmittelalterlichen Stadtschulen, schulischen Gesang und den Buchbesitz geistlicher Institutionen).*
Fritz Peter Knapp / Jürgen Miethke / Manuela Niesner (Hgg.), Schriften im Umkreis mitteleuropäischer Universitäten um 1400. Lateinische und volkssprachige Texte aus Prag, Wien und Heidelberg: Unterschiede, Gemeinsamkeiten, Wechselbeziehungen (Education and Society in the Middle Ages and Renaissance, Bd. 20) Leiden / Boston 2004 *(Die Aufsätze untersuchen spätmittelalterliche lateinische und volkssprachliche Quellen, die im universitären Umfeld entstanden. Zielten erstere naturgemäß eher auf ein akademisches oder klerikales Publikum,*

so stellten letztere ein potentielles Medium der Vermittlung zwischen Gelehrten- und Laienwelt dar, wie beispielsweise eine Studie zu Predigttexten um 1400 zeigt).

Bernd Moeller / Hans Patze / Karl Stackmann (Hgg.), Studien zum städtischen Bildungswesen des späten Mittelalters und der frühen Neuzeit (Abhandlungen der AdW in Göttingen, philologisch-historische Kl., 3. Folge, 137), Göttingen 1983 *(Einzelstudien zur Entwicklung des Schulwesens in verschiedenen deutschen Landschaften, so in Norddeutschland, am Niederrhein und im Elsass. Es gab zahlreiche Lateinschulen, die ein hohes fachliches Niveau besaßen und überregional ausstrahlten).*

Peter-Johannes Schuler, Geschichte des Südwestdeutschen Notariats. Von seinen Anfängen bis zur Reichsnotariatsordnung von 1512 (Veröffentlichungen des Alemannischen Instituts Freiburg im Breisgau, 39), Bühl (Baden) 1976 *(Umfassender Überblick über die Geschichte eines Berufsstandes, der den stark wachsenden Bedarf nach juristisch-pragmatischer Schriftlichkeit im städtischen Milieu befriedigte. Behandelt wird auch die vornehmlich berufspraktisch vollzogene Ausbildung der angehenden Notare).*

11 Die Ausbildung einer europäischen Universitätslandschaft im späten Mittelalter

Es kann auch eine andere Unterteilung der Schulen gemacht werden, indem man sagt, die einen Schulen seien authentisch *(scola autentica)*, die anderen hingegen minderen Namens *(scola levinoma)*. Und eine authentische Schule ist jene, deren Studien durch päpstliche und kaiserliche Privilegien und Freiheiten löblich begründet sind, so wie die Schulen von Paris, Bologna, Padua und Oxford. Minderen Namens ist aber eine Schule, die geringen Namens ist und die der Privilegien der Herren der Welt entbehrt, so wie es in Deutschland die Schulen in Erfurt, Wien und ähnliche sind. Und daher besteht der große Unterschied darin, dass in den authentischen Schulen Ritter gemacht und Herren der Wissenschaften gekrönt werden, welche sich spezieller Kleider und Freiheiten erfreuen (...) und dass sie als Meister und Herren der Wissenschaften ehrenvoll tituliert werden. In den Schulen minderen Namens aber werden Meister der Sache, nicht aber der privilegierten Titulatur nach herangezogen.
Konrad von Megenberg, Ökonomik, verfasst 1352, lat. Originalzitat in: Krüger 1984, S. 23f.

... in Erfurt befindet sich nach dem allgemeinen Sprachgebrauch jener Region und ihres Umlandes ein Generalstudium *(studium generale)*, weil es dort eine große Menge von Studenten gibt, die an den genannten Ort mehr als an jeden anderen Ort ganz Deutschlands zusammenzuströmen pflegen, und auch deshalb, weil dort vier Hauptschulen *(scole principales)* existieren, in welchen Natur- und Moralphilosophie mit anderen Büchern der Artes sorgfältig gelesen werden (...), wobei es sich freilich um keine privilegierte Universität *(universitas privilegiata)* handelt.
Aus einer Supplik des Erfurt-Prager Magisters Heinrich Totting von Oyta an die Römische Kurie vom Jahr 1366, nach: Denifle 1885, S. 406f.

Was macht eine Universität zur Universität, wann ist eine Bildungseinrichtung „bloß" eine Schule? Zwei deutsche Gelehrte machten sich um 1350 über diese Frage Gedanken. Auch wenn Konrad von Megenberg (1309–1374) allgemein von Schulen spricht, meint er mit den *scolae autenticae* doch offensichtlich die Universitäten, welche er von „Schulen minderen Namens" *(scolae levinomae)* abgrenzt. Den Letzteren fehle es an der päpstlichen oder kaiserlichen Privilegierung, weshalb sich ihre Lehrer (und Schüler) nicht der außerordentlichen Privilegien und Freiheiten der Universitätsangehörigen erfreuten. Die übrigen Schulen, so gut sie sein mögen, vermögen allenfalls Magister der Sache nach *(magistri in re)*, doch ohne vollgültigen Titel hervorzubringen. Auch Heinrich Totting von Oyta (ca. 1330–1397) konzediert, dass das von Konrad von Megenberg als Beispiel für eine *scola levinoma* angeführte Erfurter Generalstudium keine *universitas privilegiata* sei. Zugleich betont er aber die hohe Qualität der dortigen Ausbildung sowie die Vielzahl der Studenten aus allen Teilen Deutschlands – zwei Kriterien, die den Erfurter Schulverbund offensichtlich durchaus in die Nähe einer „echten" Universität rücken. Worin aber liegt dann der Unterschied, was haben die einen Magister den anderen voraus?

11.1 Die Forschungsdiskussion um den Charakter der spätmittelalterlichen Universität

Kirchlicher Charakter der Universität?

Die Diskussion um das Wesen der mittelalterlichen Universität ist bis heute nicht zum Abschluss gekommen (vgl. den Überblick bei Rexroth 1992). Die Debatten der älteren Forschung kreisen insbesondere um die Frage, ob bzw. inwiefern die alten Universitäten als kirchliche Institutionen aufzufassen seien. Ein solcher Streit hatte durchaus zeitaktuelle Hintergründe, war doch der Einfluss der Kirche auf das Bildungswesen auch im 19. Jahrhundert noch ein großes, kontrovers diskutiertes Thema. Friedrich Paulsen (1846–1908) etwa sah in den Universitäten primär kirchliche Institutionen. Er bezeichnete sie als „freier konstruierte Kollegiatstifte" (Paulsen 1881, S. 283) – ein Definitionsversuch, der freilich allenfalls auf Universitätskollegien wie die Sorbonne in Paris, die Colleges in Cambridge und Oxford oder die vielen kleineren Kollegien an den deutschen Universitäten, schwerlich aber auf die Universität als Ganzes zutrifft. Heinrich Denifle (1885), ein Dominikanerpater und Archivar am Vatikanischen Geheimarchiv, betonte die konstitutive Bedeutung der päpstlichen Privilegierungen und folgerte, den Päpsten sei der „Hauptantheil" an Verdiensten um die Hochschulgründungen zugekommen. Eine solche Sichtweise tut sich naturgemäß mit den frühen, „gewachsenen" Universitäten schwer, die allenfalls spätere oder auch gar keine päpstliche Privilegien erwarben. Demgegenüber sah Georg Kaufmann (1888/95) in der korporativen Verfasstheit den zentralen Wesenszug der Universität. Erst im 14. Jahrhundert habe sich, so Kaufmann, die

Universitäre korporative Verfassung

Vorstellung von der zentralen Bedeutung der päpstlichen Privilegierung herausgebildet. Paulsens Gleichsetzung der Universitäten mit kirchlichen Institutionen lehnte Kaufmann entschieden ab – wie übrigens auch der ‚Vatikanist' Denifle, der ansonsten mit dem Liberalen Kaufmann heftig uneins war.

Insbesondere die Auffassung Kaufmanns prägte auch den Forschungsstand des 20. Jahrhunderts, etwa bei Herbert Grundmann (zuerst 1957), der in der „korporativen Autonomie" der mittelalterlichen Hochschulen zugleich ein idealisiertes Gegenmodell gegen staatlich-totalitär beherrschte und indoktrinierte Universitäten seiner Zeit erblickte. Darüber hinaus hat die jüngere Forschung ein weiteres Wesensmerkmal der Universität herausgearbeitet, nämlich ihren geistlichen Stiftungscharakter. Hier wirkte die Stiftungsforschung Michael Borgoltes stichwortgebend, seine Schüler untersuchten die „Universitätsstiftungen von Prag bis Köln" (Frank Rexroth 1992) und die Universitätsstifte in Prag, Wien und Heidelberg (Wolfgang Eric Wagner 1999). Dieses neue Paradigma steht keineswegs im Widerspruch zu den übrigen Befunden, sondern ergänzt diese vielmehr: Neben die ‚Graswurzelinitiativen' der sich zu Korporationen vereinenden Magister und Scholaren, neben die Privilegierungstätigkeit der Päpste, tritt als Drittes das gezielte Stiftungshandeln weltlicher Herrscher, die zur Sicherung ihres Seelenheils wie auch aus bildungsinfrastrukturellen Erwägungen heraus Universitäten gründeten.

Alle genannten Thesen haben offenbar ihre Berechtigung, ohne jedoch den Gegenstand jeweils vollgültig umfassen zu können. So haben diese Diskussionen vor allem eines gezeigt: Die mittelalterliche Universität war ihrem (sich jeweils höchst individuell gestaltenden) Ursprung, ihrem Bestimmungszweck und ihrer institutionellen Struktur nach ein höchst komplexes Phänomen, das sich nicht auf einen einfachen Nenner bringen lässt. Trotz dieses schillernden Charakters war es seit dem 14. Jahrhundert jedoch relativ einfach, Universitäten und Nicht-Universitäten zu unterscheiden. Hierzu trug das Wesensmerkmal der päpstlichen Privilegierung entscheidend bei.

Universitäten als Stiftungen

11.2 Das Verständnis der Zeitgenossen – die Universität als ein privilegierter Ort

Dass eine Universität nicht einfach zur Universität wird, indem sie eine Vielzahl von Studenten auf hohem Niveau in allen bekannten Wissenschaften ausbildet (im Sinne des Humboldt'schen Ideals der *universitas litterarum*), darin waren sich um 1350 Konrad von Megenberg und Heinrich Totting von Oyta einig. Das Erfurter Generalstudium, an dem beide studiert und unterrichtet hatten, hätte in beiderlei Hinsicht durchaus vor den Augen der Zeitgenossen bestehen können. Doch es fehlte das päpstliche Privileg und deshalb konnte man in Erfurt – wie auch etwa in der Stephansschule in Wien, an der Megenberg wirkte – eben nur ein *magister in re* werden: hochgelehrt, aber ohne gültigen akademischen Titel. Doch wozu braucht es einen Titel, wenn es doch in der Wissenschaft allein auf die fachliche Qualität ankommen sollte? Tatsächlich wurde in den Anfängen der europäischen Universitätsgeschichte zwischen beidem kaum unterschieden. Ein Magister war eben ein Meister und Lehrer seines Faches, und ein Doktor ganz im ursprünglichen Wortsinne ein Gelehrter. Ob alle diejenigen, die im 12. Jahrhundert mit diesen Titeln in den Urkunden begegnen, wirklich akademische Prüfungen abgelegt hatten, ist unsicher. Erst seit dem 13. Jahrhundert wurden die Regeln der Titelvergabe verbindlicher (vgl. Kap. 12). Nun wurde es in der Tat entscheidend, wo man sein Wissen erwarb, denn nur eine päpstlich privilegierte Lehranstalt konnte diese akademischen Grade verleihen.

Päpstliche Privilegierung

Die Besonderheit des akademischen Grades, der *licentia ubique docendi*, ist dessen ubiquitäre, also „weltweite" Gültigkeit. Hieran knüpfte sich in dem zunehmend formaljuristischen Denken des späteren Mittelalters die Notwendigkeit einer Einschaltung des Papstes, denn nur dieser – und allenfalls noch der zweite theoretische ‚Weltherrscher' des Mittelalters, der Kaiser – konnte solche für den ganzen *Orbis Christianus* gültigen Lizenzen erteilen. Die Päpste nahmen diese Promotion nicht selbst vor (auch wenn dies vorkam, man sprach dann von den sog. *doctores bullati*), sondern erlaubten den Universitäten, dies nach einer voraufgegangenen Prüfung zu tun. Die an derart privilegierten Bildungseinrichtungen promovierten Personen besaßen dann

Licentia ubique docendi

ihrerseits das Recht, ohne weitere Prüfung auch an anderen Universitäten unterrichten zu dürfen; dies ist bis heute Kern der universitären Lehrbefugnis geblieben.

Ein weiteres, in Grunde sogar noch viel wichtigeres Vorrecht jener an den Universitäten studierten Personen war der privilegierte Zugang zu geistlichen Pfründen, d.h. zu kirchlichen Ämtern und den damit verbundenen Einkünften.[1] Hier lag der wichtigste Hebel, mit dem die Päpste ihre durchaus progressiven Vorstellungen von Bildungsförderung durchsetzen konnten. Gesamtkirchliche Konzilien hatten bereits seit dem späten 12. Jahrhundert eine Erhöhung des Bildungsstandes der Geistlichen gefordert und regelrechte Akademikerquoten in den Dom- und Stiftskapiteln eingeführt. Sollten zunächst vor allem die Scholasterstellen mit studierten Personen besetzt werden, wurden Absolventen der Universitäten schließlich ganz allgemein bei der Stellenvergabe begünstigt und Regelungen getroffen, die die Kanoniker von Dom- und Stiftskirchen zu einem zeitweiligen Universitätsbesuch, wenn auch ohne Notwendigkeit eines formalen Abschlusses verpflichteten. Graduierte genossen Vorrechte, wie sie an den wichtigen Kirchen sonst nur Adligen zukamen, dieser „Adel des Doktors" half, ständische Defizite auszugleichen (Lange 1980). Dies führte dazu, dass der Anteil bürgerlicher Dom- und Chorherren seit dem 14. Jahrhundert vielerorts stark anstieg. Selbst Bischöfe kamen nun vermehrt aus nichtadligen Kreisen.

Akademikerprivilegien beim Pfründenerwerb

Adel des Doktors

Eine solche Entwicklung war freilich alles andere als ein „Selbstläufer", denn die Beharrungskräfte der alten Eliten und Strukturen waren stark. So wurde das Personal der Dom- und Stiftskapitel üblicherweise durch das Instrument der Selbstergänzung rekrutiert. Das hieß, dass die bereits im Kapitel sitzenden Kanoniker darüber bestimmten, wer nachrücken sollte, und sie nutzten dies vor allem dazu, eigene Verwandte oder Klienten dort unterzubringen. Ein solcher Nepotismus war nach den moralischen Regeln der Zeit ganz selbstverständlich. Doch seit dem 13. Jahrhundert und verstärkt seit dem 14. Jahrhundert brachten die Päpste dieses eingespielte System durcheinander, indem sie selbst kirchliche Stellen besetzten. Diese Stellenbesetzungen spielten sich vor allem in zwei Formen ab. Die erste war die Expektanz (Expektative). Ein damit versehener Geistlicher erhielt die

Selbstergänzung der Kapitel

Expektanzen und Provisionen

---

1 Zu weiteren Privilegien von Universitätsangehörigen siehe auch Kapitel 12.

Anwartschaft auf eine bestimmte kirchliche Stelle, sobald diese (in der Regel durch den Tod des Vorbesitzers) frei werden würde. Die zweite Form war die Provision, durch diese wurden tatsächlich frei (vakant) gewordene Stellen vergeben. Beides wirkte dem Selbstergänzungsrecht der kirchlichen Institutionen entgegen, da die päpstlichen Rechtstitel zumindest in der Theorie meist Vorrang hatten. Natürlich nahmen die örtlichen Kirchen und die von ihnen Protegierten diese Beschneidung ihrer Rechte nicht widerstandslos hin. Den päpstlichen Kandidaten wurde der Antritt der Stelle verweigert, es kam zu Gewalttätigkeiten, zu endlosen Prozessen, zu Beschwerden an bzw. gegen den Papst. Die Romkritik, die später zur Reformation führen sollte, nahm in solchen Widersetzlichkeiten ihren Anfang. Besonders deutlich wurde die Brisanz solcher Auseinandersetzungen dort, wo die Päpste ihre – zunächst eher angemaßten als allgemein anerkannten – Stellenbesetzungsrechte zu politischen Zwecken nutzten, etwa in ihrem Kampf gegen Kaiser Friedrich II. (nach 1239) oder gegen Kaiser Ludwig den Bayern (nach 1324). Dennoch konnten die Päpste alles in allem sehr große Erfolge mit dieser Politik verbuchen: Die neuere Forschung hat zeigen können (z.B. Erdmann 2006), dass 50 % und mehr der mittleren und höheren kirchlichen Stellen in Deutschland und anderswo, vom Dom- oder Stiftskanonikat bis hinauf zum Bischofsstuhl, im 14. und 15. Jahrhundert von Avignon bzw. Rom aus besetzt wurden. Freilich war die Erfolgsaussicht der einzelnen Bewerbung durchaus nicht sehr hoch, denn mit steigender Popularität dieses Instruments der Pfründenvergabe wuchs auch der Andrang der Bittsteller in Rom. Da die Päpste ihre Gnaden oft geradezu inflationär und wahllos an alle vergaben, die die anfallenden Gebühren zu zahlen in der Lage waren (ein wichtiges Finanzierungsinstrument der Kurie gerade in der Zeit der avignonesischen und der Schismazeit zwischen 1309 und 1417), wurden schlichtweg zu viele Rechtstitel ausgestellt, als dass alle hätten zum Erfolg führen können. Doch belegt dies eben nicht, wie Teile der Forschung gemeint haben, die Erfolglosigkeit und Ineffizienz dieser Praxis, sondern gerade ihre Durchschlagkraft, wurde doch schließlich über fast alle wichtigen Stellen an der Kurie verhandelt. Passenderweise ist denn auch von einem ‚kurialen Pfründenmarkt' im Spätmittelalter gesprochen worden (Meyer 1991).

Erfolgsquoten päpstlicher Stellenbesetzungen

Studierte waren in diesem System bevorteilt. Sie genossen bestimmte Privilegien bei der Pfründenvergabe und gerade die Juristen unter ihnen waren allgemein wohl besser in der Lage, sich in diesem nach komplizierten Regeln ablaufenden Spiel zurechtzufinden. Eine spezielles Förderinstrument waren dabei im 14. Jahrhundert die Universitätsrotuli, Sammelbittschriften mit oft vielen hundert Pfründenwünschen von Universitätsangehörigen. Sie wurden vor allem beim Amtsantritt eines neuen Papstes eingereicht, denn mit dem Tod des Vorgängers verloren alle zuvor ausgestellten Expektanzen ihre Gültigkeit und es kam darauf an, neue Rechtstitel mit einem möglichst günstigen, nämlich frühen Datum (nahe am Tag der Papstkrönung) zu erwerben. In einem geordneten Prozedere wurden an den Universitäten die Pfründenbitten (Suppliken) der Magister und Scholaren gegen Erlegung einer Gebühr gesammelt und dann durch eine Gesandtschaft an den Papsthof gebracht. An der Kurie wurden daraufhin die gewünschten Gnadenbriefe ausgestellt. Dabei nutzte man das Instrument der (fiktiven) Datierung der Briefe, um die Erfolgschancen der Expektanzen zu differenzieren: Die Ausstellungsdaten wurden nach Universitätszugehörigkeit (die Universität Paris bekam die frühesten Daten), akademischem Grad und sozialem Rang der Bittsteller (Petenten) gestaffelt. Eine gute Quellenlage erlaubt es, diese bemerkenswerte Praxis genauer zu untersuchen. So hat William Courtenay (2002) anhand der in den avignonesischen Briefregistern verzeichneten Expektanzen die Supplikenrotuli der Universität Paris aus dem 14. Jahrhundert rekonstruiert und somit reichhaltiges prosopographisches Material zu den Pariser Magistern und Scholaren jener Zeit gewonnen. Jürg Schmutz (1996) hat anhand von Rotuli, die in den Archiven der Universitäten Heidelberg und Köln erhalten geblieben sind, die Pfründenwünsche und Erfolgschancen der damaligen Universitätsangehörigen genauer analysiert. Freilich waren solche Rotuli kein Instrument zur „Studienfinanzierung" (Schmutz), denn die Suppliken führten, wenn überhaupt, erst nach Jahren zur Inbesitznahme der gewünschten Pfründe. Vielmehr waren sie eine Verheißung für die Zukunft und damit eher ein Werbeinstrument für die Universität und das Studium allgemein, denn nur Universitätsangehörige konnten auf diese Weise an diese attraktiven Rechtstitel gelangen.

Universitätsrotuli zur Studienförderung

Streit um eine Pfründe

Auch Heinrich Totting hatte bei Regierungsantritt Papst Urbans V. (reg. 1362–1370) versucht, über eine Sammelbittschrift an eine Pfründe zu gelangen. Die ihm daraufhin vom Papst ausgestellte Verleihungsurkunde für ein Domkanonikat in Osnabrück titulierte Totting als *rector universitatis studii Erfordensis*. Damit löste das Schreiben eine Diskussion um den Charakter des Erfurter Generalstudiums aus: Konkurrenten im Kampf um das Kanonikat bemängelten, die Urkunde sei ungültig, da Totting den Titel eines Universitätsrektors führe, Erfurt aber keine Universität sei. So musste sich Totting, der mittlerweile als Dozent an die neu gegründete Universität Prag gewechselt war, 1366 erneut an die Kurie wenden, wobei er die oben zitierte Richtigstellung vornahm. Der Kampf um Pfründen, welche ein angemessenes Einkommen und einen ehrenvollen Platz in der kirchlichen Hierarchie sichern sollten, wurde so zum Anlass, um über den rechtlichen Status des Erfurter Schulbetriebes zu reflektieren.

11.3 Die Motive der Universitätsgründungen im römisch-deutschen Reich

Es war nicht zuletzt diese Studienförderungspraxis der Päpste, die im 14. Jahrhundert in Deutschland den Wunsch wachsen ließ, zu studieren und endlich auch eigene Universitäten zu gründen (Abb. 9). Hinzu kamen eine Reihe weiterer Gründe, die für jede einzelne Universität individuell zu bestimmen sind. Denn das naheliegende Motiv, deutschen Klerikern ein Studium auch ohne kostspieligen Auslandsaufenthalt zu ermöglichen, ist allenfalls eines unter vielen. Die ersten Universitätsgründungen im Reich, 1347 in Prag und 1365 in Wien, waren eher von dem Bestreben der Gründer, König Karl IV. (reg. 1346–1378) und Herzog Rudolf IV. von Österreich (1339–1365), geleitet, ihren besonderen Rang zu demonstrieren, gewissermaßen als ein Zeichen von königlicher bzw. fürstlicher Souveränität. So legte man sich kurz darauf auch in Ungarn und Polen Universitäten zu, die freilich – genau wie Prag und Wien – erst Jahrzehnte nach der päpstlichen Privilegierung ihre Arbeit aufnahmen. Der Besitz einer Universität wurde geradezu zur Insignie fürstlicher und insbesondere kurfürstlicher Hoheit, beginnend beim pfalzgräflichen Heidelberg (1385/86) bis

Fürstliche Gründungen

hin zu Frankfurt an der Oder und Wittenberg, den kurbrandenburgischen bzw. kursächsischen Gründungen um die Wende des 15. zum 16. Jahrhundert.

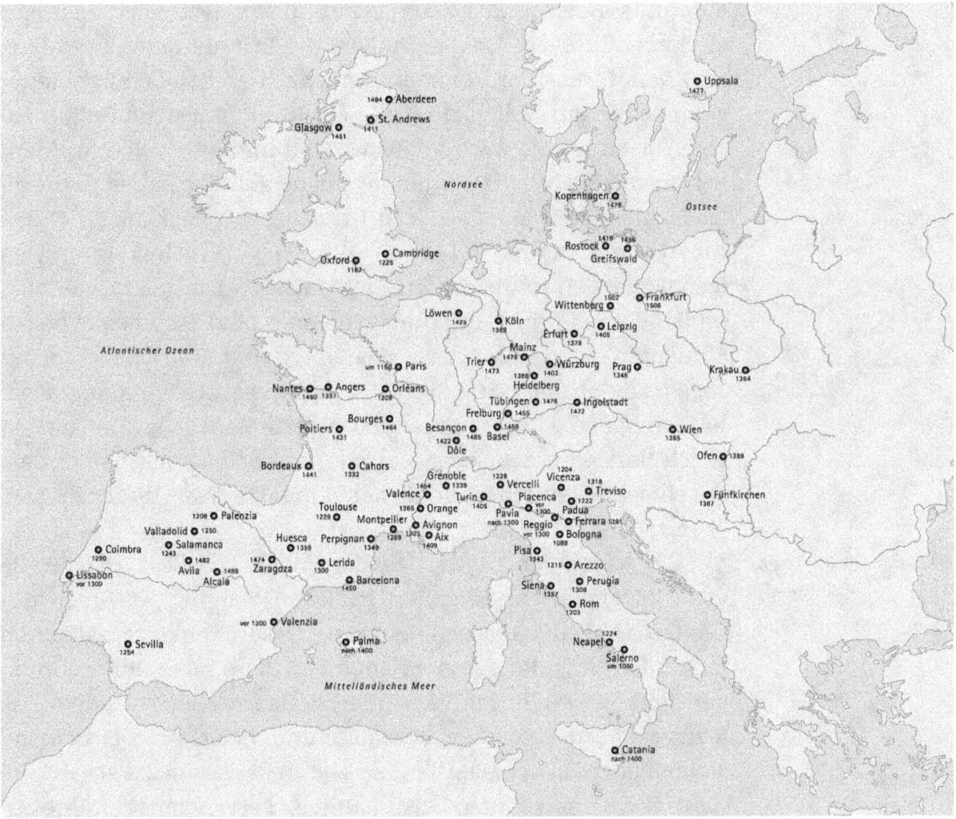

Abb. 9: Die europäischen Universitäten des Mittelalters und ihre Gründungsdaten.

Erfurt, jener Schulverbund mit universitären Qualitäten doch ohne universitäres Privileg, geriet in den 1360er Jahren gegen die neue Prager Konkurrenz ins Hintertreffen. Der Wechsel Heinrich Tottings von Erfurt nach Prag war hierfür symptomatisch. Doch zog man in Thüringen bald nach (Gramsch 2012a). Äußerer Anlass für die 1379 erfolgte Universitätsprivilegierung durch den avignonesischen (Gegen-)Papst Clemens VII. (reg. 1378–1394) war ein

Universitätsgründung als Kirchenpolitik

Schisma im Erzbistum Mainz. Dieses verband sich mit dem Großen Abendländischen Schisma und gab den Erfurter Stadtvätern Gelegenheit, politisch in die Offensive zu gehen. Die Universitätsgründung, die nicht die Tradition der alten Erfurter Stiftsschulen aufgriff, sondern etwas Neues schuf, diente dazu, ein neuartiges kirchenpolitisches Machtinstrument des Erfurter Rates zu etablieren. Damit weist der Vorgang Ähnlichkeit zu den Schulgründungen in anderen Städten auf (vgl. Kap. 10). Von Bedeutung war zudem, in Erfurt wie auch anderswo, die Initiative gelehrter Kleriker, die die Universitätsgründungspläne aktiv betrieben und vielleicht überhaupt auch erst den Gründern schmackhaft machten: Albert von Sachsen (ca. 1316–1390) in Wien, Marsilius von Inghen (ca. 1325–1396) in Heidelberg, Johannes Ryman (ca. 1345–1407) und andere in Erfurt. In Erfurt dauerte es bis 1392, ehe die ersten Studenten einzogen, so dass Heidelberg und Köln knapp vorbeizogen, die schon 1386 bzw. 1388 ihren Lehrbetrieb aufnahmen. 1409 folgte die Gründung der Universität Leipzig, entstanden durch Sezession deutscher Magister und Scholaren, die vor dem zunehmend deutschenfeindlichen Klima in Prag die Segel strichen.

Ein wesentlich begünstigender Faktor für diese erste Welle von Universitätsentstehungen im Reich war der Ausbruch des Großen Abendländischen Schisma. Die Konkurrenzsituation zweier Päpste in Rom und Avignon ließ diese nicht nur großzügiger bei der Gewährung von Universitätsprivilegien werden. Das Schisma führte auch zur Abwanderung vieler aus Deutschland stammender Pariser Magister, die sich in Paris zum „falschen", im Reich nicht anerkannten Papst hätten bekennen müssen. Ihre Suche nach neuen Wirkungsstätten beförderte, ebenso wie die Wirren in Prag seit den 1380er Jahren, die Ansiedlung von Universitäten in Deutschland.

Nach der Mitte des 15. Jahrhunderts kam es zu einer „zweiten Universitätsgründungswelle" im Reich (Lorenz 1999), in der insgesamt (bis 1506) neun Universitäten entstanden, bei gleichzeitigem Scheitern weiterer Projekte. Die Motive ihrer Gründungen lagen nun schon klarer erkennbar im bildungsinfrastrukturellen Bereich. Auch konkrete Kosten-Nutzen-Relationen, wieviel der Betrieb einer Universität einbringen könnte, wurden angestellt (Walther 1989). Infolge all dieser Bemühungen existierte an der Schwelle zur Neuzeit in Deutschland ein bemerkenswert dichtes, qualitativ hochwertiges Universitätssystem, welches die großen politisch-sozialen und kulturell-religiösen Veränderungen jener Zeit in entscheidendem Maße prägte (vgl. Kap. 14).

11.4 Quellen und Vertiefung

11.4.1 Ein seltsames Vergehen

In seinem satirischen Gedicht auf den *decretorum doctor* Heinrich von Kirchberg schildert der anonyme Verfasser des *Occultus Erfordensis* eine befremdliche Szene. Offensichtlich will der Verfasser uns nahelegen, Heinrich habe „unehrenhaft" gehandelt – doch worin bestand eigentlich sein Vergehen?

> Als dies alles [das Rechtsstudium in Padua] beendet war, befahl dir das graue Alter heimzukehren, weil die wie Zimt duftende Kraft deiner Gelehrsamkeit von weiterem Verbleiben abriet. Also bist du weggegangen, hast aber von dort nichts mitgenommen, was du nicht durftest, oder weswegen man dir einen Vorwurf machen könnte.
> Du schreckliche Thesiphone, jetzt lege deinen Maulkorb an und stopfe ihnen den Mund, die Schändliches reden, die nämlich sagen, der Packsack sei mit Heu in Form von allen möglichen Büchern gefüllt gewesen, denn das Pferd habe unter der Last kaum die Tagesetappe erfüllen können! Ich glaube, niemand ist so blind, dass er die schöne Gesetzessammlung für Heu halten würde! Ach, wieviel Galle ohne jede Süße hat im Mund, wer sagt, dass ein so großer Gelehrter unehrenhaft von dort weggegangen sei (...)!
> (Occultus Erfordensis, ed. Mundhenk, Vers 208–222, S. 131)

11.4.2 Kaufvertrag über ein juristisches Fachbuch

Rudolf Losse von Eisenach (ca. 1310–1364), der als juristischer Berater Erzbischof Balduins von Trier (ca. 1285–1354) vielfältig in die turbulente Reichspolitik seiner Zeit verwickelt war und eine steile Karriere machte, sammelte zu Lebzeiten zahlreiche Dokumente, die mit seinem Leben oder seiner Tätigkeit zu tun hatten. In seinen Handakten hat sich der Kaufvertrag für ein Fachbuch erhalten, das er während seiner Studienzeit im südfranzösischen Montpellier erwarb:

Im Jahre der Inkarnation des Herrn MCCCXXX, am dritten Dezember, in der Regierungszeit des Herrn Philipp, Königs der Franken [von Frankreich].

1. Es sei allen kundgetan, dass ich, Robertus Anglicus aus England, Einwohner von Avignon, in Anwesenheit der unten genannten Zeugen und eines Notars in gutem Glauben und ohne jede Arglist Euch, Rudolf genannt Lussen, einem Kleriker der Mainzer Diözese als Anwesendem, Kaufenden, Gläubiger und Empfänger mit vollem, auf immer gültigen Rechtstitel [ein Buch] verkaufe und vollständig überlasse *(vendo et titulo vere vendicionis per inperpetuum valiture penitus desemparo)*; nämlich eine *Lectura* des Archidiakons über den *Liber Sextus*[2], geschrieben auf Pergament von Kalbshaut, dessen zweites Blatt mit dem Wort *ductus* beginnt und mit dem Wort *superbia* endet, während dessen vorletztes Blatt beginnt mit *que premissa sunt* und endet mit *exempte*. Dieses Buch soll Euch und euren Nachfolgern zu eurem und eurer Nachfolger Gutdünken und Nutzen immer vollständig zu Eigen sein.

2. Diesen Verkauf aber mache ich euch zu einem Preis von acht Pfund und acht Schilling Tourer Gewicht *(octo librarum et octo solidorum bonorum Thuronen[sium])*, wovon ich versichere, dass dies ein guter und fairer Preis ist, den ich von Euch in tatsächlich abgezähltem Geld erhalten habe. (...)

3. Wenn aber das verkaufte Buch mehr wert ist oder wert sein wird als der genannte Preis, so schenke ich euch diesen Mehrwert; ich entäußere *(disvestiens)* mich des genannten Buchs und statte Euch *(investiens)*, Rudolf, durch die Buchübergabe mit dem körperlichen Besitz der *Lectura* des Archidiakons aus (...), damit Ihr und die Euren es immer haben, behalten und in Frieden sowie friedlich besitzen möget (...).

Geschehen ist dies zu Montpellier auf dem öffentlichen Karrenweg, der von der Kirche St. Eulalia zur Kirche der Predigerbrüder führt, in Anwesenheit von Zeugen, nämlich des vornehmen Herrn Konrad de Nyweburg[3] aus der Augsburger Diözese und des Johannes Berengarii, Pedell bzw. Bankier der Universität Montpellier, in der Diözese Maguelonne sowie in meiner Anwesenheit, Poncius Sabacius, öffentlicher Notar des oben genannten Königs der Franken, der ich bei der oben genannten Transaktion anwesend war, alles aufgeschrieben und in dieser öffentlichem Urkunde redigiert habe, die ich mit dem folgenden [Notars-]Zeichen signiert habe.

(Nova Alamanniae, Bd. 1, Nr. 231)

---

[2] Gemeint ist eine Abhandlung (*Lectura*, auch *Apparatus*) des Bologneser Rechtslehrers und Archidiakons Guido de Baysio (ca. 1250–1313) über den *Liber Sextus*. Der *Liber Sextus*, der 1298 durch Papst Bonifaz VIII. (reg. 1294–1303) promulgiert (veröffentlicht) wurde, stellt nach dem *Decretum Gratiani* und dem *Liber Extra* den dritten großen Bestandteil des mittelalterlichen Kirchenrechts dar. Seinen Namen („sechstes Buch") hat er daher, dass er als Ergänzung zu den fünf Büchern des *Liber Extra* konzipiert war.

[3] Neuburg an der Donau.

11.4.3 Die päpstliche Gründungsbulle für die Universität Köln

Im Jahr 1388 gewährte der römische Papst Urban VI. (reg. 1378–1389) der Stadt Köln, auf Bitten ihres Stadtrates, die Erlaubnis zur Gründung einer Universität. Auch wenn die dekretierte Errichtung eines Generalstudiums „nach Pariser Vorbild" ein Gemeinplatz in solchen Gründungsbullen ist, kam ihr 1388 doch eine besondere Brisanz zu: Die Christenheit war durch das Große Abendländische Schisma gespalten und die Pariser Magister hingen dem Feind Urbans VI., dem Avignoneser Papst Clemens VII. (1378–1394) an. Die Universitätsgründungen in Deutschland dienten somit auch dem Zweck, der Konkurrenz „das Wasser abzugraben":

> Urban, Bischof, Diener der Diener Gottes, zum ewigen Gedächtnis.
> Wir, die wir auf die Warte der höchsten apostolischen Würde durch die Fügung des himmlischen Ratsschlusses, wenn auch unwürdig, gesetzt sind, richten auf alle Länder der Gläubigen (...) und auf deren Vorteil und Wohlergehen gleichsam als oberster Hirte der Herde des Herrn den Blick der uns übertragenen Ausschau, damit dieselben Gläubigen streben mögen nach den Studien der Wissenschaften und der Perle der Weisheit, deren Besitz, wenn man sie findet, herrlich ist und deren Früchte sehr süß sind, durch die die Wolken der Unwissenheit vertrieben werden und, indem die Dunkelheit des Irrtums beseitigt wird, die sorgsame Geschicklichkeit der Sterblichen ihre Handlungen und Werke einrichtet und ordnet im Licht der Wahrheit, durch die auch die Verehrung des göttlichen Namens und des katholischen Glaubens verbreitet, die Gerechtigkeit gepflegt, die Sache der Allgemeinheit und des einzelnen vorteilhaft betrieben und alles Gedeihen der menschlichen Natur vermehrt werden (...) und so erachten wir es für angebracht sowie der Billigkeit gemäß, dass diese Stadt [Köln], die die göttliche Gnade mit den Vorzügen vieler Vortrefflichkeiten und der Fruchtbarkeit der Tugenden gnädig ausgestattet hat, auch mit den Gaben der Wissenschaften erhöht werde, damit sie Männer hervorbringe, durch die Reife ihres Rates hervorragend, durch den Schmuck ihrer Tugenden bekränzt und durch die Lehren der verschiedenen Fakultäten gebildet, und damit dort ein strömender Quell der Weisheiten sei, aus dessen Fülle alle schöpfen mögen, die von den Lehren der Wissenschaften getränkt zu werden verlangen. (...)
> [Wir] bestimmen und verordnen zum Lobe des göttlichen Namens und zur Verbreitung des rechten Glaubens mit apostolischer Vollmacht, dass in der besagten Stadt Köln künftig ein Generalstudium bestehen soll nach dem Muster des Pariser Studiums und dass es für alle Zukunft dort blühen soll sowohl in der Theologie und im kanonischen Recht als auch in jeder anderen zulässigen Fakultät, dass die Lehrer und Studenten dort alle Privilegien, Freiheiten und Befreiungen genießen sollen, die den in

dem besagten Pariser Studium lehrenden Magistern der Theologie und Doktoren wie auch den dort weilenden Studenten zugestanden sind. (...) (Groten 1988, S. 12–15, gekürzt)

11.4.4 Fragen und Anregungen

Zu 11.4.1
- Erläutern Sie, was der anonyme Verfasser uns in der Gedichtpassage sagen will. Hat der Gelehrte Bücher oder Heu im Packsack seines Reittieres fortgeführt? Was könnte daran verwerflich sein? Prüfen Sie Ihre Hypothesen ggf. durch weitere Recherche.

Zu 11.4.2
- Erläutern Sie die einzelnen Bestimmungen des Kaufvertrages. Welchen Sinn erfüllen diese – nach unserem Verständnis extrem umständlichen – Klauseln?
- Der Kauf geschieht in Gegenwart mehrerer Zeugen, darunter des Pedellen, d.h. eines offiziellen „Beamten" der Universität. Warum könnte seine Anwesenheit notwendig sein? (Beziehen Sie in Ihre Überlegungen auch die Quelle 11.4.1 mit ein.)
- Was sagen beide Quellenstellen (11.4.1 und 11.4.2) über den Wert und die Bedeutung von Büchern und speziell von (juristischen) Fachbüchern aus?

Zu 11.4.3
- Wie drückt sich in der Bulle das höchste bischöfliche Lehramt des Papstes und die damit verbundene besondere Sorge um die Förderung der Universitäten aus?
- Welcher Wert und gesellschaftlicher wie individueller Nutzen wird in der Bulle den Wissenschaften zugesprochen? Was ist die zu erwartende Wirkung solcher Verlautbarungen?

11.4.5 Lektüreempfehlungen

Nova Alamanniae. Urkunden, Briefe und andere Quellen besonders zur deutschen Geschichte des 14. Jahrhunderts, hg. von Edmund E. Stengel, 1. Teil, 2. Teil / 1. Hälfte, Berlin 1921/30; 2. Teil / 2. Hälfte (unter Mitwirkung von Klaus Schäfer), Hannover 1976. — Quellen

Patrizia Carmassi / Gisela Drossbach (Hgg.), Rechtshandschriften des deutschen Mittelalters. Produktionsorte und Importwege (Wolfenbütteler Mittelalter-Studien, 29), Wiesbaden 2015 *(Thematisiert Buchproduktion und Büchertransfer im hohen und späten Mittelalter unter der Perspektive des Kulturaustausches, der menschlichen Mobilität und der gelehrten Kommunikation. Ein Schwerpunkt liegt auf den heute in Halle befindlichen Rechtshandschriften der Halberstädter Dombibliothek, einem der wichtigsten juristischen Bildungszentren Deutschlands im 13. Jahrhundert).* — Literatur

Sönke Lorenz (Hg.), Attempto – oder wie stiftet man eine Universität. Die Universitätsgründungen der sogenannten zweiten Gründungswelle im Vergleich (Contubernium, 50), Stuttgart 1999 *(Tagungsband mit Beiträgen zu den neun Universitätsgründungen in Deutschland zwischen 1456 und 1506, mit Fokus auf die fürstlichen Gründerpersönlichkeiten und Seitenblick auf weitere vier gescheiterte Gründungsprojekte).*

Paul Mai / Werner Chrobag (Hgg.), Konrad von Megenberg: Regensburger Domherr, Dompfarrer und Gelehrter (1309 – 1374), Regensburg 2009 *(Ausstellungskatalog zum 700. Geburtstag des Gelehrten; mit zahlreichen kurzen Beiträgen zu Biographie und Werk Konrads sowie zu den prägenden Ereignissen seiner Zeit; mit Vorstellung vieler Bild- und Textquellen).*

Andreas Meyer, Der deutsche Pfründenmarkt im Spätmittelalter, in: Quellen und Forschungen aus italienischen Archiven und Bibliotheken 71 (1991), S. 266–279. *(Die Studie nimmt die historische Figur des pfründensuchenden Klerikers in den Fokus, die in der älteren Forschung eher negativ – als „Pfründenjäger" – gesehen wurde. Anbieter auf diesem ‚Markt' waren die sog. Kollatoren, nämlich lokale Kirchen und Machthaber einer- und der Papst andererseits).*

Frank Rexroth, Deutsche Universitätsstiftungen von Prag bis Köln. Die Intentionen des Stifters und die Wege und Chancen ihrer Verwirklichung im spätmittelalterlichen deutschen Territorialstaat (Beiheft zum Archiv für Kulturgeschichte, 34), Köln / Weimar / Wien 1992 *(Vergleichende Untersuchung der Universitätsgründungen in Prag, Wien, Kulm [gescheiterte Gründung], Heidelberg und Köln zwischen 1347 und 1388, ausgehend von der These des Stiftungscharakters der deutschen Universitäten).*

Wolfgang Eric Wagner, Universitätsstift und Kollegium in Prag, Wien und Heidelberg. Eine vergleichende Untersuchung spätmittelalterlicher Stiftungen im Spannungsfeld von Herrschaft und Genossenschaft (Europa im Mittelalter. Abhandlungen und Beiträge zur historischen

Komparatistik, 2), Berlin 1999 *(Die Studie untersucht mehrere Universitätsstifte und -kollegien an deutschen Universitäten, welche der materiellen Absicherung von Hochschullehrern dienten und als solche zugleich „fromme Werke" ihrer fürstlichen Stifter waren).*

Nikolaus Weichselbaumer, Das Peciensystem. Zur Buchherstellung an der mittelalterlichen Universität, in: Jahresbericht der Erlanger Buchwissenschaft 2010, S. 39–45 *(Gibt einen kurzen Überblick über das im 13. Jahrhundert entwickelte System der Buchvervielfältigung mit genormten Abschriften, sog. Pecien. Es verschwand im späten 14. Jahrhundert und machte Schreiberwerkstätten mit studentischen „Lohnproletariat" Platz. Der Aufsatz gibt auch Hinweise zum Buchhandel im universitären Umfeld).*

12 Studium und studentischer Alltag im späten Mittelalter

Abb. 10: Darstellung einer Vorlesung. Miniatur aus dem *Liber ethicorum* des Heinricus de Alamannia von Laurentius de Voltolina (Schule von Bologna), 2. Hälfte des 14. Jahrhundert.

Einer der berühmtesten Theologen am Erfurter *Studium Generale* des frühen 14. Jahrhunderts war der Augustinereremit Heinrich von Friemar (ca. 1245–1340). Er hatte um 1300 längere Zeit in Paris gelehrt und dort einen Kommentar zur wichtigsten moralphilosophischen Schrift des Aristoteles, der *Nikomachischen Ethik* verfasst. Eine italienische Handschrift dieses Textes, die einige Jahrzehnte später in Italien entstand, zeigt Aristoteles, den man in Mittelalter schlicht nur den *philosophus* nannte, als Lehrer. Natürlich ist das Bild anachronistisch und fiktiv, sehen wir von der recht griechisch-orientalischen Anmutung des Dozenten ab. Wir können vielmehr davon ausgehen, dass der Miniaturmaler eine Universitätsvorlesung seiner Zeit porträtiert hat. Es ist dies ein Szenario, wie es noch heute jedem Studenten vertraut ist. Bei genauerem Hinsehen fallen freilich Details auf, die in der Gegenwart keine Entsprechung haben. Dies betrifft vor allem die klare Diffe-

Die universitäre Rangordnung

renzierung der Zuhörer: Während in der ersten Reihe und vorne im Bild (mit dem Rücken zum Betrachter) ältere, würdige Männer sitzen, mit Bart und zum Teil prächtigen Hüten, sind die letzten zwei Sitzreihen mit eher jüngeren Personen gefüllt. Einer scheint dort zu schlafen, mehrere andere sind durch eine Unterhaltung abgelenkt. Und während in den vorderen Reihen viele aufgeschlagene Bücher liegen, fehlen diese hinten, und ein Kommilitone am Fenster ist fleißig im Mitschreiben begriffen. Rainer Christoph Schwinges, der beste Kenner der spätmittelalterlichen Universitäten in Deutschland, hat diese Szene im Sinne einer sozialen Differenzierung damaliger Universitätsbesucher gedeutet (Schwinges 1986, S. 348–355), welche dem Grundmann'schen Ideal der egalisierenden Kraft von Bildung widerspricht: Die vorderen Plätze waren die besten und somit den prominenteren, d.h. den reicheren, älteren, würdigeren Studenten sowie Magisterkollegen vorbehalten. Sich dort niederzulassen, kostete Extragebühren, Verstöße konnten durch spezielles Personal, die Pedellen, geahndet werden. Ranghierarchien waren der alten Universität heilig, sie zählten mehr als Interesse oder Begabung des Studenten. Es erscheint da geradezu als eine bewusste Diffamierung, dass der Zeichner die einfachen Studenten hinten als undisziplinierter darstellt – als ginge ihnen eben auch charakterlich die Befähigung ab, einen der vorderen, führenden Plätze zu belegen.

12.1 Die Ordnung der Universität und des Studiums

Gleichförmigkeit der Universitäten

Eines der hervorstechenden Merkmale der Universität ist bis heute, dass sich Lehrer und Studenten überall recht problemlos in ihr zurechtfinden können. Nicht nur über Ländergrenzen, sondern auch über die Zeiten hinweg überwiegt das Verbindende: ähnliche Lehrveranstaltungsformen, die Existenz von Fakultäten, Rektoren, speziellen Universitätsgebäuden und vielem anderen mehr. Selbst die Nomenklatur der akademischen Grade wurzelt im Mittelalter, wenngleich ehemals lateinische Titel heute anglisiert begegnen.[1] Wenn im Folgenden der universitäre Betrieb des

---

[1] Auf diese Weise ist paradoxerweise sogar der mittelalterliche, in Deutschland schon im frühen 19. Jahrhundert verschwundene akademische Bakkalarsgrad als *bachelor* zurückgekehrt.

späten Mittelalters etwas genauer vorgestellt werden soll, sollte man diese Parallelen zu heute bedenken, zugleich aber auf die Unterschiede achten, welche die spezifische Stellung und Funktion der Universität in der damaligen Gesellschaft kennzeichnen.

Die relative Gleichförmigkeit der spätmittelalterlichen Universitäten ist mit Rezeptionsvorgängen zu erklären. Wo immer eine neue Universität entstand, beschwor man das Vorbild von Paris oder Bologna, übernahm Satzungen und Gewohnheiten von jenen Universitäten, an denen die Gründerväter selbst studiert hatten. Auch wenn die strukturellen Unterschiede zwischen den Grundtypen der Pariser Artisten- und der Bologneser Juristenuniversität fortwirkten, überwog doch das Gemeinsame. Gerade in Deutschland entstand aus der Verschmelzung beider ein recht einheitliches Modell.

Rezeption der Vorbilder

Die Universität, die *universitas magistrorum et scolarium*, war im Kern eine Personengemeinschaft, verbunden durch den Immatrikulationseid. Durch ihn waren alle Magister und Scholaren untereinander und auch gegenüber dem Patron der Universität, etwa einem Fürsten oder einer Stadt, auf Lebenszeit verschworen. In diesem Sinne, als Rechts- und Schutzgemeinschaft, waren tatsächlich alle Universitätsmitglieder gleich. Die Matrikel war das Buch, in dem die Neuankömmlinge eingeschrieben wurden und auf das sie den Eid leisteten. Sie stellte das zentrale, da konstitutive „Kleinod" der Universität dar; für den modernen Historiker ist sie eine unschätzbare Quelle (vgl. Kap. 13).

Immatrikulation und Eid

An der Spitze der Universität stand der Rektor, der meist für ein Semester gewählt wurde. War dieser im französischen Modell in der Regel ein Magister, wurde in Italien meist ein Student von hohem sozialen Rang gewählt. In Deutschland begegnet beides: es dominieren zwar die Magister, aber auch Standesstudenten, etwa Fürsten- und Adelssprösslinge kommen als Rektoren vor. Letzteres mutet dysfunktional an, passte aber zum Profil dieses Amtes, in dem es weniger um Organisation als um Repräsentation ging. Hochadlige Rektoren, auch jugendlichen Alters, stärkten die Reputation der Gesamtuniversität und entfalteten zugleich Werbewirkung nach außen. Als der Sohn des Markgrafen von Baden, Johannes (1433–1502, seit 1456 Erzbischof von Trier), im Juni 1452 zusammen mit seinen zwei jüngeren Brüdern in Erfurt immatrikuliert wurde, wurden sie von zwei Grafen, zwei weiteren Adligen und vier weiteren Personen begleitet. Ihre Inskription

Der Rektor

(Einschreibung) fand feierlich in Anwesenheit mehrerer Rechtsdoktoren im Peterskloster statt. Im darauffolgenden Wintersemester wurde Johannes zum Rektor gewählt und während seines Rektorats verzeichnete die Erfurter Hohe Schule großen Zulauf aus der oberrheinischen Markgrafschaft (Gramsch 2003, S. 164f.).

Fakultäten

Wichtigste Untereinheiten der Universität waren die Fakultäten, die sich aufteilten in die Artistenfakultät und die drei höheren Fakultäten der Theologie, Jurisprudenz und Medizin. Den Ehrenvorrang besaßen die Theologen, praktisch waren aber die Juristen wichtiger, zogen sie doch mehr und v.a. reichere und noblere Studenten an. Die große Masse der Studenten, um die 80%, gehörte freilich zur Artistenfakultät. Dementsprechend war auch der Lehrkörper der Artistenfakultät sehr viel zahlreicher. Seine Magister können als eine Art „akademischer Mittelbau" angesehen werden: schlechter entlohnt als die teuer salarierten Professoren der oberen Fakultäten, weniger angesehen und einflussreich, aber zugleich das ganze Gebäude tragend. An der Spitze einer jeden Fakultät stand der Dekan. Neben wenigen Inhabern ordentlicher Lehrstühle mit zum Teil beträchtlichem Einkommen, gab es dort auch eine Reihe *extraordinarie* lesender Dozenten, die von Hörergeldern, geistlichen Pfründen und z.T. von Stipendien lebten.

Aufschwung des Stipendienwesens

Dieses Stipendienwesen war Teil des allgemeinen Stiftungswesens, es nahm gerade im 15. Jahrhundert einen beträchtlichen Aufschwung. So manche damals testamentarisch begründete Stiftung für Studenten aus einer bestimmten Stadt oder Familie bestand noch bis ins frühe 20. Jahrhundert fort, ehe die Inflationszeit dieser privatfinanzierten Studienförderung in Deutschland ein Ende bereitete. Mancherorts, etwa in England, existieren diese mittelalterlichen Stiftungen hingegen bis heute – in Form der

Universitätskollegien

Colleges, der Universitätskollegien, die im Mittelalter ein ubiquitäres Phänomen waren. Sie wurden von fürstlichen Stiftern oder zu Vermögen gekommenen Hochschullehrern gegründet. So entstand das Pariser Collège de Sorbonne, dessen Name auf die Pariser Gesamtuniversität übergegangen ist, im Jahre 1257 als Stiftung des Theologen und königlichen Hofkaplans Robert von Sorbon. In Erfurt stiftete der Mediziner Amplonius von Berka (ca. 1364–1435) an seiner Wirkungsstätte, der Universität Erfurt, das Collegium Amplonianum. In diesem fanden insbesondere Studenten aus seiner niederrheinischen Heimat Rheinberg Aufnahme. Sie durften bis zum Erwerb eines Doktorgrades viele Jahre im Kolleg wohnen

12.1 Die Ordnung der Universität und des Studiums — 185

und erhielten ein Stipendium. Diese Stiftung begründete den ganz außerordentlichen Erfolg der Rheinberger in Erfurt, welche über Jahrzehnte hinweg stark im Lehrkörper und im Rektoramt vertreten waren. Zugleich beherbergte das Kolleg die ausgezeichnete Büchersammlung des Gelehrten, die mit ursprünglich mehr als 600 kostbaren Bänden heute die größte erhaltene Privatbibliothek des deutschen Mittelalters ist (Paasch/Döbler 2001). Universitätskollegien boten auch zahlreichen Studenten gegen Bezahlung Wohnung. Darüber hinaus existierten privat geführte Studentenhäuser, die sogenannten Bursen, die unter der Leitung von Magistern standen; sie waren Lebensraum und verlängerte Schulbank zugleich.

Studentisches Wohnen

Spätmittelalterliche Studienbiographien erscheinen dem heutigen Betrachter erstaunlich vielgestaltig. So hat Rainer C. Schwinges fünf grundlegende Studententypen beschrieben (Schwinges 1993, S. 182–185), die sich primär darin unterscheiden, mit welchem Ziel und wie lange man studierte. Die große Mehrheit der Studenten verweilte wohl nur eine kurze Zeit von vielleicht ein bis zwei Jahren an der Universität, besuchte einige Kurse v.a. der Artistenfakultät und erwarb keinen Abschluss. Nach etwa zwei Jahren konnte ein eifriger Student das erste Examen absolvieren und zum Bakkalaren (*baccalarius*, fälschlich auch *baccalaureus*, wörtlich: Geselle) aufsteigen. Als solcher durfte er selbst Hilfslehrerfunktionen ausüben und nach zwei bis drei Jahren weiteren Studierens und einem erneuten Examen zum *magister artium* promovieren. Diese Graduierten bildeten innerhalb der Studentengesamtheit nur eine kleine Minderheit: Etwa 20 bis 25 % aller Studenten erwarben den „B.A.", allenfalls 10 % den „M.A.", und die Grade der höheren Fakultäten waren noch viel seltener. Setzte der frischgebackene Magister, was häufig geschah, sein Studium an einer der höheren Fakultäten fort, konnte er zugleich als Lehrer in der Artistenfakultät wirken und sich so sein Brot verdienen. Freilich trieb dies die Studiendauer weiter in die Höhe, die auch so schon beträchtlich war: An den juristischen Fakultäten musste man etwa drei bis vier Jahre studieren, ehe man das Bakkalariatsexamen, dann nochmal so lange, ehe man das Lizentiatsexamen ablegen konnte, welches (direkt anschließend) zur Doktorpromotion berechtigte. Bei den Theologen dauerte das „Aufbaustudium" eher noch länger, bei den Medizinern war es etwas kürzer. Dieses waren die normativen Vorgaben, wie sie die Fakul-

Variationsreiche Studienbiographien

Lange Studiendauer

tätsstatuten diktierten. Dass sie auch der Realität entsprachen, zeigen prosopographische Untersuchungen, die etwa für die Professoren der Erfurter Juristenfakultät eine durchschnittliche Studiendauer von nicht weniger als 20 Jahren ermittelt haben (Gramsch 2003, S. 223).

Derart lange Studienzeiten – verstanden als die Zeit zwischen der Erstimmatrikulation und dem Erwerb des jeweils höchsten erreichten akademischen Grades – waren auch sonst keine Seltenheit, was umso mehr überrascht, wenn man bedenkt, dass ein etwa 16 Jahre alter Studienanfänger im Durchschnitt nur noch etwa 40 weitere Lebensjahre vor sich hatte (hier passt die bekannte Metapher vom ‚lebenslangen Lernen'). Der Niedersachse Lambert Wacker von Seehausen (ca. 1376–1456) etwa immatrikulierte sich 1392 in Erfurt und erwarb schließlich 1433 die Doktorinsignien in Bologna, bei dem Erfurter Bürger Hugo Förster (ca. 1420–1498) liegen zwischen Erstimmatrikulation und dem Doktorat in beiderlei Rechten sogar 45 Jahre. Selbst wenn dies Extremfälle waren, bleibt doch festzuhalten, dass eine vollständige universitäre Ausbildung bei den Juristen im Schnitt zwischen 8 und 16 Jahren dauerte.

Verzahnung von Studium und Beruf

Zu bedenken ist freilich, dass Nebentätigkeiten oder lange Studienunterbrechungen häufig waren. Pfründeninhaber konnten zwar päpstliche Privilegien nutzen, die ihnen studienhalber die Abwesenheit von ihrem Wirkungsort bei Weiterzahlung der Bezüge gestatteten. Doch galt es ja oft auch, überhaupt erst einmal Karriere zu machen. Lambert Wacker beispielsweise trat 1402 in den Dienst des Bischofs von Meißen, 1411 ging er erstmals nach Bologna, wo er drei Jahre blieb, dann kehrte er nach Meißen zurück, wo er als Meißner Domherr und späterer Propst zu Bautzen einer der wichtigsten Berater des ersten wettinischen Kurfürsten, Friedrich des Streitbaren von Sachsen (1370–1428), wurde. Wackers feierliche Doktorpromotion zu Bologna (1433) hatte nur noch repräsentativen Charakter, ihr ging kein weiteres Studium voraus, denn das notwendige Lizentiatsexamen hatte er bereits 1414 abgelegt. Die hohen Kosten der Doktorpromotion (s.u.) führten des Öfteren zu solch unfreiwilligen Pausen. Auch sonst kam es häufig zu einer Verschiebung der Prioritäten zwischen Studium und Beruf, so dass wir von einem ‚berufsbegleitenden Studium' sprechen können. Dies gilt etwa für die sich an den höheren Fakultäten weiterqualifizierenden Artistenmagister oder für Kurienbeamte, die neben ihrer lukrativen Amtstätigkeit am päpstlichen Hof Kurse an der römischen Universität belegten (vgl. Kap. 13). Umgekehrt gab es aber auch Studenten, die sehr zügig studierten und in erstaunlich kurzer Zeit – gemessen an den normativ vorgegebenen Studienzeiten – Abschlüsse erwarben: Der dänische Adlige Erik Nikolai Rosenkrantz (1447–1505, aus einer Familie, der Shakespeare im „Hamlet" ein Denkmal gesetzt hat) konnte innerhalb von acht Jahren nicht nur den artistischen Magistergrad, sondern auch das Doktorat der Dekrete erwerben, begünstigt durch den Umstand, dass er als Rektor der Universität Greifswald eine Vorzugsbehandlung erfuhr. Immerhin wurde er 1479 erster Ordinarius für Kirchenrecht an der neugegründeten Universität Kopenhagen, er muss also durchaus Begabung gezeigt haben. Auch Studenten, die sich Studienaufenthalte an den teuren, aber höchst prestigeträchtigen italienischen Universitäten leisten konnten, promovierten oft ausgesprochen zügig – Geld oder auch die Fürsprache mächtiger Gönner machten hier vieles möglich. Die *peregrinatio academica* („akademische Pilgerfahrt", d.h. der mehrfache Studienortwechsel) kam bei ambitionierteren und in der Regel reicheren Studenten recht häufig vor, sie verschaffte Prestige, Weltläufigkeit und nützliche Kontakte. Beliebteste Ziele des Auslandsstudiums waren die italienischen und französischen Universitäten; eine Migration, die aber immer nur in einer Richtung verlief, denn umgekehrt verirrte sich kaum je ein italienischer oder französischer Student ins Reich.

Peregrinatio academica

12.2 Studentischer Alltag im Spätmittelalter

Studenten waren auch schon im Mittelalter ein recht ‚buntes Völkchen', beargwöhnt zugleich als Fremde wie als rauflustige ‚Halbstarke'. Doch zugleich waren sie recht starr in das System akademischer Disziplin eingebunden, welches sehr viel rigoroser war als heutige Gepflogenheiten. Ein erster disziplinierender Effekt ging davon aus, dass zahlreiche Studenten und die große Mehrheit der Lehrer Kleriker waren, die den Regeln ihres Standes, etwa hinsichtlich Ehelosigkeit und dezentem Auftreten, Genüge tun mussten. Regelrecht zelebriert wurde der Eintritt in die Universität. Schon die Einschreibung in das Matrikelbuch war wegen der damit verbundenen Eidesleistung ein feierlicher Akt. Hinzu kam

Studentische Gruppenidentität

ein weiteres Aufnahmeritual, das bis lange in die Neuzeit hinein bestand hatte, die Deposition.² Seine derb-brutalen Formen symbolisierten das gewaltsame Austreiben der Überbleibsel einer früheren ungebildet-„tierischen" Existenz (Füssel 2005). Gerade über die Erniedrigung erfolgte so der Zugang in die „höhere Sphäre" der Intellektuellen, welche potentiell zur Herrschaft berufen waren. Auch wenn die sozialen Unterschiede zwischen den Studenten beträchtlich waren und diese Unterschiede, wie gezeigt, im Studentenleben höchst sinnfällig erhalten blieben, so begründeten derartige Akte doch auch eine Art *corporate identity*. Weiteres Element der Identitätsbildung waren die Nationen, landsmannschaftliche Untergliederungen, die jedoch nicht überall existierten.

Verhaltensnormen

Normative Quellen wie die Universitätsstatuten lassen Rückschlüsse auf den studentischen Alltag zu. Es galt insbesondere, das friedliche Zusammenleben der Studenten untereinander und gegenüber den Bewohnern der Universitätsstadt zu sichern. Nächtliches „Herumstromern" war verboten, die Bursen, in denen die Mehrzahl der Scholaren lebte, wurden zur Abendzeit geschlossen. Würfelspiel und andere „unehrenhafte Spiele" waren ebenso verboten wie das Waffentragen. Beleidigungen und tätliche Angriffe gegen Einwohner oder Mitstudenten wurden mit hohen Bußgeldern geahndet. Streitfälle zwischen Studenten oder zwischen ihnen und Bürgern kamen vor das Gericht des Rektors bzw. der Konservatoren, d.h. lokaler Geistlicher, die vom Papst mit der Wahrung der Universitätsprivilegien betraut waren (May 1994). Keinen Zugriff auf die Studenten hatte hingegen die städtische Gerichtsbarkeit. Ernstere Auseinandersetzungen, z.B. Messerstechereien mit Todesfolge, zogen natürlich weitere Kreise. Über sie werden wir zuweilen durch die Akten der Poenitentiarie, des päpstlichen Bußamtes, informiert, an das sich straffällig gewordene Studenten und Kleriker wandten.

Akademische Gerichtsbarkeit

Sehen wir von solchen Exzessen ab, verlief das Leben der meisten Studenten, die oft kaum das Erwachsenenalter erreicht hatten, in wohl eher ruhigen Bahnen. Viele wohnten zur Miete in den Kollegien, die durchaus klosterähnlichen Charakter gehabt

---

2 Die Deposition (lat. *depositio cornuum*, d.h. „Abschlagen der Hörner") war als ein in gewaltsamen Formen ablaufendes Initiationsritual an der Universität des Mittelalters und der frühen Neuzeit weit verbreitet, vgl. Füssel 2005.

haben dürften, oder in den privat geführten Bursen. Das Leben hier war zugleich Teil der Ausbildung, war es doch z.B. geboten, bei jeder Gelegenheit Latein zu sprechen. Luxuriös ging es eher selten zu. Dennoch war das Studentenleben nicht billig, wie uns vereinzelt erhalten gebliebene studentische Kostenabrechnungen zeigen (dazu Gramsch 2012b). Unterkunft und Verpflegung, zumeist gemeinsam und pauschal als sog. *bursa* abgerechnet, machten demnach etwa die Hälfte der Gesamtkosten des Studiums aus, nämlich etwa einen Gulden pro Monat. Wollen wir dabei einen Vergleich mit heutiger studentischer Kaufkraft wagen, so können wir den Gulden *(florenus rhenensis)* mit etwa 500 Euro gleichsetzen. Sehr unterschiedlich fallen die Studienkosten im engeren Sinne aus, sie schwanken zwischen 10 und 30 % der Gesamtkosten. Die Immatrikulation selbst kostete etwa in Erfurt 23 Groschen, während sich Adlige und andere Standespersonen dieselbe sogar einen ganzen Gulden (= 60 Groschen) kosten ließen. Relativ billig mit jeweils 10 bis 15 Groschen pro Semester waren die Vorlesungen (Lektionen), die vor großem Auditorium gehalten wurden. In den Resumptionen (Repetitionen) und Exerzitien, die die Magister vor kleineren „Seminargruppen" abhielten, wurde hingegen ein halber bis ein ganzer Gulden pro Veranstaltung und Semester fällig. Andere Ausgabenposten begegnen eher selten. Johannes Hennenberger, der uneheliche Sohn eines fränkischen Grafen, kaufte zu Beginn seines Studiums 1483 ein Buch, das jedoch allein schon einen Viertelgulden kostete. Seine komplette Neueinkleidung als Student, mit Schuhen, Hose, Rock, Joppe und zwei Kappen, schlug mit einem vollen Gulden zu Buche, obwohl er das Tuch für die Hose selbst beisteuerte. Auch Reisen war vergleichsweise exorbitant teuer – so musste ein Frankfurter Patriziersohn mit seinem Begleiter für die Reise an die Universität Erfurt wohl ebenfalls einen vollen Gulden (ca. 500 €) verausgaben. „Einstandsmahle" und Geschenke für die betreuenden Magister, Arzt-, Wäscherei- und Barbierkosten vervollständigen das Ausgabenspektrum.

Alles in allem musste ein Student pro Jahr etwa 15 bis 20 Gulden aufwenden, was kaum weniger war als das Jahresverdienst eines Artistenmagisters oder das Salär eines niederen Geistlichen. Und noch sehr viel teurer wurde es, wenn man am Ende eines langen Studiums zur Promotion schritt. Die Gebühren für die Examina waren dabei nur die eine Seite. Weitaus teurer waren die Geschenke an die betreuenden Professoren sowie die Repräsentationskosten, die insbesondere beim Doktorschmaus anfielen. In der noblen Juristenfakultät konnten sich die Ausgaben für eine Doktorpromotion auf 60 Gulden und mehr summieren, ja an den noch exklusiveren italienischen Universitäten werden zuweilen 100 Gulden kaum gereicht haben. Bei solchen Geldbeträgen kamen sogar Adelssprösslinge an die Grenze ihrer finanziellen Leistungsfähigkeit. Belohnt wurde man mit einem Titel, der die Türen zu vielen lukrativen Karrieren öffnete und der den Träger zumindest ideell auf eine Stufe mit dem Adel stellte. In den Zeremonien der Doktorpromotion, die von der Einholung des Studenten an seiner Wohnung, über die gemeinsame Prozession durch die Stadt zur Kirche, wo die akademische Promotionsfeier stattfand, bis hin zum abendlichen Festmahl mit Honoratioren der Universität und der Stadt reichte, entfaltete die Universität ein eindrucksvolles Schaugepränge. Derartige Inszenierungen stellten den hohen Stellenwert akademischer Gelehrsamkeit wirkungsvoll vor Augen und trugen somit kaum weniger zur Durchsetzung der Gelehrten in der spätmittelalterlichen Gesellschaft bei als deren fachliche Expertise und ‚Nützlichkeit' (vgl. Kap. 13).

12.3 Quellen und Vertiefung

12.3.1 Ein junger Mediziner stellt sich vor

Eine autobiographische Notiz des Amplonius von Fago junior, des Sohnes des Medizinprofessors und Gründers des Erfurter *Collegium Amplonianum*, Amplonius Ratingk von Berka, gibt uns einen selten genauen Einblick in den Ausbildungsweg eines Gelehrten des 15. Jahrhunderts:

> Ich, Amplonius genannt von Fago, wurde geboren im Jahre des Herrn 1403, am 27. August, als die Sonne im Westen stand zur neunten Stunde nach Mittag. Und im Jahre 1410 bin ich in die Grundschule [*scholas primas*] aufgenommen worden, die ich vier Jahre lang besuchte. Danach habe ich die Artistenschule in Köln für ein Jahr lang besucht. Und im Jahre [1415] im Monat September ging ich nach Erfurt, wo ich blieb bis zum Jahr [1418], als ich im Monat März zum Bakkalaren gemacht wurde. Und im Jahr [1421] wurde ich zum Magister artium gemacht. Im selben Jahr wechselte ich nach Köln über, wo ich bis zum Jahr 1424 im Monat Mai

verblieb, als ich nämlich nach Erfurt zurückging. Und im selben Jahr 1424, am 19. Dezember, wurde ich zum Bakkalaren der Medizin gemacht. Und so ist es geschehen in meinem 21. Lebensjahr.
(nach Kleineidam 1985, Bd. 1, S. 102)

12.3.2 Soll man an eine neue Universität gehen?

Die Gründung einer neuen Universität stieß regelmäßig in ganz Deutschland auf großes Interesse und führte zu einem förmlichen Ansturm neuer Studenten. Auch aus der Ferne wurden die Verhältnisse vor Ort aufmerksam registriert. Zwei Briefe des Dortmunder Stadtschreibers Dietrich Hoyke – er war ein 1377 in Paris promovierter *magister in artibus* – an seinen ehemaligen Kölner Lehrer geben einen lebendigen Eindruck davon, wie man 1392 in den Rheinlanden die Eröffnung der Universität Erfurt wahrnahm:

Ich habe noch nicht den Plan gefasst, nach Erfurt zu ziehen, denn unsere ehrwürdigen Männer und meine erfahrenen Herren, die Bürgermeister, Ratsherren und die ganze Kommune der Stadt Dortmund haben mir viel Gutes getan und mich ehrlich und sorgsam behandelt, so dass ich bei meiner Ehre nicht einfach fortgehen könnte, ohne dass man mich für unsagbar schwankend, leichtfertig und unbeständig oder gar, was ferne sei, lasterhaft halten würde; jedenfalls werde ich, bei der Gnade Gottes, Dortmund nicht verlassen, wenn ich nicht auf diese Weise zu größerem und ehrenvollerem Glück kommen und mich anderswo auffallender und prosperierender erheben könnte. Ich ziehe es nämlich vor, irgendwo ein einträgliches Notariat zu haben, als dass ich mich im Studium mit vielfältigen Arbeiten Tag und Nacht fast ohne Pause kontinuierlich mühevoll quälen müsste. Ihr wisst sehr gut, dass an der Universität fast unerschöpfliche Arbeit wartet so wie auf einer [Dresch-]Tenne, wovor ich mich sehr fürchte, zumal ich meine Tage bisher friedlich und ruhig zugebracht habe.

Über die Statuten und Gewohnheiten, Lektionen und Exerzitien, die am Erfurter Studium zu beachten sind, ist mir nichts vollständig bekannt, aber ich habe erfahren, dass aus diversen Landesteilen die Scholaren in ziemlich großer Zahl dorthin jetzt zusammenströmen und dass man hofft, dass noch viele weitere ankommen werden, und dass Magister Appollonius[3] dort das Haupt des Studiums ist, der gerade zum Rektor der Universität gewählt wurde. Er hat Euch, wie ich von Anderen gehört habe, einen

---

[3] Amplonius Ratingk von Berka, der o.g. Mediziner, welcher aus Rheinberg nahe Köln stammte. Er war im Wintersemester 1394/95 Rektor der Erfurter Universität.

> Brief geschrieben, dass Ihr nach Erfurt kommen möget, was mir durchaus sinnvoll erscheint, sofern ihr dort würdige und ansehnliche Stipendien [Pfründen] erlangen könnt; es ist allerdings das Volk der Thüringer sehr grob, welches sich an moralischer Artigkeit und freundlicher Moralität mit den in Köln Lebenden nicht messen kann (...).
> Ehrwürdiger Mann, mein verehrter Herr und Meister; Eurer umsichtigen Weisheit möchte ich in diesem Schreiben mitteilen, dass Herr Christian Rodenhovet, Pfarrer der Marienkirche Dortmund sich zu letztem Michaelis [29.9.] an das Studium zu Erfurt begeben hat, welcher in seinen Briefen, die ich am 29. Dezember gesehen und gelesen habe, seinen Freunden in Dortmund mitteilt, dass das Maß Getreide, welches vor Michaelis für 16 Schilling Erfurter Geldes dort verkauft wurde, nun schon für 50 Schilling und noch mehr gehandelt wird (...); darüber hinaus sind die Weine, die dort geerntet wurden, von saurem Geschmack wie Essig, und viele von ihnen sogar verdorben, so dass viele Menschen beiderlei Geschlechts wie infiziert nach ihrem Genuss gestorben sind. Er schreibt, dass dort die schlimmste Teuerung seit 50 Jahren herrscht. Weiterhin schreibt er, dass ihm die Sitten jenes Volkes nicht gefallen, und dass er deswegen in Kürze ein anderes Studium, nämlich Prag aufsuchen will. Von der Qualität des Erfurter Studiums aber hat er überhaupt nichts berichtet. (...)
> (Ausschnitte aus Gramsch 2012a, S. 164f.)

12.3.3 Studentische Raufereien

In den Registern der päpstlichen Poenitentiarie, des päpstlichen Buß- und Gnadenamtes, welches u.a. für die Aufhebung kirchlicher Strafen und die Gewährung von Dispensen verantwortlich war – hat sich eine größere Zahl von studentischen Bittschriften erhalten, die von tätlichen Auseinandersetzungen an der Universität berichten. In ihren genauen Schilderungen des Tatherganges vermitteln sie einen guten Eindruck von – wahrscheinlich gar nicht so seltenen – Extremsituationen damaliger studentischer Existenz, wie die folgenden zwei Beispiele zeigen:

> Antonius Stonefeld, Kleriker der Ratzeburger Diözese, Student in Perugia, erklärt eine Begebenheit, als er einst Zivilrechtsstudent in Greifswald war: dass ein gewisser Heinrich *baccalarius artium* ihn und andere Studenten diffamiert hat und, damit nicht zufrieden, den Antonius mit vielen gemeinen Worten und Beschimpfung seiner Eltern angegriffen hat; daraufhin ist Antonius vor Heinrich und dessen Freunden geflohen und gewisse gute Leute haben sich bemüht, die Streitenden zu trennen; danach ist Antonius nach Hause gegangen. Und da er glaubte, dass der Frieden wiederhergestellt sei, hat er jenen Heinrich, den er auf der Straße

getroffen hat, gefragt: „Herr Bakkalar, wie stehen die Dinge zwischen uns?", denkend, dass zwischen ihnen alles wieder in Ordnung sei. Daraufhin sei Heinrich mit einem Messer auf Antonius losgegangen, und Antonius hat bei der Verteidigung den Daumen eingebüßt, weil er anders nicht fliehen konnte. Und weil einige meinen könnten, dass er wegen der genannten Behinderung amtsunfähig *(inhabilis)* sei, bittet er, hiervon befreit zu sein und dass er in seinen Weihen ministrieren und Benefizien empfangen darf etc. (der Fall wird dem Ordinarius übertragen, und wenn durch Befragung feststeht, dass er allein zur Verteidigung Gewalt mit Gewalt beantwortet hat und ohne Verbrechen sei, soll er entsprechend dispensiert werden) – Siena, 3.3.1460

Friedrich Svenson, Kleriker der Schleswiger Diözese, schildert eine Begebenheit seiner Rostocker Studienzeit: als er dort mit gewissen Scholaren in üblicher und ehrenvoller Weise Umgang pflegte, ist ein gewisser Laie zu ihnen gekommen und hat einen Studenten mit einem Stein schwer im Gesicht verletzt. Der verletzte Student hat darauf ein gewisses eisernes Instrument, das Friedrich bei sich trug, gewaltsam an sich gerissen und hat den genannten Laien damit am Kopf verletzt, von welcher Wunde dieser, wie es Gott gefiel, verstorben ist. Obwohl aber Friedrich an dessen Tod unschuldig war, könnten einige Dummköpfe behaupten, er habe sich der Beteiligung am Totschlag schuldig gemacht; Bitte um Feststellung, dass er sich dessen nicht schuldig gemacht habe und deswegen keine Irregularität oder Inhabilität habe – Rom, 2.6.1461

(Nach den Regesten im RPG V, Nr. 2173 und Nr. 1798)

12.3.4 Fragen und Anregungen

Zu 12.3.1
- Wie spiegelt sich der Umstand, dass Amplonius Mediziner war und einen Mediziner als Vater hatte, in dem Text wider?
- Amplonius' Vater war, wie fast alle damaligen (deutschen) Gelehrten, Geistlicher. Welche Probleme musste dies für den Sohn aufwerfen, insbesondere wenn er – wie geschehen – selbst eine geistliche Gelehrtenlaufbahn anstrebte (vgl. hierzu Schmugge 1995)?

Zu 12.3.2
- Arbeiten Sie heraus, welche Faktoren – positive und negative – die Entscheidung zu einem Universitätsstudium sowie zu einer konkreten Studienortwahl beeinflussten.

Zu 12.3.3

- Analysieren Sie die Tathergänge auf Gemeinsamkeiten – insbesondere mit Blick auf das (zumindest vorgebliche) Verhalten der Bittsteller. Was sagt dies über die Anforderungen aus, wie sich ein Student (bzw. ein angehender Kleriker) angemessen zu verhalten habe?
- Vor welchen Konsequenzen eines Fehlverhaltens wollen sich die Bittsteller offensichtlich schützen? Betrachten Sie im Lichte dieser Überlegungen noch einmal die Berichte und arbeiten Sie die Argumentationsstrategien heraus, mit denen die Bittsteller sich „ins rechte Licht" setzen wollen.

12.3 Lektüreempfehlungen

Jan-Hendryk de Boer / Marian Füssel / Maximilian Schuh (Hgg.), Universitäre Gelehrtenkultur vom 13.–16. Jahrhundert. Ein interdisziplinäres Quellen- und Methodenhandbuch, Stuttgart 2018 *(Die Handbuchbeiträge stellen den Lebensraum mittelalterliche Universität vor und führen in einschlägige Quellen universitätsgeschichtlicher Forschung ein wie z.B. Matrikeln, Statuten, Fakultäts- und Promotionsakten, aber auch dingliche Quellen wie Bilder und Grabmäler).*

Karl Heinz Burmeister, Das Studium der Rechte im Zeitalter des Humanismus im deutschen Rechtsbereich, Wiesbaden 1974 *(Materialreicher Überblick über Ausbildungsstätten, Gegenstand des Studiums, den Unterricht sowie über die Lehrer und Scholaren der Rechtswissenschaft im 15. Jahrhundert).*

Robert Gramsch, Erfurter Juristen im Spätmittelalter. Die Karrieremuster und Tätigkeitsfelder einer gelehrten Elite des 14. und 15. Jahrhunderts (Education and Society in the Middle Ages and Renaissance, 17), Leiden / Boston 2003 *(Basierend auf umfangreichem prosopographischen Material untersucht die Arbeit das Studierverhalten, die beruflichen Laufbahnen und Tätigkeitsfelder der Juristen einer der bedeutendsten Universitäten des spätmittelalterlichen Deutschlands).*

Georg May, Konservatoren, Konservatoren der Universitäten und Konservatoren der Universität Erfurt im hohen und späten Mittelalter, in: Zs. für Rechtsgeschichte, Kanonistische Abteilung 80 (1994), S. 99–248 *(Analysiert die für die spätmittelalterliche Kirchen- und speziell Universitätsgeschichte wichtige Institution der Konservatoren – hoher Geistlicher, die vom Papst damit beauftragt waren, die Rechtsstellung einer geistlichen Institution oder Universität zu schützen, und die auch richterliche Aufgaben übernahmen.).*

Rainer A. Müller, Universität und Adel – eine soziostrukturelle Studie zur Geschichte der bayrischen Landesuniversität Ingolstadt 1472–1648

(Ludovico Maximilianea. Forschungen, 7), Berlin 1974 *(Eine Pionierstudie zur Sozialgeschichte der spätmittelalter/ frühneuzeitlichen Universität, die universitär vermittelte soziale Aufstiegsphänomene und insbesondere die zunehmende Präsenz des Adels an der damaligen bayerischen Landesuniversität einer Analyse unterzieht).*

Rainer C. Schwinges, Deutsche Universitätsbesucher im 14. und 15. Jahrhundert (Beiträge zur Sozial- und Verfassungsgeschichte des Alten Reiches, 6), Stuttgart 1986 *("Klassische" Untersuchung zur Sozialgeschichte der deutschen Universität und ihrer Besucher im Spätmittelalter, basierend v.a. auf einer breiten statistischen Auswertung der wichtigsten universitätsgeschichtlichen Quelle, der Matrikeln; mit besonderem Fokus auf die Universität Köln).*

Rainer C. Schwinges (Hg.), Examen, Titel, Promotionen: akademisches und staatliches Qualifikationswesen vom 13. bis zum 21. Jahrhundert (Veröffentlichungen der Gesellschaft für Universitäts- und Wissenschaftsgeschichte, 7), Basel 2007 *(Zentrale neuere Publikation zum universitären Promotionswesen, mit starker Berücksichtigung des Mittelalters. Ein Beitrag widmet sich auch dem seit dem 15. Jahrhundert rasch expandierenden Stipendiensystem als einem wichtigen, lange Zeit v.a. auf privater Initiative beruhenden Instrument der Studienförderung).*

Klaus Bernward Springer, Luther als Student der Artes und studentisches Leben in Erfurt im Spätmittelalter und zu Beginn der Frühen Neuzeit, in: Mitteilungen des Vereins für die Geschichte und Altertumskunde Erfurts 72 = N.F. 19 (2011), S. 72–97 *(Detaillierte, quellennahe Studie zu Luthers Studium in Erfurt, die zugleich einen guten Gesamtüberblick über die Charakteristika studentischer Existenz um 1500 gibt).*

13 Die Folge des spätmittelalterlichen Bildungsaufschwungs – eine Akademisierung der Gesellschaft

Quellen zur Karriere des Johannes Eschbach von Frankfurt (ca. 1426–1486):[1]

1. Immatrikulation in Erfurt (Matrikel Erfurt, Bd. 1, S. 192):
   Joh. Esbach de Francfordia IIII nov. gr. – WS 1442
2. Immatrikulation in Heidelberg (Matrikel Heidelberg, Bd. 1, S. 262):
   Joh. Eschpach de Francfordia, cler. Magunt. dyoc., pedagogus eorundem (nämlich des Oswald Groschlag, Domkanoniker zu Mainz und Speyer, sowie des Orto Groschlag, aus der Mainzer Diözese, seines Bruders); dederunt 1fl. rectori – WS 1449 [8.1.1450]
3. Bakkalariat und Lizentiat der Dekrete (Kirchenrecht) in Heidelberg (Matrikel Heidelberg, Bd. 2, S. 514 und 530):
   Bakkalariat (unter Konrad Degen, *decretorum doctor*) – 14.12.1451
   Lizentiat (unter Konrad Degen, *decretorum doctor*) – 21.8.1454
4. Romreise im Auftrag der Grafen von Nassau, zwei Suppliken (Rep. Germ., Bd. 8, Nr. 2801):
   Lizentiat der Dekrete, Mainzer Kleriker: erhält auf Bitten des Grafen Johannes von Nassau, des Bruders des Mainzer Erzbischofs Adolf von Nassau, eine Expektanz auf zwei Kanonikate in St. Peter und St. Viktor Mainz, mit der Vergünstigung einer Vordatierung, als ob sie am 24.11.1458 gewährt worden wäre – 27.8.1463
   der beim Erwerb des Lizentiatengrades in Heidelberg geschworen hat, dass er an keinem anderen Ort als in Heidelberg die Doktorinsignien empfangen wolle: wird auf Bitten des oben genannten Grafen von diesem Eid entbunden – 27.8.1463
5. Promotion zum *decretorum doctor* in Pavia (Lauree Pavesi, Bd. 1, Nr. 245, S. 354ff.):
   magnificus et clarissimus vir dns. Joh. de Espach, Magunt. d. in iur. can. publice licentiatus in felici Studio Heidelbergensi, orator et legatus illustrissimi Dni. Ducis Burgundiorum ad illustrissimum et excellentissimum Dnm. Ducem Mediolani (er erhält die Doktorwürde auf Anweisung des Herzogs von Mailand) – 13.11.1475

Am 13. November 1475 fand an der ehrwürdigen Landesuniversität des Herzogtums Mailands, in Pavia, ein besonderer Festakt statt – die Doktorpromotion des „großartigen und sehr berühmten Mannes" *(magnificus et clarissimus vir)* Johannes Eschbach (ca.

---

[1] Auflösung der Abkürzungen siehe unten. Alle Belege zur Person bei Gramsch 2003, Personenkatalog auf CD-Rom, Nr. 167.

1426–1486), der einst im „glücklichen" Studium zu Heidelberg das Lizentiat abgelegt hatte und nun als Botschafter des Herzogs von Burgund in Mailand weilte. Um den illustren Gast und damit dessen burgundischen Dienstherrn zu ehren, hatte Herzog Galeazzo Maria Sforza (1444–1476) seine Universität angewiesen, die Doktorpromotion vorzunehmen. Die darüber angefertigte Notiz in den Paveser Promotionsakten, Momentaufnahme eines herausragenden Ereignisses im Leben dieses Juristen, ist nur eines von unzähligen Quellenzeugnissen, welche von Akademikern jener Zeit überliefert sind. Die Herausforderung besteht darin, all diese Mosaiksteinchen zusammenzufügen, welche in ihrer Gesamtheit ein buntes und faszinierendes Bild von den Lebensumständen, den Karrierehoffnungen und Lebensleistungen spätmittelalterlicher Gelehrter zeichnen.

13.1 Prosopographische Forschung über spätmittelalterliche Gelehrte

Die deutsche universitätsgeschichtliche Forschung hat in den letzten Jahrzehnten große Anstrengungen unternommen, die Biographien jener aufzuklären, die im 14. und 15. Jahrhundert die Universitäten des Reiches besuchten und deren Wirken zu einem tiefgreifenden Strukturwandel, der sog. Akademisierung der spätmittelalterlichen Gesellschaft führte. Nicht nur zahlreiche prosopographische Großstudien liegen heute vor, sondern es entsteht derzeit auch eine umfangreiche Online-Datenbank, das *Repertorium Academicum Germanicum* (http://www.rag-online.org/, dazu Hesse 2017), die sich die kollektivbiographische Erfassung aller über 50.000 deutschen Graduierten (vom *magister artium* aufwärts) und studierten Adligen der Zeit zwischen 1250 und 1550 zum Ziel gesetzt hat. Betrachten wir zunächst, wie aus der Zusammenschau universitärer und außeruniversitärer, v.a. kirchlicher Quellen sich ein solcher Lebenslauf rekonstruieren lässt, und fragen wir dann, welche tieferen Einsichten eine derartige Forschung ermöglicht.

Prosopographie der Gelehrten

Bedeutung der Matrikeln

Johannes Eschbach tritt, wie so viele seiner Kommilitonen, zuerst mit seiner Immatrikulation in das Licht der Geschichte. Der Eintrag in der Erfurter Matrikel (1442) nennt Vor- und Zunamen sowie die Herkunft als wichtige Basisdaten. Wenn Eschbach damals vier neue Groschen *(nov. gr.)*, das sind 12 alte Groschen, die Hälfte der üblichen Immatrikulationsgebühr, zahlte, so deutet dies auf eher bescheidene familiäre Verhältnisse hin, ein Befund, der sich durch Konsultation lokaler Quellenwerke und Archivbestände weiter konturieren ließe. Er dürfte einer städtischen Mittelschicht angehört haben – keineswegs das Milieu, aus dem für gewöhnlich „großartige" burgundische Botschafter hervorgingen. Eschbachs Biographie, dies zeigt sich schon hier, war durch einen sozialen Aufstieg gekennzeichnet, und damit stand er nicht allein.

Es vergehen sieben Jahre, ehe wir Eschbach wiederbegegnen, diesmal in Heidelberg, wo er sich als Kleriker der Mainzer Diözese *(cler. Mag. d.)* und als *pedagogus* zweier adliger Brüder, von denen einer zugleich Mainzer und Trierer Domherr *(can. Mag. et Trev.)* war, bezeichnete. Die beiden hatten kurz zuvor in Erfurt ihr Studium begonnen, ehe sie nach Heidelberg weiterzogen. Ihre Bekanntschaft war für Eschbach der wohl entscheidende Umschwung in seinem Leben: Die Diensttätigkeit als Privatlehrer öffnete ihm die Tür in Zirkel, die ihm sonst verschlossen geblieben wären. Zunächst aber verschaffte er sich die formale akademische Qualifikation, die für sein weiteres Fortkommen unverzichtbar war: das Lizentiat, die Vorstufe zum Doktorgrad (1454).

Diesen stolzen Titel führte Eschbach auch an, als er neun Jahre nach dem Heidelberger Examen an der römischen Kurie zwei Supliken einreichte. Sie sind, wie viele zehntausend andere Bittschriften mittelalterlicher Geistlicher und Gelehrter, in den vatikanischen Briefregistern überliefert, die wiederum in ihren deutschen Betreffen im *Repertorium Germanicum*, einem monumentalen Quellenwerk, ediert sind (zu dessen Benutzung vgl. Deeters 1969 und Schwarz 2003). Die knappen lateinischen Regesten, zu denen die modernen Bearbeiter die Suplikentexte komprimiert haben, verraten viel über Eschbachs weitere Karrierepläne und -hoffnungen: Schon 1449 besaß er ja den Klerikerstatus, strebte also eine durch Pfründen finanzierte geistliche Karriere an. Nun, 1463, ließ er sich vom Papst zwei Expektanzen (Anwartschaften) auf Mainzer Stiftskanonikate ausstellen. Diese waren niederrangiger als die exklusiven Domkanonikate und somit für Bürgerliche leichter zu erlangen. Dass Johannes einen akademischen Grad besaß, verlieh seiner Bewerbung mehr Gewicht, weshalb er den Titel

Repertorium Germanicum

auch in dem Schreiben aufführte (manchmal wissen wir nur aus den vatikanischen Quellen, dass ein Kleriker graduiert war). Interessant ist die explizit erwähnte Fürsprache durch einen Nassauer Grafen, welcher als Bruder des Mainzer Erzbischofs eine einflussreiche Persönlichkeit war. Auf solche Wünsche musste der Papst besondere Rücksicht nehmen, was sich darin ausdrückt, dass er die Expektanz mit einem Vorzugsdatum versah. Das Schreiben wurde fast fünf Jahre rückdatiert, was dieses nach den Regeln des päpstlichen Benefizialrechts stark aufwertete. Aus lokalen Quellen wissen wir, dass Eschbach wohl wenigstens eines der beiden Kanonikate, das an St. Peter, auch wirklich in Besitz nehmen konnte.

Juristenkarriere und Politik

Der in der Quelle aufscheinende Bezug zu den Nassauern und dem mächtigen Erzbischof von Mainz stellt Eschbach ganz unvermittelt in den Bereich der großen Politik. Recherchen in der einschlägigen Literatur fügen somit weitere wichtige Mosaiksteine hinzu: 1463 war das letzte Jahr der Mainzer Stiftsfehde, in welcher der Pfalzgraf bei Rhein gegen Erzbischof Adolf von Nassau (ca. 1423–1475) kämpfte. Diese Auseinandersetzung schlug hohe Wellen bis ins ferne Rom, und Eschbach befand sich inmitten dieses Geschehens, als er im April 1463, wenige Monate vor seinem Romaufenthalt, zusammen mit dem genannten Grafen Johannes zu einem der Vermittler in der Stiftsfehde berufen wurde. Er war der juristische Experte, der den hochadligen Grafen und Prälaten, die das Vermittlungsgeschäft formal leiteten, beigesellt wurde und hierbei wahrscheinlich die Hauptarbeit erledigte. Die Fürsprache des Nassauers für Eschbachs Wünsche war somit letztlich die Begleichung einer Dankesschuld. Bei gleicher Gelegenheit ließ sich Eschbach noch eine weitere, universitätsgeschichtlich interessante Vergünstigung vom Papst ausstellen, nämlich die Erlaubnis, entgegen seinem Eid auch an einem anderen Ort als in Heidelberg promovieren zu dürfen. Möglicherweise hing dies damit zusammen, dass Eschbach als Klient der Nassauer an der kurpfälzischen Universität nicht mehr gerne gesehen war. Vielleicht spekulierte er aber auch einfach nur darauf, den Titel an einer prestigereicheren Universität erwerben zu dürfen. Tatsächlich hatte er volle 12 Jahre später Erfolg mit dieser Strategie. Mittlerweile zum Rat und Botschafter des mächtigen Burgunderherzogs aufgestiegen, durfte er im illustren Pavia promovieren. Im folgenden Frühjahr hielt er sich dann in Rom auf, wo er den Ehrentitel

Prestigereiches Italienstudium

eines apostolischen Protonotars verliehen bekam. Auch hier dürfte burgundische Protektion dahinter gestanden haben. Mit Karl dem Kühnen (1433–1477), Eschbachs noch weit ehrgeizigerem Dienstherrn, ging es freilich bald steil bergab: Nach mehreren verlorenen Schlachten gegen die Schweizer Eidgenossen, die zu den größten des Jahrhunderts zählten, verlor der Burgunder 1477 Reich und Leben. Eschbach hingegen dürfte sich auf seinen Mainzer Pfründen zur Ruhe gesetzt haben; dort ist er 1486, etwa 60-jährig, verstorben.

13.2 Aufstieg durch Bildung – Ideal oder Wirklichkeit?

Das Beispiel des Johannes Eschbach führt uns mitten in eine kontrovers geführte Forschungsdiskussion: Kann man wirklich davon sprechen, dass es im Spätmittelalter in großem, das heißt auch statistisch relevanten Maße, sozialen Aufstieg durch Bildung gegeben hat? Nicht zuletzt zeitgenössische Einschätzungen legen dies nahe. Papst Pius II. etwa, der Bildungsaufsteiger par excellence (er regierte 1458–1464, also auch in dem Jahr als Eschbach nach Rom kam), verlieh dieser Überzeugung gleichsam kanonische Geltung, als er in seinem Gründungsprivileg für die Universität Basel 1459 dekretierte, dass „das Studium der Wissenschaften den niedrig Geborenen emporzubringen und zu adeln vermöge" (zitiert nach Grundmann 1957, S. 23). Die neuere Forschung hat dieser optimistischen Einschätzung entgegengehalten, dass sie eher Produkt einer optischen Täuschung sei, basierend auf der Überbewertung von Einzelfällen. Nachhaltiger sozialer Aufstieg sei auf diesem Wege selten vorgekommen, auch an der Universität wurden die bestehenden sozialen Hierarchien weit eher bekräftigt denn überwunden. Rainer C. Schwinges hat in zahlreichen Studien mustergültig gezeigt, wie die Regeln der ständischen Gesellschaft in die Universität hineinwirkten. Peter Moraw, der mit innovativen Fragestellungen die neuere deutsche Forschung zur spätmittelalterlichen Verfassungs-, Sozial- und Bildungsgeschichte maßgeblich geprägt hat, urteilte, es habe „eher ... eine Umwandlung von ökonomisch unterbauten in akademisch unterbaute Positionen als ... ein[en] Aufstieg im abstrakten Sinne" gegeben

Aufstiegsverheißungen

Skepsis der Forschung

(Moraw 1983, S. 551). „Geldadel" wurde so zu „Bildungsadel" (Moraw) – nur wer reich war, konnte über die akademische Graduierung zu den adligen Herrschaftseliten aufschließen. Im Umkehrschluss heißt dies, dass für die große Masse der Studierenden die akademische Aufstiegsverheißung ein bloßer Traum blieb. Und selbst der „Bildungsadel" blieb dem „Schwertadel" letztlich unterlegen, was sich nicht zuletzt darin zeigt, dass Letzterer in den exklusivsten Institutionen der deutschen Kirche weitgehend unter sich blieb. Der große Humanist Erasmus von Rotterdam (ca. 1467–1536) kommentierte dies spöttisch, selbst Jesus Christus hätte als Sohn eines Zimmermanns keine Aussicht gehabt, in das hochadlige Straßburger Domkapitel aufgenommen zu werden!

Neuere prosopographische Großstudien zu den Klerikern und Gelehrten des späten Mittelalters haben dieses skeptische Urteil zum Teil bekräftigt, zum Teil aber auch relativiert. Statistische Untersuchungen werfen unweigerlich ein Problem der großen Zahl auf: Gesellschaftlich durchaus relevante Phänomene können statistisch zum Verschwinden gebracht werden, wenn man sie unter der großen Masse der unspektakulären oder aus Quellenmangel gänzlich unlösbaren Fälle begräbt. „Kometenhafter" Aufstieg war zweifellos selten und an außergewöhnliche Begabungen sowie Glücksumstande gekoppelt – nicht anders als heute. Aber es hieße die durchaus beträchtliche gesellschaftliche Dynamik des späten Mittelalters zu unterschätzen, wenn wir leugnen wollten, dass sozialer Aufstieg in eher kleinen, „jeweils sozial abgesicherten Etappen" (Hesse 2002, S. 266) recht häufig vorkam. Gerade die akademische Lebenswelt und insbesondere die mit ihr verbundene Kirche als der wichtigste „Mobilitätskanal" der vormodernen Gesellschaft (Reinhard 1988) boten günstige Bedingungen für die Überwindung sozialer Schranken. Diese Effekte sind, mit einer geeigneten Versuchsanordnung, auch messbar. Betrachten wir etwa die Studenten der Juristenfakultät, welche schon nach mittelalterlichem Verständnis als *scientia lucrativa* die größten Aufstiegschancen bot, dann lassen sich Aufstiegsphänomene deutlich und in statistisch signifikanter Größenordnung greifen (Gramsch 2003). Dies soll die folgende Abbildung genauer veranschaulichen (Abb. 11).

13.2 Aufstieg durch Bildung – Ideal oder Wirklichkeit?

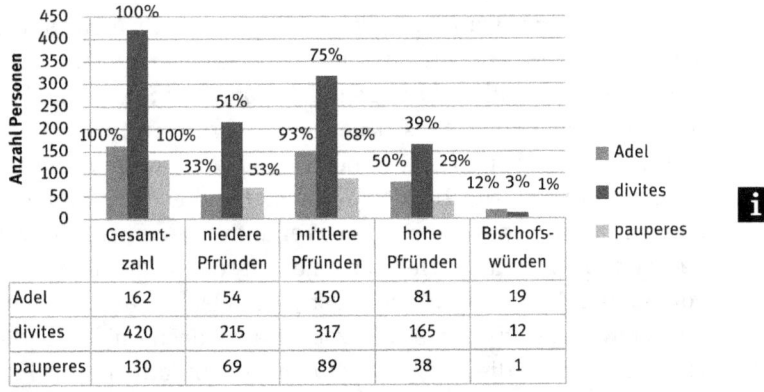

Abb. 11: Erfolgsquoten der Erfurter Juristen beim Erwerb von Pfründen, differenziert nach geburtsständisch-ökonomischen universitären Statusgruppen: 1. Adel, 2. *divites* (Reiche) und 3. *pauperes* (Arme). Darstellung nach Gramsch 2003, Tab. 11, S. 293–295.

Die Zahlenwerte unten geben die absolute Anzahl von Personen der entsprechenden Kategorie an, die Prozentwerte im Diagramm beziffern die Anteile der Inhaber einer Pfründenkategorie in Relation zur Gesamtzahl der Mitglieder der Statusgruppe (so sind z.B. 75 % der *divites* im Besitz mittlerer Pfründen nachgewiesen).

Die Studie basiert auf einer Kollektivbiographie von über 700 Personen, welche sich zwischen 1392 und 1470 an der Erfurter Hohen Schule immatrikulierten und für die ein juristisches Studium (in Erfurt oder anderswo) nachweisbar ist. Diese lassen sich nach ihrer geburtsständisch-ökonomischen Ausgangssituation in drei Kategorien einordnen: die Adligen, die *divites*, d.h. vermögende Nichtadlige, welche an der Universität die volle Immatrikulationsgebühr aufbringen konnten, sowie die *pauperes*, d.h. Personen, die wegen ihrer Armut an der Universität von der Immatrikulationsgebühr befreit (oder teilweise befreit) waren. Wie man sieht, machten die Letzteren unter der recht exklusiven Gruppe der Juristen fast 20 % aus – sicher ein deutlich geringerer Anteil als unter der Gesamtheit aller Studenten, aber doch eine sichtbare Größe. Die von den Juristen letztlich erreichten sozialen Positionen sind in vier Kategorien aufgeteilt, welche sich grob an den Rängen der kirchlichen Hierarchie orientieren. Die soziale Prädeterminiertheit der akademisch-kirchlichen Karrieren tritt

Vorgezeichnete Karrieren?

nun deutlich zutage: Während z.B. jeder Achte der adligen Juristen einen Bischofsstuhl in Besitz nehmen konnte, waren es unter den reichen Bürgern nur 3 % und von den *pauperes* nur einer, also unter 1 %. Mittlere Pfründen, d.h. Dom- und Stiftskanonikate sowie Pfarreien konnte fast jeder adlige Jurist erwerben (93 %), von den *divites* schafften dies noch 75 %, von den *pauperes* nur etwa zwei Drittel. Nur bei den ärmlichen und eher unattraktiven niederen Pfründen dreht sich das Verhältnis zugunsten der *pauperes* um. Diese Daten belegen zum einen sehr deutlich den Startvorteil, den der „Schwert-" und der „Geldadel" im akademischen Karrierewettbewerb besaß. Sie zeigen aber doch zugleich, dass reiche Bürger auf diesem Wege zum Adel quantitativ (in absoluten Zahlen) nahezu aufschließen (bei den Bischöfen) oder ihn, aufgrund größerer Gesamtzahl, sogar überholen konnten (bei den hohen und mittleren Pfründen), und dass auch weniger gut betuchte Studenten in durchaus nennenswerter Zahl auf hohe Ränge der kirchlichen Hierarchie vordringen konnten. Gleichermaßen gilt dies für andere gesellschaftliche Positionen – man denke an den aus kleinbürgerlichen Verhältnissen kommenden Johannes Eschbach, der als burgundischer Botschafter in Mailand und Rom zweifellos ein sehr hohes, adelsgleiches Ansehen genoss.

Die universitäre Aufstiegsverheißung besaß mithin durchaus eine reale Basis, wenngleich die Chancen (wie auch heute!) ungleich verteilt waren. Freilich war es oft schwierig, diesen Erfolg auf Dauer zu sichern. Dafür fehlte den Zölibatären schon eine einfache Voraussetzung: die Fähigkeit, legitime Kinder zu zeugen. Zwar gab es auch hier Ausnahmen. Päpstliche Dispense halfen über den Geburtsmakel hinweg und so mancher Gelehrtensohn vermochte sich ebenfalls im akademischen Milieu durchzusetzen. Andere erfolgreiche Karrieristen richteten ihre Zuwendung auf fernere Verwandte, etwa einen Neffen *(nepos)*. Der Begriff Nepotismus kommt daher, er bezeichnet eine damals übliche, erlaubte, nützliche, ja moralisch gebotene soziale Praxis. So finden wir auch im Mittelalter schon vereinzelt ‚Gelehrtendynastien', die sich zuweilen über ein volles Jahrhundert stabil behaupten, vielleicht sogar ganz offiziell in den Adelsrang aufsteigen konnten. Aber diese Fälle waren selten. Am ehesten konnte ein Gelehrter noch Dauerwirkung erzielen, wenn er seinen Reichtum in eine Kolleg- oder Studienstiftung investierte, die entfernten Nachkommen oder zumindest Landsleuten zugutekam. Auch als Kunstmäzene konnten sie noch für die Nachwelt wirken – wie jener *doctor Parisinus*, der in Paris promovierte Augustiner Domenico Strambi (ca. 1420–1488), welcher die wunderbaren Fresken des Benozzo Gozzoli in San Gimignano (siehe Titelcover) stiftete.

13.3 Die Akademisierung der spätmittelalterlichen Gesellschaft

Untrennbar verbunden mit dem beachtlichen gesellschaftlichen Erfolg der Akademiker war der gesellschaftliche Wandlungsprozess der Akademisierung. Wie so oft, lassen sich hierbei Ursache und Wirkung schlecht trennen: Die wachsende gesellschaftliche Nachfrage nach Bildung bedingte den Erfolg der Gebildeten, genauso wie das wachsende Angebot an Universitätsabsolventen die Gewichte in der gesellschaftlichen Arbeitsteilung zu ihren Gunsten verschoben, die genannte Nachfrage also überhaupt erst erzeugte. Die frühen Universitätsgründungen in Deutschland etwa gingen keineswegs auf eine bestehende drängende Bedarfslage zurück, sondern hatten, wie gezeigt, eher andere Ursachen. Erst im späten 15. Jahrhundert waren Universitätsgründungen wirklich als strukturpolitische Maßnahmen gedacht.

Entstehender Akademikerarbeitsmarkt

Die Durchsetzung der Akademiker in vielfältigen Arbeits- oder, moderner gesprochen, Berufsfeldern, lässt sich wiederum am besten für die Juristen zeigen. Waren hierbei die kirchlichen Institutionen traditionell die wichtigsten Arbeitgeber, so kam es auch bei ihnen erst im 15. Jahrhundert zu einer durchgehenden Professionalisierung. Beispielsweise wurden erst jetzt kirchliche Richterämter (insbesondere das Offizialat) nunmehr fast durchweg mit juristisch Graduierten besetzt. Traditionell hoch war der Bedarf nach Juristen im Verkehr mit der römischen Kurie. Hier waren schon im 13. Jahrhundert manch hochdekorierte Juristen im Einsatz, wie das Beispiel des Heinrich von Kirchberg gezeigt hat (vgl. Kap. 10). Mit Beginn des Großen Abendländischen Schismas (1378) traten viele deutsche Geistliche in den direkten Dienst der Kurie. Unter diesen Kurialen befanden sich sehr viele Studierte, oft Graduierte. Sie nutzten ihre guten Beziehungen und ihre juristischen Kompetenzen nicht zuletzt auch im eigenen Karriereinteresse und waren folglich in der kirchlichen Hierarchie über-

Berufsfelder der Juristen

Gelehrte Räte

durchschnittlich erfolgreich. Ein drittes, von der Forschung mit besonderer Aufmerksamkeit behandeltes Arbeitsfeld war die Tätigkeit im Dienste der Fürsten und Städte. Das Auftreten dieser sog. Gelehrten Räte wird als besonders wichtiges Indiz für jene Modernisierung gesehen, welche mit der Ausweitung des Universitätsstudiums einherging. Graduierte Juristen saßen nun neben den Adligen in den Hofgerichten, sie beherrschten die fürstlichen Kanzleien und erledigten die Gedanken- und Verhandlungsarbeit in diplomatischen Missionen, auf Konzilien und Reichstagen. Eine genauere Analyse zeigt, dass der große Durchbruch auf diesem Gebiet im Reich etwa um 1440 stattfand, als sich alle großen Fürstenhöfe und auch viele Städte solche ‚Starjuristen' zulegten, von denen nicht wenige zugleich als ‚Multifunktionäre' im Dienste vieler Herren tätig waren. Wahrscheinlich besteht hier ein Zusammenhang mit der kirchenpolitischen Krise der Basler Konzilszeit – ein grundlegender Wandel in der politischen Kommunikation, ein Prozess der ‚Juridifizierung', welchem in der frühen Neuzeit ein Prozess der ‚Theologisierung' (als Folge der Reformation) folgte. So ist denn auch die für das späte Mittelalter gut erforschte Rezeption des gelehrten Rechts zugleich ein Prozess der Durchsetzung der gelehrten Juristen als den Trägern jener Rechtskultur, die die europäische Zivilisation bis heute prägt.

Doch bildeten die Juristen nur einen kleinen Teil, vielleicht 10 % aller Universitätsabsolventen, und selbstverständlich prägten auch die übrigen ihr gesellschaftliches Umfeld in wachsendem Maße mit. Neben die traditionellen kirchlichen Tätigkeitsfelder traten auch hier zunehmend spezialisierte akademische Berufe: als Lehrer, Kanzleischreiber, Notare (so die Artisten), als spezialisierte Prediger (so die Theologen), als Hof- und Stadtmedici die Mediziner, die sich in ihrer praktischen Berufsausübung freilich noch lange der Konkurrenz von Nichtakademikern gegenübersahen (vgl. Kap. 9). Beat Immenhauser hat in einer denkbar breit angelegten Studie (2007) zu den insgesamt fast 15.000 spätmittelalterlichen Universitätsbesuchern, die aus der Diözese Konstanz stammten, all diese Einsatzfelder beschrieben. Nicht zuletzt sei an eine Innovation erinnert, die die Wissensgesellschaft tiefgreifend revolutionieren sollte – der Buchdruck. Handschriftenwerkstätten, an denen wissenschaftliche Texte vervielfältigt wurden, sind im Umfeld der Universitäten bereits seit dem frühen 13. Jahrhundert nachweisbar (Peciensystem). Hier schuf die Er-

Buchdruck als Medienrevolution

findung des Buchdrucks neue Möglichkeiten. Als erste Universitätsdruckerei kann eine um 1470 an der Pariser Sorbonne eingerichtete Werkstatt (sog. Offizin) gelten, die der aus Baden stammende Theologe und Frühhumanist Johannes Heynlin von Stein (ca. 1430–1496) betrieb. Auch andere frühe Buchdrucker wie der Schlesier Kaspar Elyan (ca. 1435–1485) oder der Elsässer Nikolaus Götz (ca. 1440 – nach 1483) waren graduierte Akademiker. Auf lange Sicht sollte die neue Technologie Tempo und Reichweite der Verbreitung literarischer Produktionen und wissenschaftlicher Erkenntnisse enorm erhöhen. Sie trug damit wesentlich zu jener Umwälzung bei, die auf bildungs- und wissenschaftsgeschichtlichen Gebiet den Übergang vom Mittelalter zur Neuzeit markiert: den Siegeszug von Humanismus und Reformation.

13.4 Quellen und Vertiefung

13.4.1 Drei Bittschriften (Suppliken) an den Papst

Die päpstlichen Supplikenregister enthalten sehr zahlreiche Bittschriften Studierter und Graduierter, die unter Bezugnahme auf ihre akademische Qualifikation eine Vorzugsbehandlung beim Erwerb von Pfründen wünschten. Sie sind eine wertvolle Quelle zu den Karriereaspirationen und -strategien von Gelehrten (nach Regesten im Rep. Germ., Bd. 5, 6 und 10):

> Lubbertus Rothart, Notar im apostolischen Palast, der viele Jahre im kanonischen Rechts studiert hat und kein Benefizium innehat: wegen Deklaration, dass der Papst ihn mit Kanonikat und Präbende in St. Moritz in Augsburg, welche durch den Tod des Winhard Thurhaymer vakant sind, providieren wollte; und nicht den Heinrich Ubelin, welcher viele Pfründen besitzt und nicht graduiert ist – 19. März 1431
> (Reg. Suppl., Bd. 271, fol. 200v.)

> Johannes von Lysura, *decretorum doctor*: soll, weil er höher graduiert ist, in Verfolgung der von ihm erworbenen Expektative [Anwartschaft] auf Kanonikat und Präbende in Speyer dem Johannes de Riedt vorgezogen werden, einem Vikar der Pfarrkirche in Eltville [Altavilla], Mainzer Diözese und Lizentiaten des Römischen Rechts, welchem Kanonikat und Präbende in Speyer und Worms reserviert worden waren, je nachdem welches als erstes frei werden würde – 24. Oktober 1453
> (Reg. Vat., Bd. 402, fol. 385v)

Johannes Burchard [Burkardus], Kleriker der Straßburger Diözese, Familiare des Papstes, der seit drei Jahren im kanonischen Recht studiert: Bitte um Kanonikat und Präbende sowie um das Kämmereramt an der Domkirche zu Basel (geschätzter Jahresertrag: 12 Mark Silber), vakant durch den Tod des Johannes Durckhein, unter Aufhebung *(derogatio)* der Statuten, dass keiner hier Kanoniker oder Kämmerer werden kann, der nicht adliger Abkunft oder aber *decretorum doctor* bzw. in ähnlicher Weise graduiert ist – 3. August 1475
(Reg. Suppl., Bd. 724, fol. 264vs)[2]

13.4.2 Ulrich von Hutten über den Wert der Bildung und über „Bildungsaufsteiger" (1518)

Der vielzitierte „Lebensbrief" des Ritters Ulrich von Hutten (vgl. Kap. 14) stellt eines der faszinierendsten Selbstzeugnisse eines humanistischen Gelehrten an der Wende vom Mittelalter zur Neuzeit dar. Hutten denkt in diesem Brief über sein Leben und dessen gesellschaftliche Rahmenbedingungen nach, vergleicht z.B. die komfortable, sichere und anregende Existenz der Stadtbürger mit dem Leben der Ritter auf der Burg, das alles andere als ein bequemes „Herrenleben" ist. Seine Einlassungen über den Stellenwert gelehrter Bildung beeindruckten noch knapp 300 Jahre später keinen Geringeren als Johann Wolfgang von Goethe, der sich mit dem juristischen Doktorgrad der Universität Straßburg schmücken konnte. Er ließ Huttens Worte in sein autobiographisches Werk „Dichtung und Wahrheit" einfließen:

> Es würde schlecht mit mir stehen, teurer Willibald, wenn ich mich schon jetzt für einen Edelmann hielte, ob ich gleich in diesem Rang, dieser Familie, von solchen Eltern geboren worden, wenn ich mich nicht durch eigenes Bestreben geadelt hätte. (...) Anderwärts möcht' ich die Quelle suchen, aus der ich einen besonderen Adel schöpfte und nicht unter die wahnhaften Edelleute gezählt werden, zufrieden mit dem, was ich von meinen Voreltern empfangen. (...) Hier bin ich mit den Männern meines Standes keineswegs übereindenkend, welche Personen eines niedrigen Ursprungs, die sich durch Tüchtigkeit hervorgetan haben, zu schimpfen

---

[2] Berühmt ist das spöttische Diktum des Erasmus von Rotterdam, wonach Jesus als Sohn eines Zimmermanns keine Chance gehabt hätte, in das hochadlige Straßburger Domkapitel aufgenommen zu werden, vgl. Die Chronik der Grafen von Zimmern, hg. von Hansmartin Decker-Hauff, Bd. 3, Darmstadt 1972, hier: S. 72.

pflegen. Denn mit vollkommenem Rechte werden diejenigen uns vorgezogen, welche den Stoff des Ruhms, den wir selbst vernachlässigt, für sich ergriffen und in Besitz genommen; sie mögen Söhne von Walkern oder Gerbern sein, haben sie doch mit mehr Schwierigkeit, als wir gefunden hätten, dergleichen zu erlangen gewusst. Nicht allein ein Tor ist der Ungelehrte zu nennen, welcher den beneidet, der durch Kenntnisse sich hervorgetan, sondern unter die Elenden, ja unter die Elendsten zu zählen; und an diesem Fehler kranket unser Adel ganz besonders, dass er solche Zieraten quer ansehe. Denn was, bei Gott! heißt es, den beneiden, der das besitzt, was wir vernachlässigten? Warum haben wir uns der Gesetze nicht befleißiget? die schöne Gelahrtheit, die besten Künste warum nicht selbst gelernt? Da sind uns nun Walker, Schuster und Wagner vorgelaufen. Warum haben wir die Stellung verlassen, warum die freisten Studien den Dienstleuten und, schändlich für uns! ihrem Schmutz überlassen? Ganz rechtmäßig hat das Erbteil des Adels, das wir verschmähten, ein jeder Gewandter, Fleißiger, in Besitz nehmen und durch Tätigkeit benutzen können. Wir Elenden, die das vernachlässigen, was einen jeden Untersten sich über uns zu erheben genügt! hören wir doch auf, zu beneiden und suchen dasjenige auch zu erlangen, was, zu unsrer schimpflichen Beschämung, andere sich anmaßen.
(Ulrich von Hutten, aus dem „Lebensbrief" an Willibald Pirckheimer, 25.10.1518, in der Übersetzung bei Goethe, Werkausgabe Bd. 9, S. 781f.)

13.4.3 „Juristenschelte"

Martin Luther, promovierter Doktor der Theologie, war ein Kritiker der scholastischen Universität und insbesondere der Juristen. In einer Predigt, die er am 6. Januar 1544 hielt, wetterte er besonders heftig über die Falschheit, Gier und Sündhaftigkeit dieses Berufsstandes:

> Wolan, spricht ein solcher Jurist, ein böser Christ, ich will so viel thun, als ich kann, ich wills wol aufziehen und in die Harre spielen (...) wol zehen Jahr, oder noch wol länger (...); es muß aber Geld da seyn, ohne das weiß ich dir nicht zu rathen. Lieber Gesell, studire anders im Rechten, oder du bist verdammt und fährest in Abgrund der Hölle. Du sagest, du wollst aufziehen, ob du gleichwol weißt, daß die Sache böse ist; die hilffst du fein schmücken, streichst ihr ein fein Färblin an, behängest sie mit Rechtssprüchen, mit den Haaren dazu gezogen, damit du den Leuten ein Geplärr für den Augen machst, daß es glänzet und scheinet, als wäre es die lauter Wahrheit, da es doch eitel gefärbete Lügen sind. Verkäufst also damit Christum eben so wol, als Judas, und bist auch Lucifers Gesel-

le. Denn du sprichst: Ich weiss, daß die Sach bös ist, und du hast Unrecht, noch dennoch will ich sehen, ob ich sie recht kann machen (...). (WATR 6, Nr. 7024)

13.4.4 Fragen und Anregungen

Zu 13.4.1

- Analysieren Sie die drei Fälle danach, welche Vorteile (graduierte) Akademiker auf dem Pfründenmarkt rechtlich in Anspruch nehmen konnten bzw. zumindest beanspruchten.
- Inwieweit geben die Suppliken Hinweise darauf, dass der „Adel des Doktors" ständische Defizite ausgleichen konnte?

Zu 13.4.2

- Inwieweit drücken sich im Hutten-Zitat die Mentalität des Gelehrten als auch ein traditionelles adliges Selbstverständnis aus? Was sind nach Hutten die Kriterien für „besonderen" und für „wahnhaften" Adel?
- In zeitgenössischen Darstellungen der Ständeordnung wird die Existenz des Adels mit seiner gesellschaftlichen Funktion, der Berufung zu Schutz und Herrschaft (als eigentlichem „Erbteil des Adels") begründet. Inwieweit reflektiert das Hutten-Zitat mithin den Wandel von Herrschaftstechniken im Spätmittelalter und wie soll seines Erachtens der Adel darauf reagieren?

Zu 13.4.3

- Welche Strategien juristischer Kunst nimmt Luther mit seiner Kritik aufs Korn? Welches Laster wirft er ihnen besonders vor?
- Hat Luther mit seinem Verdammungsurteil Recht? Wie würden Sie sich als Jurist gegen solche Vorwürfe rechtfertigen?

13.4.5 Lektüreempfehlungen

Repertorium Germanicum. Verzeichnis der in den päpstlichen Registern und Kameralakten vorkommenden Personen, Kirchen und Orte des deutschen Reiches, seiner Diözesen und Territorien vom Beginn des Schismas bis zur Reformation, hg. vom Deutschen Historischen Institut in Rom, bisher 9 Bde., Berlin 1916 – Tübingen 2000. — Quellen

Hartmut Boockmann, Zur Mentalität spätmittelalterlicher gelehrter Räte, in: Historische Zs. 223 (1981), S. 295–316 *(Definiert Gelehrte Räte als Männer mit akademischer Bildung, die sich in mehr oder weniger fester Form an fürstliche Dienstherren binden, denen sie ihre gelehrten Kompetenzen zur Verfügung stellen. Diskutiert wird auch die Frage nach einer bestimmten „gruppenspezifischen Mentalität" dieser neuen Herrschaftselite).* — Literatur

Hermann Heimpel, Die Vener von Gmünd und Straßburg 1162–1447, 3 Bde. (Veröffentlichungen des MPI für Geschichte, 52), Göttingen 1982 *(„Klassische", sehr materialreiche Studie zu Leben und Werk des gelehrten kurpfälzischen Rats Job Vener [ca. 1365–1447], zu seinen familiären Hintergründen, seiner Ausbildung sowie seinem juristischen und [kirchen-]politischen Wirken).*

Michael Matheus, Vatikanische Quellen und europäische Universitätsgeschichte, in: ders. (Hg.), Friedensnobelpreis und historische Grundlagenforschung. Ludwig Quidde und die Erschließung der kurialen Registerüberlieferung (Bibliothek des DHI in Rom, 124), Berlin 2012, S. 303–322 *(Der Aufsatz stellt die im Repertorium Germanicum erschlossene vatikanische Registerüberlieferung und ihr Erkenntnispotential für die universitätsgeschichtliche Forschung vor, so z.B. mit Blick auf Universitätsgründungsvorgänge, Gelehrtenbiographien und den Studienort Rom).*

Peter Moraw, Heidelberg: Universität, Hof und Stadt im ausgehenden Mittelalter, in: Bernd Moeller / Hans Patze / Karl Stackmann (Hgg.), Studien zum städtischen Bildungswesen des späten Mittelalters und der frühen Neuzeit (Abhandlungen der AdW in Göttingen, philol.-histor. Kl., 3. Folge, 137), Göttingen 1983, S. 524–552 *(Untersucht das Dreiecksverhältnis von kurfürstlichem Hof, Bürgern der Residenzstadt und der Universität in Heidelberg im späten Mittelalter, mit besonderem Fokus auf die personalen Verflechtungen zwischen denselben, etwa über die Personen der Hofjuristen sowie studierter Stadtbürger).*

Roman Schnur (Hg.), Die Rolle der Juristen bei der Entstehung des modernen Staates, Berlin 1986 *(Aufsatzsammlung zu gelehrten Juristen im Staatsdienst im späten Mittelalter und früher Neuzeit und deren Rolle beim Aufbau von Verwaltungen und Formen frühmoderner Staatlichkeit).*

Brigide Schwarz, Klerikerkarrieren und Pfründenmarkt. Perspektiven einer sozialgeschichtlichen Auswertung des Repertorium Germanicum, in: Quellen und Forschungen aus italienischen Archiven und Bibliotheken 71

(1991), S. 243–265 *(Gute und mit konkreten Nutzungsbeispielen versehene Einführung in das im Repertorium Germanicum erschlossene Quellenmaterial der vatikanischen Register. Der Begriff 'Pfründenmarkt' wird „im volkswirtschaftlichen, nicht in einem moralisierenden oder polemisierenden Sinne" gebraucht [S. 249]).*

Rainer Christoph Schwinges (Hg.), Gelehrte im Reich. Zur Sozial- und Wirkungsgeschichte akademischer Eliten des 14. bis 16. Jahrhunderts, (ZHF, Beiheft 18), Berlin 1996 *(Der Tagungsband ist der Sozial- und Wirkungsgeschichte gelehrter Eliten im römisch-deutschen Reich gewidmet und fragt danach, „auf welche Weise und mit welchem Erfolg die Gelehrteneliten [...] ihre Fertigkeiten" in die Gesellschaft hineingetragen „und dabei selbst Karriere gemacht haben" [S. 5]).*

14 Abkehr vom „Mittelalter". Humanismus, Reformation und das Ende der scholastischen Wissenschaft

Abb. 12: Astrolabium, angefertigt in Cordoba 1054, heute in der Sammlung des Museums der Jagiellonen-Universität Krakau.

Fragt man nach den größten wissenschaftlichen Umwälzungen der Menschheitsgeschichte, so würde ein Ereignis zweifellos in die engere Wahl kommen: die „Kopernikanische Wende", die Ablösung des geozentrischen durch das heliozentrische Weltbild. Jedes Schulkind weiß, dass wir diese Entdeckung der Neuzeit zuzurechnen haben, ja dass sie geradezu paradigmatisch für den modernen Forschergeist steht. In ihr manifestiert sich die Überwindung kirchlicher Dogmen, welche den Menschen in den Mittelpunkt der Schöpfung und des Universums stellten; sie markiert die Ablösung des mittelalterlichen Glaubens durch neuzeitliche Rationalität und kritische Wissenschaft. Hat die Kirche nicht noch Jahrhunderte gegen die neuen Wahrheiten angekämpft und Männer wie Galilei zum Widerruf gezwungen? Es sind solche Negativfolien, die unser Bild vom Mittelalter bis heute prägen.

Doch diese Geschichte ist allenfalls die halbe Wahrheit, unterschlägt sie doch die antiken und mittelalterlichen Voraussetzungen, auf denen das Zeitalter der Entdeckungen wie auch die zweite große Umwälzung jener Zeit, die Reformation, aufbauten.

Christoph Kolumbus hatte, als er sich 1492 auf den westlichen Seeweg nach Indien aufmachte, Marco Polos Asienreisebericht in der Tasche (vgl. Kap. 8). Sein Forscheroptimismus gründete auf den Erkenntnissen mittelalterlicher Geographen, die ganz selbstverständlich von der Kugelgestalt der Erde ausgingen (vgl. Kap. 3). Und auch Nikolaus Kopernikus (1473–1543) baute auf Bestehendem auf: In der preußischen Stadt Thorn an der Weichsel geboren (in den 1930er Jahren sollten sich deutsche und polnische Historiker darüber streiten, ob er Pole oder Deutscher gewesen sei), kam der Sohn wohlhabender Kaufleute im Jahr 1491 nach Krakau zum Studium. Die Universität Krakau war eine Gründung des 14. Jahrhunderts, ein „Kronjuwel" des mächtigen polnisch-litauischen Reiches und gut vernetzt innerhalb der *scientific community* jener Zeit. Gerade die Krakauer Astronomie als Teil des artistischen Quadriviums genoss internationales Ansehen und konnte mit anderen für dieses Fach maßgeblichen Universitäten wie Paris, Oxford, Wien oder Ingolstadt vollauf mithalten.

Astronomie in Krakau

Noch heute wird im Museum der Universität Krakau ein Astrolabium aufbewahrt, welches 1054 im damals muslimischen Cordoba gebaut wurde (Abb. 12). Astrolabien sind astronomische Beobachtungsinstrumente, die den sich drehenden Himmel nachbilden. Sie wurden unter anderem zur Bestimmung der Position der Sterne bzw. umgekehrt zur Zeitmessung verwendet. Ihre Entwicklung nahm in der Spätantike ihren Anfang. Vermittelt über die Araber kamen sie im 11. Jahrhundert nach Europa, wo sie zuerst durch Gerbert von Aurillac (Papst Silvester II.) und den deutschen Mönch Hermann den Lahmen (1013–1054) beschrieben wurden. Das Astrolabium von Cordoba, eine vorzügliche Arbeit, erwarb der polnische Astronom Martin Bylica (1433–1493) in Italien, welcher es bei seinem Tod an die Krakauer Universität vermachte. Genau zu dieser Zeit studierte hier der junge Kopernikus, der seine ersten Anregungen, sich mit der Astronomie zu beschäftigen, bei einer Astrolabiums-Vorlesung seines Krakauer Lehrers Albertus de Brudzewo (ca. 1445 – ca. 1497) empfangen haben soll. Bald darauf ging Kopernikus zum weiteren Studium nach Italien. Die Beobachtung einer Mondfinsternis 1497 in Bologna, gelehrte Diskussionen und eigene Berechnungen erschütterten seinen Glauben in das tradierte geozentrische Weltbild des Ptolemäus (ca. 100–ca. 160). Doch erst viele Jahre später, im Jahre seines Todes 1543, sollte sein um 1520 entstandenes Hauptwerk *De revo-*

Studium des Kopernikus

lutionibus orbium coelestium („Über die Umdrehungen der himmlischen Sphären") im Druck erscheinen. Viele glauben heute, er habe eine Veröffentlichung zu Lebzeiten aus Angst vor der Kirche (er war selbst Domherr im preußischen Bistum Ermland) nicht gewagt. Tatsächlich machte sein heliozentrisches System aber schon zu Lebzeiten Furore: Kopernikus wurde bewundert, zugleich aber auch von vielen angefeindet, darunter auch vom Reformator Luther.

14.1 Das „finstere Mittelalter" und die Humanisten

So selbstverständlich die großen Leistungen eines Kopernikus, eines Kolumbus oder auch des Reformators Luther aus der gelehrten Tradition des Mittelalters hervorgehen, so sehr ist diese Erkenntnis in unserem heutigen kollektiven Bewusstsein verdunkelt durch das populäre Bild vom „finsteren Mittelalter" als Zeit des Aberglaubens und der Unwissenheit. Paradoxerweise ist diese Metapher genau wie der Epochenbegriff *medium tempus* selbst ein Produkt des Mittelalters, zuerst geprägt um 1350 durch den italienischen Dichterfürsten Francesco Petrarca (1304–1374). Mit Petrarca nahm in Italien eine Bewegung ihren Anfang, die gemeinhin als geistige Überwindung des Mittelalters und als Gegenmodell zum spätscholastischen Wissenschaftsbetrieb gilt: der Humanismus. Dieser setzte sich eine Wiederbelebung antiker, klassischer Latinität zum Ziel. Für die Humanisten war das Mittelalter in erster Linie eine Zeit des Sprachverfalls, welchen sie mit einem allgemeinen Kulturverlust gleichsetzten. Tatsächlich hatte der scholastische Wissenschaftsbetrieb nicht immer viel Sorgfalt auf die Pflege klassischen Lateins verwendet. Latein war ein Arbeits- und allgemeines Verständnismittel, gesprochen letztlich von „Nicht-Muttersprachlern". Dem setzten die Humanisten eine vorbehaltlose Bewunderung der klassischen Autoren und ihrer sprachlichen Ausdrucksformen entgegen. Mit ihnen nahm die moderne Philologie ihren Anfang. Gezielt gingen sie auf die Suche nach seltenen oder verlorenen antiken Texten, schulten an ihnen ihre Rhetorik, rezipierten ihre Inhalte. Bald kam auch noch die Wiederentdeckung der griechischen Tradition hinzu, vermittelt vor allem durch byzantinische Gelehrte, die auf der Flucht vor

Humanismus als lateinische Spracherneuerung

Suche nach antiken Texten

den Osmanen – 1453 fiel Konstantinopel in türkische Hände – in den Westen gelangten.

Es war gewissermaßen ein konservatorischer Geist, der die Epoche ergriff. Das Mittelalter baute auf antiken Traditionen auf, aber es baute diese auch in großer Unbekümmertheit um. Sinnbildlich steht hierfür der Umgang mit den materiellen Hinterlassenschaften der Antike: Tempel verwandelten sich in Kirchen, Theater und Grabmäler in Wohnhäuser oder Burgen. Vieles wurde abgerissen und stückweise wiederverwendet (Spolien), kunstvolle Marmorstatuen wanderten in die Brennöfen der Kalkbrenner. Der Humanismus hingegen entwickelte einen neuen Blick auf diese Objekte. Man sammelte Inschriften, lernte den dekorativen Wert der „heidnischen" Statuen schätzen (die Laokoon-Gruppe kam 1506 ans Licht, der Apoll von Belvedere um 1489), orientierte sich in der Baukunst an antiken Vorbildern. Wir sprechen in diesem Zusammenhang von Renaissance (ital. *rinascimento*), der „Wiedergeburt" der Antike. Zugleich aber veränderte die Nachahmung der Antike die Sicht auf die Welt und legte so den Grundstein für vollkommen Neues. Der Fokus verschob sich von Gott und dem ewigen Heil auf den Menschen und die Bedingungen seiner irdischen Existenz.

Deutschland wurde von der humanistischen Bildungsbewegung mit einigen Jahrzehnten Verspätung ab etwa 1450 erreicht. Gelehrte Bildungsreisende waren die ersten, die von dem neuen Geist Notiz nahmen. Das Italienstudium namentlich der Juristen besaß ja eine lange Tradition. Wer jetzt an die norditalienischen Universitäten kam, las nun auch die antiken Autoren im Original, schrieb die Werke italienischer Humanisten ab. Als 1431 eine große Kirchenversammlung, das Basler Konzil begann, kamen zudem italienische Humanisten über die Alpen. Einer von ihnen, Enea Silvio Piccolomini (1405–1464), wurde 1442 auf dem Frankfurter Reichstag durch den neuen König Friedrich III. (reg. 1440–1493) zum *poeta laureatus* gekrönt, 101 Jahre nach Petrarca. Im Dienste des Habsburgerherrschers stieg Enea in wenigen Jahren zum Bischof auf, ging nach Rom, wurde Kardinal und schließlich 1458 Papst (Pius II.). Seine eleganten, lebensvollen Schriften gehören zu den anziehendsten Texten, die jene Zeit hinterlassen hat. Piccolomini ging durchaus auch ernste Themen an, etwa im „Brief über Ursprung und Autorität des römischen Reiches", in welchem er sich mit den Grundlagen und der Reichweite mittelalterlicher Kaiserherrschaft auseinandersetzte. Selbst hier, wo er sich im engen Korsett der gelehrten Tradition bewegte, blitzt oft sein frischer, empirisch-praktischer Geist auf. Originell sind seine geographisch-landeskundlichen Schriften, vor allem seine *Germania*, eine Beschreibung des zeitgenössischen Deutschlands (vgl. 14.3.1). Mit diesem Werk wie überhaupt mit seinem ganzen Schaffen beeinflusste er die deutschen Humanisten stark. Seine erstaunliche Karriere war Ansporn, einen ähnlichen Weg zu gehen und die ausgetretenen Pfade der scholastischen Gelehrsamkeit zu verlassen.

Obwohl die Humanisten selbstverständlich studierten und viele auch weiterhin auf die kirchliche Laufbahn setzten, traten sie doch ein Stückweit aus den traditionellen Gelehrtenmilieus heraus. Sie suchten die Nähe zur Obrigkeit und wurden von dieser wegen ihrer rhetorischen Fähigkeiten und nicht zuletzt wegen ihrer Bereitschaft, diese zum höheren Ruhm ihrer fürstlichen Herren einzusetzen, geschätzt. Auf Reichstagen und bei vielen anderen Gelegenheiten bewiesen sie ihr Können, setzten an die Stelle des schwerfälligen gelehrten Arguments die geschliffene Sprache und die treffende Zuspitzung. Besonders deutlich wird der „Kulturbruch", der mit ihrem Auftreten verbunden war, in ihrem Hang zum Polemisieren, zur Herabsetzung des Gegners und seiner „verstaubten" Ansichten. Pierre Abaelard hatte im 12. Jahrhundert eine ähnlich spitze Feder geführt, doch der Wissenschaftsbetrieb der scholastischen Universität hatte alle Ecken und Kanten abgeschliffen und den gelehrten Disput in ritualisierte, strikt auf Ehrwahrung bedachte Formen gepresst. Nun wurde das in Ehrwürdigkeit und Autoritätsgläubigkeit erstarrte System herausgefordert.

Rhetorik und Fürstendienst

Der Siegeszug der Humanisten an den deutschen Universitäten kam zunächst auf leisen Sohlen daher. Jahrzehnte lang geschah nicht viel, außer dass einzelne Basistexte des Humanismus in den Lehrplan der Artistenfakultät einsickerten. Kleine Zirkel engagierter Lehrer und Studenten wandten sich diesen Texten zu, vernetzten sich mit Gleichgesinnten an anderen Universitäten, an den Höfen, in den Städten. Ein Humanismusforscher hat die weitere Entwicklung treffend so beschrieben, hier seien „Außenseiter zu Insidern" geworden (Bernstein 1998). Nicht nur der evidente Nutzen der rhetorischen Fähigkeiten der Humanisten im Bereich der Diplomatie und Verwaltung, der Politikberatung und Erziehung bestimmte über ihren Erfolg, sondern ebenso ihre strategisch angelegte, aggressive „Selbstvermarktung". Sie trieben das im akademischen Feld schon immer übliche, der Karriere dienende *networking* auf die Spitze, indem sie sich gezielt als Reformergruppe stilisierten und nach außen abgrenzten.

Unter die Eigentümlichkeiten humanistischer Identitätsbildung zählte auch die Nutzung latinisierter oder graezisierter Namensformen, welche ihren Trägern einen besonderen Adel verleihen sollten: aus dem profanen Herkunftsnamen Zierenberg wurde ein gravitätisches Ornatomontanus, aus Funk wurde Scintilla, aus Schwartzerdt Melanchthon. Die Gründung humanistischer Clubs *(sodalitates)* diente ebenso der Schaffung einer Gruppensolidarität wie das Wiederbeleben des antiken Freundschaftskultes. Äußerlich hob dieser zwar das emotionale Moment hervor, doch ging es letztlich vor allem um gegenseitige Anerkennung und konkrete Unterstützung. Auch das Briefschreiben als eher traditionelles Mittel des gelehrten *networking* diente den Humanisten zugleich der Selbstdarstellung, waren doch ihre Korrespondenzen in kunstvoller Sprache geschrieben und von Selbst- und Kollegenlob durchtränkt. Schon damals gesammelt und häufig im Druck herausgegeben, stellen sie bis heute zentrale Quellen für die Geschichte der humanistischen Bewegung dar.

Ob der Humanismus mit verstärkter sozialer Mobilität einherging, erscheint zweifelhaft. Es gab unter den Humanisten ausgesprochene Bildungsaufsteiger aus einfacheren familiären Verhältnissen, doch ebenso auch Söhne reicher Bürger sowie Adlige wie etwa Ulrich von Hutten (1488–1523). Vielleicht hatten sich die Aufstiegschancen für Akademiker um 1500 gegenüber dem 14. und frühen 15. Jahrhundert sogar verschlechtert. Dies könnte die karrieristische Umtriebigkeit der Humanisten recht gut erklären. „Außenseiter" waren sie jedenfalls nicht aufgrund niederer Herkunft sondern aufgrund ihrer Geringschätzung, ja zum Teil offenen Ablehnung des traditionellen Wissenschaftsbetriebes. Sie versuchten, dem universitären und allgemein dem gelehrten Diskurs ihren Stempel aufzudrücken, worin ihnen auf die Dauer beträchtlicher Erfolg beschieden war. Wie so oft in der Wissenschaftsgeschichte, ist dabei nicht recht zu entscheiden, ob es überlegene fachliche Qualität war, die sie triumphieren ließ, oder ob nicht andere Gründe ausschlaggebend waren: Die Durchsetzung des Humanismus war in erster Linie eine Durchsetzung der Humanisten, welche nicht zuletzt in der größeren Durchschlagkraft ihrer sozialen Praktiken begründet war. Doch kam ihnen auch ein ‚Zeitgeist' entgegen, der dynamische, aggressive Individuen gegenüber dem traditionellen Typus des Gelehrten bevorzugte. Es war, um mit Friedrich Engels (1820–1895) zu sprechen, „eine Zeit, die Riesen brauchte und Riesen zeugte, Riesen an Denkkraft, Leidenschaft und Charakter, an Vielseitigkeit und Gelehrsamkeit" (Engels 1962, S. 312). Der strukturelle Wandel der spätmittelalterlichen Gesellschaft, innerhalb dessen die Akademisierung nur einen, wenngleich wichtigen Mosaikstein darstellte, begünstigte die Humanisten, die als lautstarke „Totengräber" der scholastischen Gelehrsamkeit unser Bild vom „rückständigen" Mittelalter wesentlich prägen und die großen eigenständigen Leistungen der mittelalterlichen Gelehrtenkultur weitgehend vergessen machten.

Abgesang aufs ‚Mittelalter'

14.2 Blüte und Absturz der Universitäten im Zeitalter von Humanismus und Reformation

In den ersten zwei Jahrzehnten des 16. Jahrhunderts erreichte die humanistische Bildungsbewegung ihren Höhepunkt. Laut frohlockte Ulrich von Hutten 1518 in seinem berühmten oben zitierten „Lebensbrief": „O Jahrhundert, o Wissenschaft! Es ist eine Lust zu leben (...) Die Studien blühen, die Geister regen sich. He du, Barbarei, nimm einen Strick, mach dich auf dein Exil gefasst" (Trillitzsch 1981, S. 479). In jenen Jahren drängten so viele Studenten wie nie zuvor an die deutschen Hochschulen. Doch nur wenige Jahre später geriet das System in eine tiefe Krise, die Studentenzahlen sanken ins Bodenlose, manche Universitäten mussten sogar zeitweise ihre Tore schließen. Was war geschehen?

Ursächlich für diese „fundamentalste Existenzkrise des deutschen Universitätswesens seit dessen Anfängen" (Asche 2001, S. 53) war ganz offensichtlich die Reformation. Dies erkannten die Zeitgenossen ganz klar; viele bildungsbeflissene Gelehrte und Humanisten machten Luther in wütender Kritik für die Misere verantwortlich (s.u.). Doch müssen die Hochblüte und der folgende Absturz in einem Zusammenhang gesehen werden, sie bilden gewissermaßen zwei Seiten einer Medaille. Zusammen markieren sie

Existenzkrise der Universitäten

das „Ende des Mittelalters" auf geistesgeschichtlichem Gebiet; Bildung und Wissenschaft sollten nach dieser Umbruchsphase nicht mehr dieselben sein.

Die statistische Untersuchung der Einschreibezahlen an den deutschen Universitäten stellt ein bewährtes Verfahren dar, um die Konjunkturen der Wissenschaftsentwicklung zu erkennen. Schon Franz Eulenburg stellte 1904 anhand der Universitätsmatrikeln die entsprechenden Daten zusammen, in jüngerer Zeit hat sich vor allem Rainer C. Schwinges auf diesem Forschungsfeld hervorgetan (ders. 1986). Die folgende Graphik (Abb. 13) erfasst, soweit aus den (ziemlich vollständigen) Quellen bestimmbar, alle Immatrikulationen an deutschen Universitäten zwischen 1385 und 1600.

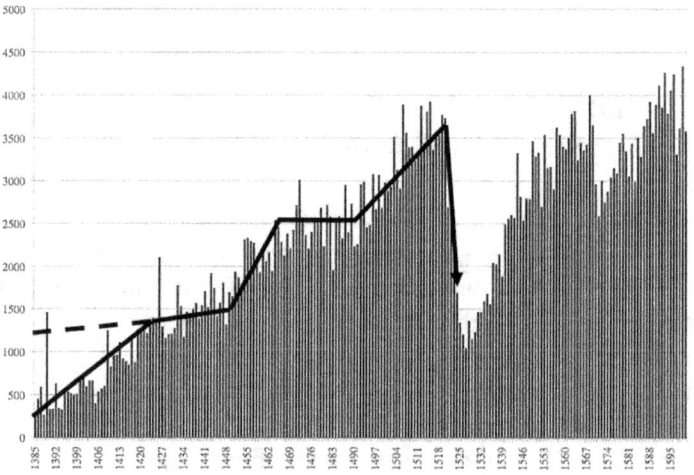

Abb. 13: Besucherfrequenz der deutschen Universitäten 1385–1600 in Jahressummen (nach Immenhauser 2003, S. 73). Die nachträglich eingezeichnete, fett-schwarze Linie zeigt den Entwicklungstrend jenseits kurzfristiger Schwankungen an. Die gestrichelte Linie stellt eine Schätzung der Gesamtfrequenz unter Berücksichtigung der nicht überlieferten Prager Studentenzahlen dar.

Leicht zu erkennen ist, dass die Studentenzahl im Reich seit der Gründung erster deutscher Universitäten im späten 14. Jahrhundert stetig anwuchs. Hierbei waren die jährlichen Schwankungen der Immatrikulationszahlen beträchtlich. Deutlich stechen

Universitätsneugründungen heraus, da diese im ersten Jahr ihres Bestehens besonders zahlreiche Studenten anlockten, so Köln und Löwen (Louvain) 1389 bzw. 1426. Weitere Auf-und Ab-Bewegungen wurden durch zyklische Konjunkturen der Agrarpreise und durch lokale Ereignisse wie Kriege oder Seuchenzüge verursacht. Doch alles in allem wies die Frequenzentwicklung über das 15. Jahrhundert nach oben. Zugleich treten zwei besondere Aufschwungphasen hervor: die erste zwischen 1450 und 1470, die zweite von etwa 1490 bis 1520. Der erste Frequenzanstieg ging mit einer erneuten Gründungswelle von Universitäten einher, die 1456 in Greifswald begann und 1477 mit der Gründung der Universität Tübingen endete. Hohe Schulen wurden nun als wirtschaftlicher Standortfaktor und als Ausbildungsstätte für qualifiziertes kirchliches und weltliches Personal zunehmend interessant. Zwischen 1470 und 1490 folgte jedoch eine Stagnationsperiode, die mancherorts sogar mit einem Rückgang der Studentenzahlen verbunden war. Schwinges hat in diesem Zusammenhang von einer „ersten Überfüllungskrise" der deutschen Hochschulen gesprochen: Der vor allem kirchlich geprägte ‚Arbeitsmarkt' für Akademiker konnte die gestiegenen Absolventenzahlen nicht aufnehmen, eine Desillusionierung setzte ein und ließ die Studentenzahlen schrumpfen. Gerade die neu gegründeten Universitäten konnten somit nicht zu den erhofften Höhenflügen ansetzen. Doch dann setzte um 1490 eine erneute Aufwärtsbewegung ein, die im direkten Vorfeld der Reformation zu bis dahin unerreichten Spitzenwerten von bis zu 4.000 Immatrikulationen jährlich führte. Besonders die neu gegründeten Universitäten Wittenberg (1502) und Frankfurt / Oder (1506) lockten sofort enorme Studentenmassen an, was umso erstaunlicher anmutet, da sie räumlich sehr weit ab, am „Rande der Zivilisation" (*in termino civilitatis*, so Luther über Wittenberg) gelegen waren.

Was war die Ursache für diesen überraschenden Aufschwung, der kaum mit einer grundlegend verbesserten ‚Arbeitsmarktsituation' erklärt werden kann? Auffällig ist die zeitliche Korrelation mit dem Durchbruch des Humanismus, der in diesen Jahrzehnten an den meisten deutschen Universitäten stattfand. Die humanistische Hochschätzung der Bildung dürfte damals Früchte getragen haben – sie führte, wie es das obige Hutten-Zitat anzeigt, zu einer regelrechten ‚Bildungseuphorie'. Ein solcher sich selbst verstärkender Aufschwung kann vielleicht mit einer modernen konjunk-

Konjunkturen des Universitätsbesuchs

„Überfüllungskrise"

turellen ‚Börsenblase' verglichen werden: Die Erwartungen des Publikums, durch universitäre Bildung die eigenen Karrierechancen zu verbessern, stiegen steil an und erreichten wohl auch unrealistische Höhen.

Boom und Zusammenbruch

Umso tiefer fiel der Sturz nach 1520 aus. Es war dies das letzte Jahr der „Konjunktur", in welchem Wittenberg dank seines berühmtesten Professors, Martin Luther (1483–1546), fast unglaubliche 579 Immatrikulationen verzeichnete. 1521 jedoch begannen die Studentenzahlen steil abzustürzen. Der Rückgang der Studentenzahlen ist dabei so markant – in der Regel von einem Jahr auf das andere um die Hälfte oder mehr – dass er regelrecht als Indiz für die Ankunft der lutherischen Lehre in der Hochschulstadt angesehen werden kann: Erfurt traf es schon sehr früh 1521, Basel, Frankfurt, Heidelberg, Leipzig und Rostock folgten 1523, Freiburg und Wien um 1524, Köln und Tübingen um 1527. In Greifswald musste die Universität 1525 für eineinhalb Jahrzehnte geschlossen werden, auch Basel und Rostock brachen zusammen. An vielen Universitäten unterschritt die Zahl der jährlichen Einschreibungen (ein bis zwei Dutzend) wohl sogar die Zahl der Lehrer. Selbst in der „Wiege der Reformation", in Wittenberg, sanken die Studentenzahlen deutlich. Doch begann sich die Universität schon um 1527 zu erholen, um danach rasch (und für lange Zeit) zur größten Universität Deutschlands aufzusteigen. Im selben Jahr kam es zudem bereits zur ersten Universitätsneugründung im reformatorischen Geist durch den lutherisch gesinnten Landgrafen Philipp von Hessen (1504–1567) in Marburg.

Warum wirkte sich die Ausbreitung der reformatorischen Bewegung derart massiv auf die universitären Strukturen in Deutschland aus? Entgegen den Anschuldigungen von altgläubig-katholischen Gelehrten[1] kann hierfür keine grundsätzliche Wissenschaftsfeindlichkeit der Lutheraner verantwortlich gemacht

---

1 Besonders scharf fiel das Urteil des Humanisten und anfänglichen Lutherfreundes Erasmus von Rotterdam aus: *Ubicunque regnat Lutheranismus, ibi litterarum est interitus* („Überall wo das Luthertum regiert, dort stirbt die Wissenschaft") – so schrieb er 1528 an seinen Nürnberger Humanistenfreund Willibald Pirckheimer (P.S. Allen / H.M. Allen [Hgg.], Opus epistolarium Desiderii Erasmi Roterodami, Bd. 7: 1527–28, Oxford 1928, S. 366). Kommentare in Universitätsmatrikeln der 1520er Jahre verglichen das Umsichgreifen der lutherischen Lehre und den damit verbundenen Einbruch der Studentenzahlen mit einer Epidemie, einer *pestis animarum* („Pest der Seelen").

werden. Luther äußerte zwar Kritik, etwa an „gottlosen" Juristen und dem papstzentrierten Kirchenrecht. Auch gab es radikale Strömungen innerhalb der reformatorischen Bewegung, die gelehrte Bildung als fruchtlos, „volksfern" und nicht-evangelisch generell ablehnten. Doch dieser Flügel unter Andreas Bodenstein von Karlstadt (1486–1541) konnte sich gegenüber gemäßigten, humanistisch geprägten Lutheranern wie Philipp Melanchthon (1497–1560) nicht durchsetzen. Letztere setzten auf eine Reform der universitären Bildung, in der sich reformatorischer und humanistischer Geist verbinden sollte. Spätestens jetzt erreichte der Humanismus eine volle institutionelle Verankerung an der Universität. Die alte scholastische Universität kam zu ihrem Ende.

Reformatorische Bildungsideale

Die Grundsatzdiskussion innerhalb der reformatorischen Kreise um den allgemeinen Stellenwert akademischer Bildung wirkte auf viele Studenten zweifellos höchst verunsichernd. Noch bedeutsamer erscheint jedoch ein anderer Faktor: Für jedermann war offensichtlich, dass die Reformation eine Stoßrichtung gegen die traditionelle, päpstlich-katholische Amtskirche besaß. Der Untergang der alten kirchlichen Strukturen, in denen sich das gelehrte Milieu häuslich eingerichtet hatte, schien dicht bevorzustehen und es war keineswegs absehbar, wie sich die traditionellen Berufsfelder der Akademiker weiter entwickeln würden. Ohne klare Zukunftsaussichten, begannen viele potentielle Studenten die Universitäten zu meiden – eine Abstinenz, die mehr als ein volles Jahrzehnt anhielt.

Wegfall kirchlicher Infrastrukturen

Eine differenziertere Betrachtung, welche Universitäten sich nach 1530/35 schneller von der Krise erholten und welche nicht, zeigt diese Zusammenhänge deutlich auf: Diejenigen Universitäten, die altgläubig blieben, gewannen noch auf Jahrzehnte hinaus nicht ihre alte Stärke zurück. Erst die Gegenreformation und insbesondere die Ankunft der Jesuiten an den Universitäten sollte dies ändern. Im protestantischen Bereich, vor allem in Wittenberg sowie an anderen mitteldeutschen Universitäten (die schon vor der Reformation sehr bedeutend waren), zogen die Immatrikulationszahlen hingegen bald wieder steil an und erreichten neue Rekordwerte. Die evangelisch gewordenen Landesherren erkannten die Bedeutung der Universitäten als Standortfaktoren und Ausbildungsstätte für das Personal der neuen Landeskirchen, für Lehrer, Juristen usw. Sie übernahmen, gestützt auf säkularisiertes Kirchengut, die Finanzierung der neuen Hochschulen und der Ge-

Evangelische Landesuniversitäten

lehrten, welche sich nicht länger auf kirchliche Pfründeneinkünfte stützen konnten. Erstmals fand so in Deutschland eine großangelegte „Verstaatlichung" der höheren Bildung statt. Um beim oben angestellten Vergleich mit modernen Börsenkonjunkturen zu bleiben: Die aus dem „Platzen" der humanistischen ‚Konjunkturblase' resultierende Vertrauenskrise in die Universitäten wurde erst durch landesherrliche Krisenbewältigungsmaßnahmen und Garantien, die Absolventen der Hochschulen in den eigenen Dienst zu nehmen, beendet.

Kontinuitätsbruch um 1500

All diese tiefgreifenden Einschritte markieren namentlich in Deutschland sehr deutlich das Ende der mittelalterlichen Bildungsgeschichte. Über diese geistes- und sozialgeschichtlichen Transformationsprozesse ging das Gefühl, „auf den Schultern von Riesen zu stehen", ging die starke Traditionsbindung mittelalterlicher Wissenschaft verloren. Die neuzeitliche Geringschätzung der nachantiken Wissenschaft war nicht gerechtfertigt, da sie die enormen Vermittlungs-, Denk- und Organisationsleistungen der mittelalterlichen Gelehrten zugunsten einer ahistorischen, die eigene Originalität überschätzenden Betrachtungsweise unterschlug. Zur Rechtfertigung jener neuen Forschergeneration ist jedoch zu sagen, dass Paradigmenwechsel in der Wissenschaft, die zu wirklich Neuem führen, in der Regel immer mit derartigen „Kollateralschäden" verbunden sind. Aufgabe heutiger Geschichtswissenschaft ist es jedoch, das Bild der mittelalterlichen Wissensgesellschaft, ihrer Leistungen und strukturellen Wirkungsbedingungen angemessen zu rekonstruieren. Indem wir die damals erbrachten Leistungen würdigen, dringen wir direkt zu den Wurzeln der modernen Zivilisation vor. Je genauer wir diese Tiefenschichten unserer eigenen Kultur ergründen, umso besser werden wir auch in der Lage sein, die Herausforderungen einer von Digitalisierung, Globalisierung und dem oft schwierigen Austausch der Kulturen geprägten Gegenwart zu meistern.

14.3 Quellen und Vertiefung

14.3.1 Bildungsfortschritt in Deutschland

1457 richtete der Kanzler des Mainzer Erzbischofs, Doktor Martin Mair (ca. 1420–1480) einen Brief an seinen alten Freund und nunmehrigen Kardinal, Enea Silvio Piccolomini, in welchem er sich über die fiskalische Ausbeutung Deutschlands durch die römische Kurie beschwerte. „Dadurch ist unser einst ruhmreiches Volk (...), das Herr und König der Welt gewesen ist, nunmehr an den Bettelstab gebracht, geknechtet und zinspflichtig geworden." Enea antwortete mit einem langen Brieftraktat unter dem Titel *Germania*, in welchem er unter Bezug auf die gleichnamige antike Schrift des Tacitus (ca. 55 – ca. 117) nachwies, wie sehr sich das Deutschland des 15. Jahrhunderts gegenüber der Germanenzeit gewandelt und entwickelt hatte:

> Aber auf dieser Stufe der Kultur [zur Zeit des Tacitus] gab es keine Kenntnis der Schrift, keine Rechtskunde, keine Beschäftigung mit den edlen Künsten und Wissenschaften. (...) So sah dein Germanien aus bis zu Kaiser Hadrian, während die übrigen Länder der Erde bereits Künste und Wissenschaften und verfeinerte Sitten pflegten. Unter diesem Kaiser kam das ganze germanische Volk unter die Herrschaft der Römer (...) von da an wurde es zivilisierter und nahm bürgerliche Kultur an. (...)
> Doch da von der Macht genug gesagt ist, müssen wir nun einiges über Kultur und wissenschaftliche Bildung sagen, damit klar wird, dass auch hierin das neue Deutschland das alte Germanien, wenn du es auch noch so sehr herausstreichst, weit übertrifft. (...) Wir kennen eure Gerichte aus eigener Anschauung, und wir haben, wie schon gesagt, oft an euren Beratungen über politische Angelegenheiten teilgenommen: alle Geschäfte erledigt ihr klug und ernst. Nicht leicht weicht ihr vom rechten Weg ab, noch fehlt es euch an weltlichen und kirchlichen Gesetzen, und auch die Beschäftigung mit Literatur und allen schönen Künsten steht bei euch in Blüte.
> Auch Universitäten, an denen Rechtswissenschaft, Medizin und die freien Künste gelehrt werden, gibt es in vielen deutschen Städten, so in Köln, Löwen, Heidelberg, Prag, Erfurt, Leipzig, Wien und Rostock. An ihnen haben berühmte, hochgelehrte Männer gelehrt, und auch in unserer Zeit gibt es nicht minder berühmte. (...) Mit allen Völkern lebt ihr im Geist der Humanität zusammen, und ein so leuchtender Glanz umstrahlt heute bei euch Menschen wie Dinge, dass man sagen muss: nichts Barbarisches haftet euch mehr an außer eurer Muttersprache. Wenn es Leute gibt, die euch noch jetzt Barbaren nennen, so muss man richtiger diese selbst als die schlimmsten Barbaren bezeichnen, seien es Griechen, seien es Lateiner.
> (Enea Silvio Piccolomini: Deutschland, Buch II, Kap. 4 und 27, S. 89f. und S. 115f.)

14.3.2 Vergleich der italienischen und deutschen Universitäten

Zahlreiche Briefe der Humanisten sind bis heute überliefert, da sie als stilistisch vorbildlich schon seinerzeit gesammelt und im Druck verbreitet wurden. Diese Briefe beinhalten wertvolle Zeugnisse für die Bildungs- und Karrierebemühungen der Humanisten, für ihre intensive 'Beziehungspflege' untereinander bzw. gegenüber hochrangigen Gönnern, sowie zu zahlreichen Aspekten des Alltagslebens. Auch allgemeine Reflexionen über den Zustand des Bildungswesens ihrer Zeit fehlen nicht:

> Bernhard Adelmann von Adelmannsfelden an Johannes Reuchlin (Eichstätt, 2. Oktober 1484): A. berichtet von einem Gespräch mit seinem Bruder Konrad in Neubronn, bei dem es um das Verhältnis der deutschen und italienischen Universitäten gegangen sei. Er selbst habe dabei die Vorrangstellung der italienischen Hochschulen unterstrichen, Konrad dagegen aus Patriotismus den Versuch unternommen, das heimische Tübingen mit diesen Hohen Schulen zu vergleichen. Sein Bruder habe allerdings eingestehen müssen, dass die humanistischen Studien dort vernachlässigt würden, was A. heftig beklagt. Wie dringend nötig solche Studien angesichts der in Deutschland noch immer herrschenden Barbarei nämlich seien, könne R. aus dem beigefügten Schreiben der Fürstin[2] ersehen. A. selbst sieht im Studium der antiken Literatur ein wichtiges Propädeutikum, das die Aufnahme höheren Wissens vorbereite, und führt für diese Auffassung zahlreiche Kirchenväter als Autoritäten an. Ihm entgehe allerdings nicht, dass die Lektüre der Dichter wegen der bei ihnen vorkommenden moralisch und theologisch anstößigen Passagen von vielen abgelehnt werde. Solchen Einwänden begegnet A. mit dem Himweis auf die Möglichkeit der Auswahl: Nur die guten Dichter solle man studieren, diese aber mit großem Eifer. Er bittet R., sich bei ihrem den Gelehrten gegenüber sehr aufgeschlossenen Fürsten [Graf Eberhard im Bart] für die humanistischen Studien einzusetzen. So werde man R. als einen zweiten Cicero, den Fürsten aber als zweiten Oktavian verehren.
> (Regest aus: Reuchlin, Briefwechsel, Bd. 1, Nr. 11)

---

[2] Gemeint ist Barbara Gonzaga aus einem Mantua beherrschenden italienischen Fürstenhaus. Sie hatte den württembergischen Grafen (und späteren Herzog) Eberhard im Bart geheiratet. Zeitlebens blieb sie ihrer italienischen Heimat voller Heimweh verbunden – wohl nicht zuletzt wegen der „Barbarei" der Deutschen. An dem erwähnten Brief hatte Adelmann die wenig elegante lateinische Stilistik zu kritisieren.

14.3.3 Epigramm eines neuzeitlichen Gelehrten auf Gerbert von Aurillac (Papst Silvester II.)

Der polnische Dominikanermönch Abraham Bzowski (Bzovius, 1565–1635) verfasste im Jahr 1629 eine biographische Studie zu Gerbert von Aurillac, dem Papst Silvester II. (reg. 999–1003). Bzowski, ein Fortsetzer der berühmten *Annales ecclesiastici* des Kardinals Cesare Baronio (1538–1607), griff dessen Anliegen einer 'Rehabilitierung' Silvesters auf, welche angesichts reformatorischer Polemik damals Aktualität besaß: Silvester II. galt den Protestanten – ganz im Sinne der radikalen Papstkritik Luthers – als Beispiel für ein katholisches Kirchenoberhaupt, das mit dem Teufel im Bunde stand. Die „aufklärerische Haltung", mit der Bzowski Silvester gegen diesen Vorwurf in Schutz nahm, war also durchaus interessegeleitet![3] Bzovius versah seine Darstellung unter anderem mit folgendem rühmenden Epigramm:

Ne mirare Magum fatui quod inertia vulgi

Me (veri minime gnara) fuisse putat.

Archimedis studium quod eram Sophiaeque sequutus

Tum, cum magna fuit gloria scire nihil.

Credebant Magicum esse rudes, sed busta loquuntur

Quam pius, integer, et relligiosus eram.

Staune nicht, dass die Trägheit des törichten Pöbels,

die nie sich an die Wahrheit gekehrt, als Zauberer mich verschrien,

weil ich des Archimed's Kunst und die Lehre der Weisheit betrieben.

Damals, als man nichts wissen zum Ruhme gezählt,

galt ich den Rohen als Zauberer; doch es verkündet mein Grabmal,

dass ich im frommen Sinn, treu und in Ehren gelebt.

(Abraham Bzowski, Silvester II., S. 25; übers. nach Hans-E. Korth, Gerbert von Aurillac, in: Zeitensprünge 1/2003, S. 209–221.[4])

---

[3] Aus dem Jahre 1648 wird – ganz in der Art mittelalterlicher Miracula – berichtet, dass man damals in Rom das Grab des Papstes öffnete und den Leichnam unversehrt und wohlriechend fand, was als Zeichen seiner Rechtgläubigkeit interpretiert wurde.

[4] Online unter: http://www.jahr1000wen.de/jtw/Texte_H-E/g_1003.html, abgerufen am 14.4.2017

14.3.4 Fragen und Anregungen

Zu 14.3.1
- Analysieren Sie den Vergleich des alten und des neuen Germaniens durch Enea genauer. Welches argumentative Ziel verfolgt er damit gegenüber Mair?
- Erläutern Sie das Konzept zivilisatorischen Fortschritts, das Enea vertritt. Wodurch wurde dieser Fortschritt bewirkt? Inwieweit kann man davon sprechen, dass der Humanist Enea bei aller Hochschätzung der Antike einen klaren analytischen Blick auf die Geschichte und seine eigenen Gegenwart bewahrt?

Zu 14.3.2
- Woran macht sich das Urteil Adelmanns von der deutschen „Barbarei" fest. Vergleichen Sie diese Aussage mit der des Enea Silvio Piccolomini (vgl. 14.3.1). Vergleichen Sie das hier erkennbare humanistische Bildungsideal mit dem scholastischen Wissenschaftsverständnis. Wie soll dieses humanistische Bildungsideal praktisch durchgesetzt werden?

Zu 14.3.3
- Wie begründet Bzowski das Zustandekommen des Zaubereiverdachts gegen Gerbert?
- Inwieweit passt die Figur Silvesters II. sowie die spätere Diskussion um seine Person zur gängigen Gegenüberstellung eines „finsteren" Mittelalter und einer „aufgeklärten" Neuzeit?

14.3.5. Lektüreempfehlungen

Quellen Winfried Trillitzsch, Der deutsche Renaissancehumanismus, Abriß und Auswahl (Reclams Universal-Bibliothek, 900), Leipzig 1981.

Literatur Eckhard Bernstein, From Outsiders to Insiders: some reflections on the development of a group identity of the German Humanists between 1450 and 1530, in: James V. Mehl (Hg.), In laudem Caroli. Renaissance and Reformation Studies für Charles G. Nauert, Kirksville 1998, S. 45–64 *(Der Paradigmenwechsel von der scholastischen Wissenschaft zum*

Humanismus wird in diesem Aufsatz als Prozess sozialer Durchsetzung einer Gelehrtengruppe beschrieben, die sich über das neue Bildungsideal profilierten und erfolgreiche Strategien zu ihrer Gruppenbildung und -durchsetzung entwickelten).

August Buck, Humanismus – seine europäische Entwicklung in Dokumenten und Darstellungen (Orbis academicus, 16), Freiburg im Breisgau 1987 *(Gesamtüberblick über das „Fortleben" und die Rezeption der Antike vom Mittelalter bis ins 20. Jahrhundert, in gut lesbarer, mit zahlreichen Quellenzitaten angereicherter Darstellung; dabei besonderer Fokus auf den Renaissancehumanismus).*

Christian Gastgeber / Dietrich Erben / Sigrid Ruby, Art.: Entdeckung / Wiedergewinnung, in: Manfred Landfester (Hg.), Renaissance-Humanismus. Lexikon zur Antikerezeption (Der Neue Pauly, Suppl. 9), Stuttgart / Weimar 2014, Sp. 279–308 *(Materialreicher Gesamtüberblick über die Wiederentdeckung griechisch-lateinischer antiker Literatur im Zeitalter von Humanismus und Renaissance. Erst die Rezeption der griechischen Klassiker, die mit einer Art 'Schneeballeffekt' im 14. Jahrhundert begann, öffnete der abendländischen Wissenschaft den ganzen Reichtum der antiken gelehrten Tradition).*

Johannes Helmrath, *Vestigia Aeneae imitari*. Enea Silvio Piccolomini als „Apostel" des Humanismus. Formen und Wege seiner Diffusion, in: ders. / Ulrich Muhlack / Gerrit Walther (Hgg.), Diffusion des Humanismus. Studien zur nationalen Geschichtsschreibung europäischer Humanisten, Göttingen 2002, S. 99–141 *(Arbeitet die Schlüsselrolle des Humanistenpapstes Enea Silvio Piccolomini [Pius II.] bei der Verbreitung und Durchsetzung humanistischen Gedankengutes nördlich der Alpen auf. Sie resultierte nicht nur aus seinem eigenen langjährigen Deutschlandaufenthalt und seinem dichten Freundesnetzwerk, sondern auch aus der Vorbildwirkung seines literarischen Schaffens und seiner Karriere).*

Uwe Neddermeyer, Von der Handschrift zum gedruckten Buch: Schriftlichkeit und Leseinteresse im Mittelalter und in der frühen Neuzeit; quantitative und qualitative Aspekte, 2 Bde. (Buchwissenschaftliche Beiträge aus dem Deutschen Bucharchiv München, 61), Wiesbaden 1998 *(Untersucht den Umfang der Buchproduktion vor der Reformation mit dem interessanten Ergebnis, dass die entscheidende Zäsur nicht mit der Einführung des Buchdrucks nach 1450, sondern bereits um 1400 stattfand. Der Buchdruck wurde durch diese geänderte Bedarfslage begünstigt, löste sie aber nicht aus).*

Agostino Sottili, Humanismus und Universitätsbesuch: die Wirkung italienischer Universitäten auf die Studia Humanitatis nördlich der Alpen = Renaissance humanism and university studies: Italian universities and their influence on the Studia Humanitatis in Northern Europe (Education and society in the Middle Ages and Renaissance, 26), Leiden [u.a.] 2006 *(Sammlung einschlägiger Aufsätze des bekannten italienischen Universitätshistorikers über das Studium und die humanistischen Interessen deutscher Studenten im Italien des 15. Jahrhunderts; u.a. mit Edition einer typischen akademischen Lobrede auf einen neugewählten, aus Deutschland stammenden Universitätsrektor).*

Christine Treml, Humanistische Gemeinschaftsbildung. Soziokulturelle Untersuchungen zur Entstehung eines neuen Gelehrtenstandes in der frühen Neuzeit (Historische Texte und Studien, 12), Heidelberg 1989 *(Grundlagenuntersuchung zu den Humanisten als einer neuartigen sozialen Gruppe, die „weder ein gemeinsames geburts- oder berufsständisches Fundament besitzt, noch ein festes lokales Zentrum" [S. 7], sondern die vielmehr durch gemeinsame kulturelle Leitbilder und dichte Kommunikationsstrukturen zusammengehalten wurde).*

Wilhelm Ernst Winterhager, Wittenberg und Marburg als Universitäten der Reformation. Humanistischer Aufbruch, reformatorische Bildungskrise und Hochschulreformdebatten im frühen 16. Jahrhundert, in: Sachsen-Anhalt. Jahrbuch der Historischen Kommission für Sachsen-Anhalt 22 (1999/2000), S. 189–238 *(Vor dem Hintergrund des ‚Booms' und der nachfolgenden tiefen Krise der deutschen Universitäten zwischen 1500 und 1530 wird die Geschichte der 1501 bzw. 1527 gegründeten Universitäten Wittenberg und Marburg in den größeren Kontext humanistischer Bildungsreform, der Reformation sowie landesfürstlicher Territorialisierungspolitik und Bildungsförderung gestellt).*

Bibliographie

Quellenverzeichnis

Petri Abaelardi Sic et non, in: J.P. Migne, Patrologiae cursus completus. Series latina (= Patrologia latina), Bd. 178, Paris 1885, S. 1336–1610.
Becher, Quellen = Quellen zur Geschichte der Welfen und die Chronik Burchards von Ursberg, hg. von Matthias Becher (Ausgewählte Quellen zur Geschichte des Mittelalters = Frh. vom Stein-Gedächtnisausgabe [= FSGA], 18b), Darmstadt 2007.
Beda der Ehrwürdige [Venerabilis], Kirchengeschichte des Englischen Volkes, übers. von Günther Spitzbart, 2 Bde. (Texte zur Forschung, 34/1 und /2), Darmstadt 1982.
Boethius, Trost der Philosophie, hg. und mit einem Nachwort versehen v. Kurt Flasch (Kleine Bibliothek der Weltweisheit, 9), München 2005.
Abraham Bzowski [Bzovius], Silvester II. Caesius Aquitanus Pontifex Maximus, Rom 1629.
Martianus Capella, Die Hochzeit der Philologie mit Merkur, übers. von Hans Günter Zekl, Würzburg 2005.
Courtenay 2002 = William J. Courtenay (Hg.), Rotuli Parisienses. Supplications to the Pope from the University of Paris, Vol. 1: 1316–1349, Vol. 2: 1352–1378 (Education and society in the Middle Ages and Renaissance [= ESMAR], 14f.) Leiden u.a. 2002/04.
Dante Alighieri, Monarchia, lateinisch-deutsche Studienausgabe, eingeleitet, übers. und kommentiert von Ruedi Imbach / Christoph Flüeler (Reclam Universal-Bibliothek, 8531), Stuttgart 1989.
Einhard, Das Leben Karls des Grossen, in: Reinhold Rau (Bearb.), Quellen zur Karolingischen Reichsgeschichte, 1. Teil (FSGA 5), Darmstadt 1955, S. 157–253.
Engels 1962 = Friedrich Engels, Dialektik der Natur, in: Karl Marx / Friedrich Engels – Werke, Bd. 20, Berlin 1962, S. 311–327.
Des heiligen Kirchenvaters Eusebius Hieronymus ausgewählte Briefe, übers. von Ludwig Schade, 1. Briefband (Des heiligen Kirchenvaters Eusebius Hieronymus Sanctus ausgewählte Schriften Bd. 2 = Bibliothek der Kirchenväter, 2. Reihe, Band 16), München 1936.
Otto von Freising, Chronica sive Historia de duabus Civitatibus. Chronik oder Die Geschichte der Zwei Staaten, hg. v. Walther Lammers, übers. v. Adolf Schmidt (FSGA, 16), Berlin 1960.
Johann Wolfgang von Goethe, Werkausgabe in 10 Bänden, hg. von Bettina Hesse, Bd. 9, Köln 1998.
Gregor von Tours, Historiarum libri decem (Zehn Bücher Geschichten), bearb. von Rudolf Buchner, 2 Bde. (FSGA, 2 u. 3), 7. Aufl., Darmstadt 1990.
Stephanie Haarländer, Rabanus Maurus. Ein Lesebuch mit einer Einführung in sein Leben und Werk, Mainz 2006.

Othmar Hageneder (Hg.), Die Register Innocenz' III., Bd. 2 (Publikationen des Historischen Instituts beim Österreichischen Kulturinstitut in Rom, Abt. 2: Quellen), Graz 1979.

Johannes Hartlieb, Das Buch aller verbotenen Künste, des Aberglaubens und der Zauberei, hg., übers. und kommentiert von Falk Eisermann (Esoterik des Abendlandes, 4), Ahlerstedt 1989.

Hasse 2002a = Dag N. Hasse (Hg.), Abaelards ‚Historia calamitatum'. Text – Übersetzung – literaturwissenschaftliche Modellanalysen (De Gruyter Texte), Berlin / New York 2002.

Herbert Koch, Eine vorreformatorische Schulordnung aus Jena, in: Zs. für Geschichte der Erziehung und des Unterrichts, 2. Jg., 3. Heft, Berlin 1912, S. 155–163.

Kölzer/Stähli 1994 = Petrus de Ebulo – Liber ad honorem Augusti sive de rebus Siculis. Codex 120 II der Burgerbibliothek Bern. Eine Bilderchronik der Stauferzeit, hg. von Theo Kölzer / Marlis Stähli, Textrevision und Übersetzung von Gereon Becht-Jördens, Sigmaringen 1994.

Krüger 1984 = Sabine Krüger (Hg.), Die Werke des Konrad von Megenberg. Ökonomik (Yconomica), Buch III (MGH SS – Staatsschriften des späteren Mittelalters, 3), Stuttgart 1984.

Lauree Pavesi nella seconda metá del Quattrocento, Bd. 1: 1450–1475, hg. von Agostino Sottili, Bologna 1995.

Matrikel Erfurt = Acten der Erfurter Universität (1392–1636), hg. von Johann C. H. Weissenborn, 3 Bde. (Geschichtsquellen der Provinz Sachsen, 8/1–3), Halle 1881–1899.

Matrikel Heidelberg = Die Matrikel der Universität Heidelberg von 1386–1662, hg. von Gustav Toepke, 3 Bde., Heidelberg 1884–93.

Lenelotte Möller (Hg.), Die Enzyklopädie des Isidor von Sevilla, Wiesbaden 2008.

Nova Alamanniae. Urkunden, Briefe und andere Quellen besonders zur deutschen Geschichte des 14. Jahrhunderts, hg. von Edmund E. Stengel, 1. Teil, 2. Teil / 1. Hälfte, Berlin 1921/30; 2. Teil / 2. Hälfte (unter Mitwirkung von Klaus Schäfer), Hannover 1976.

Der Occultus Erfordensis des Nicolaus von Bibra. Kritische Edition mit Einführung, Kommentar und deutscher Übersetzung, hg. von Christine Mundhenk (Schriften des Vereins für die Geschichte und Altertumskunde von Erfurt, 3), Weimar 1997.

Matthäus Paris 1896 = Auszüge aus der größeren Chronik des Matthäus von Paris, übersetzt von G. Grandaur und W. Wattenbach (Geschichtsschreiber der deutschen Vorzeit, 73), Leipzig 1896 (2. Aufl., 1941).

Enea Silvio Piccolomini, Deutschland. Der Brieftraktat an Martin Mayer und Jacob Wimpfelings „Antworten und Einwendungen gegen Enea Silvio", übers. von Adolf Schmidt (Geschichtsschreiber der deutschen Vorzeit, 104), Köln / Graz 1962.

Marco Polo, Die Wunder der Welt – Il Milione. Übersetzung aus altfranzösischen Quellen und Nachwort von Elise Guignard (Insel-TB 2981), Frankfurt am Main / Leipzig 2009.

Rau, Quellen = Ausgewählte Quellen zur karolingischen Reichsgeschichte, 3. Teil, bearb. von Reinhold Rau (FSGA, 7), Darmstadt 1982.

Rep. Germ. = Repertorium Germanicum. Verzeichnis der in den päpstlichen Registern und Kameralakten vorkommenden Personen, Kirchen und Orte des deutschen Reiches, seiner Diözesen und Territorien vom Beginn des Schismas bis zur Reformation, hg. v. Deutschen Historischen Institut in Rom, bisher 9 Bde., Berlin 1916 – Tübingen 2000.

RPG V = Repertorium poenitentiariae Germanicum. Verzeichnis der in den Supplikenregistern der Pönitentiarie vorkommenden Personen, Kirchen und Orte des Deutschen Reiches, bearb. v. Ludwig Schmugge u.a., Bd. 5: Paul II. 1464–1471, Tübingen 2002.

Johannes Reuchlin, Briefwechsel, Bd. 1: 1477–1505. Unter Mitwirkung von Stefan Rhein bearb. von Matthias Dall'Asta und Gerald Dörner, Stuttgart / Bad Canstatt 1999.

Die Schriften des Alexander von Roes, hg. und übers. von Herbert Grundmann und Hermann Heimpel (Kritische Studientexte der MGH, 4), Weimar 1949.

Heinrich Rüthing (Hg.), Die mittelalterliche Universität (Historische Texte Mittelalter, 16), Göttingen 1973.

Sankt Brandans Meerfahrt. Das Volksbuch, erneuert von Richard Benz mit einer Einleitung von Karl von Baltz, Dornach 1983.

Ioannis Saresberiensis [Johannes von Salisbury], Metalogicon, hg. von John B. Hall (Corpus Christianorum, 98), Turnhout 1991.

Thietmar von Merseburg, Chronik (Chronicon), neu übertr. und erläutert von Werner Trillmich (FSGA, 9), 6 Aufl., Darmstadt 1985.

John R.R. Tolkien, Das Silmarillion, hg. von Christopher Tolkien, 8. Aufl., Stuttgart 1989.

Trillitzsch 1981 = Winfried Trillitzsch, Der deutsche Renaissancehumanismus, Abriß und Auswahl (Reclams Universal-Bibliothek, 900), Leipzig 1981.

WATR 6 = Dr. Martin Luthers Werke: Kritische Gesamtausgabe. Tischreden, 6. Bd., Weimar 1921.

Lorenz Weinrich (Hg.), Quellen zur deutschen Verfassungs-, Wirtschafts- und Sozialgeschichte bis 1250 (FSGA, 32), Darmstadt 1977.

Literaturverzeichnis

Ahl 1996 Diane Cole Ahl, Benozzo Gozzoli: Tradition and Innovation in Renaissance Painting, New Haven / London 1996.

Alenfelder 2002 Klaus Michael Alenfelder, Akademische Gerichtsbarkeit (Bonner Schriften zum Wissenschaftsrecht, 7), Baden-Baden 2002.

al-Khalili 2011 Jim al-Khalili, Im Haus der Weisheit. Die arabischen Wissenschaften als Fundament unserer Kultur, Frankfurt am Main 2011.

Althoff 1995 Gerd Althoff, Von Fakten zu Motiven. Johannes Frieds Beschreibung der Ursprünge Deutschlands, in: Historische Zs. 260 (1995), S. 107–117.

Althoff 1997 Gerd Althoff, Spielregeln der Politik im Mittelalter: Kommunikation in Frieden und Fehde, Darmstadt 1997.

Althoff 2003 Gerd Althoff, Inszenierte Herrschaft: Geschichtsschreibung und politisches Handeln im Mittelalter, Darmstadt 2003.

Althoff/Keller 2008 Gerd Althoff / Hagen Keller, Die Zeit der späten Karolinger und der Ottonen 888–1024 (Gebhardt Handbuch der deutschen Geschichte, 3), 10. Aufl., Stuttgart 2008.

Angenendt 1995 Arnold Angenendt, Das Frühmittelalter. Die abendländische Christenheit von 400 bis 900, 2. Aufl., Stuttgart / Berlin / Köln 1995.

Arnold 1999 Klaus Arnold, Darstellungen der *septem artes liberales* in der Kunst des Mittelalters und der Renaissance, in: Schaefer 1999, S. 361–375.

Asche 2001 Matthias Asche, Frequenzeinbrüche und Reformen – Die deutschen Universitäten in den 1520er und 1560er Jahren zwischen Reformation und humanistischem Neuanfang, in: Walther Ludwig (Hg.), Die Musen im Reformationszeitalter (Schriften der Stiftung Luthergedenkstätten, 1), Leipzig 2001, S. 53–96.

Ax 2005 Wolfram Ax (Hg.), Lateinische Lehrer Europas. Fünfzehn Portraits von Varro bis Erasmus von Rotterdam, Köln 2005.

Baader 1978 Gerhard Baader, Die Schule von Salerno, in: Medizinhistorisches Journal 13 (1978), S. 124–145.

Baader/Keil 1982 Gerhard Baader / Gundolf Keil (Hgg.), Medizin im mittelalterlichen Abendland (Wege der Forschung, 363), Darmstadt 1982.

Becker 2007 Eva Becker, Die altmongolische Hauptstadt Karakorum. Forschungsgeschichte nach historischen Aussagen und archäologischen Quellen (Internationale Archäologie, 39), Rahden 2007.

Berg u.a. 1996 Christa Berg / Notker Hammerstein / August Buck (Hgg.), Handbuch der deutschen Bildungsgeschichte, Bd. 1: 15. bis 17. Jahrhundert: von der Renaissance und der Reformation bis zum Ende der Glaubenskämpfe, München 1996.

Bergdolt 1994 Klaus Bergdolt, Der Schwarze Tod in Europa. Die Große Pest und das Ende des Mittelalters, München 1994.

Bergmann 1985 Werner Bergmann, Innovationen im Quadrivium des 10. und 11. Jahrhunderts. Studien zur Einführung von Astrolab und Abakus im lateinischen Mittelalter (Sudhoffs Archiv. Zs. für Wissenschaftsgeschichte. Beihefte, Heft 26), Stuttgart 1985.

Bernhardt 1996 Markus Bernhardt, Gelehrte Mediziner des späten Mittelalters: Köln 1388–1520. Zugang und Studium, in: Schwinges 1996, S. 113–134.

Bernstein 1998 Eckhard Bernstein, From Outsiders to Insiders: some reflections on the development of a group identity of the German Humanists between 1450 and 1530, in: James V. Mehl (Hg.), In laudem Caroli. Renaissance and Reformation Studies für Charles G. Nauert, Kirksville 1998, S. 45–64.

Beuys 2001 Barbara Beuys, Denn ich bin krank vor Liebe: das Leben der Hildegard von Bingen, München 2001.

Blažek 2007 Pavel Blažek, Die mittelalterliche Rezeption der aristotelischen Philosophie der Ehe: von Robert Grosseteste bis Bartholomäus von Brügge (1246/1247 – 1309), (Studies in medieval and Reformation traditions, 117), Leiden u.a. 2007.

Bock 1960 Friedrich Bock, Kodifizierung und Registrierung in der spätmittelalterlichen kurialen Verwaltung, in: Archivalische Zeitschrift 56 (1960), S. 11–75.

Boehm 1970 Laetitia Boehm, Libertas scholastica und negotium scholare. Entstehung und Sozialprestige des Akademikerstandes im Mittelalter, in: Hellmuth Rößler / Günther Franz (Hgg.), Universität und Gelehrtenstand 1400–1800 (Deutsche Führungsschichten in der Neuzeit = Büdinger Vorträge 1966, 4), Limburg an der Lahn 1970, S. 15–61.

de Boer u.a. 2018 Jan-Hendryk de Boer / Marian Füssel / Maximilian Schuh (Hgg.), Universitäre Gelehrtenkultur vom 13. – 16. Jahrhundert. Ein interdisziplinäres Quellen- und Methodenhandbuch, Stuttgart 2018.

Boockmann 1981 Hartmut Boockmann, Zur Mentalität spätmittelalterlicher gelehrter Räte, in: Historische Zs. 223 (1981), S. 295–316.

Boockmann 1999 Hartmut Boockmann, Wissen und Widerstand. Geschichte der deutschen Universität, Berlin 1999.

Borst 1963 Arno Borst, Religiöse und Geistige Bewegungen im Hochmittelalter, in: Golo Mann / August Nitschke (Hgg.), Propyläen-Weltgeschichte, Bd. 5, Frankfurt a.M. / Berlin 1963 (ND: ebda. o.J.), S. 489–561.

Borst 1966 Arno Borst, Das Bild der Geschichte in der Enzyklopädie Isidors von Sevilla, in: DA 22 (1966), S. 1–62.

Borst 1993 Arno Borst, Alcuin und die Enzyklopädie von 809, in: Butzer/Lohrmann 1993, S. 53–78.

Borst 2004 Arno Borst, Computus – Zeit und Zahl in der Geschichte Europas, 3., erw. Aufl.. Berlin 2004.

Buck 1987 August Buck, Humanismus – seine europäische Entwicklung in Dokumenten und Darstellungen (Orbis academicus, 16), Freiburg im Breisgau 1987.

Burkhardt 2008 Stefan Burkhardt, Mit Stab und Schwert. Bilder, Träger und Funktionen erzbischöflicher Herrschaft zur Zeit Kaiser Friedrich Barbarossas; die Erzbistümer Köln und Mainz im Vergleich (Mittelalter-Forschungen, 22), Ostfildern 2008.

Burmeister 1974 Karl Heinz Burmeister, Das Studium der Rechte im Zeitalter des Humanismus im deutschen Rechtsbereich, Wiesbaden 1974.

Butzer/Lohrmann 1993 Paul Leo Butzer / Dietrich Lohrmann (Hgg.), Science in Western and Eastern Civilisation in Carolingian Times, Basel 1993.

Carmassi/Drossbach 2015 Patrizia Carmassi / Gisela Drossbach (Hgg.), Rechtshandschriften des deutschen Mittelalters. Produktionsorte und Importwege (Wolfenbütteler Mittelalter-Studien, 29), Wiesbaden 2015.

Carpenter 1991 Humphrey Carpenter, J.R.R. Tolkien. Eine Biographie, München 1991.

Castelberg 2013 Marcus Castelberg, Wissen und Weisheit: Untersuchungen zur spätmittelalterlichen ‚Süddeutschen Tafelsammlung' (Washington D. C. etc.), (Scrinium Friburgense, 34), Berlin / Boston 2013.

Castorph 1978 Bernward Castorph, Die Ausbildung des römischen Königswahlrechts. Studien zur Wirkungsgeschichte der Dekretale ‚Venerabilem', Göttingen / Frankfurt / Zürich 1978.

Coing 1973 Helmut Coing (Hg.), Handbuch der Quellen und Literatur der neueren europäischen Privatrechtsgeschichte, Bd. 1: Mittelalter (1100–1500), München 1973.

Cordes 2007 Albrecht Cordes, Juristische Bildung für Kaufmannskinder. Die städtische Schule in Lübeck und ihr Lehrplan im 13./14. Jahrhundert, in: Zs. des Vereins für Lübeckische Geschichte und Altertumskunde 87 (2007), S. 41–53.

Courtenay 1999 William J. Courtenay, Parisian Scholars in the Early Fourteenth Century: A Social Portrait (Cambridge Studies in Medieval Life and Thought, fourth series, 41), Cambridge 1999.

Deeters 1969 Walter Deeters, Über das Repertorium Germanicum als Geschichtsquelle. Versuch einer methodischen Anleitung, in: Blätter für deutsche Landesgeschichte 105 (1969), S. 27–43.

Demandt 1999 Alexander Demandt (Hg.), Stätten des Geistes: große Universitäten Europas von der Antike bis zur Gegenwart, Köln [u.a.] 1999.

Denifle 1885 Heinrich Denifle, Die Entstehung der Universitäten im Mittelalter, Berlin 1885 (ND: Graz 1956).

Deutinger 2010 Roman Deutinger, Das hochmittelalterliche Lehnswesen: Ergebnisse und Perspektiven, in: ders. / Jürgen Dendorfer (Hg.), Das Lehnswesen im Hochmittelalter: Forschungskonstrukte – Quellenbefunde – Deutungsrelevanz (Mittelalter-Forschungen, 34), Ostfildern 2010, S. 463–473.

Dickerhof 2000 Harald Dickerhof, Innozenz III. und die Universitäten, in: Thomas Frenz (Hg.), Papst Innozenz III.: Weichensteller der Geschichte Europas. Interdisziplinäre Ringvorlesung an der Universität Passau 1997/98, Stuttgart 2000, S. 117–130.

Dinzelbacher 1996 Peter Dinzelbacher, Angst im Mittelalter. Teufels-, Todes- und Gotteserfahrung. Mentalitätsgeschichte und Ikonographie, Paderborn 1996.

Dinzelbacher 1998 Peter Dinzelbacher, Bernhard von Clairvaux (Gestalten des Mittelalters und der Renaissance), Darmstadt 1998.

Dinzelbacher 2009 Peter Dinzelbacher, Unglaube im „Zeitalter des Glaubens". Atheismus und Skeptizismus im Mittelalter, Badenweiler 2009.

Dreier 2010 Rolf Paul Dreier, Der Totentanz – ein Motiv der kirchlichen Kunst als Projektionsfläche für profane Botschaften (1425 – 1650), Leiden 2010.

Ebneth 2007 Bernhard Ebneth, Stipendium und Promotion. Studienförderung vor und nach der Reformation, in: Schwinges 2007, S. 489–533.

Ehlers 1986 Joachim Ehlers, Deutsche Scholaren in Frankreich während des 12. Jahrhunderts, in: Fried 1986, S. 97–120.

Ehlers 1996 Joachim Ehlers, Dom- und Klosterschulen in Deutschland und Frankreich im 10. und 11. Jahrhundert, in: Kintzinger u.a. 1996, S. 29–52.

Englisch 2002 Brigitte Englisch, Ordo Orbis Terrae: Die Weltsicht in den Mappae mundi des frühen und hohen Mittelalters (Orbis mediaevalis, 3), Berlin 2002.

Ennen 1983 Edith Ennen, Die Lateinschule in Emmerich – niederrheinisches Beispiel einer bedeutenden Schule in einer kleinen Stadt, in: Moeller u.a. 1983, S. 235–242.
Erdmann 2006 Jörg Erdmann, „Quod est in actis, non est in mundo". Päpstliche Benefizialpolitik im *sacrum imperium* des 14. Jahrhunderts (Bibliothek des Deutschen Historischen Instituts in Rom, 113), Tübingen 2006.
Ertl 2003 Thomas Ertl, Alte Thesen und neue Theorien zur Entstehung des Kurfürstenkollegiums, in: Zs. für Historische Forschung [= ZHF] 30 (2003), S. 619–642.
Esch 1985 Arnold Esch, Die Anfänge der Universität im Mittelalter (Berner Rektoratsreden 1985), Bern 1985.
Eulenburg 1904 Franz Eulenburg, Die Frequenz der deutschen Universitäten von ihrer Gründung bis zur Gegenwart (Abhandlungen der Sächsischen Akademie der Wissenschaften [AdW], philolog.-histor. Klasse, 24), Leipzig 1904.
Fasbender/Mierke 2014 Christoph Fasbender / Gesine Mierke (Hgg.), Lateinschulen im mitteldeutschen Raum (Euros. Chemnitzer Arbeiten zur Literaturwissenschaft, 4), Würzburg 2014.
Feine 1964 Hans Erich Feine, Kirchliche Rechtsgeschichte, Bd. 1: Die katholische Kirche, 4. Aufl., Köln 1964.
Flasch 1995 Kurt Flasch, Das philosophische Denken im Mittelalter. Von Augustin bis Macchiavelli (reclam Universal Bibliothek, Nr. 8342), Stuttgart 1995.
Fleckenstein 1993 Josef Fleckenstein, Alcuin im Kreis der Hofgelehrten Karls des Großen, in: Butzer/Lohrmann 1993, S. 3–21.
Fouquet 1987 Gerhard Fouquet, Das Speyerer Domkapitel im späten Mittelalter (ca. 1350 – 1540). Adlige Freundschaft, fürstliche Patronage und päpstliche Klientel, 2 Bde. (Quellen und Abhandlungen zur mittelrheinischen Kirchengeschichte, 57), Mainz 1987.
Fried 1974 Johannes Fried, Die Entstehung des Juristenstandes im 12. Jahrhundert. Zur sozialen Stellung und politischen Bedeutung gelehrter Juristen in Bologna und Modena (Forschungen zur neueren Privatrechtsgeschichte, 21), Köln / Wien 1974.
Fried 1983 Johannes Fried (Hg.), Studium und Gesellschaft im Mittelalter – Peter Classen: Gesammelte Aufsätze (Schriften der MGH, 29), Stuttgart 1983.
Fried 1986 Johannes Fried (Hg.), Schulen und Studium im sozialen Wandel des hohen und späten Mittelalters (Vorträge und Forschungen, 30), Sigmaringen 1986.
Fried 1994 Johannes Fried, Der Weg in die Geschichte. Die Ursprünge Deutschlands bis 1024 (Propyläen-Geschichte Deutschlands, Bd. 1), Berlin 1994.
Fried 1995a Johannes Fried, Über das Schreiben von Geschichtswerken und Rezensionen. Eine Erwiderung, in: Historische Zs. 260 (1995), S. 119–130.
Fried 1995b Johannes Fried, Die Königserhebung Heinrichs I. Erinnerung, Mündlichkeit und Traditionsbildung im 10. Jahrhundert, in: Michael Borgolte (Hg.), Mittelalterforschung nach der Wende 1989 (HZ-Beiheft, N. F. 20), München 1995, S. 267–318.

Fried 2001 Johannes Fried, Aufstieg aus dem Untergang. Apokalyptisches Denken und die Entstehung der modernen Naturwissenschaft im Mittelalter, München 2001.
Fried 2002 Johannes Fried: Die Aktualität des Mittelalters. Gegen die Überheblichkeit unserer Wissensgesellschaft. Stuttgart 2002.
Fried 2004 Johannes Fried, Der Schleier der Erinnerung. Grundzüge einer historischen Memorik, München 2004.
Füssel 2005 Marian Füssel, Riten der Gewalt. Zur Geschichte der akademischen Deposition und des Pennalismus in der frühen Neuzeit, in: ZHF 32 (2005), S. 605–648.
Füssel 2006 Marian Füssel, Gelehrtenkultur als symbolische Praxis. Rang, Ritual und Konflikt an der Universität der Frühen Neuzeit (Symbolische Kommunikation in der Vormoderne), Darmstadt 2006.
Gabriel 1992 Astrik L. Gabriel, The Paris studium. Selected studies (Texts and studies in the history of mediaeval education, 19) Frankfurt / Main 1992.
Gallistl 2000 Bernhard Gallistl, Schule, Bücher und Gelehrsamkeit am Hildesheimer Dom, in: Ulrich Knapp (Hg.), Ego sum Hildensemensis. Bischof, Domkapitel und Dom in Hildesheim 815 bis 1810 (Kataloge des Dom-Museums Hildesheim, 3), Petersberg 2000, S. 213–238.
Gastgeber u.a. 2014 Christian Gastgeber / Dietrich Erben / Sigrid Ruby, Art.: Entdeckung / Wiedergewinnung, in: Manfred Landfester (Hg.), Renaissance-Humanismus. Lexikon zur Antikerezeption (Der Neue Pauly, Suppl. 9), Stuttgart / Weimar 2014, Sp. 279–308.
Gössmann 1994 Elisabeth Gössmann, Mulier Papa. Der Skandal eines weiblichen Papstes. Zur Rezeptionsgeschichte der Gestalt der Päpstin Johanna (Archiv für philosophie- und theologiegeschichtliche Frauenforschung, 5), München 1994.
Grabmann 1909 Martin Grabmann, Die Geschichte der scholastischen Methode, 2 Bde., Freiburg i. Br. 1909/11 (ND: Berlin 1988).
Gramsch 2002 Robert Gramsch, Nikolaus von Bibra und Heinrich von Kirchberg: Juristenschelte und Juristenleben im 13. Jahrhundert, in: Zs. des Vereins für Thüringische Geschichte 56 (2002), S. 133–168.
Gramsch 2003 Robert Gramsch, Erfurter Juristen im Spätmittelalter. Die Karrieremuster und Tätigkeitsfelder einer gelehrten Elite des 14. und 15. Jahrhunderts (ESMAR, 17), Leiden / Boston 2003.
Gramsch 2009 Robert Gramsch, Pariser Studienkollegen und römische Verbindungen – Das Personennetzwerk um Erzbischof Albrecht II., in: Matthias Puhle (Hg.), Aufbruch in die Gotik. Der Magdeburger Dom und die späte Stauferzeit. Essayband zur Ausstellung Magdeburg 2009, Mainz / Magdeburg 2009, S. 385–391.
Gramsch 2012a Robert Gramsch, Erfurt – die älteste Hochschule Deutschlands. Vom Generalstudium zur Universität (Schriften des Vereins für die Geschichte und Altertumskunde von Erfurt, 9), Erfurt 2012.
Gramsch 2012b Robert Gramsch, Studentisches Leben an der Universität Erfurt im späten Mittelalter, in: Marina Moritz / Kai Brodersen (Hgg.), Amplonius. Die Zeit, der Mensch, die Stiftung. 600 Jahre Bibliotheca

Amploniana in Erfurt (Schriften des Museums für Thüringer Volkskunde Erfurt, 34), Erfurt 2012, S. 149–154.

Gramsch 2014 Robert Gramsch, Von „Schulstreiten" und Universitätsgründungen. Das höhere Schulwesen im Spannungsfeld von Kirche und städtischer Welt im späten Mittelalter (13.-15. Jahrhundert), in: Fasbender/Mierke 2014, S. 59–85.

Gramsch 2015 Robert Gramsch, Zwischen „Überfüllungskrise" und neuen Bildungsinhalten: Universitätsbesuch und universitärer Strukturwandel in Deutschland am Ende des Mittelalters (ca. 1470 bis 1530), in: Werner Greiling / Armin Kohnle / Uwe Schirmer (Hgg.), Negative Implikationen der Reformation? Gesellschaftliche Transformationsprozesse 1470–1620 (Quellen und Forschungen zu Thüringen im Zeitalter der Reformation, 4), Köln / Weimar / Wien 2015, S. 55–80.

Groten 1988 Manfred Groten, Älteste Stadtuniversität Nordwesteuropas: 600 Jahre Kölner Universität. Ausstellungskatalog, Köln 1988.

Grundmann 1952 Herbert Grundmann, Sacerdotium – Regnum – Studium. Zur Wertung der Wissenschaft im 13. Jahrhundert, in: Archiv für Kulturgeschichte 34 (1952), S. 5–21 (ND in: ders., Ausgewählte Aufsätze, Bd. 3: Bildung und Sprache, Schriften der MGH, Bd. 25/3, Stuttgart 1978, S. 275–291).

Grundmann 1957 Herbert Grundmann, Vom Ursprung der Universität im Mittelalter (Berichte über die Verhandlungen der Sächsischen Akademie der Wissenschaften zu Leipzig, Phil.-histor. Kl., 103,2), Berlin 1957 (ND in: ders., Ausgewählte Aufsätze, Bd. 3, Stuttgart 1978, S. 292–342).

Grundmann 1958 Herbert Grundmann, litteratus-illiteratus. Der Wandel einer Bildungsnorm vom Altertum zum Mittelalter, in: Archiv für Kulturgeschichte 40 (1958), S. 1–65 (ND in: ders., Ausgewählte Aufsätze, Bd. 3, Stuttgart 1978, S. 1–66).

Grundmann 1977 Herbert Grundmann, Religiöse Bewegungen im Mittelalter. Untersuchungen über die geschichtlichen Zusammenhänge zwischen der Ketzerei, den Bettelorden und der religiösen Frauenbewegung im 12. und 13. Jahrhundert und über die geschichtlichen Grundlagen der deutschen Mystik. 4. Auflage, Darmstadt 1977 (zuerst 1935).

Haage 1993 Bernhard Dietrich Haage, Feimurgan und Hurlewegin: die heilkundige Frau in der deutschen Literatur des Mittelalters, in: Hartmut Laufhütte (Hg.), Literaturgeschichte als Profession: Festschrift für Dietrich Jöns (Mannheimer Beiträge zur Sprach- und Literaturwissenschaft, 24), Tübingen 1993, S. 3–17.

Halm 2004 Heinz Halm, Die Araber. Von der vorislamischen Zeit bis zur Gegenwart (C.H. Beck, Wissen), München 2004.

Hamel 1994 Jürgen Hamel, Nicolaus Copernicus. Leben, Werk und Wirkung, Heidelberg / Berlin / Oxford 1994.

Harmening 1979 Dieter Harmening, Überlieferungs- und theoriegeschichtliche Untersuchungen zur kirchlich-theologischen Aberglaubensliteratur des Mittelalters, Berlin 1979.

Hartmann 2016 Florian Hartmann, Die Anfänge der Universität Bologna. Rhetoriklehre und das studium in artibus im 12. und 13. Jahrhundert, in: Jan-

Hendryk de Boer / Marian Füssel / Jana Madlen Schütte (Hgg.), Zwischen Konflikt und Kooperation. Praktiken der Gelehrtenkultur (12.-17. Jahrhundert), (Historische Forschungen, 114), Berlin 2016, S. 25–43.

Hasse 2002b Dag N. Hasse, Eine anstößige Eheschließung: die ‚Historia calamitatum' aus kulturwissenschaftlicher Sicht, in: ders., Abaelards ‚Historia calamitatum'. Text – Übersetzung – literaturwissenschaftliche Modellanalysen (De Gruyter Texte), Berlin / New York 2002, S. 260–284.

Heimpel 1982 Hermann Heimpel, Die Vener von Gmünd und Straßburg 1162–1447, 3 Bde. (Veröffentlichungen des MPI für Geschichte, 52), Göttingen 1982.

Helmrath 2002 Johannes Helmrath, *Vestigia Aeneae imitari*. Enea Silvio Piccolomini als „Apostel" des Humanismus. Formen und Wege seiner Diffusion, in: ders. / Ulrich Muhlack / Gerrit Walther (Hgg.), Diffusion des Humanismus. Studien zur nationalen Geschichtsschreibung europäischer Humanisten, Göttingen 2002, S. 99–141.

Herde 1967 Peter Herde, Beiträge zum päpstlichen Kanzlei- und Urkundenwesen im 13. Jahrhundert (Münchener Historische Studien, Abt. Historische Hilfswissenschaften, 1), 2. erw. Aufl., Kallmünz Opf. 1967.

Herde 1970 Peter Herde, Die Audientia litterarum contradictarum. Untersuchungen über die päpstlichen Justizbriefe und die päpstliche Delegationsgerichtsbarkeit vom 13. bis zum Beginn des 16. Jahrhunderts, 2 Teile (Bibliothek des DHI in Rom, 31/32), Tübingen 1970.

Hermann 1893 Max Hermann, Albrecht von Eyb, Berlin 1893.

Hesse 2002 Christian Hesse, Qualifikation durch Studium? Die Bedeutung des Universitätsbesuchs in der lokalen Verwaltung spätmittelalterlicher Territorien im Alten Reich, in: Günther Schulz (Hg.), Sozialer Aufstieg. Funktionseliten im Spätmittelalter und in der frühen Neuzeit, München 2002, S. 243–268.

Hesse 2017 Christian Hesse, Das Wirken der Gelehrten in der Gesellschaft. Möglichkeiten und Perspektiven des Repertorium Academicum Germanicum (RAG), in: Krzysztof Ożóg / Maciej Zdanek (Hgg.), Universitätsstudium und Gesellschaft in Mitteleuropa vom 15. bis zum 18. Jahrhundert (Historia et Monumenta Universitatis Jagellonicae 5), Kraków 2017, S. 253–264.

Hoye 1997 William J. Hoye, Die mittelalterliche Methode der Quaestio, in: Norbert Herold / Bodo Kensmann / Sibille Mischer (Hgg.), Philosophie: Studium, Text und Argument, Münster 1997, S. 155–178.

Huber-Rebenich 2002 Gerlinde Huber-Rebenich / Walther Ludwig (Hgg.), Humanismus in Erfurt (Acta Academiae Scientiarum, 7), Rudolstadt / Jena 2002.

Hülsen-Esch 2006 Andrea v. Hülsen-Esch, Gelehrte im Bild: Repräsentation, Darstellung und Wahrnehmung einer sozialen Gruppe im Mittelalter (Veröffentlichungen des MPI für Geschichte, 201), Göttingen 2006.

Immenhauser 2003 Beat Immenhauser, Universitätsbesuch zur Reformationszeit. Überlegungen zum Rückgang der Immatrikulationen nach 1521, in: Jb. für Universitätsgeschichte 6 (2003), S. 69–88.

Immenhauser 2007 Beat Immenhauser, Bildungswege – Lebenswege. Universitätsbesucher aus dem Bistum Konstanz im 15. und 16. Jahrhundert (Veröff. der Gesellschaft für Universitäts- und Wissenschaftsgeschichte, 8), Basel 2007.

Isenmann 2014 Eberhard Isenmann, Die deutsche Stadt im Spätmittelalter 1150–1550. Stadtgestalt, Recht, Verfassung, Stadtregiment, Kirche, Gesellschaft, Wirtschaft, 2. Aufl., Köln / Weimar / Wien 2014.

Jaeger 1994 Charles Steven Jaeger, The Envy of Angels: cathedral schools and social ideals in medieval Europe, 950 – 1200, Philadelphia 1994.

Jankrift 2003 Kay Peter Jankrift, Krankheit und Heilkunde im Mittelalter (Geschichte kompakt: Mittelalter), Darmstadt 2003.

Kauffmann 1993 Georg Kauffmann, Die Entstehung der Kunstgeschichte im 19. Jahrhundert, Opladen 1993.

Kaufmann 1888 Georg Kaufmann, Die Geschichte der deutschen Universitäten, 2. Bde., Stuttgart 1888/96 (ND: Graz 1958).

Kibre 1962 Pearl Kibre, Scholarly Privileges in the Middle Ages. The Rights, Privilegs and Immunities of Scholars and Universities at Bologna, Padua and Oxford (Medieval Academy of America, Public. Nr. 72), London 1962.

Kintzinger 1990 Martin Kintzinger, Das Bildungswesen in der Stadt Braunschweig im hohen und späten Mittelalter (Beiheft zum Archiv für Kulturgeschichte, 32), Köln / Wien 1990.

Kintzinger u.a. 1996 Martin Kintzinger / Sönke Lorenz / Michael Walther (Hgg.), Schule und Schüler im Mittelalter. Beiträge zur europäischen Bildungsgeschichte des 9. bis 15. Jahrhunderts (Beihefte zum Archiv für Kulturgeschichte, 42), Köln / Weimar / Wien 1996.

Kintzinger 2000 Martin Kintzinger, Status medicorum. Mediziner in der ständischen Gesellschaft des 14. bis 16. Jahrhunderts, in: Peter Johanek (Hg.), Städtisches Gesundheits- und Fürsorgewesen vor 1800 (Städteforschung, Reihe A: Darstellungen, 50), Köln / Weimar / Wien 2000, S. 63–91.

Kintzinger 2007 Martin Kintzinger, Wissen wird Macht. Bildung im Mittelalter, 2. Aufl., Ostfildern 2007 (zuerst 2003).

Kleineidam 1985 Erich Kleineidam, Universitas Studii Erffordensis. Überblick über die Geschichte der Universität Erfurt im Mittelalter, Bd. 1 u. 2 (Erfurter theologische Studien, 14 u. 22), 2. erw. Aufl., Leipzig 1985/92.

Knapp u.a. 2004 Fritz Peter Knapp / Jürgen Miethke / Manuela Niesner (Hgg.), Schriften im Umkreis mitteleuropäischer Universitäten um 1400. Lateinische und volkssprachige Texte aus Prag, Wien und Heidelberg: Unterschiede, Gemeinsamkeiten, Wechselbeziehungen (ESMAR, Bd. 20) Leiden / Boston 2004.

Kuttner 1964 Stephan Kuttner, Dat Galienus opes et sanctio Justiniana, in: Alessandro S. Crisafulli (Hg.), Linguistic and Literary Studies in Honor of Helmut A. Hatzfeld, Washington D.C. 1964, S. 237–246 (neu in: ders., The History of Ideas and Doctrines of Canon Law in the Middle Ages, Collected studies series, Bd. 113, London, 2. Aufl. 1992, Nr. X).

Landau 1997 Peter Landau, Johannes Teutonicus und Johannes Zemeke. Zu den Quellen über das Leben des Bologneser Kanonisten und Halberstädter Dompropstes, in: Ernst Ullmann (Hg.), Halberstadt – Studien zu Dom und Liebfrauenkirche. Königtum und Kirche als Kulturträger im östlichen Harzvorland (Abhandlungen der Sächsischen AdW zu Leipzig, philolog..-histor. Kl., 77/2 = Schriftenreihe der Kommission für Niedersächsische Bau- und Kunstgeschichte bei der Braunschweigischen Wissenschaftlichen Gesellschaft, 7), Berlin 1997, S. 18–29.

Landau 2005 Peter Landau, Der Entstehungsort des Sachsenspiegels. Eike von Repgow, Altzella und die anglo-normannische Kanonistik, in: DA 61 (2005), S. 73–101.

Lange 1980 Hermann Lange, Vom Adel des doctor, in: Klaus Luig (Hg.), Das Profil des Juristen in der europäischen Tradition. Symposion aus Anlaß des 70. Geburtstages von Franz Wieacker, Ebelsbach 1980, S. 279–294.

LeGoff 1986 Jacques LeGoff, Die Intellektuellen im Mittelalter, Stuttgart 1986.

Lewis 1995 Bernhard Lewis, Die Araber. Aufstieg und Niedergang eines Weltreiches, Wien / München 1995.

Lindgren 2004 Uta Lindgren, Die Artes liberales in Antike und Mittelalter: bildungs- und wissenschaftsgeschichtliche Entwicklungslinien (Algorismus: Studien zur Geschichte der Mathematik und der Naturwissenschaften, 8), Augsburg 2004.

Lohrmann 1993 Dietrich Lohrmann, Alcuins Korrespondenz mit Karl dem Großen über Kalender und Astronomie, in: Butzer/Lohrmann 1193, S. 79–114.

Lorenz 1985 Sönke Lorenz, Libri ordinarie legendi. Eine Skizze zum Lehrplan der mitteleuropäischen Artistenfakultät um die Wende vom 14. zum 15. Jahrhundert, in: Wolfram Hogrebe (Hg.), Argumente und Zeugnisse (Studia Philosophica et Historica, 5), Frankfurt a.M. / Bern / New York 1985, S. 204–258.

Lorenz 1999 Sönke Lorenz (Hg.), Attempto – oder wie stiftet man eine Universität. Die Universitätsgründungen der sogenannten zweiten Gründungswelle im Vergleich (Contubernium, 50), Stuttgart 1999.

Lubich 2014 Gerhard Lubich, „Scientia inflat, caritas vero aedificat" [1Kor 8, 1]. Wissen und Wissenschaft im Bischofsideal des Früh- und Hochmittelalters – das Beispiel Köln, in: Heinz Finger / Joachim Oepen / Stefan Pätzold (Hgg.), Christen, Priester, Förderer der Wissenschaften. Die Kölner Erzbischöfe des Mittelalters als Geistliche und Gelehrte in ihrer Zeit (Schriften der Erzbischöflichen Diözesan- und Dombibliothek Köln, 55), Köln 2014, S. 15–33.

Mai/Chrobag 2009 Paul Mai / Werner Chrobag (Hgg.), Konrad von Megenberg: Regensburger Domherr, Dompfarrer und Gelehrter (1309 – 1374), Regensburg 2009.

Maleczek 1985 Werner Maleczek, Das Papsttum und die Anfänge der Universität im Mittelalter, in: Römische Historische Mitteilungen 27 (1985), S. 85–144.

Matheus 2012 Michael Matheus, Vatikanische Quellen und europäische Universitätsgeschichte, in: ders. (Hg.), Friedensnobelpreis und historische Grundlagenforschung. Ludwig Quidde und die Erschließung der kurialen Registerüberlieferung (Bibliothek des DHI in Rom, 124), Berlin 2012, S. 303–322.

May 1994 Georg May, Konservatoren, Konservatoren der Universitäten und Konservatoren der Universität Erfurt im hohen und späten Mittelalter, in: Zs. für Rechtsgeschichte, Kanonistische Abteilung 80 (1994), S. 99–248.

Meyer 1986 Andreas Meyer, Zürich und Rom. Ordentliche Kollatur und päpstliche Provision am Frau- und Großmünster 1316–1523 (Bibliothek des DHI in Rom, 64), Tübingen 1986.

Meyer 1991 Andreas Meyer, Der deutsche Pfründenmarkt im Spätmittelalter, in: Quellen und Forschungen aus italienischen Archiven und Bibliotheken [= QFIAB] 71 (1991), S. 266–279.

Miethke 2004 Jürgen Miethke, Studieren an mittelalterlichen Universitäten. Chancen und Risiken. Gesammelte Aufsätze (ESMAR, 19), Leiden / Boston 2004.

Moeller u.a. 1983 Bernd Moeller / Hans Patze / Karl Stackmann (Hgg.), Studien zum städtischen Bildungswesen des späten Mittelalters und der frühen Neuzeit (Abhandlungen der AdW in Göttingen, philolog.-histor. Kl., 3. Folge, 137), Göttingen 1983.

Moraw 1980 Peter Moraw, Über Typologie, Chronologie und Geographie der Stiftskirche im deutschen Mittelalter, in: MPI für Geschichte (Hg.), Untersuchungen zu Kloster und Stift (Studien zur Germania Sacra, 14), Göttingen 1980, S. 9–37.

Moraw 1983 Peter Moraw, Heidelberg: Universität, Hof und Stadt im ausgehenden Mittelalter, in: Moeller u.a. 1983, S. 524–552.

Moraw 1987 Peter Moraw, Über Entwicklungsunterschiede und Entwicklungsausgleich im deutschen und europäischen Mittelalter, ein Versuch, in: Uwe Bestmann / Franz Irsigler / Jürgen Schneider (Hgg.), Hochfinanz, Wirtschaftsräume, Innovationen. Festschrift für Wolfgang von Stromer, Bd. 2, Trier 1987, S. 583–622.

Moraw 1995 Peter Moraw, Stiftspfründen als Elemente des Bildungswesens im spätmittelalterlichen Reich, in: Irene Crusius (Hg.), Studien zum weltlichen Kollegiatstift in Deutschland (Studien zur Germania Sacra 114), Göttingen 1995, S. 270–297.

Moraw 2008 Peter Moraw, Gesammelte Beiträge zur deutschen und europäischen Universitätsgeschichte: Strukturen, Personen, Entwicklungen (ESMAR, 31), Leiden / Boston 2008.

Müller 1974 Rainer A. Müller, Universität und Adel – eine soziostrukturelle Studie zur Geschichte der bayrischen Landesuniversität Ingolstadt 1472–1648 (Ludovico Maximilianea. Forschungen, 7), Berlin 1974.

Müsegades 2014 Benjamin Müsegades, Fürstliche Erziehung und Ausbildung im spätmittelalterlichen Reich (Mittelalter-Forschungen, 47), Ostfildern 2014.

Neddermeyer 1998 Uwe Neddermeyer, Von der Handschrift zum gedruckten Buch: Schriftlichkeit und Leseinteresse im Mittelalter und in der frühen Neuzeit; quantitative und qualitative Aspekte, 2 Bde. (Buchwissenschaftliche Beiträge aus dem Deutschen Bucharchiv München, 61), Wiesbaden 1998.

Nonn 2012 Ulrich Nonn, Mönche, Schreiber und Gelehrte: Bildung und Wissenschaft im Mittelalter, Darmstadt 2012.
O'Boyle 1998 Cornelius O'Boyle, The art of medicine. Medical Teaching at the University of Paris 1250 – 1400 (ESMAR, 9), Leiden / Boston 1998.
Paasch/Döbler 2001 Kathrin Paasch / Eckehard Döbler (Hg.), Der Schatz des Amplonius. Die große Bibliothek des Mittelalters in Erfurt. Begleitbuch zur gleichnamigen Ausstellung der Stadt- und Regionalbibliothek Erfurt in Zusammenarbeit mit dem Angermuseum Erfurt vom 2.9. bis 4.11.2001, Erfurt 2001.
Parish 2005 Helen L. Parish, Monks, Miracles and Magic. Reformation Representations of the Medieval Church, London / New York 2005.
Paulsen 1881 Friedrich Paulsen, Die Gründung der deutschen Universitäten im Mittelalter, in: Historische Zs. 45 (1881), S. 251–311.
Perkams 2015 Matthias Perkams, Das Wissen des Nichtwissens in der Schule von Nisibis, in: Phasis 18 (2015), S. 166–190.
Prüll 1996 Cay-Rüdiger Prüll, Die „Karriere" der Heilkundigen an der Kölner Universität zwischen 1389 und 1520, in: Schwinges 1996, S. 135–158.
Przypkowski 1962 Tadeusz Przypkowski, Bylicas Sternglobus und die ersten neuzeitlichen Himmelskarten, in: Festschrift zum zehnjährigen Bestand des Coronelli-Weltbundes der Globusfreunde (Der Globusfreund, 11), Wien 1962, S. 103–112.
Rapp 1983 Francis Rapp, Die Lateinschule in Schlettstadt – eine große Schule für eine Kleinstadt, in: Moeller u.a. 1983, S. 215–234.
Reich/Rexroth 2012 Björn Reich / Frank Rexroth (Hgg.), Wissen, maßgeschneidert. Experten und Expertenkulturen im Europa der Vormoderne (HZ Beihefte, N.F. 57), München 2012.
Reinhard 1988 Wolfgang Reinhard, Kirche als Mobilitätskanal in der frühneuzeitlichen Gesellschaft, in: Winfried Schulze (Hg.), Ständische Gesellschaft und soziale Mobilität (Schriften des Historischen Kollegs, Kolloquien, 12), München 1988, S. 333–351.
Reinhardt 2013 Volker Reinhardt, Pius II. Piccolomini. Der Papst, mit dem die Renaissance begann. Eine Biographie, München 2013.
Reinle 2016 Christine Reinle (Hg.), Stand und Perspektiven der Sozial- und Verfassungsgeschichte. Der Forschungseinfluss Peter Moraws auf die deutsche Mediävistik (Studien und Texte zur Geistes- und Sozialgeschichte, 10), Affalterbach 2016.
Reudenbach 1999 Bruno Reudenbach, Rectitudo als Projekt: Bildpolitik und Bildungsreform Karls des Großen, in: Schaefer 1999, S. 283–308.
Rexroth 1992 Frank Rexroth, Deutsche Universitätsstiftungen von Prag bis Köln. Die Intentionen des Stifters und die Wege und Chancen ihrer Verwirklichung im spätmittelalterlichen deutschen Territorialstaat (Beiheft zum Archiv für Kulturgeschichte, 34), Köln / Weimar / Wien 1992.
Riché 1999 Pierre Riché, Die Welt der Karolinger, 2. Aufl., Stuttgart 1999 (zuerst: Paris 1963).
Rizek-Pfister 2000 Cornelia Rizek-Pfister, Petrus Abaelardus, Prologus in 'Sic et non', in: Paul Michel / Hans Weder (Hgg.), Studien zur Geschichte von

Exegese und Hermeneutik. Bd. 1: Sinnvermittlung, Zürich 2000, S. 207–252.

Röckelein 2000 Hedwig Röckelein, Weibliche Gelehrsamkeit im Mittelalter, in: Trude Maurer (Hg.), Der Weg an die Universität. Höhere Frauenstudien vom Mittelalter bis zum 20. Jahrhundert, Göttingen 2000, S. 23–47.

Röckelein 2016 Hedwig Röckelein, Studentinnen im Mittelalter? – Diskontinuitäten europäischer Universitäten, in: Andreas Berger / Andreas Speer (Hgg.), Wissenschaft mit Zukunft. Die ‚alte' Kölner Universität im Kontext der europäischen Universitätsgeschichte (Studien zur Geschichte der Universität Köln, 19), Köln / Weimar / Wien 2016, S. 137–171.

Rüegg 1993 Walther Rüegg (Hg.), Geschichte der Universität in Europa, Bd. 1: Mittelalter, München 1993.

Schaefer 1999 Ursula Schaefer (Hg.), Artes im Mittelalter: Wissenschaft, Kunst, Kommunikation, Berlin 1999.

Schipperges 1976 Heinrich Schipperges, Arabische Medizin im lateinischen Mittelalter (Sitzungsberichte der Heidelberger AdW, math.-naturwiss. Kl., 1976/2), Berlin / Heidelberg / New York 1976.

Schipperges 1987 Heinrich Schipperges, Der Garten der Gesundheit. Medizin im Mittelalter, 2. Aufl., München 1987.

Schmieder 1994 Felicitas Schmieder, Europa und die Fremden: die Mongolen im Urteil des Abendlandes vom 13. bis in das 15. Jahrhundert (Beiträge zur Geschichte und Quellenkunde des Mittelalters; 16), Sigmaringen 1994.

Schmieder 2005 Felicitas Schmieder, Das Werden des mittelalterlichen Europa aus dem Kulturkontakt: Voraussetzungen und Anfänge der europäischen Expansion, in: Renate Dürr / Gisela Engel / Johannes Süßmann (Hgg.), Expansionen in der Frühen Neuzeit (ZHF. Beiheft, 34), Berlin 2005, S. 27–41.

Schmugge 1995 Ludwig Schmugge, Kirche, Kinder, Karrieren. Päpstliche Dispense von der unehelichen Geburt im Spätmittelalter, Zürich 1995.

Schmutz 1996 Jürg Schmutz, Erfolg oder Mißerfolg? Die Supplikenrotuli der Universitäten Heidelberg und Köln 1389–1425 als Instrumente der Studienfinanzierung, in: ZHF 23 (1996), S. 145–167.

Schmutz 2000 Jürg Schmutz, Juristen für das Reich. Die deutschen Rechtsstudenten an der Universität Bologna 1265 – 1425, 2 Bde. (Veröff. der Gesellschaft für Universitäts- und Wissenschaftsgeschichte, 2), Basel 2000.

Schnur 1986 Roman Schnur (Hg.), Die Rolle der Juristen bei der Entstehung des modernen Staates, Berlin 1986.

Schöner 1994 Christoph Schöner, Mathematik und Astronomie an der Universität Ingolstadt im 15. und 16. Jahrhundert (Ludovico Maximilianea, Forschungen und Quellen, 13), Berlin 1994.

Schuh 2013 Maximilian Schuh, Aneignungen des Humanismus. Institutionelle Praktiken an der Universität Ingolstadt im 15. Jahrhundert (ESMAR, 47), Leiden / Boston 2013.

Schuler 1976 Peter-Johannes Schuler, Geschichte des Südwestdeutschen Notariats. Von seinen Anfängen bis zur Reichsnotariatsordnung von 1512

(Veröffentlichungen des Alemannischen Instituts Freiburg i. Br., 39), Bühl (Baden) 1976.

Schulthess / Imbach 1996 Peter Schulthess / Ruedi Imbach, Die Philosophie im lateinischen Mittelalter: ein Handbuch mit einem bio-bibliographischen Repertorium, Zürich u.a. 1996.

Schwarz 1991 Brigide Schwarz, Klerikerkarrieren und Pfründenmarkt. Perspektiven einer sozialgeschichtlichen Auswertung des Repertorium Germanicum, in: QFIAB 71 (1991), S. 243–265.

Schwarz 2003 Brigide Schwarz, Das Repertorium Germanicum. Eine Einführung, in: Vierteljahrsschrift für Sozial- und Wirtschaftsgeschichte 90 (2003), S. 429–440.

Schwinges 1986 Rainer C. Schwinges, Deutsche Universitätsbesucher im 14. und 15. Jahrhundert (Beiträge zur Sozial- und Verfassungsgeschichte des Alten Reiches, 6), Stuttgart 1986.

Schwinges 1993 Rainer C. Schwinges, Der Student in der Universität, in: Rüegg 1993, S. 181–223.

Schwinges 1996 Rainer Christoph Schwinges (Hg.), Gelehrte im Reich. Zur Sozial- und Wirkungsgeschichte akademischer Eliten des 14. bis 16. Jahrhunderts (ZHF, Beiheft 18), Berlin 1996.

Schwinges 2007 Rainer C. Schwinges (Hg.), Examen, Titel, Promotionen: akademisches und staatliches Qualifikationswesen vom 13. bis zum 21. Jahrhundert (Veröffentlichungen der Gesellschaft für Universitäts- und Wissenschaftsgeschichte, 7), Basel 2007.

Schwinges 2008 Rainer C. Schwinges, Studenten und Gelehrte: Studien zur Sozial- und Kulturgeschichte deutscher Universitäten im Mittelalter (ESMAR, 32), Leiden / Boston 2008.

Seibt 1973 Ferdinand Seibt, Von Prag bis Rostock: zur Gründung der Universitäten in Mitteleuropa, in: Helmut Beumann (Hg.), Festschrift für Walther Schlesinger, Bd. 1 (Mitteldeutsche Forschungen 74/1), Köln / Wien 1973, S. 406–426.

Seifert 1996 Arno Seifert, Das höhere Schulwesen – Universitäten und Gymnasien, in: Berg u.a. 1996, S. 197–374.

Sommer u.a. 2017 Marianne Sommer / Staffan Müller-Wille / Carsten Reinhardt (Hgg.), Handbuch Wissenschaftsgeschichte, Stuttgart 2017 (zugleich e-Book Springer).

Sottili 2006 Agostino Sottili, Humanismus und Universitätsbesuch: die Wirkung italienischer Universitäten auf die Studia Humanitatis nördlich der Alpen = Renaissance humanism and university studies: Italian universities and their influence on the Studia Humanitatis in Northern Europe (ESMAR, 26), Leiden [u.a.] 2006.

Spörl 1935 Johannes Spörl, Grundformen hochmittelalterlicher Geschichtsanschauung. Studien zum Weltbild der Geschichtsschreiber des 12. Jahrhunderts, München 1935 (ND: Darmstadt 1968).

Springer 2011 Klaus Bernward Springer, Luther als Student der Artes und studentisches Leben in Erfurt im Spätmittelalter und zu Beginn der Frühen Neuzeit, in: Mitteilungen des Vereins für die Geschichte und Altertumskunde Erfurts 72 = N.F. 19 (2011), S. 72–97.

Steckel 2011 Sita Steckel, Kulturen des Lehrens im Früh- und Hochmittelalter. Autorität, Wissenskonzepte und Netzwerke von Gelehrten (Norm und Struktur. Studien zum sozialen Wandel in Mittelalter und Früher Neuzeit, 39), Köln / Weimar / Wien 2011.

Steffen 1981 Walter Steffen, Die studentische Autonomie im mittelalterlichen Bologna. eine Untersuchung über die Stellung der Studenten und ihrer Universitas gegenüber Professoren und Stadtregierung im 13./14. Jahrhundert (Geist und Werk der Zeiten, 58), Bern / Frankfurt am Main / Las Vegas 1981.

Stein 1996 Peter G. Stein, Römisches Recht und Europa. Die Geschichte einer Rechtskultur (Fischer-TB, 60102), Frankfurt / Main 1996.

Stein 2006 Peter Stein, Schriftkultur. Eine Geschichte des Schreibens und Lesens, Darmstadt 2006.

Steinmetz 2011 Dirk Steinmetz, Die Gregorianische Kalenderreform von 1582: Korrektur der christlichen Zeitrechnung in der Frühen Neuzeit, Oftersheim 2011.

Stelzer 1978 Winfried Stelzer, Zum Scholarenprivileg Friedrich Barbarossas (Authentica „Habita"), in: DA 34 (1978), S. 123–164.

Sternagel 1966 Peter Sternagel, Die artes mechanicae im Mittelalter. Begriffs- und Bedeutungsgeschichte bis zum Ende des 13. Jahrhunderts, Kallmünz / OPf. 1966.

Sticker 1908 Georg Sticker, Die Geschichte der Pest (Abhandlungen aus der Seuchengeschichte und Seuchenlehre, Bd. 1/1), Gießen 1908.

Stierle 2003 Karlheinz Stierle, Francesco Petrarca: ein Intellektueller im Europa des 14. Jahrhunderts, München 2003.

Strack 2010 Georg Strack, Thomas Pirckheimer (1418–1473): gelehrter Rat und Frühhumanist (Historische Studien, 496), Husum 2010.

Strohmaier 2003 Gotthard Strohmaier, Hellas im Islam. Interdisziplinäre Studien zur Ikonographie, Wissenschaft und Religionsgeschichte (Diskurse der Arabistik, 6), Wiesbaden 2003.

Sturlese 2013 Loris Sturlese, Die Philosophie im Mittelalter: von Boethius bis Cusanus (Beck'sche Reihe, 2821), München 2013.

Stürner 2000 Wolfgang Stürner, Friedrich II., Bd. 2: Der Kaiser 1220–1250 (Gestalten des Mittelalters und der Renaissance), Darmstadt 2000.

Treml 1989 Christine Treml, Humanistische Gemeinschaftsbildung. Soziokulturelle Untersuchungen zur Entstehung eines neuen Gelehrtenstandes in der frühen Neuzeit (Historische Texte und Studien, 12), Heidelberg 1989.

Tremp/Schmuki 2010 Ernst Tremp / Karl Schmuki (Hgg.), Alkuin von York und die geistige Grundlegung Europas, St. Gallen 2010.

Trusen 1962 Winfried Trusen, Anfänge des gelehrten Rechts in Deutschland (Recht und Geschichte, 1), Wiesbaden 1962.

Vergér 1995 Jacques Vergér, Les universités francaises au Moyen Age (ESMAR, 7), Leiden / Boston 1995.

Wagner 1999 Wolfgang Eric Wagner, Universitätsstift und Kollegium in Prag, Wien und Heidelberg. Eine vergleichende Untersuchung spätmittelalterlicher Stiftungen im Spannungsfeld von Herrschaft und Genossenschaft

(Europa im Mittelalter. Abhandlungen und Beiträge zur historischen Komparatistik, 2), Berlin 1999.

Walther 1986 Helmut G. Walther, Die Anfänge des Rechtsstudiums und die kommunale Welt Italiens im Hochmittelalter, in: Fried 1986, S. 121–162.

Walther 1989 Helmut G. Walther, Gelehrtes Recht, Stadt und Reich in der politischen Theorie des Basler Kanonisten Peter von Andlau, in: Hartmut Boockmann / Bernd Moeller / Karl Stackmann (Hgg.), Lebenslehren und Weltentwürfe im Übergang vom Mittelalter zur Neuzeit (Abhandlungen der AdW in Göttingen, philolog.-histor. Kl., 3. Folge, Nr. 179), Göttingen 1989, S. 77–111.

Walther 1999 Helmut G. Walther, Die Wiedereroberung des Heiligen Landes durch ein gesamt-abendländisches Kreuzfahrerheer 1325/28 und die Öffnung des Seeweges nach Indien, in: Michael Salewski, Was wäre wenn. Alternativ- und Parallelgeschichte: Brücken zwischen Phantasie und Wirklichkeit (Historische Mitteilungen der Ranke-Gesellschaft. Beiheft, 36), Stuttgart 1999, S. 81–90.

Weichselbaumer 2010 Nikolaus Weichselbaumer, Das Peciensystem. Zur Buchherstellung an der mittelalterlichen Universität, in: Jahresbericht der Erlanger Buchwissenschaft 2010, S. 39–45.

Wejwoda 2012 Marek Wejwoda, Spätmittelalterliche Jurisprudenz zwischen Rechtspraxis, Universität und kirchlicher Karriere. Der Leipziger Jurist und Naumburger Bischof Dietrich von Bocksdorf (ca. 1410 – 1466), (ESMAR, 42), Leiden / Boston 2012.

Wendehorst/Benz 1997 Alfred Wendehorst / Stefan Benz, Verzeichnis der Säkularkanonikerstifte der Reichskirche (Schriften des Zentralinstituts für fränkische Landeskunde und allgemeine Regionalforschung an der Universität Erlangen-Nürnberg, 35), 2. Aufl., Neustadt / Aisch 1997.

Wilson 1987 Katharina M. Wilson (Hg.), Hrotsvit of Gandersheim: rara avis in Saxonia? (Medieval and Renaissance Monograph Series, 7), Ann Arbor (Mich.) 1987.

Winterhager 1999 Wilhelm Ernst Winterhager, Wittenberg und Marburg als Universitäten der Reformation. Humanistischer Aufbruch, reformatorische Bildungskrise und Hochschulreformdebatten im frühen 16. Jahrhundert, in: Sachsen-Anhalt 22 (1999/2000), S. 189–238.

Wriedt 1983 Klaus Wriedt, Schulen und bürgerliches Bildungswesen in Norddeutschland im Spätmittelalter, in: Moeller u.a. 1983, S. 152–171.

Zorzi 1992 Alvise Zorzi, Marco Polo. Eine Biographie, Hildesheim 1992.

Glossar

Ärzteverschwörung: Die letzte systematische Terror- und Verfolgungswelle unter Josef W. Stalin (1878–1953) traf die jüdische Bevölkerungsgruppe in der Sowjetunion, welche der Sympathie mit dem Staat Israel verdächtig war. Führende jüdische Ärzte wurden beschuldigt, Giftanschläge gegen die Sowjetführung zu planen. Die Kampagne endete nach Stalins plötzlichem Tod.

Apokalypse: Die christlichen Vorstellungen vom Weltende und „Jüngsten Gericht" gehen auf eine in die Bibel aufgenommene Prophezeiung (Offenbarung des Johannes) zurück. Diese schildert die Endzeit mit ihren göttlichen Strafen, das Auftreten des Antichrist sowie der endzeitlichen Völker Gog und Magog und zuletzt die Wiederkehr des Erlösers.

artes liberales: Als (sieben) „freie Künste" bezeichnete man seit der Antike die Studienfächer der höheren Bildung. Das Trivium (übersetzt „Dreiweg") – Grammatik, Rhetorik, Logik (Dialektik) – vermittelt jenes sprachliche und argumentativ-logische Rüstzeug, ohne welches jedes weitere Studium nicht zu bewältigen war; das Quadrivium, der „Vierweg", beinhaltet die mathematischen Disziplinen: Arithmetik, Geometrie, Musik, Astronomie.

Avignonesisches Papsttum, 1309–1377: Der Einflussgewinn des französischen Königtums gegenüber dem Papsttum führte im 14. Jahrhundert zur mehrfachen Wahl französischer Päpste und zu deren Übersiedlung ins südfranzösische Avignon. Zunehmende Geldnot, u.a. durch den Verlust der Kontrolle über den Kirchenstaat, führte zum Ausbau des Benefizialwesens („Pfründenmarkt").

Chronologie: Auch Komputistik genannt, ist die Lehre von der Zeitrechnung, basierend auf Mathematik und Astronomie.

Dispens: Eine D. ist eine Ausnahmebewilligung unter Aufhebung entgegenstehender Rechtsvorschriften im begründeten Einzelfall. Im mittelalterlichen Kirchenrecht ermöglichten beispielsweise Geburtsdispense die Zulassung zu einem kirchlichen Amt trotz unehelicher Geburt.

Disputatio: vgl. Quaestio

Enzyklopädie: Ein umfassendes, systematisch geordnetes Nachschlagewerk alles verfügbaren Wissens. Im Mittelalter bestimmten insbes. die *Naturalis historia* des antiken Autors Plinius sowie die *Etymologiae* des frühmittelalterlichen Bischofs Isidor von Sevilla den Wissenskanon.

Etymologie: E. ist die Lehre von der Herkunft und Geschichte der Wörter. Im Mittelalter kam der Etymologie große Bedeutung im Erkenntnisprozess zu, da man glaubte, dass Wörter zuverlässig das Wesen der mit ihnen bezeichneten Sache kennzeichnen.

Eucharistie: Der Begriff E. bezeichnet das liturgische Abendmahl als das wichtigste der sieben Sakramente (Heilszeichen, darunter auch die Taufe und die Ehe). Als zentrales Element des christlichen Gottesdienstes vergegenwärtigt es Christus durch die Reichung von Brot und Wein, welche als Leib und Blut Christi (Realpräsenz) interpretiert werden.

Exkommunikation: Mit E. (Kirchenbann) wird der Ausschluss aus der christlichen Gemeinschaft bezeichnet, welcher als Folge von schwerem Fehlverhalten durch die kirchlichen Oberen, insbesondere durch den Papst verhängt wird. Häufig als Beugestrafe eingesetzt, fand die E. im Spätmittelalter auch bei vielen rein „weltlichen" Vergehen Anwendung und wurde so in ihrer religiösen Funktion entwertet.

Expektanz: Im spätmittelalterlichen kirchlichen Benefizialrecht ist die E. eine Anwartschaft auf eine → Pfründe. Der Expektant kann dadurch beim Tod eines Amtsinhabers auf die frei werdende Stelle nachrücken. E.en wurden sowohl durch die örtlichen kirchlichen Institutionen (oft an minderjährige Verwandte der aktuellen Stelleninhaber) oder durch den Papst (oft an Studierte) vergeben.

Fakultät: Bezeichnung für die wichtigste Verwaltungseinheit einer → Universität seit dem Mittelalter. Ursprünglich unterteilten sich Universitäten in vier Fakultäten: Artes (später Philosophie), Theologie, Jura und Medizin; die letzteren drei werden auch als „höhere Fakultäten" bezeichnet. Geleitet wird die Fakultät durch einen Dekan.

Glosse: Didaktisches Mittel und Erkenntnisinstrument in der scholastischen Wissenschaft, indem die autoritativen Texte durch (z.T. sehr ausführliche) Randbemerkungen kommentiert werden. Als Glossatoren werden insbes. die Juristen bezeichnet, die die Gesetzeswerke des römischen und kanonischen Rechts kommentierten.

Häresie / Ketzerei: Die H. ist eine vom allgemein anerkannten kirchlichen Dogma abweichende Glaubenslehre. Nach der v.a. im 12./13. Jahrhundert verbreiteten häretischen Sekte der Katharer (vom griechischen Wort καθαρός = *katharós*, wörtlich übersetzt „rein") auch als Ketzerei bezeichnet.

Interdikt: Im mittelalterlichen Kirchenrecht versteht man unter (Lokal-)I. das Verbot aller gottesdienstlichen Handlungen in einem Territorium, z.B. einer Stadt, einem Fürstentum oder gar einem ganzen Königreich. Als Kollektivstrafe diente es, ähnlich der → Exkommunikation, oft als kirchliche Beugestrafe, um politische Interessen durchzusetzen.

Investiturstreit: Als I. bezeichnet man eine lange Phase der Auseinandersetzungen zwischen dem Papst und den römisch-deutschen Herrschern (zwischen 1076 und 1122) um das Recht der Bischofseinsetzung (Investitur). Er führte zu einer umfangreichen Welle gelehrter Streitschriftenliteratur, in welcher das Verhältnis zwischen weltlicher und geistlicher Macht (*regnum et sacerdotium*) grundsätzlich diskutiert und eine Abgrenzung und Aufgabenteilung angestrebt wurde.

Jesuiten: Die 1534 in Spanien gegründete Ordensgemeinschaft der J. (*Societas Jesu*) wurde im Zeitalter der Gegenreformation eine ‚Speerspitze' der katholischen Erneuerungsbewegung. Die Ordensgeistlichen taten sich u.a. bei der Reorganisation der höheren Bildung in den katholischen Gebieten hervor.

kairos (καιρός): Fremdwort aus dem Griechischen („günstiger Zeitpunkt"), in der Antike als Gott personifiziert.

Kapitularien(gesetzgebung): Kapitularien sind königliche Anordnungen mit Gesetzescharakter aus karolingischer Zeit (8./9. Jahrhundert). Sie dienten der Regulierung der Herrschaft, der sozialen und wirtschaftlichen Ordnung sowie kultureller Angelegenheiten (wie z.B. des Bildungswesens) und sind Ausdruck einer gezielten Reformpolitik, die vom Königshof und seinen kirchlich-gelehrten Beraterkreisen ausging.

Kasuistik: In der Rechtswissenschaft bezeichnet K. eine Rechtsordnung, die sich an konkreten rechtlichen Streitfällen (*casus*) und deren gerichtlicher Einzelfallentscheidung orientiert. Die juristische Norm wird hier abstrahierend aus der früheren Fallbeurteilung durch eine als höhere Autorität geltende Instanz (beispielsweise ein früherer Papst, aber auch Gott, vermittelt über Bibeltexte) gewonnen.

Konzilien von Konstanz und Basel: Zur Beendigung des → Großen Abendländischen Schismas wurde 1414 in Konstanz eine umfassende Kirchenversammlung (Konzil) einberufen, an der führende Geistliche sowie Abgesandte weltlicher Mächte und der Universitäten teilnahmen. Es folgte die Absetzung der streitenden Päpste und 1417 die Wahl Papst Martins V. Man vereinbarte zugleich die turnusmäßige Abhaltung von Konzilien, was 1431 zur Einberufung eines Konzils in Basel führte, welches von 1431 bis 1449 dauerte und als Organ der Kirchenleitung in Konkurrenz zum Papsttum trat (Basler Schisma).

Kurie, Römische: Der Begriff *Romana curia* bezeichnet den päpstlichen Hof, d.h. die Gesamtheit der für den Papst tätigen Personen (Kurialen). Seit dem Hochmittelalter bildete die Kurie einen zunehmend ausdifferenzierten, professionalisierten Verwaltungsapparat aus; viele Kuriale bis hinauf zu den Kardinälen und dem Papst waren universitär gebildet.

Lectio: Traditionelle Lehrform im mittelalterlichen Bildungsbetrieb, in welcher die autoritativen Texte vorgelesen und die Bedeutung der einzelnen Begriffe und Textpassagen vom Dozenten kommentiert werden.

Logik (Kategorien, Syllogismus): Als L. bezeichnet man die Lehre vom richtigen Schlussfolgern in Übereinstimmung mit formalen Regeln. Im Mittelalter höchst einflussreich war die aristotelische Logik, die auf bestimmten formalen Schlussformeln (Syllogismen) basiert.

Minnelyrik: Höfisch-ritterliche Liebeslyrik im 12./13. Jahrhundert in Frankreich (Troubadours) und Deutschland (Minnesang), verfasst in der Volkssprache. Viele ‚Minnesänger' behandelten auch gesellschaftlich-moralische und politische Themen (Sangspruchdichtung).

Musen (Die Neun): In der griechischen Mythologie Schutzgöttinnen der Künste, Töchter des Göttervater Zeus und der Mnemosyne (der Göttin der Erinnerung). Im Einzelnen sind dies: Klio (Geschichte), Melpomene (Tragödie), Terpsichore (Tanz), Thalia (Komödie), Euterpe (Musik), Erato (Liebesdichtung), Urania (Astronomie), Polyhymnia (feierlicher Gesang), Kalliope (epische Dichtung, Rhetorik und Wissenschaften). Ein populärer Merkspruch, gebildet aus den Anfangssilben der Namen, lautet: „Kliometerthal Euer Urpokal".

Mystik: Im mittelalterlichen Christentum Bezeichnung einer religiösen Strömung, die Gotteserkenntnis durch direkte (ekstatische) Erfahrung zu gewinnen sucht und diese literarisch verarbeitet, damit ein gewisses Gegenmodell zur rationalen Universitätstheologie bildend. Zu den Mystikern des Spätmittelalters gehören viele Frauen.

Nation (Universitäts-): An vielen spätmittelalterlichen → Universitäten bildeten die *nationes* landsmannschaftliche Vereinigungen, denen die Studenten je nach ihrer räumlichen Herkunft zugeordnet waren, so etwa in Bologna, Paris, Wien und Leipzig.

Nepotismus: Abgeleitet vom lateinischen Wort *nepos* (Neffe), bezeichnet N. eine im Mittelalter weit verbreitete und als moralisch legitim geltende Praxis der Begünstigung von Verwandten. Im kirchlichen Bereich war es üblich, dass geistliche Würdenträger ihre Verwandten (oft Neffen, da sie selbst keine legitimen Kinder haben konnten) in ihrer Karriere förderten.

Ottonisch-salisches Reichskirchensystem: Enge politisch-personelle Verflechtung von Königtum und geistlichen Institutionen (Bischofskirchen, Reichsklöstern) im deutschen Hochmittelalter, vermittelt v.a. über das Instrument königlicher Bischofseinsetzung (→ Investiturstreit). Die Kirche mit ihren großen sakralen, wirtschaftlich-politischen und nicht zuletzt intellektuellen Ressourcen wurde so zur wichtigsten Stütze königlicher Herrschaft.

Patronatsrecht: Das Kirchenpatronat ist die Schutz- und Schirmherrschaft über eine geistliche Institution oder eine konkrete geistliche Stelle, z.B. eine Pfarrkirche oder ein Altarbenefizium. Es kommt i.d.R. deren Stifter zu, der dadurch insbes. das Besetzungsrecht für die Stelle beanspruchen darf. Viele geistliche Stiftungen in Städten des Spätmittelalters dienten der Alimentierung geistlich werdender Familienangehöriger. Da das Besetzungsrecht dieser Stellen nach einigen Generationen häufig an den Stadtrat fiel, konnten somit auch die Städte einen ‚Stellenpool' für geistlich-gelehrtes Personal aufbauen.

Peciensystem: Ein rationelles Verfahren der Buchproduktion an der mittelalterlichen Universität. Die Texte wurden in genormte Abschnitte unterteilt (Pecien oder Lagen) und von mehreren Schreibern parallel abgeschrieben, die fertigen Lagen zuletzt zur Handschrift gebunden.

Pfründe: Eine P. (von lat. *praebenda* für Unterhalt) ist das zu einem geistlichen Amt (*beneficium* = dt. Wohltat / Lehen) gehörende Einkommen; der Begriff wird häufig auch synonym für das Amt selbst gebraucht. Pfründeneinkünfte, sowohl in Naturalien als auch in Form von Geld, stellten die wichtigste Einkommensquelle für die meist klerikalen spätmittelalterlichen Akademiker dar, die oft sogar mehrere P.n gleichzeitig innehatten (Pfründenhäufung).

Provision: Im spätmittelalterlichen kirchlichen Benefizialrecht bezeichnet die P. (*provisio*) die Verleihung einer vakanten Pfründe an einen Stellenbewerber durch den Papst. Seit dem Hochmittelalter beanspruchten die Päpste zunehmend Stellenbesetzungsrechte (sog. Reservationsrechte), mit denen sie aber auch Widerstand der lokalen kirchlichen Instanzen provozierten.

Quaestio: Q. (lat. „Frage") ist ein Verfahren der Erkenntnisgewinnung an der scholastischen Universität. Sie ist verbunden mit der Lehrform der Disputation, einer Art ‚Rollenspiel' mit *Opponens* (Widersprechendem) und *Respondens* (Antwortendem). In ihr werden zu einer Q. Pro- und Kontraargumenten – meist in Form einschlägiger Zitate aus autoritativen Texten – ausgetauscht, um zu einer *Solutio* (Problemlösung) zu gelangen. Die Q. ist zugleich eine beliebte Form wissenschaftlicher Traktate (Quaestionenliteratur).

quattuor doctores: Der Begriff bezeichnet die „vier Doktoren" der Bologneser Rechtsschulen um 1150, nämlich die Magister Bulgarus, Martinus, Hugo und Jacobus. Sie gelten als wichtigste Schüler des Irnerius. Ihre Zusammenarbeit mit Kaiser Friedrich I. Barbarossa führte zum Erlass des Scholarenprivilegs *Habita*.

Reformation: Als *reformatio* (dt. Wiederherstellung) wird die von Deutschland und Martin Luther ausgehende Kirchenreformbewegung nach 1517 bezeichnet. Sie führte zu einer Krise der ‚altgläubigen' Universitäten, aber auch zu einem Bildungsaufschwung im Zeichen konfessioneller Diskurse und landeskirchlicher Strukturmaßnahmen.

Regest: In der Geschichtswissenschaft bezeichnet man als R. die Zusammenfassung einer Quelle, insbes. einer Urkunde, unter Angabe ihrer wichtigsten Inhalte.

Reichsacht: Ein wichtiges Instrument mittelalterlicher Rechtsdurchsetzung war die Ächtung. Durch sie verloren überführte Übeltäter jeden Anspruch auf rechtlichen Schutz, sie konnten (und sollten) straflos getötet und ihres Vermögens beraubt werden. Als politische Waffe wurde die vom König ausgesprochene Reichsacht gegen Fürsten, aber auch gegen Städte eingesetzt, die hierdurch insbes. in ihrer Handelstätigkeit beeinträchtigt wurden.

Renaissance: Der Begriff R. (frz. „Wiedergeburt") bezeichnet Phasen intensivierter Antikenrezeption und eines Aufschwungs der Wissenschaften und Kunst. Als Epochenbegriff v.a. für das 15./16. Jahrhundert gebräuchlich, wird er zuweilen auch für andere Zeitabschnitte verwendet, so für die „karolingische Renaissance" im 8./9. Jahrhundert und die „Renaissance des 12. Jahrhunderts".

Rezeption des gelehrten Rechts: Als solche bezeichnet die Forschung den Prozess der Übernahme gelehrter Rechtsnormen des kirchlich-kanonischen und des weltlich-römischen Rechts in die gerichtliche und soziale Praxis der spätmittelalterlichen Gesellschaft, vermittelt über die Wirksamkeit akademisch geschulter Juristen in den Instanzen von Politik, Rechtsprechung und Verwaltung.

Säkularisation: Als S. bezeichnet man die Einziehung von Kirchengut zugunsten weltlicher Gewalten, wie sie insbes. im Reformationszeitalter stattfand. Im weiteren Sinne meint S. (oder Säkularisierung) den Prozess der Abwendung von einer geistlich-religiös geprägten Gesellschafts- und Werteordnung.

Schisma, Großes Abendländisches, 1378–1417: Nach der Rückkehr der Kurie nach Rom und der Wahl Papst Urbans VI. kam es zu einer Opposition v.a. der französischen Kardinäle, die einen Gegenpapst, Clemens VII., wählten und mit Teilen der Kurie nach Avignon gingen. Die Spaltung der Kurie und ihrer Anhängerschaften (Oboedienzen) wurde erst auf dem → Konzil von Konstanz überwunden.

Scholastik: Der Begriff S. bezeichnet eine Epoche der Wissenschaftsgeschichte vom 11. bis zum 15. Jahrhundert, eingeteilt in Früh-, Hoch- und Spätscholastik, die durch die Ausbildung einer spezifischen wissenschaftlichen („scholastischen") Methodik sowie durch die Entstehung von → Universitäten und einer kirchlich dominierten Gelehrtenkultur gekennzeichnet ist.

Sentenzensammlung: Zusammenstellung von Zitaten aus autoritativen Texten (z.B. Bibel, Kirchenväterliteratur, Konzilsbeschlüsse u.v.a.m.), die aus ihrem ursprünglichen literarischen Kontext gelöst und nach systematischen Gesichtspunkten geordnet werden. S.en bilden damit eine wichtige Grundlage für die Formulierung und Lösung von → *Quaestiones*.

Summe: Als S. bezeichnet man handbuchartige und systematische Überblicksdarstellungen zu ganzen Wissensgebieten, in thematischer Gliederung und unter breiter Einbeziehung der autoritativen Texte und ihrer Auslegungen (Glossen).

Supplik: Eine S. ist eine Bittschrift, insbes. eine solche an den Papst. Sie musste bestimmten formalen Anforderungen genügen und wurde deshalb häufig von professionellem, juristisch geschultem Personal an der Kurie (Prokuratoren) formuliert.

Todsünden (Laster) und Tugenden: Zentrale Begriffe der mittelalterlichen Moralphilosophie. So wie der Mensch über die Leiter der Tugenden zur Seligkeit heraufsteigt, verleiten ihn die Laster zur Sünde und ziehen ihn zur Hölle hinab. Unterschieden werden seit Cicero die vier Kardinaltugenden Gerechtigkeit, Mäßigung, Tapferkeit, Weisheit sowie – basierend auf einer Definition des Kirchenlehrers Gregors des Großen – sieben Todsünden (Stolz, Neid, Zorn, Faulheit, Geiz, Völlerei, Unzucht).

translatio imperii: Die (wörtlich übersetzt) „Übertragung des Reiches" bezeichnet eine mittelalterliche politische Theorie, welche vom Fortbestand des Römischen Reiches nach der Antike ausgeht, welches auf neue Träger (zunächst Griechen/Byzantiner, ab 800 Franken, ab 962 Deutsche) übergegangen sei. Als letztes, viertes Weltreich im Sinne der alttestamentarischen Prophezeiung (Buch Daniel 2,31ff.) kommt diesem Römischen Reich besondere heilsgeschichtliche Bedeutung (*sacrum imperium*) zu.

Universalienstreit: Der U. ist eine zentrale Grundlagendiskussion insbesondere der mittelalterlichen Philosophie um den ontologischen Status allgemeiner Begriffe, d.h. um die Frage, ob allgemeinen Begriffen Realität zukommt, etwa im Sinne der Ideenlehre Platons (Realismus, *via antiqua*) oder sie nur Konstrukte des menschlichen Denkens darstellen (Nominalismus, *via moderna*).

Universität: Die U. ist dem ursprünglichen Wortsinn nach eine Gemeinschaft der Lehrenden und Lernenden (*universitas magistrorum et scolarium*), d. h. eine genossenschaftliche Organisation zum Zweck des akademischen Studiums, die sich im 12. Jahrhundert zuerst in Paris und Bologna auszubilden begann.

Vagantenlyrik: Im Umfeld der frühen Universitäten und Fürstenhöfe entstandene Literaturgattung mit weltlichen Themen (v.a. Liebe, Trinken und Spiel, Alltagsthemen), oft in satirischer Form. Die Gedichte und Lieder wurden meist verfasst von fahrenden Scholaren (Vaganten) oder gebildeten Klerikern wie z.B. dem Archipoeta. Berühmt sind die von Carl Orff 1937 vertonten *Carmina Burana*, eine Vagantenliedersammlung aus dem frühen 13. Jahrhundert.

via antiqua und *via moderna:* siehe Universalienstreit

Zisterzienser: Mönchsorden, ausgehend von dem 1098 gegründeten Kloster Cîteaux (lat. Cistercium, dt. Zisterze). Die Mitglieder des Ordens waren zu besonders strenger Askese verpflichtet. Im 12. Jahrhundert nahm der Orden insbesondere aufgrund des Wirkens des gelehrten Abts Bernhard von Clairvaux einen steilen Aufstieg.

Abbildungsverzeichnis

Abb. 1: Benozzo Gozzoli, St. Augustin als Grammatiklehrer in Rom (Fresko, um 1465).

Abb. 2: Basler Totentanz (Detail: Aquarellkopie des frühen 19. Jahrhunderts nach dem heute zerstörten Original von circa 1440).

Abb. 3: Titelblatt des Hamburger Codex (Codex Altonensis) zu Dantes *Göttlicher Komödie* (2. Hälfte des 14. Jahrhunderts).

Abb. 4: Ein Blatt aus den Corveyer Annalen zu den Jahren 912-930, basierend auf einer Ostertafel. Aus: Joseph Prinz, Die Corveyer Annalen. Textbearbeitung und Kommentar (Abhandlungen zur Corveyer Geschichtsschreibung, 7), Münster 1982, Tafel 6.

Abb. 5: Der St. Galler Klosterplan (Pergament, um 826; moderne Umzeichnung mit Ergänzungen des Autors).

Abb. 6: Repräsentation von Zahlen auf dem Gerbert'schen Abakus (Zeichnung).

Abb. 7: Grabdenkmal von Abaelard und Heloise auf dem Friedhof Père Lachaise in Paris (Fotografie des Autors).

Abb. 8: Innozenz III. mit Schenkungsurkunde (Fresko, 13. Jahrhundert; akg-images).

Abb. 9: Universitäten in Europa (Karte; Peter Palm).

Abb. 10: Laurentius de Voltolina, Darstellung einer Vorlesung (Miniatur aus dem *Liber ethicorum* des Heinricus de Alamannia, 2. Hälfte des 14. Jahrhundert; akg-images / Album / Prisma).

Abb. 11: Erfolgsquoten der Erfurter Juristen beim Erwerb von Pfründen (Tabelle).

Abb. 12: Astrolabium (angefertigt in Cordoba 1054, Museum der Jagiellonen-Universität Krakau, Nr. 4037, 35/V).

Abb. 13: Besucherfrequenz der deutschen Universitäten 1385–1600 in Jahressummen (Tabelle).

Register

Ortsregister

(nicht aufgenommen wurden das Stichwort „Deutschland" sowie deutsche Regionen)

A
Aachen 49, 131
Ägypten 100
Alexandria 36, 78
Amalfi 107
Amerika 10
Aosta 65
Arles 131
Athen 84
Augsburg 144, 176, 207
Avignon 170, 174, 176, 249, 253

B
Babylon 100
Bagdad 35, 36, 38
Bajae 136
Bamberg 26
Basel 4, 5, 201, 206, 208, 216, 222, 251
Bautzen 18, 186
Beirut [*Baruk*] 129
Berlin 18
Bologna 14, 20, 89, 102–105, 108–113, 116, 120, 129, 151, 165, 181, 183, 186, 214, 254
Braunschweig 155, 162, 252, 253
Bremen 81
Byzanz → Konstantinopel

C
Cambridge 123, 166
Canterbury 65
China 35, 127, 128
Cîteaux, Kloster 255
Corbeil 90
Córdoba 37, 213, 214
Corvey 41–43

D
Dortmund 191, 192

E
Eboli 136
Ebstorf, Kloster 162
Eisleben 76
Eltville 207
Emmerich 156
England 32, 50, 64, 65, 184
Erfurt 82, 84, 151–154, 165, 166, 168, 172–174, 183–186, 189–192, 195, 197–199, 203, 222, 225
Ermland, Bistum 215

F
Flandern 64
Frankfurt / Main 10, 20, 189
Frankfurt / Oder 173, 221, 222
Frankreich (auch: Gallien) 17, 54, 64, 65, 82, 90, 101, 102, 123, 127, 130, 131, 183, 187, 249, 251
Freiburg im Breisgau 222
Fulda, Kloster 51
Gandersheim 61

G
Gießen 17, 18
Göttingen 16, 17, 19
Greifswald 187, 192, 221, 222
Griechenland 100

H
Halberstadt 109, 179
Halle 18, 179
Hamburg 24, 81
Heidelberg 17, 20, 171, 172, 174, 179, 197–200, 211, 222, 225
Heiliges Land 37

Helfta, Kloster 76
Hildesheim 72, 82, 96, 102, 129
Hippo (Nordafrika) 27

I
Indien 10, 35, 146, 214
Ingolstadt 18, 214
Irland [Ybernia] 160, 161
Israel 249
Italien 14, 17, 38, 58, 60, 64, 67, 103, 105, 107, 120, 131, 136, 143, 145, 187, 214, 216, 226, 229

J
Jarrow, Kloster 50
Jena 151, 159, 161

K
Karakorum 126, 127
Karthago 27
Köln 20, 72, 80–82, 96, 124, 143, 171, 174, 177, 179, 190, 195, 221, 222, 225
Konstantinopel (und Byzantinisches Reich) 13, 26, 31, 35, 38, 59, 216
Konstanz 206, 251, 254
Kopenhagen 187
Krakau 213, 214
Kulm 179

L
Laon 72
Leipzig 111, 174, 222, 225, 252
Liegnitz 125
Lindisfarne, Kloster 50
Löwen (Louvain) 221, 225
Lübeck 157, 158

M
Magdeburg 57, 72, 81, 96, 128–130
Maguelonne 176
Mailand 27, 103, 131, 197, 198, 204

Mainz 53, 81, 96, 124, 129, 130, 143, 152, 174, 176, 197, 199, 201, 207, 224
Marburg 222, 230
Marokko 127
Meißen 151, 186
Melun 90
Merseburg 58
Mongolenreich 125–127, 133
Mont Cenis (Alpenpass) 145
Monte Cassino, Kloster 50, 89
Montpellier 143, 175, 176
München 18, 144
Münster 11

N
Nantes 70
Neapel 123, 136, 149
Neubronn (a.d. Donau) 226
Nordhausen 155
Nürnberg 147

O
Orient (arabisch-islamische Welt) 13, 35, 92, 100, 127, 137, 141, 214
Osnabrück 172
Oxford 8, 20, 123, 165, 166, 214

P
Padua 151, 165, 175
Palais (Normandie) 70
Paraklet, Kloster 74
Paris 14, 20, 50, 73–75, 89–91, 94–97, 102, 110–112, 120, 127, 129, 131, 133, 143, 145, 148, 151, 154, 165, 166, 171, 174, 177, 181, 183, 184, 191, 205, 207, 214, 252, 254
Parma 47
Pavia 197, 198, 200
Perugia 192
Pisa 107
Polen 172, 214, 227
Portugal 143
Pozzuoli 136
Prag 20, 111, 172–174, 179, 192, 225

Q
Quedlinburg 57

R
Ratzeburg 192
Ravenna 112
Regensburg 61
Reichenau, Kloster 46, 63
Reims 72
Rheinberg 184
Rom 1, 2, 27, 32, 49, 61, 83, 84, 89, 101, 103, 108, 112, 119–121, 130, 131, 170, 174, 193, 199–201, 204, 205, 211, 216, 225, 253
Roncaglia 103, 104, 117
Rostock 193, 222, 225
Rotes Meer 128

S
Saint Denis 74, 127
Salamanca 123
Salerno 136–139, 141–143
Salzburg 81
San Gimignano 1, 3, 205
Schleswig 193
Schlettstadt 156
Schweiz 201
Siena 143, 193

Sizilien 27, 37, 136, 137
Somalia 127
Sowjetunion 144, 249
Spanien 13, 27, 35, 37, 62, 101, 250
Speyer 86, 197, 207
St. Gallen, Kloster 46, 47, 50, 89
Stendal 155
Straßburg 202, 208
Subiaco 119

T
Thorn an der Weichsel 214
Toledo 37, 141, 142
Toulouse 123
Trier 20, 81, 124, 183
Tübingen 7, 221, 222, 226
Türkei (Osmanisches Reich) 216

U
Ungarn 125, 172

W
Wien 111, 165, 168, 172, 174, 179, 214, 222, 225, 252
Wittenberg 173, 221–223, 230

Z
Zwickau 157

Personenregister

A

Abaelard (Petrus Abaelardus), Gelehrter 7, 14, 63, 67, 70, 71, 73–75, 77, 78, 80, 89–94, 97, 98, 102, 217
Abraham, biblische Gestalt 100
Abraham Bzowski (Bzovius), polnischer Dominikanermönch 227, 228
Adelard von Bath, Übersetzer arabischer Texte 67
Adolf (II.) von Nassau, Erzbischof von Mainz 197, 200
Agnes, Gräfin von Saarbrücken 129
Agobard von Lyon, Erzbischof 57
Albert von Sachsen (von Ricmestorp), Bischof von Halberstadt 174
Albertus de Brudzewo, polnischer Astronom 214
Albrecht von Eyb, Humanist 159
Albrecht von Käfernburg-Schwarzburg, Erzbischof von Magdeburg 96, 128, 129, 131, 132
Alcuin von York, angelsächsischer Gelehrter 47, 48, 53, 55, 56
Alexander von Roes, Gelehrter 2, 130, 132
Alexander von Villa Dei, französischer Gelehrter 39
Alfons X. („der Weise"), König von Kastilien 123
al-Ma'mūn, Kalif 35
Ambrosius, Bischof von Mailand und Kirchenlehrer 28
Amplonius Ratingk von Berka (Rheinberg), Medizinprofessor und Büchersammler 79, 184, 190, 191, 193
Amplonius von Berka jun. (gen. de Fago), Mediziner 190, 193
Andreas Bodenstein von Karlstadt, radikaler Reformator 223
Anselm von Canterbury, Erzbischof 65, 66, 74, 101, 102
Anselm von Laon, Theologe 66, 92
Antonius Stonefeld, Kleriker 192
Archimedes von Syrakus, griechischer Mathematiker 227
Archipoeta („Erzdichter"), Vagantendichter 255
Aristoteles, griechischer Philosoph 30, 31, 36, 92, 99, 100, 137, 181, 251
Astralabius, Sohn von Abaelard und Heloise 75, 77
Augustinus von Hippo, Bischof und Kirchenlehrer 1, 27–29, 31, 51, 65
Averroës → Ibn Ruschd

B

Balduin von Luxemburg, Erzbischof von Trier 175
Barbara Gonzaga, Frau Eberhards im Barte 226
Beda Venerabilis, angelsächsischer Mönch 42, 43, 50
Benedikt von Nursia, italienischer Mönch 33, 50, 119, 120
Benno II., Bischof von Osnabrück 62
Benozzo Gozzoli, italienischer Maler 1, 2, 205
Berengar von Tours, Gelehrter 64, 65, 101
Berges, Wilhelm 18
Bernhard Adelmann von Adelmannsfelden, Humanist 226, 228
Bernhard von Chartres, Gelehrter 99–101
Bernhard von Clairvaux, Heiliger und Prediger des Zisterzienserordens 7, 92, 94, 102, 255
Berthold V., Herzog von Zähringen 114
Boehm, Laetitia 18

Boethius (Anicius Manlius Severinus), römischer Philosoph 25, 29–32, 39, 48, 61, 92
Bonifatius VIII., Papst 176
Boockmann, Hartmut 17
Borgolte, Michael 167
Borst, Arno 16, 17
Brandan, irischer Heiliger 9, 160–161
Brun, Erzbischof von Köln und Bruder Kaiser Ottos I. 67, 68
Bulgarus, Rechtslehrer 253
Burchard von Ursberg, Chronist 114, 115
Burchard von Worms, Bischof und Kanonist 108

C

Caesarius von Heisterbach, Zisterzienser 94
Cesare Baronio, Kardinal 227
Christian Rodenhovet, Pfarrer der Marienkirche zu Dortmund 192
Christoph Kolumbus, Entdeckungsreisender 10, 128, 214, 215
Cicero (Marcus Tullius), römischer Staatsmann und Philosoph 68, 92, 226, 254
Classen, Peter 16, 17
Claudius Ptolemäus, griechisch-ägyptischer Astronom 214
Clemens VII., Papst 173, 177, 253
Courtenay, William 19, 171

D

Dante Alighieri, italienischer Dichter 24, 25
Denifle, Heinrich 166, 167
Dietrich Hoyke, Stadtschreiber von Dortmund 191
Dionysius Exiguus, italienischer Mönch 42
Dodo, Kaplan Ottos I. 67
Domenico Strambi, Augustinermönch und Theologe 205

Donatus (Aelius), römischer Grammatiker 39

E

Eberhard im Bart, Herzog von Württemberg 226
Eco, Umberto 47, 89
Eike von Repkow, Vf. des *Sachsenspiegels* 124, 125
Einhard, fränkischer Geschichtsschreiber 48, 53, 54
Emnilde, Nonne 57
Enea Silvio Piccolomini → Pius II.
Engelhard Funk von Schwabach (gen. Scintilla), Humanist 218
Engels, Friedrich 219
Erasmus von Rotterdam, Humanist 202, 208, 222
Erato, Muse 251
Erik Nikolai Rosenkrantz, Rechtslehrer 187
Esch, Arnold 89, 97
Eulenburg, Franz 220
Eustochium, heilige frühchristliche Nonne 68
Euterpe, Muse 251
Ezechias, biblische Gestalt 114
Ezechiel, biblischer Prophet 53

F

Flasch, Kurt 20, 30, 32
Flavius Josephus, jüdischer Geschichtsschreiber 100
Fleckenstein, Josef 47
Francesco Petrarca, italienischer Dichter 215, 216
Franziskus (Franz von Assisi), Begründer des Franziskanerordens und Heiliger 119
Frege, Gottlob 66
Fried, Johannes 10, 16
Friedrich I. (der Streitbare), Kurfürst von Sachsen 186
Friedrich I. Barbarossa, römisch-dt. Kaiser 8, 14, 103–106, 108, 117, 124, 136, 253

Friedrich II., römisch-dt. Kaiser 8, 114, 123, 126, 136, 142, 143, 149, 170
Friedrich III., römisch-dt. Kaiser 216
Friedrich Svenson, Kleriker 193
Fulbert von Chartres, gelehrter Bischof 64, 65
Füssel, Marian 19

G

Galeazzo Maria Sforza, Herzog von Mailand 198
Galen (Galenos von Pergamon), griechisch-römischer Arzt 137, 139
Galileo Galilei, italienischer Astronom 8
Gebhard, Herr von Querfurt 129
Gentile da Foligno, italienischer Arzt 145
Gerberga, Äbtissin von Gandersheim 61
Gerbert von Aurillac → Silvester II.
Giordano Bruno, italienischer Astronom 8
Giovanni de Piano Carpini, franziskanischer Orientreisender 126
Goethe, Johann Wolfgang von 208
Gottschalk der Sachse (von Orbais), Gelehrter 51
Gratian, Kanonist in Bologna, Vf. des *Decretum Gratiani* 108–110
Gregor I. (der Große), Papst und Kirchenlehrer 28, 32, 254
Gregor VII., Papst 62
Gregor IX., Papst 110, 123, 126, 142
Gregor von Tours, Bischof und Geschichtsschreiber 52, 54, 145
Grundmann, Herbert 17, 96, 167, 182
Guido de Baysio, Kanonist 176

H

Hadrian, römischer Kaiser 225
Hârûn ar-Rashîd, Kalif 35
Hauck, Albert 48
Heimpel, Hermann 17

Heinrich der Löwe, Herzog von Bayern und Sachsen 124
Heinrich I., ostfränkisch-dt. König 41, 59
Heinrich Totting von Oyta, Philosoph und Theologe 166, 168, 172
Heinrich Ubelin, Kleriker 207
Heinrich VI., römisch-dt. Kaiser 114, 129, 136
Heinrich von Friemar (der Ältere), Augustinereremit und Theologe 181
Heinrich von Kirchberg, Jurist und Protonotar von Erfurt 151–153, 175, 205
Heloise, Ehefrau Abaelards, später Äbtissin 14, 70, 73–78, 80
Hermann der Lahme, Mönch 214
Hermann von Landsberg, Scholastikus in Magdeburg 129
Herrad von Landsberg, Äbtissin 26, 76
Hesse, Christian 19
Hieronymus, Kirchenlehrer 28, 68, 70, 73
Hildegard von Bingen, gelehrte Nonne und Heilige 76, 86, 141
Hinkmar von Reims, Erzbischof 51
Hippokrates von Kos, griechischer Arztes 137
Honorius Augustodunensis (von Autun), Gelehrter 67
Hrabanus Maurus, Erzbischof von Mainz 49, 51, 53, 55, 101
Hrotsvith von Gandersheim, Nonne und Schriftstellerin 61, 72
Hugo, Rechtslehrer 253
Hugo Capet, westfränkisch-französischer König 62
Hugo Förster, Rechtslehrer 186
Hugo von Sankt Viktor, Theologe 20, 34, 138
Hülsen-Esch, Andrea von 19
Humboldt, Wilhelm von 168
Hypatia von Alexandrien, antike Philosophin und Astronomin 78

I

Ibn Battuta (Abū ʿAbdallāh Muhammad), marokkanischer Orient- und Afrikareisender 127
Ibn Ruschd (gen. Averroës), andalusischer Jurist und Philosoph 36, 37
Immenhauser, Beat 206
Innozenz III., Papst 96, 113, 114, 119–122, 123, 129, 132, 133
Innozenz IV., Papst 126
Irnerius, Begründer der Rechtsschule von Bologna 107, 112, 113, 115, 253
Isidor von Sevilla, gelehrter Bischof 33, 138, 249

J

Jacobus, Rechtslehrer 253
Jean de Mailly, dominikanischer Geschichtsschreiber 83
Jesus Christus 7, 25, 65, 68, 114, 126, 131, 141, 142, 146, 202, 208, 209, 249
Job Vener, gelehrter Rat 211
Johann Faust, Alchimist 62
Johanna, Legendengestalt („die Päpstin") 83–85
Johannes, biblischer Apostel 99
Johannes, Vf. der *Apokalypse* 249
Johannes Berengarii, Universitätspedell in Montpellier 176
Johannes Burkardus, päpstlicher Zeremonienmeister 208
Johannes de Riedt, Kleriker 207
Johannes Durckhein, Kleriker 208
Johannes (Scotus) Eriugena, irischstämmiger Gelehrter im Westfrankenreich 51
Johannes Eschbach von Frankfurt, Jurist 197, 198–201, 204
Johannes Hennenberger, wohl unehelicher Sohn des Grafen Wilhelm III. von Henneberg 189
Johannes Heynlin von Stein, Theologe und Frühhumanist 207
Johannes Reuchlin, Humanist 226
Johannes Ryman, Rechtslehrer und Vizepropst in Erfurt 174
Johannes Teutonicus (Zemeke), Kanonist, später Dompropst von Halberstadt 109
Johannes von Baden, Erzbischof von Trier 183
Johannes von Lysura, gelehrter Rat 207
Johannes von Salisbury, englischer Theologe und Bischof von Chartres 95, 99
Johannes, Graf von Nassau 197, 200
Joseph, biblische Gestalt 99
Josias, biblische Gestalt 114
Jovinian, Theologe 73
Judas, biblische Gestalt 209
Justinian I., byzantinischer Kaiser 107

K

Kalliope, Muse 251
Kant, Immanuel 66
Karl (der Kühne), Herzog von Burgund 198, 200, 201
Karl der Große, Frankenkönig und römischer Kaiser 13, 42, 44, 45, 47–49, 53, 54, 56
Karl der Kahle, westfränkischer König 50, 144, 145
Karl IV., römisch-dt. Kaiser 172
Kaspar Elyan, Buchdrucker 207
Katharina von Alexandrien, (fiktive) Heilige und Schutzpatronin der Universitäten 78
Kaufmann, Georg 166, 167
Kintzinger, Martin 11, 19
Klio, Muse 251
Kölzer, Theo 136
Konrad Adelmann von Adelmannsfelden 226
Konrad Celtis, Humanist 61

Konrad Degen, Rechtslehrer 197
Konrad I., ostfränkischer König 47
Konrad von Megenberg, Rektor der Stephansschule Wien 165, 166, 168
Konrad von Neuburg, Kleriker 176
Konrad von Querfurt, Bischof von Hildesheim und Würzburg 96, 129
Konstantin der Große, römischer Kaiser 26
Konstanze von Sizilien, Frau Heinrichs VI. 136
Kunigunde von Hagen, Lebensgefährtin des Amplonius Ratingk 79
Kuttner, Stephan 20

L

Lambert Wacker von Seehausen, Propst zu Bautzen 186
Landau, Peter 20
Lanfrank von Bec, Gelehrter und Erzbischof von Canterbury 65
Laurentius de Voltolina, Buchillustrator 181
Le Goff, Jacques 9, 97
Leo III., Papst 44
Leo IV., Papst 84
Leonardo Fibonacci, Mathematiker 142
Lewis, Bernard 37
Lothar I., Frankenkönig und römischer Kaiser 45, 50
Lubbertus Rothart, Kleriker 207
Ludolf, Erzbischof von Magdeburg 129
Ludwig der Bayer, römisch-dt. König 170
Ludwig der Deutsche, ostfränkischer König 50
Ludwig der Fromme, Frankenkönig und römischer Kaiser 42, 45
Lukan (Marcus Annaeus), römischer Dichter 136

M

Macrobius (Ambrosius Theodosius), römischer Gelehrter 57
Maimonides, jüdischer Philosoph und Arzt 37
Manegold (von Lautenbach), Gelehrter 101
Marco Polo, venezianischer Kaufmann und Orientreisender 127, 128, 214
Margarethe von Wolmershausen 159
Maria, Heilige 76, 99
Marsilius von Inghen, Gründungsrektor der Universität Heidelberg 174
Martianus Capella, römischer Gelehrter 27, 39, 51, 138
Martin V., Papst 251
Martin Bylica, polnischer Astronom 214
Martin Luther, Reformator 28, 195, 209, 210, 215, 219, 221–223, 227, 253
Martin Mair, Kanzler des Erzbischofs von Mainz 224, 228
Martin von Troppau, dominikanischer Geschichtsschreiber 84
Martinus, Rechtslehrer 253
Melpomene, Muse 251
Meister Eckhart, dominikanischer Theologe 76
Michael Scotus, schottischer Übersetzer und Naturphilosoph 142
Miethke, Jürgen 18
Mnemosyne, antike Sagenstalt 251
Mohammed, Prophet 35, 126, 142
Moraw, Peter 17, 18, 59, 82, 201
Moses, biblische Gestalt 126, 142
Müller, Rainer A. 18

N

Nikolaus Götz, Buchdrucker 207
Nikolaus Kopernikus, dt.-polnischer Astronom 6, 213–215

Nikolaus von Bibra, Verfasser des
 Occultus Erfordensis 151, 152,
 175
Nikolaus von Kues (Cusanus),
 Gelehrter und Kardinal 5, 20
Noah, biblische Gestalt 161

O

Odofredus de Denariis, Rechts-
 lehrer 112, 115
Ögedai, Großkhan 125
Orff, Carl 255
Orto Groschlag, Kleriker 197
Oswald Groschlag, Kleriker 197
Otto I., römisch-dt. Kaiser 61, 67,
 103
Otto II., römisch-dt. Kaiser 61
Otto III., römisch-dt. Kaiser 61, 62
Otto IV., römisch-dt. Kaiser 113, 120
Otto von Freising, Bischof und
 Geschichtsschreiber 18, 29, 96,
 100, 101
Ottokar II. Přemysl, König von
 Böhmen 125
Ovid (Publius Ovidius Naso),
 römischer Dichter 136

P

Paulsen, Friedrich 166
Paulus Diaconus, langobardischer
 Geschichtsschreiber 48
Paulus, biblischer Apostel 68, 73, 99
Pepo, Rechtsgelehrter 112, 115
Peter von Aspelt, Erzbischof von
 Mainz 143
Petrus [Collivaccinus] Beneventanus,
 Kanonist 114
Petrus de Ebulo, süditalienischer
 Dichter 136–138
Petrus Hispanus, Mediziner (als
 Papst: Johannes XXI.) 143
Petrus Lombardus, Theologe und
 Bischof von Paris 94
Petrus von Pisa, fränkischer Hofge-
 lehrter 53
Petrus, biblischer Apostel 83, 99

Philipp Melanchthon (Schwartzerdt),
 Humanist und Reformator 218,
 223
Philipp VI., König von Frankreich 176
Philipp von Schwaben, römisch-dt.
 König 113, 114, 115, 120, 129
Philipp I. (der Großmütige), Landgraf
 von Hessen 222
Pius II., Papst (Enea Silvio Picco-
 lomini) 201, 216, 225, 228, 229
Platon, griechischer Philosoph 28–
 30, 38, 51, 254
Plautus (Titus Maccius), römischer
 Schriftsteller 68
Plinius d.Ä. (Gaius Plinius Secundus
 Maior), römischer Gelehrter 39,
 249
Polyhymnia, Muse 251
Poncius Sabacius, öffentlicher
 Notar 176
Poppo, Priester 67

R

Raymund von Peñafort, dominikani-
 scher Kanonist und Großpöni-
 tentiar 110
Rexroth, Frank 19
Robert de Courçon, Kardinal und
 päpstlicher Legat 123
Robert de Sorbon, französischer
 Theologe und Hofkaplan 133,
 184
Robertus Anglicus, englischer
 Buchhändler in Avignon 176
Roger Bacon, franziskanischer Natur-
 philosoph 128
Roger II., König von Sizilien 136
Roger, Herzog von Apulien 136
Rotkardus, Dompropst von
 Magdeburg 129
Rudolf I. von Habsburg, römisch-dt.
 König 143
Rudolf IV., Herzog von Öster-
 reich 172
Rudolf Losse, gelehrter Rat und
 Domdekan von Mainz 175, 176

S

Sappho, griechische Dichterin 61
Schmutz, Jürg 171
Schramm, Percy Ernst 16–18
Schwinges, Rainer C. 18, 182, 185, 201, 220, 221
Sedechias, jüdischer Leibarzt Karls des Kahlen 145
Seifert, Arno 18
Seneca (Lucius Annaeus), römischer Philosoph 66
Siegfried, Graf von Walbeck 57
Silvester II., Papst (Gerbert von Aurillac) 62–64, 85, 143, 214, 227, 228
Sindbad der Seefahrer, legendarische Gestalt 127
Sottili, Agostino 19
Spörl, Johannes 18
Stahl, William H. 34
Stalin, Josef W. 249
Stelzer, Winfried 104
Symmachus (Quintus Aurelius), römischer Gelehrter 29

T

Tacitus (Publius Cornelius), römischer Geschichtsschreiber 225
Tankred von Lecce, König von Sizilien 135–138
Terpsichore, Muse 251
Thalia, Muse 251
Theoderich der Große, ostgotischer König von Italien 29
Theodulf von Orléans, westgotischer Gelehrter und Bischof 48
Theophanu, byzantinische Prinzessin und Ehefrau Ottos II. 61
Theophrastos von Eresos, griechischer Philosoph 73
Thesiphone, antike Sagengestalt 175
Thietmar von Merseburg, Bischof und Geschichtsschreiber 57, 58, 60, 67, 70, 78
Thomas Becket, Erzbischof von Canterbury 95
Thomas von Aquin, dominikanischer Gelehrter 20, 128
Tilman Rasche von Zierenberg (gen. Ornatomontanus), Humanist 218
Tolkien, John Ronald R. 7, 8
Tömlinger, Münchener Arztfamilie 144

U

Ulrich von Hutten, Humanist 208, 210, 218, 219, 221
Urania, Muse 251
Urban V., Papst 172
Urban VI., Papst 177, 253
Urso von Salerno, gelehrter Arzt 135, 137

V

Vergér, Jacques 19
Vergil (Publius Vergilius Maro), römischer Dichter 136
Virgil von Salzburg, Bischof 43

W

Wagner, Wolfgang Eric 19
Werner von Eppstein, Erzbischof von Mainz 153
Widukind von Corvey, Geschichtsschreiber 59
Wilhelm von Champeaux, Philosoph und Bischof von Châlons 66, 90, 91
Wilhelm von Rubruk, franziskanischer Orientreisender 126, 127
Wilhelm, Graf von Weimar 67
William Shakespeare, englischer Dramatiker 187
William von Ockham, franziskanischer Gelehrter 18
Willibald Pirckheimer, Humanist 61, 147, 148, 208, 222

Winfried-Bonifatius, angelsächsischer Mönch und Missionar 43
Winhard Thurhaymer, Kleriker 207

Z
Zeus, antike Sagengestalt 251

Sachregister

A

Aberglauben 3, 57, 57, 139, 215
Adel, Adlige, adlig 5, 19, 50f., 57, 60f., 96f., 120, 169, 183, 187, 189f., 195, 198–204, 206, 208–210, 218
Antike, antik 1f., 5f., 9f., 12f., 20f., 23–30, 32–39, 42, 45, 48f., 52, 55, 57, 61, 65, 71, 77, 94, 100ff., 107, 115f., 126f., 133, 136f., 139, 142, 149, 160, 213–216, 218, 225f., 228f., 249f., 253f.
artes (liberales), Artisten, artistisch 24–27, 33, 39, 48, 51, 54, 112f., 116, 138, 142, 149, 165, 183–187, 189f., 206, 214, 217, 249f.
Arzt, Ärzte 3, 4, 37, 137–145, 147, 189, 249
Astronomie /-logie 7, 25, 48f., 53, 62, 71, 100, 138–142, 145, 149, 214, 249, 251
Aufstieg, sozialer → Mobilität

B

Beratung (Politik-, Rechts-), Berater 47f., 81, 120f., 175, 186, 217, 225, 251
Bibel 28, 53, 66, 91, 93, 109, 126, 141, 249, 251, 254
Bischof, bischöflich 1f., 5, 18, 27f., 33, 44, 49, 51, 53, 57f., 60, 62–65, 67f., 72, 79ff., 89, 94–98, 106, 110, 123ff., 128f., 143, 151–154, 169f., 175, 177f., 183, 186, 197, 200, 204, 216, 224, 249f., 252
Bistum, Diözese 80f., 174, 176, 192f., 197, 199, 206ff., 215
Briefe 48, 68, 70, 74f., 95, 102, 109, 114, 116, 122, 129, 157, 171, 191f., 199, 208, 218f., 224ff.
Buchhandel 175f., 180
Buchdruck 206f., 229

Buchmalerei /-illustration 23, 25, 46, 49, 141
Bürger, bürgerlich 14, 64, 79f., 96, 105f., 109, 141, 143, 153–155, 159, 169, 186, 188, 199, 204, 208, 211, 218, 225

C

Chronologie (Zeitrechnung, Kalender) 7, 17, 41ff., 48f., 55f., 140, 249

D

Doktor 3ff., 103f., 151, 168f., 178, 184–187, 190, 197ff., 208ff., 224, 253

E

Ethik, Moral 3, 11, 28, 30, 32, 51, 61, 79, 90, 140, 151, 165, 169, 181, 192, 204, 212, 226, 251f., 254
Etymologie 33, 249
Exkommunikation, Kirchenbann, Interdikt 65, 113f., 153f., 250
Expektanz 169, 171, 197, 199f., 250

F

Fakultät 25, 39, 116, 143, 145, 177, 182, 184ff., 190, 194, 202, 217, 250
Finanzierung (der Bildung) 78f., 82, 171, 184, 199, 223
Frauen (insbes. gebildete) 14, 24f., 27, 31, 61, 68, 72–79, 83–87, 99, 135ff., 158, 252

G

Geographie, Geometrie, Kartographie 9, 24, 43, 49, 55, 127, 138, 162, 214, 217, 249
Gericht, (akademische) Gerichtsbarkeit, Richter 2, 58, 68–71,

106f., 120f., 147, 188, 194, 205, 225, 249, 251, 253
Glosse(n) 66f., 94, 109, 113, 250, 254
Gott, göttlich 2, 5–9, 24, 27ff., 31ff., 41f., 46, 49, 51f., 55, 58, 65f., 68f., 71, 78, 92, 103ff., 113, 115, 120, 126, 131, 139, 141, 146, 160f., 177, 191, 193, 209, 216, 223, 249ff.
Grammatik 1f., 24, 49f., 52f., 249
Griechisch (Sprache) 5, 25, 30, 32, 34–39, 51, 53, 92, 215, 229, 250

H
Handel, Händler, Kaufleute 5, 98, 127, 157f., 214, 253
Handwerk(er) 5, 46, 98, 142, 157f.
Historiographie, Geschichtsschreibung /-er, Chronik /-isten 18, 29, 42f., 48, 52, 57ff., 61, 67, 71, 96, 100, 114
Humanismus, Humanisten 9, 15, 20, 26, 30, 61, 147, 158f., 202, 207f., 213, 215–219, 221–224, 226, 228ff.

I
Intellektuelle 7, 9, 27, 61, 76f., 80, 86, 89f., 97, 188
Investiturstreit 64f., 103, 250, 252

J
jüdische Gelehrte und Ärzte 35–38, 54, 106, 141, 144f., 147, 249
Jura, Rechtswissenschaft 14, 25, 103–117, 194, 225, 250f.

K
Kanoniker (Stifts-/Domherr) 60, 78–81, 86, 89, 130, 169, 186, 197, 199, 208, 225
Kanonistik, Kirchenrecht 78, 86, 106, 108ff., 132, 151, 156, 176, 187, 197, 223, 249f.

Kardinal /-äle 5, 28, 79, 83f., 96, 120, 123, 216, 225, 227, 251, 253
Ketzerei / Häresie 6, 8, 31f., 51, 64, 114, 120, 123, 250
Kirchenvater / -lehrer 2, 27, 32, 66, 68, 91, 109, 226, 254
Kleidung / Tracht (insbes. der Gelehrten) 2f., 20, 25, 84, 165, 189
Klerus /-iker, Geistliche 5, 15, 28, 44f., 47f., 50, 61, 64, 75, 77–83, 86, 95, 97, 106, 109, 120f., 123, 130, 136, 151, 153, 155, 157, 162, 169, 172, 174, 176, 179, 187ff., 192ff., 197, 199f., 202, 205, 208, 251f., 255
Kloster 10, 43–47, 50f., 57, 60f., 67, 72, 74ff., 78ff., 82, 86, 89, 119f., 141, 155f., 158ff., 162, 184, 188, 252, 255
Kommentar (-literatur) 30, 34, 36, 53, 93f., 109, 181
König /-tum 5, 10, 21, 29, 41, 47–50, 52ff., 60, 62, 64, 74, 90, 95, 113ff., 123ff., 127, 132, 135ff., 141–144, 153, 172, 176, 184, 216, 249–253
Konzil 91, 109f., 121, 125, 133, 169, 206, 216, 251, 254
Kurie, Römische 83, 121ff., 130, 133, 151, 155, 165, 170ff., 199, 205, 225, 251, 253f.

L
Latein 5, 24, 26, 28, 30, 32, 34f., 37ff., 44, 46, 53, 63, 66, 91, 127f., 136, 141, 151, 156ff., 162f., 182, 189, 199, 215, 225f., 229, 252
Lectio → Vorlesung
Lehrer 1, 17, 51, 56, 58, 63f., 75, 81, 89, 94, 96, 99, 108f., 111f., 135, 154, 156–159, 162, 165, 168, 176f., 180ff., 184f., 187, 191, 194, 199, 206, 214, 217, 222f.

Logik, Dialektik 24, 30f., 48, 53, 66, 92ff., 142, 249, 251

M
Magie, Zauberei, Hexen 57f., 140, 145, 227f.
Magister 2f., 25, 81, 84, 94, 97f., 106, 110, 114, 165–168, 171, 174, 177f., 182f., 185ff., 189ff., 198, 253
Mathematik /-isch, Rechnen 7, 24, 26, 30, 32, 36, 42, 44, 49, 53, 62, 71, 138f., 142, 157f., 249
Medizin 3, 5, 15,25, 27, 33, 36f., 76, 78f., 135–149, 184f., 190f., 193, 206, 225, 250
Mobilität (räumliche), Reisen 9, 60, 103, 105f., 126ff., 133, 160f., 187, 189, 197, 216
Mobilität (soziale), sozialer Aufstieg 5, 60, 62, 79, 86f., 96, 131, 195, 199, 201–204, 218
Moderne, modern 8, 10f., 13ff., 32, 36, 38, 53, 55, 63, 72, 79f., 89, 93, 107, 122, 126, 137, 141f., 183, 199, 213, 215, 221, 224
Modernisierung 15, 121, 157, 206
Mönch, Abt 7, 9, 33, 42f., 45ff., 49f., 60, 71, 75, 79f., 83f., 89, 102, 119f., 126, 128, 160f., 214, 227, 255
Musik 7, 25, 249, 251
Muslime, muslimisch, Islam 26, 35–38, 50, 64, 92, 127f., 214
Mystik 6, 76, 94, 251f.

N
Nation (Universitäts-, politische) 111, 116, 125, 130, 188, 252
Naturwissenschaft /-kunde 7f., 12, 15, 30, 32f., 36f., 42, 48, 62, 67, 76, 93, 128, 138, 141f., 145, 149
Nonne, Äbtissin 26, 57, 61, 74, 76, 86, 159
Notar 83, 107, 116, 158, 163, 176, 191, 206f.

P
Papst /-tum, päpstlich 2, 4, 10, 15, 25, 28, 31f., 39, 44, 62, 79, 83ff., 89, 96, 103, 109f., 113ff., 119ff., 123, 125ff., 129–133, 142f., 153, 155, 165–174, 176–179, 186ff., 192, 194, 199ff., 204, 207f., 214, 216, 223, 227, 229, 249–254
Pfründe (Benefizium) 15, 78f., 82, 86, 130, 132, 169–172, 179, 184, 186, 192f., 199ff., 203f., 207, 212, 224, 250, 252
Philosophie 12, 19f., 25, 27–32, 35, 37, 39, 52, 68, 70, 73f., 78, 92f., 128, 133, 138, 142, 151, 165, 181, 250, 254
Poesie (Gedichte, Dichter usw.) 48f., 61, 76, 97, 104, 136, 151ff., 175, 178, 215f., 226, 251, 255
Predigt, Prediger 32, 51, 80, 163, 206, 209
Privileg /-ien 5, 8, 14, 95, 98, 103f., 106, 108, 117, 119, 123ff., 165–169, 171–174, 177, 186, 188, 201, 253
Promotion, promoviert 3, 18, 98, 168, 185ff., 189ff., 194f., 197f., 200, 205, 209
Prosopographie, Personengeschichte 15f., 18f., 86, 96, 123, 143, 171, 186, 194, 198, 202

Q
Quaestio / Disputatio 60, 93f., 98, 252

R
Rang /-ordnung (akademische) 4f., 60, 82, 96, 99, 135, 171f., 182ff., 199, 203f., 208, 226
Reform 44f., 47f., 55f., 62, 64, 121, 124, 133, 149, 157, 218, 230, 251, 253

Reformation, Reformator 15, 65, 83, 170, 206f., 213, 215, 219, 221ff., 227, 229f., 250, 253
Rektor (Universitäts-) 98, 111, 172, 174, 182–185, 187f., 191, 230
Religion, religiös 4, 6, 8f., 13, 17, 31, 33, 35–38, 49, 61, 71, 102, 126, 140, 154, 175, 250f., 253
Renaissance 1, 5, 26, 44f., 49, 216, 229, 253
Rhetorik 24, 27, 53f., 116, 215, 217, 249, 251
Ritual, symbolisches Handeln 19, 59ff., 71, 188, 217

S
Schisma 170, 174, 177, 205, 251, 253
Scholastik, scholastisch 8, 14, 16, 18, 20, 37, 57, 63, 65ff., 72ff., 76, 79, 90f., 93f., 99, 102, 108, 120, 128, 209, 213, 215, 217, 219, 223, 228, 250, 252, 254
Scholaster /-ikus 81, 158, 169
Schrift(lichkeit), Schreiber, (ab)schreiben 5, 21, 25, 28, 36, 43–46, 53, 59f., 64, 107, 116, 119f., 122, 129, 158, 163, 180, 182, 191, 206, 218, 225, 252
Schule (auch: Domschule, Klosterschule) 10, 14f., 18, 36f., 44f., 47, 51, 57, 60, 63f., 67, 72, 81, 86, 89ff., 94, 96f., 102, 104, 108, 116, 120, 133, 136f., 141, 152, 154–160, 162f., 165, 167f., 174, 190, 253
Schüler 16ff., 62, 64ff., 78, 84, 89ff., 95f., 104, 108, 153, 155, 157, 159f., 167, 253
Stadt, städtisch 1f., 5. 13ff., 27, 34f., 37, 45, 50, 52, 64, 68, 80, 82, 89ff., 95, 97, 103, 105ff., 111f., 132, 141, 143f., 151–159, 162f., 174, 177, 183f., 188, 190f., 199, 206, 208, 211, 217, 222, 225, 250, 252f.

Stiftung, stiften 80, 82, 141, 154, 167, 179f., 184f., 204f., 252
Student 3, 9, 14f., 18, 21, 24, 76, 89, 95ff., 104ff., 110ff., 116, 133, 143, 151ff., 156f., 165f., 168, 174, 177f., 180–195, 202ff., 217, 219–223, 229, 252
Summe (wiss. Literaturgattung) 66, 94, 100, 254
Supplik 122, 165, 171, 197, 199, 207, 210, 254

T
Technik, *artes mechanicae* 11, 13, 33f., 49, 138
Teufel, teuflisch 6f., 58, 62, 71, 83, 85, 115, 140, 143, 161, 227
Theologie 8, 12, 25, 27f., 31ff., 35, 37, 39, 42, 48, 51f., 55, 64ff., 70, 73f., 76, 78, 81, 92ff., 102, 120, 123, 128, 177f., 184, 206, 209, 226, 250, 252

U
Universalien(streit) 30, 133, 254
Universität 2, 7–11, 13–21, 25, 30, 38f., 45, 60, 63, 76, 78, 86, 89ff., 95–98, 102, 104, 106, 108, 110ff., 116f., 120, 123, 128, 132f., 142f., 149, 154, 156ff., 162, 165–169, 171–195, 197f., 200f., 203–209, 211, 213f., 216–226, 229f., 250–255
Urkunde(n) 104, 106, 119–122, 129, 133, 151, 154, 168, 172, 176, 253

V
Verwaltung 44, 60, 81, 111, 115, 121f., 131, 133, 149, 211, 217, 250f., 253
Vorlesung *(lectio)* 2, 93, 112, 115, 181, 189, 214, 251
Wunder 7, 9, 33, 58, 67, 127, 141, 149, 160ff.

Z
Zölibat 77ff., 187, 204

www.ingramcontent.com/pod-product-compliance
Lightning Source LLC
Chambersburg PA
CBHW060556230426
43670CB00011B/1851